·解放军国际关系学院战略与安全理论研究丛书·

国际热点扫描

A Review of International Hotspot Issues（2014-2015）

（2014-2015）

刘 峰◎主编

时 事 出 版 社

图书在版编目（CIP）数据

国际热点扫描．2014～2015/刘峰主编．—北京：时事出版社，2015.11

ISBN 978-7-80232-870-9

Ⅰ．①国…　Ⅱ．①刘…　Ⅲ．①国际问题—研究—2014～2015　Ⅳ．①D815

中国版本图书馆 CIP 数据核字（2015）第 221511 号

出版发行：时事出版社

地　　址：北京市海淀区万寿寺甲 2 号

邮　　编：100081

发行热线：（010）88547590　88547591

读者服务部：（010）88547595

传　　真：（010）88547592

电子邮箱：shishichubanshe@sina.com

网　　址：www.shishishe.com

印　　刷：北京昌平百善印刷厂

开本：787×1092　1/16　印张：26.75　字数：400 千字

2015 年 11 月第 1 版　2015 年 11 月第 1 次印刷

定价：98.00 元

本书由解放军国际关系学院
“院长科研出版基金”资助出版

总　　序

21世纪是一个传承与变革并行的时代，其间尽管国际事态纷繁复杂，但国际政治总的图景很大程度上是由20世纪后半叶的冷战和后冷战时代所催生的。其中，发端于20世纪最后十年，又在21世纪延续着自身逻辑的“后冷战时代”，自然地成为了新世纪战略特质的演绎者。可以说，冷战的终结开辟了一个新的时代，然而这个时代并不太平。在后冷战世界，各种传统与非传统安全问题非但未获得根本的解决，反而呈显出愈益复杂之势。如今，安全的概念变得越来越宽泛；不仅安全在定义上出现了宽泛化的倾向，而且冷战后的国际政治现实也或多或少地印证了宽泛化解释之必需，以至于给人们这样一种错觉：在当今世界，似乎什么都事关国家安全。这恰恰反映出了冷战后国家大战略缔造的一大困境。面对大变革、大调整、大发展的世界形势，面对传统安全与非传统安全相互交织的安全环境，世界主要大国纷纷加强了战略调整与战略创新，力求抢占主动，并为此展开了新的一轮战略博弈。其中，就战略缔造与实施而言，尽管影响因素众多，但根本上有赖于把握好两大环节。

首先，对于世界大势的把握，是一切战略缔造的根本出发点。

对于中国来说，能否稳步地实现自己的国家政策目标，除去客观因素外，很大程度上还取决于中国怎样认识世界、应对世界，亦即如何认识当今的国际环境和怎样进行国际政治斗争。“认识世界发展大势，跟上时代潮流，是一个极为重要并且常做常新的课题。”① 习近平主席的上述观点，深刻揭示了这样一个基本道理：对于当今中国来

---

① “习近平出席中央外事工作会议并发表重要讲话”，http：//news. xinhuanet. com/politics/2014 - 11/29/c_ 1113457723. htm

说，其发展前景必须也只能在世界大势中去定位。

什么是世界大势呢？那就是：当今世界是一个变革的世界，是一个新机遇新挑战层出不穷的世界，是一个国际体系和国际秩序深度调整的世界，是一个国际力量对比深刻变化并朝着有利于和平与发展方向变化的世界。除去上述显著变化外，当今世界还有五个“不会改变”：世界多极化向前推进的态势不会改变；经济全球化进程不会改变；和平与发展的时代主题不会改变；国际体系变革方向不会改变；亚太地区总体繁荣稳定的态势不会改变。①

正是基于这样的世界大势，新时期中国国家大战略本身也出现了一个显著的变化，那就是同时追求安全、发展、和平、正义这几类根本价值，同时强调：应对不确定性的最佳途径在于发展自己，使自己强大，用习近平主席的话说，就是“要坚持独立自主的和平外交方针，坚持把国家和民族发展放在自己力量的基点上，坚定不移走自己的路，走和平发展道路，同时决不能放弃我们的正当权益，决不能牺牲国家核心利益。”②

正因为如此，当今中国特别需要既审慎又创新的国家大战略，它除去具有普泛意义上的基本战略属性外，尤其需要深深根植于中国的历史文化，根植于中国政府的治国理政方略，根植于中华民族的强国梦想，根植于中国所处的内外环境。也就是说，中国的国家大战略需要顺应21世纪的战略心理特质，贯彻一种符合中国国情的现实主义基调，明确中国国家利益维护和渐次拓展的地理战略空间，阐明中国作用于国际体系和国家关系的基本原则、方式和方法，并重点规划好力量运用的基本方略和途径。

其次，准确认识和把握国家安全的科学内涵，是一切战略成功的关键所在。

2014年4月15日，习近平主席主持召开中央国家安全委员会第

① “习近平出席中央外事工作会议并发表重要讲话”，http://news.xinhuanet.com/politics/2014-11/29/c_1113457723.htm

② “习近平出席中央外事工作会议并发表重要讲话”，http://news.xinhuanet.com/politics/2014-11/29/c_1113457723.htm

一次会议并发表重要讲话，从观念、机制和能力等三个方面，提出了“三位一体”、全面系统的总体国家安全观。会上，习近平主席深刻地指出：“当前我国国家安全内涵和外延比历史上任何时候都要丰富，时空领域比历史上任何时候都要宽广，内外因素比历史上任何时候都要复杂。”① 据此，新时期中国总体国家安全观突出强调了十一个具体安全领域，包括政治安全、国土安全、军事安全、经济安全、文化安全、社会安全、科技安全、信息安全、生态安全、资源安全和核安全。② 这十一个具体安全领域意味着国家安全的构成要素更加广泛，丰富了中国国家安全观的内涵和外延，体现了大安全时代的大安全思维，具有强烈的时代特色。正因为如此，我们必须根据不断变化的世界大势，去全面深刻把脉中国的国家安全问题。

美国著名学者克雷格·A·斯奈德曾指出：“为了使安全研究能够适应冷战后的时代，有必要转变安全思考。需要就三个宽泛的问题提出疑问：作为目标的安全，追求安全的手段，以及安全与国内事务的关系。”③ 毫无疑问，中国政府提出的总体国家安全观，正是对这三个安全问题的理性回答。在目标方面，新世纪中国追求的不仅仅是自身国家的安全，而是在实现自身安全的同时，尊重别国的安全关切，重视国际社会的安全，追求一种“共赢”的局面；在手段方面，主张通过平等对话和友好协商妥善处理矛盾和争端，实现合作安全和共同安全的目标；在处理国内和国际安全关系方面，认为应统筹好国内国际两个大局，特别强调“中国将通过争取和平国际环境发展自己，又以自身发展维护和促进世界和平”。④ 这样，纷繁复杂的传统安全与非传统安全议题，得以有机地整合到一个总体战略框架之内，即基于目标

① “习近平主持召开中央国家安全委员会第一次会议强调，坚持总体国家安全观，走中国特色国家安全道路”，《人民日报》，2014年4月16日，第1版。

② 习近平：“坚持总体国家安全观，走中国特色国家安全道路”。载《习近平谈治国理政》，外文出版社，2014年版，第201页。

③ ［美］克雷格·A·斯奈德：《当代安全与战略》，吉林人民出版社，2001年版，第11页。

④ 习近平：“共同创造亚洲和世界的美好未来”。载《习近平谈治国理政》，外文出版社，2014年版，第333页。

与手段、国际和国内的关系估算，来考察安全问题的性质、威胁程度、化解途径、成效评估，使之服务于国家安全的需要。

在总体国家安全理念下，就地缘安全而言，中国政府高度重视东亚和亚太地区对于中国实现中华民族伟大复兴所特有的战略价值，并尽最大努力在亚太秩序中追求中国的大国地位，这是因为东亚和亚太是中国大周边的关键地域，是战略的聚汇点，因而也是中国与世界上其他大国互动甚至是博弈的大舞台。就像习近平主席 2014 年 11 月 9 日在亚太经合组织工商领导人峰会上所强调的那样，我们有责任为本地区人民创造和实现亚太梦想。“这个梦想就是坚持亚太大家庭精神和命运共同体意识，顺应和平、发展、合作、共赢的时代潮流，共同致力于亚太繁荣进步。”① 为此，中国坚定地奉行与邻为善、以邻为伴的周边外交方针和睦邻、富邻、安邻的周边外交政策，贯彻亲、诚、惠、容的周边外交理念，同邻国和睦相处。可以说，新时期中国的周边外交和大国外交已经是一体两面，不可偏废。

中国作为发展中大国，坚持走和平发展道路，坚持合作共赢，坚持义利兼顾，坚持不干涉内政。这是中国政府向全世界所作的庄严承诺。在谈到安全问题时，习近平主席特别指出：“和平犹如空气和阳光，受益而不觉，失之则难存。没有和平，发展就无从谈起。国家无论大小、强弱、贫富，都应该做和平的维护者和促进者……国际社会应该倡导综合安全、共同安全、合作安全的理念，使我们的地球村成为共谋发展的大舞台，而不是相互角力的竞技场，更不能为一己之私把一个地区乃至世界搞乱。”② 当然，要实现中华民族伟大复兴的中国梦，除去利益共同体和命运共同体建设外，很重要的一点就是要在维护战略机遇的过程中顺势而为，积极有为，切实维护中国的国家利益及其拓展。③

---

① “习近平 APEC 演讲：一切改革归根到底都是为了人民”，http：//news. china. com/focus/ddz/11163081/20141109/18941973. html

② 习近平：《共同创造亚洲和世界的美好未来——在博鳌亚洲论坛 2013 年年会上的主旨演讲》。http：//news. xinhuanet. com/politics/2013 －04/07/c_ 115296408. htm

③ 习近平：《在第十二届全国人民代表大会第一次会议上的讲话》（2013 年 3 月 17 日）。http：//news. xinhuanet. com/politics/2013 －03/17/c_ 115055434. htm

历史反复证明，大国崛起从来不会一帆风顺，更不会一蹴而就。可以说，在风雷激荡的世界里，要实现中华民族伟大复兴的中国梦，每一步都离不开正确战略的科学指导，因而也就格外地需要我们加强战略研究，汇聚聪明才智，寻求因应之策。正是在这个意义上，我们决定推出“战略与安全理论研究丛书”，以期探讨那些事关中国国家安全与长远利益的主要问题，从而为实现中华民族伟大复兴的中国梦提供应有的智力支撑作用。

是为序。

刘 峰

（解放军国际关系学院院长、少将）

目　　录

外交动态

安全政策

非传统安全

多边外交

国内政治生态

外交动态

中日围绕历史和现实问题的舆论战

许一乔

近年来就历史问题引发的争论一直是中日两国间焦灼关系的“助燃剂”，对此中日政府不断交涉，民间反应持续升温。自2012年4月东京都知事（即东京市市长）石原慎太郎代表东京市政府宣布将“购买”钓鱼岛开始，中日双方就开始了剑拔弩张的对抗，同时在舆论上也走向全面的外交文宣战，摆明各自立场，阐述自身原则，作出相应姿态。随着两国之间争端的不断升级，双方在舆论场上已呈“剑拔弩张”之势，业已成为中日进行全面博弈的主阵地之一。

一、中日间历史与现实问题概述

历史问题是中日两国间敏感度极高的问题之一，而分歧的出现要追溯到20世纪80年代，从彼时至今随着两国关系的时好时坏，该问题也历经波折。关于中日历史问题，内容庞大、历程久远，本文以安倍第二次担任日本首相为研究起点展开梳理研究。

在研究样本的选择上，主要以中华人民共和国外交部（以下简称“外交部”）官方网站上所记载登出的讯息为准。同时根据新华社、《人民日报》、《参考消息》、《朝日新闻》、NHK、高盛调查机构等国内外权威主流媒体的相关资讯为辅作出分析。

根据现有的学术研究表明，中日两国学者之间就该重大敏感问题各持己见，存在严重分歧。笔者认为，中日历史问题和现实利益冲突主要集中于两方面：一是对战争责任的认识和反省；二是领土岛屿争端这一尖锐问题。

（一）关于对战争责任的认识和反省

第二次世界大战后远东国际军事法庭早已将日本对华战争的性质判定为侵略战争，并且对日本侵华战争的首要战犯根据国际相关法律分别处以极刑，作出严惩，警戒世人，在整个国际社会引起强烈反响。对于其侵略行为所受的惩罚，日本政府早已宣布接受军事法庭的判决结果。由此可见，日本对华战争的侵略性质判定是获得国际社会普遍认可并且是日本政府供认不讳的历史事实。但自二战结束以来，日本保守主义内阁一直奉行战争责任的双重标准：国际上，只承担最小限度的战争责任，对包括中国在内的战争受害国重物质赔偿而轻道义担当；在国内，则竭力掩盖对外侵略战争的真相。在这种政治生态下，所有涉及到日本战争责任及扰乱视听的历史敏感问题从未被作为迫切需要解决的课题，以至于日本社会对于其国家发动侵略战争造成的危害性，没有深刻的反省和认真的理解。

1972 年 9 月 25 日，日本首相田中角荣破冰访华，晚宴席间他声称："过去几十年之间，中日关系经历了不幸的过程，我对这些行为给中国国民增添的麻烦感到自责，这里再次表示深刻反省。"① 其将日本恶意发动侵华战争造成中国举国之灾和数千万中国军民的不幸一笔带过，该行为当即遭到总理的驳斥。在随后为缓和并恢复中日关系的《中日联合声明》中，日本对于给中国国家和人民造成的重大战争伤害表示深刻的反省和深深的自责。应当指出，在含糊其词的"反省"背后，其实是日本无视军事法庭的审判决定，企图推诿战争责任，并

① 田桓主编：《战后中日关系文献集 1971—1995》，北京：中国社会科学出版社，1997 年版，第 105 页。

且暗藏为其侵华战争历史翻案的用心。

20世纪80年代初，中曾根康弘根据当时日本国情的需要，将日本的首要国家发展目标从经济大国转变为政治大国，意图对战后日本的国内国际政治进行总结：通过对国民意识的改写，摘掉战败国的帽子，呼吁抛弃“虐性的思潮”；以综合安全保障为国家大战略的前提，加大对外援助的力度，争取在国际社会树立起为世界和平和稳定做贡献的大国形象，从而确立日本在国际社会的政治大国地位，达成预期目标。1982年6月，歪曲、篡改日本对外侵略历史的参考教科书经由日本文部省审定批准在日本国内出版并下发，造成极坏的影响。日本更是在1985年8月15日所谓的“终战纪念日”发生了战后首相首次参拜靖国神社的公众事件，此举在亚洲各国引起强烈反响，尤其是中国，通过官方渠道明确表示将视日本首相参拜靖国神社为严重的政治事件。

自此之后，围绕历史问题、中日关系一波三折。总体来说，战后几十年，日本政府虽不断调整历史责任政策，但总趋势大致不变，集中表现为淡化战争责任，拒绝公开认罪；日本右翼保守势力不停推动日本政府整体全面“向右转”；日本大多数国民由于长期接受误导性的国民教育从而逐渐为日本政府的右倾政策和右翼保守势力的鼓动所左右。也就有了日本社会出现的改写教科书、参拜靖国神社、突破《和平宪法》、拒绝部分战后赔偿等为侵略战争史实翻案的诸多事件。这一系列的事件表面看仅是日本右翼势力“卷土重来”，实质则是日本政府的国家大战略在其中起了重大作用。

（二）关于领土和安全问题争端

1. 钓鱼岛问题。钓鱼岛（台湾当局称“钓鱼台”）位于中国东海南部。钓鱼岛及其附属岛屿自古以来就是中国的固有领土，中国根据诸多法理依据对钓鱼岛拥有无可争辩的主权。而日方声称该岛由日本首先发现，并提出“该岛由日本实际占领多年”等议题，由此引发了一系列争端。钓鱼岛问题遂成为中日两国长期的争议焦点。

2. 东海油气田问题。该议题主要围绕由中日两国关于东海专属经济区的“共同开发”和“划界问题”展开，引发了一系列分歧和争论。

3. 冲鸟礁问题。日本称为“冲之鸟岛”，是日本南部太平洋海域的一处日属礁石。中华人民共和国认为其是岩礁；日本则认为是岛屿。如果承认冲鸟礁是岛屿的话，日本将得到其周边43万平方公里的专属经济区，并获得区内的一切自然资源。

4. 东海防空识别区问题。我国国防部2013年11月23日宣布划设中华人民共和国东海防空识别区。[①] 中国政府按照国际通行做法，划设东海防空识别区，目的是捍卫国家主权和领土领空安全，维护空中飞行秩序。中国划定防空识别区后，日本政府提出强烈抗议，并多次派出战机进行袭扰，对中国防空识别区拒不承认。

二、日本对华政策的国内基础

2006年10月，首次出任日本首相的安倍晋三对中国展开了为期两天的“破冰之旅”，成为2001年以来第一个访问中国的日本首相。六年后，安倍第二次出任日本首相，却鲜明地举起反华旗帜。尽管在第一个任期内，安倍的对华政策并不能以“友好”形容，日本政府不仅明确地表明了修改“和平宪法”的意愿，还实现了将“防卫厅”升格为“防卫省”（2007年1月9日）、敦促欧盟维持对华武装禁运（2007年1月12日）。即使如此，2006—2007年的中日关系远没有达到“破裂”的程度：2007年1月，中、日、韩三国的政府首脑进行了富有政治和解意味的三方会谈；同年4月，时任中国国务院总理的温家宝实现了访日。

上述情况在今天几乎难以想象。对安倍而言，无论其对华政策如何改颜换面，都有着一贯的内在主线，即顺应国内政治的主流生态。对于一个选举制国家而言，国内的基本政治生态决定了国内选举的主

---

① “中华人民共和国政府关于划设东海防空识别区的声明”，《解放军报》，2013年11月24日，第1版。

流倾向，也就决定了选举的支持率。

考察冷战后的日本政治生态，决定“民意”的主要因素似乎仍没有发生根本的变化，主要来自三个方面：一是对日本国家安全的忧虑；二是对日本经济的关注；三是对日本大国地位的追求。这三个“民意推手”之间也有着相互的影响，特别在对华问题上，中国既是日本安全问题中的关键要素，也是日本出口经济不可忽视的市场；在日本谋求“政治大国”身份的过程中，中国的态度至关重要。这三个对华政策“推手”直到今天仍然发挥着显著的作用。而对于安倍内阁而言，如何最大程度地满足国民对于这三个内容的期待将决定着安倍本人及其阁员，甚至是自民党在日本政坛中的地位。

（一）日本国内的安全关切：安倍内阁之对华、对朝政策

日本的“非正常国家”身份，首先表现在其安全能力上。作为二战的战败国，日本的武装力量在规模、功能、使用范畴上都受到了其国内“和平宪法”的严格限制，且其核能力被严格控制在军事用途之外。作为一个经济大国，日本的安全要依靠美国的“保护”。

因此，首先是在对华，其次是在朝核问题上，日本一方面得到了美国的支持，另一方面却受到了后者的极大掣肘。当然，中国和朝鲜对于日本的安全意义不同，因而相应的政策也完全不同。对中国，日本虽然拥有世界一流的军事科技和军事体制，但由于军队规模受到了限制，且不具备核武力，这使得日本政府在面对崛起的中国时不免信心不足；尽管日本仍有着可观的动员能力，但这在拥有较强的工业实力、更为庞大的人口规模的中国面前仍谈不上任何优势，而且在今天，大国之间的武装冲突仍是国际政治中所极力避免的。所以，在与中国的结构性安全冲突（近年突出表现为钓鱼岛及东海问题）中，日本更需要美国的介入，来制衡中国，以迫使中国领导层在使用武力的问题上更加审慎。

至于朝核问题，日本更多地感受到了美国的约束。由于绑架日本游客及反日宣传等原因，日本与朝鲜的关系长期处于敌对状态。与中国不同，朝鲜国内经济贫弱，领土规模、人口基数、政府组织能力等方面都远不及

日本，但在朝鲜获得核武力（2006 年 10 月 9 日）之后，日本开始感受到作为“非正常国家”在安全上的限制。此外，由于在朝核六方会谈中并不占主导地位，日本通过外交手段改善对朝安全状况的努力也屡受挫败。

当前，由于中日在钓鱼岛主权争端问题愈演愈烈，安倍内阁显然将更多关注放置在了对华安全上。与中国相同，尽管在领土主权问题上态度强硬，但日本仍将避免卷入武装冲突作为其政策底线；不过，在不间断的“以强硬对强硬”的力量试探之下，日本国内也担心出现随机性的“擦枪走火”，这不仅会将日本拖入难以预料的武力冲突中，更为现实的问题是，这必将影响正在恢复中的日本经济。而面对实力不断增长的中国，日本只能依靠美国的安全承诺来缓解民众对于冲突的担忧。因而，安倍在与中国的角力中，最重要也是最有效的举措仍是强化美日同盟，并要求美国对介入时机表态，这不仅是对中国的震慑，也是对国内的安抚；其次则是在国际社会中渲染“中国威胁论”，强化国际舆论对于中国官方的压力。

（二）日本国内的经济关注：“安倍经济学”

“广场协议”后的整个 20 世纪 90 年代，日本国内的经济泡沫破裂，以股票、房地产为代表的“泡沫产业”不仅结束其长期的经济繁荣，还将整个日本经济带入了“失落的十年”。2000 年之后，特别是从小泉内阁开始，日本采用量化宽松的货币政策，通过加大货币供应量来扩大投资规模，以达到刺激经济的效果。2002 年后，受国际市场需求的拉动，日本经济表现出了复苏迹象。在与中、韩因历史问题、岛屿主权纠纷等问题迟迟没有改善关系的情况下，当时的小泉内阁却成为 1972 年之后任职周期最长的一届内阁，这足以体现经济繁荣在日本国民心中的价值排位。

然而，2008 年由美国开始的金融海啸迅速蔓延到了日本，对后者最为致命的打击是国外需求的大幅缩水。2008 年中至 2009 年初，日本平均每月的出口均以 1/4 的累进速率下滑，制造业信心指数达到 -58 的历史低点，各项数据也跌破泡沫经济时的低点。作为日本经济支柱的汽车业，虽没有像美国汽车业濒临破产，但也出现了二战后的首次亏损。此后的 2009—2011 年，由于全球市场的进一步萎缩，日本又损失了超过1100万个工作岗位。

经济疲软成为日本在冷战后最大的国内问题，直到今天都没有得到彻底的解决。其经济的发展直接影响到日本人民对于政府的信任程度：（1）人口老龄化带来的社会保障成本攀升和劳动人口的不足，直接造成了日本实体产业的疲软，而在日本企业在向外转移劳动产业的同时，国内就业率又受到了影响，引发了年轻群体的不满；（2）高福利、老龄化社会带来了政府的赤字，为了消除赤字，日本不断扩大出口规模，而过于倚重出口却压制了其国内的消费需求，造成了内需无法彻底拉动，而日本国民近年的消费意愿却并不低（最终消费比例长年超过70%），这也引起其国内的不满；（3）内需不足引发的通货紧缩，导致国内市场长期难以繁荣（经济成长低迷），随之而来的是就业率难以保证，这些共同产生了社会的悲观情绪，这种悲观情绪又将影响日本舆论和日本国民对于政府的态度（见图1）。

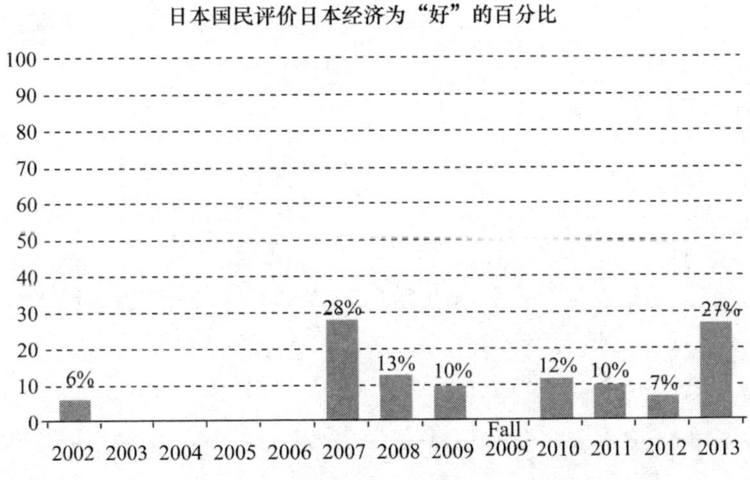

图1　日本国民评价本国经济为“好”的民调比例（2002—2013年）①

在安倍看来，小泉内阁在日本国内政坛的成功，恰恰说明了只要不

① “Is the country's economic situation good or bad”, Pew Research Global Attitude Project, http://www.pewglobal.org/database/indicator/5/country/109/.

与中国、朝鲜爆发实际的武装冲突，经济问题就是执政生命的关键。在与中国对抗不断升级的情况下，安倍对中日之间的经济合作显然不能做过多期望，如中、日、韩自贸谈判。为了摆脱通货紧缩，安倍内阁设立了“通货膨胀目标制度”，推行大胆的宽松货币政策。① 这一方式与帮助美国走出20世纪70年代“滞胀”危机的“里根经济学”有着异曲同工之效，因而安倍的经济政策也被其阁员称为“安倍经济学”。

“安倍经济学”中的“三支箭”主要包括了：（1）大胆的金融政策；（2）机动的财政政策；（3）唤起民间投资的成长政策。同样与之相匹配的，安倍内阁还通过设立2%的通胀目标、对量化宽松政策不设上限、大规模的公共投资购买国债等手段来刺激日本的经济成长。尽管其中很多政策遭到了专业人士的批评和警告，但至少就数据而言，“安倍经济学”通过量化宽松政策让日本股市持续大幅度上扬，日元汇率也不断贬值。可以说，安倍内阁自2013年来获得的高支持率，与其经济政策的成功密切相关（见图2）。另一方面，在与对华关系极度不佳的情况下仍取得相当经济成就的安倍晋三，也就没有足够的理由在对华关系上妥协。况且，他还要考虑到国内的另一个支持率“推手”：民族主义至上的大国诉求。

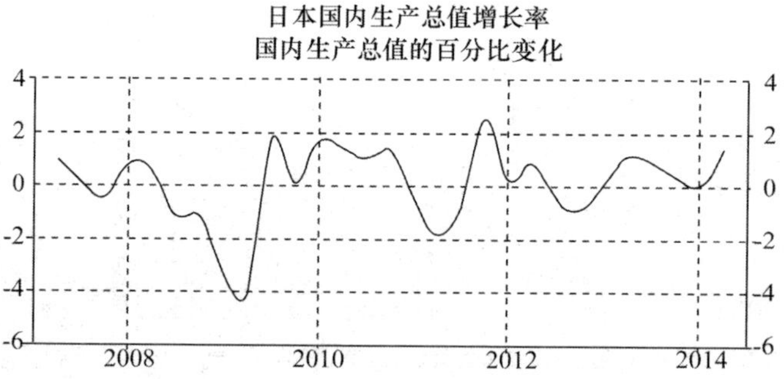

图2　2007年后的日本GDP成长趋势②

---

① 超金融緩和「新・アベノミクス」は良薬か、劇薬か，［朝日新闻社｜朝日新聞社］（WEBRONZA），2012年11月26日。

② “Japan GDP Growth Rate”，TRADING ECONOMICS，Cabinet of Japan，http://www.tradingeconomics.com/japan/gdp-growth.

（三）日本的大国抱负：民族主义至上的政治大国诉求

作为国际社会中的一员，确保国家安全、促进国家经济繁荣是政府的首要职责。在全球化的背景下，日本作为一个经济规模居世界第三的出口型经济大国，其对于世界经济特别是高端行业的重要性也是显而易见的。就一般意义而言，国际贡献必将带来国际威望，而国际威望也将作为一个国家的权势基值，成为决定其国际地位的关键要素。

不过，日本在国际社会中始终没有被视作一个“一般意义上”的国家，即其所宣称的“正常国家 ”。由于其二战战败国的身份，加上在战后对战争罪行反省的不彻底，日本对大国地位的追求直到今天仍受到多方的疑虑，这种疑虑不仅来自中国、韩国这些与之存在固有安全矛盾或领土主权纠纷的国家，还来自它的盟友美国。美国一方面确实也希望通过提升日本地位来稀释中国在东亚的权势扩展，另一方面却仍对放宽限制日本扩张武力倍加谨慎。

在中曾根康弘提出“战后政治总决算”之后，“政治大国”开始成为日本国内政治的一个主要议题，各个政党也都基本认可了日本应该成为“政治大国”的目标。然而，在对其内涵的解释上，不同政治倾向的政党或政治人物仍有着不小的分歧，日本政坛对于“政治大国”的解释从未达成一个统一的认识。纵观当前日本政坛，至今为止最为主流的解释主要分为两种：一是将修改“和平宪法”作为日本宣示为“正常国家”、进而迈向“政治大国”的关键举措；二是谋求日本在东亚国际秩序中发挥主导作用。

今天日本的宪法于 1947 年 5 月 3 日实施，规定了人权保障、国民主权、和平主义三大原则。二战结束至今，日本政坛中反对“和平宪法”的力量始终存在，并占据显著地位。持修宪立场者认为，“和平宪法”完全由美国占领军起草，并不休现日本人民的意愿，所以至少在程序上不具合法性。其中第九条规定日本放弃战争权利，不保有完全的军事力量。随着日本在战后经济实力的恢复，日本人的民族主义再次抬头，对于本国受到“非正常国家”待遇的现实也愈加不满。因此，通过日本舆论的宣传，“修宪”具有了一定的民意基础。但由于“修宪”的关键在于修改第九条，使得这一诉求带有显而易见的武力色彩，这也引发了邻国的不安与置疑。目前，日本大多数邻国都对其“修宪”要求表达了消极态度。

日本国内对于“政治大国”的另一个解释表现在寻求东亚事务的主导权上。日本在东亚的事务关注集中体现在安全领域和经济领域，安全事务集中在朝核问题，经济事务则在于“东亚经济一体化”的进程。无论是朝核问题，还是“东亚一体化”进程，日本都不可能绕开中国，这使得如果日本通过寻求成为东亚主导国家去宣示“政治大国”身份，除了美国的认可外，最需要得到中国的默许或支持。

2012年安倍晋三上台之际，中日关系因日方“钓鱼岛国有化”问题已降至冰点，由鸠山内阁所提出的“东亚一体化”尝试也随之进入死胡同。无论是从现实选择，还是从本人的政治倾向来看，安倍内阁公开地支持“修宪”方针也是一个必然的结果。在通过经济成就获得了国民的高度支持后，安倍内阁显然不希望因为在对华关系中示弱而引发国内民族主义者的抨击，进而打击自身不断攀升的支持率。不过，根据日本国内的最新民调，目前日本国内认为“修宪”“不合时宜”的民众达到67%，[①] 而在解禁集体自卫权问题上，有63%的民众表达了反对立场（见图3）。

① “ASAHI POLL：67% deem Abe's plan to reinterpret Constitution as ‘improper’”, THE ASAHI SHIMBUN, May 26, 2014, http://ajw.asahi.com/article/behind_news/politics/AJ201405260032.

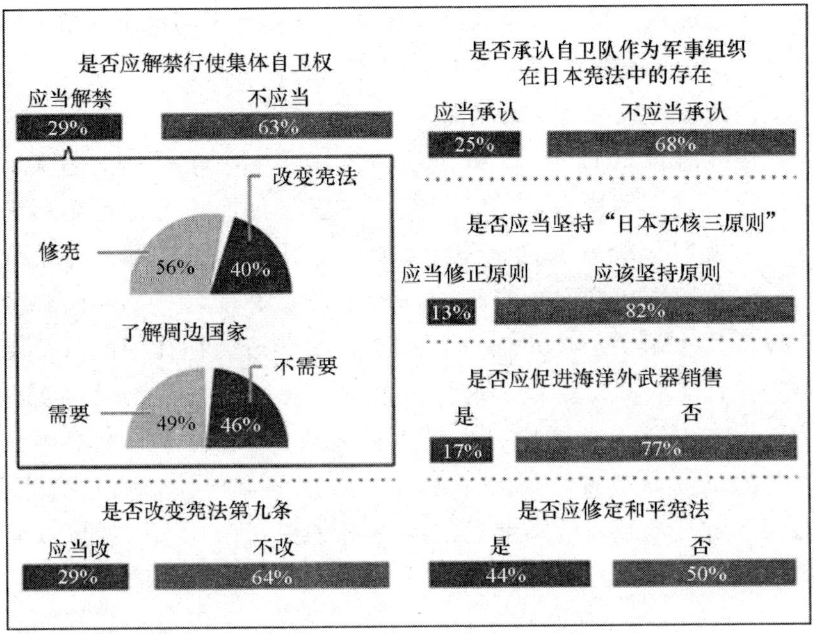

图3　日本《朝日新闻》关于解禁自卫权的民调①

（四）安倍内阁对华强硬政策的“后盾”：民意支持率

上述三个要素决定了日本国内的基本政治生态，也在一定程度上形成了日本国内对于内阁的支持态度。尽管要获得真实且精确的民众政治意见难度非常大，但由权威机构发布的民意调查仍在获取国内基本态度中有着重要的参考价值。考察日本政府的对华政策，其国内的对华态度显然是重要的决策来源。由于实施了高度自由的舆论制度，日本政府对于国内舆论的塑造能力明显不足；日本国内由于阶层不同，利益取向不同，因此相应的对华需求也不尽相同，这就造成了国内各阶层在对华态度上出现分歧成为一种必然。出于选举的需要，安

① “Asahi poll: 63% oppose Abe's attempt to lift ban on collective self-defense”, THE ASAHI SHIMBUN, April 4th 2014, http: //ajw. asahi. com/article/behind _ news/politics/AJ201404070067.

倍内阁不可能只考虑到本党的政治倾向，更要考虑到国内对华态度的构成，以此作为竞选的政策参考。因此，民意调查在某种程度上也成为安倍内阁对华政策制定的风向标。

安倍政府自2012年12月执政以来，日本民众对其支持率始终飘忽不定，其间因诸多政治、外交、军事事件而产生过连续不断的波动。笔者以《朝日新闻》[①] 为载体，对其民意支持率进行了线性梳理，发现日本民众在中日历史问题上所持态度各异，绝大多数民众仍保持“一般关心”的态度，甚至在参拜靖国神社等严重政治问题上仍保持了较高支持率，这与日本右翼长期宣扬其错误主张有很大关系。可以说，通过其一系列“歪理邪说”，日本民众对中日历史问题的解读与理解已经发生了较大程度的偏差，影响极为恶劣。亚洲各国对日本政府的态度与印象也不尽相同，其中中韩民众反日情绪极高。

三、中日关于历史和现实问题舆论战样式特点分析

（一）中国方面

通过对中国外交部网站首页“发言人表态”、“专题”等板块和其他主流大众媒介有关资料的查询，笔者对中方开展舆论战的基本样式与主要特点做了初步梳理归纳。

1. 当前中方外交文宣战采取的基本样式

总体方式即根据所处国情和现行外交方针，由国家领导人、外交部发言人等相关负责人有针对性地就国际国内重要时事的事态发

① 《朝日新闻》（Asahi Shimbun），是日本的全国性报纸之一，由朝日新闻社发行。2008年，每日日报发行量超过770万份，为日本国内日报发行量第二名。《朝日新闻》政治立场中间偏左，属于左派媒体。观点较为革新、进步、自由。旗下《周刊朝日》与朝日电视，角色亦与其相同，属温和性反对派。但因其反对修改日本“和平宪法”，而引起日本右派不满。

展在适当的外交场合作出相应表态。中方使用的外交辞令，多数在官方召开的记者会现场予以传达发表，或在国家领导人及有关部门负责人与国外政要出席的就重大国际问题交换意见的座谈中表达。通过大众传媒的有效传达，相关的外交声明立即进入民众视野，引起广泛讨论。

具体可划分为三类：

一是国家和外交部的领导同志在会见国外政要时，会就某事件发表相关外交讲话或与他国首脑交换意见。

二是国家领导在出席国际相关会议时，会向外界就某事件阐述我国的外交立场。

三是外交部发言人会酌情不定期主持例行记者会、发表谈话或进行电话答问，就某事件代表我国外交立场解答国内外记者提问。

2. 主要特点

随着中日历史与现实争端问题不断升温升级，双方各种形式的外交文宣对抗层出不穷、内容庞杂、形式多样，难以对相关资料作出完全、准确、全面、毫无遗漏的搜集整理。但仅从某一时段来看，还是能够反映出中方所持立场与主张，以及外交文宣战的主要内容。

以安倍晋三 2012 年 12 月上台—2013 年 1 月为例，其间，我国外交部共召开记者会 24 次。[①] 其中，各类关键外交辞令出现次数如下：

主权	非法	谈判	损害	无效
88	34	32	28	7

固有领土	中国人民	自古以来	国际秩序	坚决反对	严正交涉	必要措施	一手造成
30	23	18	20	10	7	7	9

① 外交部官网首页“发言人表态”板块，下设有“发言人简历”、“例行记者会”和“发言人表态和电话答问”三个栏目，数据来源于此。

其中主题分类：

外交辞令偏向性	相应资讯数量
强调中方立场、明确中方对历史问题的根本原则和态度、对日方相关要求	41
中日在经济、外交、文化等方面受到的影响	15
中方正常巡航、采取的一系列措施	23
中国民众反日情绪、抵制日货等言论行为	12

由此可对中方外交文宣战特点总结归纳如下：

一是始终保持高度关注态势。从我国外交辞令位列前三的词汇便可看出，我国对中日历史和现实问题的关注程度极高，已将其定位于国家战略层面，关乎国家领土主权完整和民族尊严。同时，以上词汇也构成了“强语境”范式，即通过“强语境”使彼此都熟知对方的信息和目的，使对方印象深刻，彼此间做到“知己知彼”。

二是充分发挥议程设置功能。传播学中，“议程设置功能”的主要内容是传播媒介根据其所持立场通过对新闻内容的报道进行排序，从而使得受众所接触到的讯息，是经传媒所特意遴选的内容。例如，在答记者问的环节，外交部发言人无一不反复强调钓鱼岛的中国属性，对其主权归属问题立场强硬，这是中国政府及外交部在钓鱼岛问题上的核心议题设置，其他所有有关钓鱼岛问题的外交辞令，均须围绕该主题来阐述。该既定模式在外交部发言人有关钓鱼岛问题的对外讲话中被多次使用，言辞恳切，收效甚好。与此同时，外交部从不主动回应日本非法购岛的“既定事实”，通过优化传播语境，紧紧围绕“中国对钓鱼岛拥有绝对主权”的客观事实对日方的言行进行有力反击。

三是注重顺应民众心理定势。因定势①的影响，受众在接受信息

① “定势”是苏联宣传心理学的一个基本概念，最初由德国心理学家缪勒和舒曼在1889年提出，后经苏联心理学家乌兹纳捷改造，逐步形成一个完整的理论体系。

的过程中主要表现出两种心理反应情况：一是当新信息与受众心理定势相一致，新信息被接受和理解的程度更高，而新信息又进一步强化定势；二是当新信息与受众心理定势不尽一致，那么新信息被接受和理解的程度降低，有时甚至出现拒绝接受新信息的情况。在这样的传播环境影响下，中方对外言辞的选用需仔细拣选，既要顾及中国民众的国家荣誉感，同时也应力图避免使中日两国关系陷入无可转圜的境地。例如，在中日争端升级到白热化阶段后，中方仍未将外交制裁和军事介入等严重破坏性措施作为首要考量，而是通过联系实际国情不断强化外交语境，并且辅以顺应中国国民日益高涨的爱国热情及时给予日本迎头一击。

（二）日本方面

在中日历史和现实问题上，日方一直拒不妥协，坚持自己的历史认识论，标榜自身正义、受同情角色。安倍内阁成员利用一切机会，对内协调立场，对外连续针对中、韩的指责发表辩护言辞，并利用一切现实要素进行反击。其特点有：

1. 积极出击，争夺外交话语权

在与中方事关历史和现实问题的争端上，日本虽经常表示愿与中方加强协商沟通，希望通过对话化解双方“误会”，但同时却均设下一些中方不会接受的前提。相比于之前的日本政府，安倍内阁表现得更加自信、主动，甚至在某些言辞举措上表现出显而易见的傲慢，试图在全世界面前抢夺话语主动权。

譬如，在2014年2月1日召开的第50届慕尼黑全球安全会议上，针对中方全国人大外事委员会主任委员傅莹提出的“除非日本领导人能够坦诚面对二战所发生的一切，否则很难成为亚洲伙伴国间具有建设性的成员”① 这一观点，日本外相岸田文雄随即发表言论作出回应，

① “傅莹应邀出席在德国举行的第50届慕尼黑安全会议”，新华社，2014年2月2日，http：//politics. people. com. cn/n/2014/0202/c70731-24276202. html。

“呼吁日本正确对待历史问题，对其在亚洲施行的暴力统治深表遗憾，并强调日本自二战之后就一直坚定奉行和平发展的国家新路线”。[①] 与此同时他主动回击中国，表达了对亚洲安全形势不稳定的忧虑，提出对亚洲军费增长过快问题的担忧（此前，日方一直借助中方军费增长这一话题抛售“中国威胁论”），并提倡日本应加强与欧美之间的互助合作，不断强化地区秩序。

2. 寻求法理依据，彰显日本“大国身份”

安倍在其对外政策宣示中从不避讳其大国抱负，其内阁一方面不遗余力地向外界持续宣扬日本所谓的“大国地位”和“大国责任”，以获得国内民族主义者的民意支持；另一方面，通过对自身地位与责任的预设，安倍内阁也试图告诉包括中国、韩国在内的国际社会在国际舞台上适应日本的存在与作用，同时也要尊重日本作为一个世界大国的尊严，而一个世界大国显然不会轻易且不断地向他国道歉。围绕大国身份的问题，日本从舆论和法理两个层面打出了“组合拳”。

在修改宪法、自卫队行使集体自卫权等问题上，安倍也是不遗余力地向各界灌输个人思想，企图将个人意志变为集体意志。2014 年初，安倍充分利用在众议院发表施政演说的机会，再次宣扬鼓吹修宪。他称，将在“关于重新构筑安全保障法律基础恳谈会”[②] 向政府提交的报告基础上，处理集体自卫权和集体安全保障等问题。

3. 依托联盟，极力协调美日立场

美国作为日本最重要的“靠山”，自始至终对日本的政治、外交走向影响深远。美国对中日历史和现实问题争端一直保持高度关注，并乐于充当“仲裁者”和“调停者”的角色，但其态度自 2013 年 12 月 26 日安倍突然参拜靖国神社后发生较大转变。美国驻日大使馆及美国国务院发言人在安倍参拜靖国神社的当天发表严正声明，表达了对此举的不满，这在日本引起轩然大波。美国作为日本重要的盟友，

① “中日官员在安全会议上隔空交锋”，文汇网，2014 年 2 月 2 日，http：//trans. wenweipo. com/gtob/news. wenweipo. com/2014/02/02/IN1402020013. htm。

② 该恳谈会是安倍为修改宪法解释而设置的智囊机构，该机构 2014 年 4 月向政府提交全面允许自卫队行使集体自卫权的报告。

在该事件的表态上与日本所持观点有所差异，并呼吁日本应尽快寻求解决历史责任认识等重大问题的建设性方法，改善与周边国家的紧张关系，这不能不引起日本政府的重视。

美国态度的转变，对日本的影响刺激较大。在与我国进行外交舆论战的同时，日本也发起多轮游说攻势，加强了与美方的“沟通”和“解释”工作。

结　语

客观而言，历史作为被人们广泛认同的事实，其存在是绝对的，不以日本领导人的否认而消失，日本的对外侵略历史亦是如此。如果日方一味纵容国内的民族主义情绪，在历史问题上拒不妥协，那么只会让东亚曾遭受侵略的国家在对日问题上形成共识，进而被地区孤立，如此，其“大国身份”也难以取得国际社会的认同和道义上的支持。

在这场舆论战中，中方始终坚持主权立场，谋求和平稳定。捍卫国家主权，是政府天然的职责；强化国家安全，是国家利益的首要追求。中日诸多历史问题争端直接涉及到中国的领土和主权完整、民族尊严和荣誉，涉及中国的重大国家利益。正因为如此，在中日历史和现实问题上，中方坚持主权立场不动摇，有理有利有节地捍卫了国家利益与尊严。可以说，自 2012 年野田佳彦政府启动“购岛”程序以来，中国坚定且灵活地采取了外交抨击与力量宣示并行的方式，来维护国家利益；在 2013 底安倍参拜靖国神社之后，中日的对抗因素愈加提升。对待日本可能的挑衅，中国不会有任何的退缩，在打好外交文宣战的同时，切实做好因应危局所需的各项准备。

同时，我们也应该清晰地认识到，日方仍会不断挑衅，蓄意发起事端，以便迎合国内舆论，在修宪问题上谋求实现突破。从目前来看，安倍政府对中日历史和现实问题的基本立场和根本观点不会发生大的改变，中日两国关于历史和现实问题的争端与斗争仍将长期存在。一方面，安倍晋三因为其“安倍经济学”在经济数据上推力显著，在国内获得了广泛的认同，其内阁及自民党的民间支持率持续走高，进入2014年，安倍内阁很难冒着民调下跌的风险，将刚刚获得的对民主党的优势放弃；另一方面，对中国的地区制衡也是日本现实主义思维指导下的必然取向。目前，在对侵略战争的反省不足、在钓鱼岛及东海问题上持续对峙的情况下，骑虎难下的安倍内阁如果不受到切实的国内压力，以及切实的国际社会的普遍压力，单凭中国、韩国及个别国家的文宣战，恐怕难以取得效果。总之，对日斗争将是一场全面的、持久性的较量。

美军撤出阿富汗与美阿关系变化

杨 晨

2014年对阿富汗来说注定是一个特殊之年。随着时间的推移，北约驻阿富汗国际安全部队的撤离期限也越来越近，这场历时13年之久、备受国际社会关注和争议的阿富汗战争也终将落下最后的帷幕。阿富汗的地缘位置十分重要，它是连接中东和欧亚大陆的一个战略要塞，同时也是大国势力横贯东西、纵横南北的必经之地。由此，国际安全部队从该区域撤出必然严重影响阿富汗的重建进程、地区安全形势发展、大国之间的博弈等一系列方面。尤为重要的是，美国作为阿富汗战争的主角之一，其撤军对美阿关系产生的一系列变化更为瞩目。同时，阿富汗作为中国的西亚邻国，其局势发展也攸关中国的稳定与发展。因此，研究美撤军后阿富汗的局势走向、美阿关系的变化对我国评估安全形势，从而制定相应的安全战略也有着重要的作用。

一、阿富汗基本国情

（一）阿富汗的地缘战略意义

阿富汗位居亚洲的中部，陆上邻国较多，它北临塔吉克斯坦、乌兹别克斯坦以及土库曼斯坦，东部和中国、巴基斯坦接壤，西部与伊朗交界。可以说，阿富汗特殊的地理位置，使得它从历史上就是欧亚大陆上人类迁移、征伐、商旅活动的重要通道。近代以来，一些大国出于自身利益的考虑，希望能管控这个枢纽地带。早在19世纪，英国和沙皇俄国就曾激烈争夺过阿富汗的控制权；冷战期间，阿富汗因其特殊的地理位置——南亚的北方门户和波斯湾地区的东部门户——再次被卷入到美苏的全球对抗中；苏联解体后，阿富汗一度呈现“权力真空”，外部介入令其国内战争不断，直到1997年塔利班重新掌控了阿富汗国内局势。与此同时，奉行极端主义的塔利班的上台让伊斯兰恐怖主义在阿富汗找到了庇护所，其中也囊括了“基地”组织。

自“9·11”事件发生后，美国借反恐之名迅速对塔利班以及“基地”组织发动了大规模军事行动，并趁此机会实现了其在中亚地区保有军事存在的目的，华盛顿也在战后深度参与到阿富汗的重建与世俗化改造之中。有世界头号强国之称的美国之所以愿意在这个资源贫瘠、市场狭小的地方投入如此多的成本，其深层原因就是阿富汗特殊的地缘价值。首先，阿富汗是重要的军事战略要塞，对巴基斯坦、伊朗等相邻地区的安全有着十分关键的作用。阿富汗是从地面由北进入南亚（开伯尔山口）、由西进入中国新疆（瓦罕走廊）的关键通道，对中国和印度有重要的安全意义。其次，阿富汗地区是世界上最无序的地区之一，也是“三股势力”的最好藏身地，因而要打击后者，不仅是美国，主要大国都关注这一地区的有序和稳定。美国将改造阿富汗视为其“大中东”民主改造计划的第一环节。第三，阿富汗可作为将中亚里海地区能源向外运送的重要通道。里海地区能源储量十分丰富，但长期以来里海的石油天然气外运管线被俄罗斯垄断。如果西方国家能够有效控制、利用阿富汗，贯通阿富汗到巴基斯坦这一条线路，这样不仅缩短了与海洋的距离，也多了一种战略选择。第四，西方国家一向将阿富汗视为推广其民主价值观和社会制度的工具，他们殷切盼望亲西方的民主政权能够扎根于阿富汗，借此给中亚和西亚国家做一个典型示范。

(二) 阿富汗战争后国内政治基本情况

"9·11"事件后，美国联合阿富汗北部的"反塔联盟"（"北方联盟"）发动了推翻塔利班政权的阿富汗战争。在内外打击下，塔利班政权迅速瓦解。在美国的大力支持和推动下，阿富汗临时政府于同年12月22日迅速成立，具有亲美倾向的哈米德·卡尔扎伊担任主席，就此拉开重建阿富汗的序幕。政治方面，2004年以美国宪法为模板的阿富汗新宪法通过，并于同年举行了总统选举，卡尔扎伊胜出。次年，还进行了议会选举。2005年以前，迫于驻阿美军不断围剿的压力，塔利班只是出动少批力量制造破坏活动，主要是袭击一些驻阿的西方救援机构，来迫使救援机构撤出阿富汗，这些活动主要集中在阿富汗南方农村。因此，阿富汗更为动荡的区域主要集中在兴都库什山以南、巴米扬以东的区域。2005年以来，阿富汗的国内安全形势依旧持续恶化，塔利班武装从分散逐渐走向重组，控制了阿富汗国内数个省份，相比之下，卡尔扎伊政府所能控制的范围只是喀布尔周边地区，这使阿富汗重建工作面临巨大的困难。

2009年8月20日，卡尔扎伊在阿富汗第二次民主选举中再次当选为总统。此次民主大选的结果对于重建阿富汗具有相当重大的影响。为了能够更有效地推动国内局势加快安稳步伐，这一任期刚刚开始，卡尔扎伊就推出"和解与再融合"计划，希望借此吸引塔利班成员的注意，通过推出一些优越的谈判条件来和塔利班高层展开对话并尽可能达成和解，在计划中提到当局将为塔利班中下层成员提供包括就业机会在内的各种社会福利，借此敦促他们能够放弃武装抗争，重新融入到阿富汗主流社会中，推动国内社会发展进入正常轨道。[①] 2010年1月，阿富汗国际会议在伦敦召开，此次会议吸引了70多个国家和国际组织到场。会议最终发表了名为《阿富汗领导、地区合作

---

① "阿富汗政治和解进程荆棘丛生"，中国国际问题研究所官方网站，2011年8月3日，http://www.ciis.org.cn/chinese/2011-08/03/content_4381341.htm。

和国际参与》的公报，[①] 旨在推动并协调国际合作，主要集中在安全、治理与发展以及促进区域合作这三个领域，公报还强调协助阿富汗的重建努力并且实现民族和解。同时，与会代表表示，支持卡尔扎伊提出和解方案，承诺帮助阿富汗安全部队进一步提高控制国内局势的能力，并依据阿国内形势来逐步向阿富汗当局移交安全责任。联合国秘书长潘基文表示，这次会议的意义十分深远，它对阿富汗与国际社会之间的关系进行了一次重新定义，并强调不能只是单纯地从军事方面来着手解决阿富汗问题，更要注意到和平与和解是相互关联、不可分割的。[②] 阿富汗和解的首要任务就是与塔利班顺利达成和解。2010 年 9 月，阿富汗又一次举行了国民议会选举，这次选举是自塔利班政权倒台之后的第二次国民议会选举。由此，阿富汗国家政治体系在经历过这次的议会选举以及 2009 年的总统选举后，已经初具规模，这也象征着阿富汗和平重建历程又向前迈了一大步。自 2010 年来，在阿富汗政府和民众的共同努力以及国际社会的大力支持下，阿富汗的和平进程在取得积极进展的同时，也面临着许多严峻挑战，所以说，阿富汗走向和平之路依旧漫长，任务依旧艰巨。

2014 年的总统大选作为推动阿富汗和平重建的重要一部分，无疑是其国内政治形势走向的关键。阿富汗于 2014 年 4 月 5 日举行总统大选投票，安全部队出动近 40 万兵力对整个投票活动进行了严密控防。塔利班声称投票当日，他们在境内发动了 1000 多次袭击，而阿富汗安全部队立即进行了驳斥，他们表示投票日当天确实发生了武装袭击，但只有几十起，并没有塔利班形容的那么夸张。[③] 据统计，此次投票率约为 60%，和上一次选举相比，这一次的投票率大幅度提

---

① “Communiqué - Afghan Leadership, Regional Cooperation, International Partnership”, Permanent Mission of Afghanistan to the United Nations in New York, http: //www. afghanistan-un. org/2010/01/afghan-leadership-regional-cooperation-international-partnership.

② “阿富汗问题：伦敦会议提出三方向”，光明网，2010 年 1 月 29 日，http: //www. gmw. cn/content/2010-01/29/content_ 1046620. htm。

③ “王世达：阿富汗新总统将花落谁家”，海外网，2014 年 4 月 9 日，http: //opinion. haiwainet. cn/n/2014/0409/c353596-20509189. html。

升。事后，阿富汗独立选举委员会则表态，这次选举过程大体顺利平稳。[①] 这在一定程度上也意味着阿富汗权力移交进程有了一个良好的开端。

二、2001年阿富汗战争及美国在阿富汗的军事存在

震惊中外的“9·11”事件发生后，美国政府认定本·拉登及其领导的“基地”组织是这次恐怖事件的策划者和实施者。美国在2001年10月7日，以阿富汗塔利班政权庇护本·拉登为由发动了阿富汗战争，开始了美国在阿富汗漫长的反恐战争。美国在经过短暂的准备之后，发动了多轮军事行动，其打击对象直指阿富汗塔利班政权和“基地”组织，美军在战争初期进展得异常顺利。美国凭借着强大的军事实力，到当年的12月11日为止，成功推翻了塔利班政权。接着，美国又迅速协助组织了阿富汗过渡政府，哈米德·卡尔扎伊就任主席。为了进一步巩固在阿富汗的主导地位，美国大力支持阿富汗政治、安全重建工作。据2002年7月7日的美国《华盛顿邮报》称，美国已经决定改变在阿富汗的军事行动方式，转换驻阿美军的角色，并且强调支持阿富汗新政府的各项工作。[②] 在这种情况下，驻阿美军的部分主力部队能够暂时从反恐行动中腾出手来，帮助卡尔扎伊政府进行一些“威慑”任务，借此来应对阿富汗军事反对力量和地方军阀针对阿过渡政府的一些军事进攻行动。2005年5月，卡尔扎伊又一次访问美国，在此次访问中，他与美国签署了建立两国战略伙伴关系的协议，正式确立了美国与阿富汗的战略伙伴关系。此举无疑彰显了美

① “阿富汗大选开启权力移交进程”，新华网，2014年4月7日，http://news.xinhuanet.com/2014-04/07/c_1110130523.htm。

② “难买阿富汗人心，美国在阿处境不乐观”，人民网，2002年7月10日，http://www.people.com.cn/GB/guoji/24/20020710/773145.html。

国对阿富汗新政府的支持。

阿富汗过渡政府成立后不久，美国便又将矛头指向了一直与美国不和的伊拉克萨达姆政权。2003 年 3 月 20 日伊拉克战争爆发，美军力量不得不从阿富汗地区分散，这给了“基地”组织和阿富汗塔利班势力一个有利的喘息机会，塔利班武装力量死灰复燃。自 2006 年开始，塔利班分子和“基地”成员逐渐活跃起来，采取多种方式对以美军为首的北约驻阿富汗联军进行反击，使得美军在阿富汗战场上兵力开始吃紧。因此，美国积极地呼吁其他国家，尤其呼吁北约盟国应当派遣更多的部队，来进一步稳定阿富汗的局势。

但自从奥巴马问鼎白宫以来，他重新评估了美国在阿富汗和巴基斯坦的“反恐”战略，并决定美军战场重心将随着伊拉克驻军的撤出而由伊拉克向阿富汗转移。2009 年 2 月 17 日，奥巴马宣布从伊拉克撤出部分军队，并向阿富汗驻军增加 1.7 万人。一个月后，奥巴马宣布实行“阿富汗－巴基斯坦”反恐新战略，旨在打击“基地”恐怖组织，扭转日益恶化的阿富汗安全局势，改善这一地区安全形势，确保美国不再遭受恐怖袭击。在该战略中，美国将阿富汗和巴基斯坦视为一个不可分割的整体，特别是将巴基斯坦纳入反恐主战场。美国国会还计划未来的五年内每年向巴基斯坦拨款 15 亿美元，作为直接援助金用来帮助巴基斯坦建设基础设施并协助其发展边境经济，以此来换取美国反恐行动能够获得巴方积极配合。另一方面，美国又向巴政府和军方施加压力，要求其必须在反恐上有所作为。根据这项新战略，美国还将继续向阿增派大约 4000 人的兵力，以此来更好地改变军事行动的重点，转而主要集中在帮助阿富汗安全部队更好地进行训练活动，同时推动阿军队规模逐步扩大。此外，美国多次在公开场合向北约盟国提出倡议，敦促他们向阿富汗增派军事训练人员，力争在 2011 年前将阿富汗军队扩至 13.4 万人，使阿富汗的警察部队人数达到 8.2 万人。[①]

---

① “奥巴马宣布对阿富汗新战略”，新华网，2009 年 3 月 28 日，http：//news.xinhuanet.com/world/2009-03/28/content_11086842.htm。

美国在阿反恐旷日持久，伤亡人数也屡创新高。美国不断追加军费开支，意图来改变它的不利处境，这又招致美国民众反战情绪的高涨。美国国内反对阿富汗战争、呼吁美军撤离的声音越发引人注目。2009 年 10 月，美国公开承认阿富汗塔利班东山再起，阿富汗国土超过 3/4 的范围又重新落入塔利班的“魔爪”中。面对阿富汗严峻的形势，奥巴马时隔不到两月又一次宣布新的阿富汗战略，在这次的战略中美方决定增派 3 万兵力，并把美军撤离阿富汗的起始时间设在 2014 年 7 月，但没有明确截止日期。[①] 2011 年 6 月，奥巴马正式公布了美国从阿富汗撤离的计划，声明 2014 年将把所有作战部队从阿富汗撤回，并把安全控制权交还给阿执政当局。这一撤军行动于 2011 年 7 月正式启动。另一方面，奥巴马政府为了能够实现其在 2014 年后继续在阿富汗保持合法军事存在的愿望，也加紧和阿富汗政府就签署《美阿战略伙伴关系》的相关问题进行谈判。

三、美国从阿富汗撤军之前后

（一）美国对阿富汗战略调整及撤军计划的实施

奥巴马政府不断调整阿富汗政策，综合各方面因素的考虑，逐步舍弃了初始目标，即“从彻底铲除转变为将目标定为重点打击‘基地’及其附属武装，避免其继续利用阿富汗领土来威胁美国本土及盟国安全”。[②] 同时，美国在对“后美军时代”的基本规划中愈益强调阿富汗的重要地缘战略位置，坚定其在 2014 年后保持在阿军事存在

---

① “Ambassador Holbrooke Briefs on Situation in Pakistan，Afghanistan”，23 October 2009，http：//tunisia. usembassy. gov/policy/online-dossiers3/afghanistan/ambassador-holbrooke-briefs-on-situation-in-pakistan-afghanistan. html.

② “Afghan Strategy has Loomed over Obama Presidency”，22 June 2011，http：//thecaucus. blogs. nytimes. com/2011/06/22/afghan-strategy-has-loomed-over-obama-presidency/.

的决心，务必构建一个由其主导的区域安全框架，以便其更好地谋取在亚欧大陆核心地带的地缘政治优势。

阿富汗撤军进程从2011年7月起正式启动。[①] 至2012年底，美国已经将3.3万名军人撤出阿富汗。奥巴马在2012年12月召开的联合国大会上宣称，美国已经着手向阿富汗当局移交权力，美国及其盟友会按期结束这场战争。2013年1月，奥巴马在与卡尔扎伊会晤时也表示，美国已经完成了打败“基地”组织的政策目标，国内的安全责任将完全由阿富汗当局来承担，这场战争即将以负责任的方式结束。[②] 同年2月中旬奥巴马发表声明，从当年春季开始，美国在阿富汗已经从作战角色转变为发挥支持作用，阿富汗政府军马上要承担主要的安全责任，为了能够按照许诺的一样，在2014年年底前结束阿富汗战争，2014年美国将要从阿富汗撤走3.4万名美军，而留驻下来的美军的主要任务也将发生改变，大体上将从一线作战化转为二线支援。[③]

同时，围绕着战略伙伴关系建立的主题，美阿双方进行了多次谈判，美军力图在2014年后依旧在阿保持合法的军事存在，这一主张始终是双方谈判的焦点以及争议的核心。为了解决这一议题，阿富汗当局在美国的大力支持下，于2011年11月16日召开“大支尔格”会议。经过一番白热化的讨论，最终会议通过决议，支持阿富汗当局与美国签署《战略伙伴关系协议》，协议的有效期为十年。此协议允许在2014年后美军可保留部队继续驻扎在阿富汗，并规定在阿富汗境内，如果美国遭到了他国的攻击，阿政府必须向其提供必要援助，同时也明确强调美国不能够利用阿富汗领土对其

---

① “Obama announces plan to bring home 33000 ‘surge’ troops from Afghanistan”, *The Washington Post*, 23 June 2011.

② “10k US troops to stay in Afghanistan past 2014 deadline”, 26 November 2012, http://rt.com/usa/us-troops-2014-afghanistan-625/.

③ “Obama announces 34, 000 troops to come home”, CNN News, 13 February 2013, http://edition.cnn.com/2013/02/12/politics/obama/sotu/afghanistan-troops.

他国家的安全造成威胁。①

（二）美国撤军阿富汗的政策考量

促使美国从阿富汗撤军的因素有多种。首先，奥巴马政府一直在为从阿富汗撤军做舆论准备。奥巴马自入主白宫以来便一再强调，美国在阿富汗的战略目标并不只局限于建立一个稳定的阿富汗政权，也不是为了最终打败塔利班，美国留在阿富汗的唯一原因是“基地”组织的存在。奥巴马宣布加快从阿富汗撤离的理由，是美国已经在阿富汗境内打赢对“基地”组织的战争。但奥巴马很少提及与塔利班的战事，给外界的印象是美国并未真正与塔利班开战。美国强调在阿富汗的战略利益只是清除针对美国的恐怖主义，一旦恐怖主义威胁已从根本上减轻，便不值得再为此耗费大量金钱和生命，尤其是在击毙本·拉登之后。②

除此之外，奥巴马急于从阿富汗的战争泥沼中脱身还有其他考量因素。自2001年阿富汗战争爆发以来，美军在阿富汗战争中死伤人数较多，国内外民众反战情绪较高。下表是布鲁金斯学会在2014年统计出来的数据，里面有详细的美军在阿富汗战争中牺牲的人数。可以看出，在阿富汗战争中，美军的损失也较大。另外，美国对外政策的关注重点向亚太等地区转移也是重要影响因素之一，包括中美关系和美国的“亚太再平衡”战略、朝鲜半岛紧张升级、美国与伊朗关系等。不言而喻，美国调整安全重心并且重新定位自己的全球反恐战略，与其在中南亚地区的反恐政策调整互相呼应，对美国在阿富汗及中南亚地区的反恐局势产生了十分明显的影响。

---

① Yaroslav Trofimov and Maria Abi-Habib, “Karzai Seeks Backing for US Partnership”, *The Wall Street Journal*, November 16, 2011.

② “National Strategy for Counterterrorism”, 4 June 2011, http://www.whitehouse.gov/sites/default/files/counterterrorism_strategy.pdf.

各年份不同死因的致死人数表

年份	简易爆炸装置	自杀式袭击	迫击炮/RPG/火箭弹	地雷	直升机损毁	空军损毁	被敌击毙	非战斗导致	总计
2001	0（0%）	0（0%）	0（0%）	0（0%）	2（16.7%）	0（0%）	4（33.3%）	6（50.0%）	12
2002	5（10.2%）	0（0%）	1（2.0%）	1（2.0%）	4（8.2%）	18（36.7%）	12（24.5%）	8（16.3%）	49
2003	1（2.1%）	0（0%）	0（0%）	0（0%）	19（39.6%）	0（0%）	12（25.0%）	16（33.3%）	48
2004	12（23.1%）	0（0%）	1（1.9%）	1（1.9%）	2（3.8%）	3（5.8%）	10（19.2%）	23（44.2%）	52
2005	18（18.2%）	0（0%）	2（2.0%）	5（5.1%）	36（36.4%）	1（1.0%）	20（20.2%）	17（17.2%）	99
2006	27（27.6%）	3（3.1%）	1（1.0%）	1（1.0%）	21（21.4%）	0（0%）	33（33.7%）	12（12.2%）	98
2007	33（28.2%）	1（0.9%）	9（7.7%）	1（0.9%）	13（11.1%）	0（0%）	35（29.9%）	25（21.4%）	117
2008	84（54.2%）	4（2.6%）	7（4.5%）	2（1.3%）	2（1.3%）	0（0%）	36（23.2%）	20（12.9%）	155
2009	142（45.5%）	8（2.6%）	21（6.7%）	0（0%）	13（4.2%）	2（0.6%）	91（29.1%）	35（11.2%）	312
2010	257（51.5%）	8（1.6%）	16（3.2%）	0（0%）	20（4.0%）	0（0%）	164（32.9%）	34（6.8%）	499
2011	183（43.8%）	9（2.2%）	12（2.9%）	0（0%）	35（8.4%）	0（0%）	132（31.6%）	47（11.2%）	418
2012	104（33.5%）	12（3.9%）	5（1.6%）	0（0%）	21（6.8%）	1（0.3%）	116（37.4%）	51（16.5%）	310
2013	40（31.3%）	6（4.7%）	12（9.4%）	0（0%）	20（15.6%）	4（3.1%）	28（21.9%）	18（14.1%）	128
2014	1（8.3%）	0（0%）	2（16.7%）	0（0%）	2（16.7%）	0（0%）	5（41.7%）	2（16.7%）	12
总计	907（39.3%）	51（2.2%）	89（3.9%）	11（0.5%）	210（9.1%）	29（1.3%）	698（30.2%）	314（13.6%）	2309

（三）美撤军后阿富汗的局势走向

自2009年奥巴马推出“阿—巴新战略”以来，尤其是2011年7月阿富汗撤军行动正式开启后，阿富汗的形势呈现出崭新的面貌。这引起了国际社会的广泛关注。目前阿富汗局势呈现出以下特点：

第一，对塔利班的军事打击仍是阿富汗国内安全的主要任务。

这主要表现在两个方面：一方面是阿富汗对塔利班依旧维持着一种高压态势。自2010年以来，驻阿安全援助部队协同阿富汗国防军，针对塔利班组织进行了多轮大规模军事行动，重点打击塔利班组织的聚集地，在一定程度上压缩了他们的活动范围，打压了其嚣张的气焰。另一方面则表现在阿富汗国内的安全力量得到迅速的提升。美国向阿富汗先后派遣了数百名官员和专家以协助驻阿最高指挥官处理相关事宜，为了帮助阿富汗军警更好地进行相关训练，还特别配置了很多政府顾问。

美国撤军势必打破阿富汗国内原有的安全局势，阿富汗未来安全局势的复杂性和不确定性也增加了不少。此外，也应认清塔利班其实远远没有外界渲染的那么强大。据英国国际战略研究所计算，塔利班武装为2万—3万人，缺少外部支援和重型武器，并不具备进行大规模进攻战的能力。[①] 相比之下，阿富汗政府的安全部队已增至35万，其中包含将近20万人的军队。除此之外，阿政府还有人数较为庞大的地方警察、农村安保人员以及一些辅助部队。显而易见，塔利班要在短期内实现翻盘的可能性并不大。

第二，阿富汗当局与塔利班出现妥协可能。

美国眼见运用残酷的高压政策无法获得完全的战场胜利，而又得在2014年7月之前以一个体面的姿态退出阿富汗，不得不将原定与

---

① “Afghanistan's Security Transition Reaches Key Point”, *Strategic Comments*, Vol. 19, Issue 2, 2013.

塔利班谈判的前提，即“弃武”、“守宪”、“切割”，转变为谈判的目的。[①] 另一方面，塔利班领导层内部针对美军撤出后阿富汗的局势发展虽然表现出一定的信心，但对当前局势却选择了相对机动的做法，对和解的态度也不再像从前那般坚决抗拒。

但可以明确的一点是，美军撤离后，阿富汗的和解形势依旧不容乐观，国内局势仍将持续紧绷。2014 年 4 月 5 日，阿富汗举行总统大选。现总统卡尔扎伊已经连任两届，根据阿富汗宪法规定，他已经没有资格继续参选。这次大选关系到美撤军后阿权力交接，其重要性不言而喻。目前，阿富汗政坛有两大松散的政治派别：一派以卡尔扎伊为中心；另一派从北方联盟分化而来。两派的社会基础分别是普什图人与阿少数民族，阿总统一职之争其实就是这两者间的竞争。这次大选，一旦反对党领袖、北方联盟的阿卜杜拉当选，长期处于统治地位的普什图人将被边缘化。其结果可能会使普什图人进一步倒向塔利班，最终使阿社会和解和安全形势改善更为艰巨。

第三，外部大国相继介入战后阿富汗的重建与改造，令阿政府未来的政策倾向趋向复杂化。

近年来，国际社会也在不断对阿富汗提供资金方面的援助。例如在 2012 年 7 月 8 日，阿富汗重建问题国际会议在东京举行。会议通过了《东京宣言》，指出国际社会截至 2015 年，将至少提供 160 亿美元的资金援助阿富汗。[②] 国际援助极大地促进了当地的经济重建。同时，阿富汗政府的财政实力也在大量外援的支撑下得到了十分明显的提升，阿富汗国内的大型基础设施不断增加。

但是，阿富汗经济发展基于大量外援，经济重建严重依赖外部资金。撤军后，相应的外援也会逐渐减少，这无疑是对阿经济建设的巨大挑战。而且撤军之后混乱的安全局势也将带来经济建设停滞，社会经济问题必然层出不穷。

---

① “马加力：驻军阿富汗是美插进中亚的重要战略楔子”，新华网，2013 年 1 月 25 日，http：//news. xinhuanet. com/world/2013-01/25/c_ 124254053. htm。

② “国际社会承诺将向阿富汗提供 160 多亿美元资金援助”，新华网，2012 年 7 月 8 日，http：//news. xinhuanet. com/world/2012-07/08/c_ 112386041. htm。

对美撤军后阿富汗重建前景的评估，西方学界“崩溃论”者和“乐观论”者皆有。“崩溃论”者认为阿政权难以维系，并可能导致内战和塔利班上台；“乐观论”者认为国际社会对阿富汗问题的担忧被夸大，美撤军不会对阿造成多大影响。[①] 两者都有言过其实或过于简单之嫌。目前，阿重建存在更多有利之处，主要有：政府是民选政府，尊重伊斯兰传统；常年动乱使得民众对安全稳定更为渴望。特别重要的一点是，国际社会允诺未来十年继续向阿富汗提供援助，阿重回之前的孤立状态可能性不大。因此，总体而言，尽管在美撤军后阿富汗局势可能会产生一些波动，但定数大于变数，前景总体向好。

四、美国撤军对美阿关系的影响

随着美撤军进程的步步推进，美国和阿富汗之间的关系也发生着明显的变化。美国和阿富汗的“战略伙伴关系”是否会随着美国军队的撤离发生根本性变化，这一疑问已经在早些时候被美阿双方予以否认。2011 年美国高官在联邦参议院情报委员会听证会上表示“阿富汗国内的安全状况已经渐渐步入正轨，美国撤军不会影响两国关系”。[②] 总的来说，美国撤军对美阿关系的走向主要在三个方面有所影响。

第一，在外交层面上，已成为美国战略伙伴的阿富汗的战略地位更加重要。考虑到阿富汗的关键地理位置，美国方面认为现阶段的主要任务就是在 2014 年后能够继续保持在阿的力量存在，构建一个地区安全框架，这个框架必须是以美国利益为核心，由美国占主导权，以便其谋取在亚欧大陆核心区域的地缘政治优势。

---

① Katerina Oskarsson, "Prospect for a Crisis in Post 2014 Afghanistan", The Civil-Military Fusion Centre, 2013.

② “美高官称阿富汗安全已改善撤军不影响美阿关系”，中国新闻网，2011 年 6 月 24 日，http://www.chinanews.com/gj/2011/06-24/3135690.shtml。

对美国而言，阿富汗汇聚了中国、俄罗斯以及伊斯兰世界这三大重要地缘力量，它无可厚非地成为了一个重要制点，在美国的全球战略布局中处于十分关键的地位。美国撤军也是美国全球战略调整的一部分措施，在一定程度上降低了对阿富汗的直接管控。与此同时，随着美国撤军带来的局势变化，中国、俄罗斯、中亚等国对阿政策必将进行适当调整，阿富汗的战略平衡性也将不断增强，美国对阿富汗的战略关注度将继续维持较高程度。

第二，美阿双方在军事合作层面将继续保持紧密联系。为了确保撤军后的阿富汗能够继续维持局势稳定和国内安全，美国和北约共同努力，采取了各种各样的办法。美阿两国通过签订《战略伙伴协定》，保证了撤军后美国依旧可在阿富汗保留 1.5 万—2 万人的部队作为顾问和训练人员。① 另一方面，美国还保留了在阿富汗及邻近国家的军事基地。美军的撤离并不意味着反恐战争的完全胜利，塔利班势力仍旧是“老大难”问题，因此，美阿双方的军事合作也将持续进行。

第三，在经济援助方面，美国将积极号召其他国家及国际组织加大对阿富汗的经济援助，同时，美国也将继续为阿富汗提供必要的资助，但也更加强调阿富汗当局和周边地区应当负起更多的责任。随着阿富汗撤军计划一步步落实，经济因素也是美国运用其战略的重要内容之一。怎样更好地维系自身与阿富汗及地区相关国家的关系，促进双方甚至多方的长期友好协作，开展和推动经贸合作无疑成为一个关键要素。但是美国对阿富汗的长期投入，也使得它面临着巨大的经济挑战，因此美国政府强调阿富汗政府应在对本国承担更多责任的同时，大力倡导国际社会共同努力，积极呼吁国际社会的参与、帮助。例如，在波恩会议（2011 年 12 月 5 日召开）上，1000 多名来自不同国家和国际组织的代表参加了会议，他们针对阿富汗未来发展之路进行了激烈的讨论，互相交流意见。以美国为首的援助方承诺将为阿提供长期支持，旨在避免阿富汗在 2014 年后再度成为恐怖势力的庇护

① “中美在阿富汗开展合作的基础及前景”，中国国际问题研究所网站，2013 年 6 月 4 日，http：//www.ciis.org.cn/chinese/2013-06/04/content_ 6004353.html。

所，以免恐怖组织有机可乘。

同时，阿富汗与美国维护好“战略伙伴关系”也有利于维持其政权生存，提升其执政的合法性。目前，阿富汗安全部队人数已达35万，但其军事人员主要为轻装步兵，缺乏重型作战装备，这就依旧需要联军来为他们提供情报以及进行火力支援方面的工作。[①] 近年来阿富汗经济虽然得到了增长，但仍主要来自于国际社会的援助资金，国内尚未形成稳定的内生式经济增长机制。简言之，阿富汗政府在安全、经济和财政等各方面均离不开美国的支持。美国明确表示会坚定不移地帮助阿富汗维护主权独立、领土完整以及国家统一，它将会向阿富汗提供长期的安全和防务援助，绝对不会抛弃阿富汗。这对阿富汗维持2014年之后的政权生存意义重大。因此，美军撤离阿富汗使得美阿关系走向总体明确，波动不大。

五、小结

2014年无疑是阿富汗转型的关键之年，以美国为首的北约国际安全援助部队在年底会从阿富汗大规模撤出，阿富汗未来局势的发展步入关键阶段。在思考阿富汗撤军后局势走向方面，有几个因素是不可忽视的：首先就是美阿之间签署的《双边安全协议》，其次是国内和解问题，第三是总统选举问题等一系列错综复杂的要素。值得注意的是，阿富汗的生死存亡也将在更大程度上与同地区国家紧密联系在一起。美国撤军后美阿之间的战略伙伴关系也会受到一定程度上的影响，但总体形势向好。

同时，值得注意的是，美军撤离阿富汗对中国安全形势也有重要影响。自古以来，阿富汗就是中国的友好邻邦，阿富汗稳定与否不仅关乎中国的经济利益，也对中国反恐和地区战略有极其关键的影响。

---

① “Afghan General Sounds Alarm”, *The Wall Street Journal*, February 20, 2012.

该国伊斯兰主义的上升和恐怖主义势力抬头以及塔利班组织不断发动攻势，这一系列不利因素不仅会给中亚地区安全形势带来新的挑战，也严重威胁到中国的安全。可以说，撤军后的阿富汗局势给中国安全形势方面带来的压力也不容小觑，中国面临着更大的挑战。

中国外交面临的新挑战，是怎样在美国和北约撤军后捍卫自身在阿富汗的利益。中国经济要想实现快速及可持续的发展，离不开和平稳定的世界环境。可以说，实现经济快速发展与维护世界和平，两个目标相互联系。因此，中国一方面要强化与联合国在维护全球与地区和平方面的合作；另一方面也要妥善处理好中美关系，同时借助以上海合作组织为典型的系列多边机制，积极与周边国家开展有效的合作。上海合作组织是包括中国、俄罗斯和主要中亚国家参加的地区性国际组织。目前，上合组织所有成员国聚焦阿富汗，密切关注撤军后阿富汗的局势走向，如何更有效地应对阿富汗问题将考验每一个组织成员。中国应审时度势，尽一切可能，最大程度地降低阿富汗局势恶化带来的风险，大力巩固西部地区的政治稳定、经济发展和边界安全，共同致力于构建一个稳定发展、互助共赢的安全秩序。

外交官事件折射出的美印关系

杨　晨

2013 年 12 月 12 日，印度驻纽约副总领事德夫亚尼·科布拉加德在送女儿去学校的路上遭到纽约警方的拘捕，警方还当场对她进行了搜身检查。这件事情招致印度方面的强烈不满，美印两国间的外交风波就此爆发。同年 12 月 17 日，印度一些高级官员在评论此事时使用了诸多强烈措辞，使得风波更盛，带来华盛顿和新德里之间一阵外交寒意。冷战结束后，美国和印度之间的关系迅速升温，逐步走向了战略伙伴关系。美国自 2004 年以来逐步取消了对印度的核制裁，作为回应，印度也在反恐和中东战争等问题上积极配合美国，两国之间的经贸合作越来越密切。然而，两国之间也存在不少分歧。外交官事件的爆发，无疑是美印关系矛盾的一个重要表现，自然引起了各方的强烈关注。

一、冷战后美国与印度关系概述

冷战期间，美印关系的主要特点表现为冷淡和猜忌。印度的不结盟政策和其军事上对苏联的严重依赖是美国对之不信任的根源。而对印度而言，其在南亚地区占据了不容挑战的优势地位，美国对巴基斯坦的军事援助破坏了这种优势。可以说，冷战期间美印之间的关系很不稳定。

冷战的结束为美印关系的发展提供了新的空间。印度积极谋求改善与美国的关系。印度拉奥总理上台后，发表的第一个外交政策声明就强调印度“非常重视”美国。拉奥 1994 年访问美国时，在同美国发表的联合声明中表示美印两国将“建立一种新的伙伴关系”。拉奥访美后，美国各路高官纷纷访问印度，双方互动频繁，美印关系进入了一个新阶段。

在克林顿的第二任期，美印关系实现了真正意义上的突破性进展，其重要标志就是 2000 年 3 月克林顿的南亚之行。这也是自 1978 年以来美国总统第一次访问印度，在这次为期一周的访问中，克林顿几乎将时间都分配给了印度。这次南亚之行克林顿收获颇丰，双方签署了题为《印美关系：21 世纪展望》的联合声明，这对美印两国都具有十分重要的意义，它象征着美印之间将致力于建立一种持久的、经济上有效益的、政治上有建设性的新型伙伴关系。同时，针对克什米尔问题，克林顿的态度发生变化，不再执着于 1948 年联合国要求的全民公决。克林顿访印表明美国改变了对印度的固有认知，其南亚政策由过去的保持“均势”转为向印“倾斜”。

小布什担任美国总统后，克林顿政府的“重印轻巴”政策得到了延续，小布什继续强调同印度进行战略对话是十分重要的。布什认为，印度是“一个上升的世界大国”，具有“作为一个全球市场的潜力”,① 并将其看作是维护亚洲安全的关键因素之一。印度方面也积极回应，先是支持美国的国家导弹防御计划（NMD），接着在“9·11”事件发生后，竭力配合美国联手打击恐怖主义。2002 年，美国表示将“全力以赴，积极推动同印度建立起强有力的双边关系”。2004 年 1 月，美印将双边合作扩大到三个特别领域：非军用核活动、民用空间项目，以及高技术贸易。另外，在导弹防御领域美印双方达成共识，表示会拓展对话加强沟通。美印双边关系持续升温，两国国防部长于

① Robert D. Blackwill, The Future of US-India Relations [Z]. Mumbai, September 6, 2001.

2005年6月就防务关系签署了新的协议，此项新协议表示两国将共同协作生产尖端武器。同年7月18日，印度总理辛格访问美国，此次访问美印两国领导人洽谈得十分顺利，最后双方将两国关系提升到“全球伙伴关系”；在2008年，美印双方又拓展了核能合作领域，在当年10月共同签署了《美印民用核能合作协议》，双方联系愈发紧密。显而易见的是这项协议的正式生效有其特殊的含义，这不仅象征着美国事实上承认了印度的核国家地位，更象征着美印战略伙伴关系迈上了新的里程。

奥巴马执政以来，美印之间的交流更是有增无减，双方围绕经济贸易领域进行磋商，共同达成了一系列的框架协议，希望通过彼此的努力来促进两国间的贸易和投资合作，使经贸合作越发紧密。同时，美印双方举行战略对话，加强双方在安全、经济等各领域的合作。美印两国领导人于2013年9月召开双边峰会，加上这次，两国领导人的双边峰会已举行了三次，在此次会议中奥巴马称美印两国间的关系也是“21世纪具有决定性的伙伴关系之一”。[①] 美印两国高层间的磋商也定期举行，其话题主要是针对区域安全问题方面，针对多边合作的工作也越来越积极。美印关系的节节升温，也引起国际舆论广泛关注。

尽管美印关系不断升温，但战略伙伴关系发展的背后仍有暗流涌动。

首先是美印国家利益之间的博弈。美国长期以来奉行的是实用主义的外交政策。部分印度专家学者宣称，在印巴关系问题上美国总是采取偏袒巴基斯坦的态度，现在却向印度“套近乎”，只不过是因为其战略重心作出调整，移向亚太，要将视印度作为制衡中国崛起的一枚“棋子”。[②] 另一方面，美国的部分官员和专家也抱怨说：“印度呈

① “美高官力促美印关系升温 欲加速‘再平衡’战略”，环球网，2013年11月21日，http：//world. huanqiu. com/exclusive/2013-11/4589127. html。

② “美印军事合作能走多远”，新华网，2012年7月5日，http：//news. xinhuanet. com/world/2012-07/05/c_ 123371887. htm。

现给美国的印象较为自私，往往在按照自身利益行事。”[①] 在伊朗问题这一敏感领域，印度的表现更是让美国感到失望，印度不仅不愿意响应制裁伊朗的号召，且毫不客气地拒绝了美国提出的巨额军火交易合同。按照美国的意愿，印度应该成为美国实现“永恒利益”的一个重要工具，但是印度的做法老是背道而驰，印度总是渴望在具体事务上能够和美国处于一种平等的地位，而不是扮演“顺从”、“跟班”的角色，因此为了实现双方各自的利益，美印双方之间的博弈必将愈演愈烈。

其次在经济方面，美印双方存在着相互依赖中的严重不对称问题。目前，虽然印度最大的贸易伙伴和投资来源国是美国，但是比较美国的对外贸易总额，美印的双边贸易额所占比重却十分低。据资料统计，印美贸易额为600多亿美元，这一份额仅仅占中美贸易额的1/8（2014年1月16日，中国商务部公布的数据显示，在2013年中国和美国的贸易总额为5210亿美元）[②]。另外，据2014年美国商务部公布的数据显示，美国在2013年的进出口货物贸易总额为39104.1亿美元。[③] 可以看出对美国来说，它在印度的贸易和投资规模相较于其全球经济份额来说是非常小的。在各界人士看来，美印双方的贸易潜力不可估量，绝不可能也不应该止于此。据路透社2013年9月26日刊文称，印度受外国主导其贸易活动的阴影较重，在2014年大选之前，印度政府更是难以促进那些看似有利于美国企业的经济改革；另一方面，美国的一些印度企业对于其技术员工的旅游签证受到限制这一问题颇有怨言。印度的外包政策，特别是在IT、医药、零售领域引发争论不断，很多美国公司对从印度进口的东西，不管是什么，都认

---

① “新华国际时评：印美关系隔层皮”，新华网，2012年6月12日，http：//news. xinhuanet. com/world/2012-06/12/c_ 112201098. htm。

② “商务部召开例行新闻发布会（2014年1月16日）”，中华人民共和国商务部网站2014年1月16日电，http：//www. mofcom. gov. cn/xwfbh/20140116. shtml。

③ “美公布2013年国际贸易数据，货物及服务贸易逆差下降11.8%”，中华人民共和国商务部网站2014年2月7日电，http：//www. mofcom. gov. cn/article/i/jyjl/l/201402/20140200479485. shtml。

为是“不公平”的。[①] 2013年7月，奥巴马收到来自170多名美国议员的联名信件，联名信称印度大量劳动力涌入美国市场从而使得美国就业压力剧增。随后美国副总统拜登访问印度，在访问期间他指出印度在将市场开放给美国企业时老是呈现出一副畏手畏脚、犹豫不决的态度。面对美国不断施加的压力，印度最后还是向外国直接投资开放了某些领域。可以说，摩擦不断的经济关系给美印之间合作带来了一定的影响。

第三，美印在印度洋地缘战略上潜藏着矛盾。美印双方面临亚太地区的大多数问题时，都呈现出较为协调的姿态。但考虑到印度根深蒂固的民族主义情绪以及不断上升的整体实力，双方以合作为表象的妥协局面实质上也有脆弱的一面。换言之，双方任何触及民族主义情绪和军事互信的举动都将产生消极的连锁性的反应。在印度洋地区，虽然印度容忍了美国持续加强的军事影响，没有再强烈反对美国的迪戈加西亚军事基地不断扩充兵力，但这并不意味着印度缺乏战略警觉。特别是美国在2012年提出新的两洋战略——“印度洋—太平洋战略”后，其与印度旨在通过控制印度洋以确保国家经济发展、国防安全和世界大国地位的战略目标，不可避免地将出现碰撞甚至紧张角力。总之，印度的“东向”政策，尽管与美国的亚太新战略有利益交集，但也潜藏着发生冲撞的风险。即使在当前阶段两国都明确，要达到增强自身在亚太地区的影响力的目的只能通过相互间的协调合作，但两国之间存在的诸多分歧并不会因合作而弥合或消失，很有可能随着各自战略的推进变得更为激化。

第四，美印军事合作难以产生双方所期望的战略效用。近些年，美国与印度不断举行联合军演，印度从美国手中购买的武器的规模也相当吸引人眼球，两国军事关系正向准盟友方向发展。但是，美印两国并没有面临实质性的共同威胁，并且双方在南亚地区还存在着结构性矛盾，形成军事同盟的动力还比较匮乏，更不用说印度由来已久的

---

① “英媒称美印关系恐因经济分歧‘偏离正轨’”，环球网，2013年9月26日电，http://finance.huanqiu.com/media/2013-09/4397752.html。

“不结盟”传统。更重要的是，有一些难以调和的利益冲突存在于美印两国之间，双方为了实现自身的战略目标，都想借助对方的实力和影响。美印之间的军事合作的矛盾必将对美印关系的发展产生不利影响。

二、2013年12月印美外交官事件始末

所谓外交官事件，是指在2013年12月12日，印度驻纽约领事馆副总领事科布拉加德当街遭美国警方以“涉嫌伪造家佣签证申请档案以及谎报了工资”的罪名逮捕，由此引发的印美之间的外交争端。据印度媒体报道，科布拉加德被捕后，警方对她进行了脱衣搜身，警方将其和吸毒人员羁押在一起，纽约警方还对其取样进行DNA鉴定。最后，她向警方缴纳了25万美元作为保释金后才得以保释。[①]

这一事件传回印度后，引起印度政府和民众的极大愤怒。作为回应，2013年12月13日，印度外交部官员传召美国驻印度大使，强烈抗议美方这一行为。印度外交部表示十分震惊并向公众宣称正与美方进行强力地交涉；事件发生后，印度政府领导层也纷纷采取行动表示不满，美国国会五人代表团来印度访问，但下议院议长库玛尔以及国家安全顾问梅农拒绝接见他们。

眼见事件升级，美国政府也试图为此事“降温”。美国国务卿克里在事件发生后的第六天亲自致电梅农，对外交官事件表示深深的遗憾，并表示美方绝对不会容许此事破坏美印之间的友好关系。同时美国国务院也作出声明，宣称这是一起孤立事件，不愿意看到它对美印双边关系的发展造成任何不利的影响，但是，美国政府依旧拒绝向印度道歉。为此，印度采取了四个办法来报复美国，来表达自己的愤怒

---

① “印度女外交官在美国遭脱衣搜身 印方强烈抗议”，中国日报网，2013年12月18日，http：//www.chinadaily.com.cn/hqgj/jryw/2013-12-18/content_10844342.html。

与不满。[1] 首先，美驻印使领馆被要求上报薪酬。印度政府在被捕事件发生后立即要求美国所有使领馆向印度有关部门提供在使馆内工作的印度员工的详细工资情况，对于使领馆临时雇佣印度人来帮忙的情况，所有支付的费用也必须全部交代。其次，访印的美议员接连吃闭门羹。继美国国会代表团被拒绝接见后，印度执政党国大党副主席拉胡尔·甘地及内政部长也拒绝与美国议员会面。印度方面通过这一行为来表达自己的强烈不满。再次，美驻印外交官部分特权被剥夺。在此事发生之前，印度当局有向一些美国外交人员和他们的家属发放某种特殊身份证的惯例，但是在这场风波爆发后，印方采取措施立即收回这些证件。同时，所有印度机场的外交特别通道也不再对美国外交人员开放。最后，印方拆除了美国驻印度大使馆的保护设施。为了有效保护美国大使馆周边环境的安全，印度警方早先在大使馆门口路上设置了一些混凝土路障，用来防止一些车辆以高速接近大使馆威胁大使馆附近的安全，同时也可以用来防止自杀式炸弹袭击的发生。但是，在当年 12 月 17 日，这些路障被印度警方拖走。安全路障被移除后，印度官方拒绝做任何解释回应。而美国国务院表示，美国政府已经就此事与印度政府高层进行了交涉，美国使馆能受到印度方面的良好保护，双边友好关系不能因为这次事件受到破坏。

2013 年 12 月 18 日，在路障被移除的第二天，印度外交部官方发言人就此事发表讲话，否认美国使馆的安全会因为路障的撤出而受到任何危害，并将这种行为称为一项对等的行动。发言人同时宣称，美国大使馆早就将使馆外围作为停车区域对外开放。但发言人也声明，印方并没有改变包括美国外交官在内的所有在印外交官的安保级别，印度政府将会继续不遗余力地确保在印外交人员的安全，在印度法律所允许的范围内为他们提供全面的安全保障。

18 日当天，印度媒体也有所行动，他们公布了科布拉加德的一封电子邮件，在这封邮件中科布拉加德声称："我得承认，我很多次差

① "印度连出'四招'报复美国脱衣检查其女外交官"，凤凰网，2013 年 12 月 19 日，http：//nb. ifeng. com/gngj/detail_ 2013_ 12/19/1614533_ 0. shtml。

点崩溃，美国警方一再无视我提出的外交豁免，他们将那些给普通犯人用的手段全部施加于我，我被他们戴上手铐，甚至被脱衣搜查。”①这一事件瞬时触动了印度人的神经，更多细节的披露进一步加剧了印度人的愤怒。美国警方作出回应，对科布拉加德作出的羁押程序和一般被捕人员的程序无异，按照规定，进行拘留前是可以对当事人进行搜身检查的。据美国媒体报道，科布拉加德在申请签证时曾许诺她将付给女佣每小时 9.75 美元的工资，这达到纽约最低工资的标准，但事实上她支付的金额却不足 3.31 美元，远远低于最低工资水平，这种欺诈行为和对个人的剥削在美国是绝对不能够被容忍的。

但鉴于风波不断发展，美国检察官巴拉拉在 2013 年 12 月 18 日又公开发表一份声明。他表示，该案完全公正公开，没有任何所谓的“不公正之处”，认为科布拉加德的公开信件是为了“采取某些方式来逃脱美国法律，意图避免惩罚”。在美国，大部分美国主流媒体对于美国官方的做法表示支持。《华盛顿邮报》评论表示，每一个国家都要捍卫自己的法律法规，美国对该事件的处理完全符合美国的法律，印度政府和民众应该予以理解，更不应该表现出如此不理智的情绪。②

同年 12 月 19 日，外交风波再度升级。印度外长胡尔希德于当日继续批评美国警方的行为是极其不理智的，印方绝对不能够接受这种行为。当天，印度海德拉巴的民众举行抗议示威。与此同时，联合国方面也证实，印度政府已经向联合国发出申请，任命科布拉加德为印度常驻联合国代表成员。西方媒体普遍推测，此举是为了让科布拉加德享有完全外交豁免权，可以有效地逃脱美国对其进行指控。就在同一天，美国务院发言人普萨基表示，就算科布拉加德获得了完全外交豁免权，也不代表美方今后不会再逮捕她，更不意味着她一定能离开

---

① “印度报复女外交官在美受辱：剥美驻印外交官特权”，凤凰网，2013 年 12 月 19 日，http：//news. ifeng. com/world/detail_ 2013_ 12/19/32248914_ 0. shtml。

② “印美因外交官事件唇枪舌剑”，《人民日报》，新德里、华盛顿，2013 年 12 月 20 日电。

美国。并指出，变更豁免权地位和“自动消除以往指控”并不等同。[①] 并且，就在此前一天，美国政府拒绝撤销对科布拉加德的指控，拒绝撤销的原因是该事件已经进入司法程序，政府无权管辖。可以说，美印高官针锋相对以及印度国内此起彼伏的反美浪潮，使美印关系早已处在舆论的风口浪尖。

受科布拉加德一案的影响，美印之间的关系陷入了紧张，印度先后采取了一系列措施来对美国施加压力。印度政府作出批示，要求新德里警方严查美国外交人员的驾驶行为，主要检查他们是否存在醉驾行为，在检查过程中一视同仁，即使是美国使馆官员也不享有任何特权，全部都要下车接受醉驾测试，一旦发现驾驶员存在醉驾行为，警方将立即扣押车辆，并将外交官与普通醉驾者同等对待。

另一方面，美国检察机关以涉嫌签证欺诈和做虚假陈诉的罪名，在2014年1月9日宣布正式起诉科布拉加德。但是，印度将科布拉加德调去联合国的主张已经获得了美国当局的认可，并且印度没有取消她的外交豁免权，因此美国当局勒令科布拉加德立即离境，[②] 美方也取消了能源部部长的印度之行。

作为回应，印度方面要求美国召回一名与德夫亚尼·科布拉加德级别相当的官员。[③] 美国有关部门声称，即使科布拉加德回到印度，针对她的起诉书也不会失去法律效力。科布拉加德回国后，在面对记者采访时其父亲情绪激动，发誓要夺回女儿的荣誉权，并让美国政府

---

① “美国政府拒绝撤销起诉印度女外交官：管不了司法”，凤凰网，2013年12月22日，http://news.ifeng.com/world/detail_2013_12/22/32359907_0.shtml。

② “Indian diplomat leaves U.S. following indictment”, *The Washington Post*, 10 January 2014, http://www.washingtonpost.com/world/national-security/indian-diplomat-indicted-on-charges-of-visa-fraud-false-statements/2014/01/09/8fe0a914-7973-11e3-b1c5-739e63e9c9a7_story.html.

③ “India expels U.S. diplomat who allegedly helped evacuate nanny's family”, *The Washington Post*, 11 January 2014, http://www.washingtonpost.com/world/india-demands-ouster-of-us-diplomat-allegedly-involved-in-nanny-pay-dispute/2014/01/10/2652c510-79fd-11e3-a647-a19deaf575b3_story.html.

为之付出代价。[1]

美国国务院发言人普萨基在2014年1月10日的发布会上，对印度的报复性行为表示极为遗憾，并承认两国之间不断涌起的外交风波给美印之间的亲密关系带来了巨大的挑战。她还证实，美国答应印度的要求，也将从美驻印外交官中调离一名人员。她表示，美方希望能够早日终结这场争端，印度能够和美国一起，采取有价值的措施来改善两国关系，重返正常轨道。[2]

总体上，随着科布拉加德的回国，此次外交风波稍有平息。

三、外交官事件爆发的诱因

科布拉加德被捕事件在印度引发轩然大波。从政府到民众都严厉声讨美国，由此引发的强烈情绪带来了美印双方外交风波。可以说，事件的起因比较小，但为何此时酿成一场大风波呢？其背景因素不容忽视。

（一）美印双方对外交豁免权适用权限的争辩

在这次风波中，双方争执的焦点主要集中在科布拉加德的外交豁免权上。

1961年的《维也纳外交关系公约》对外交豁免权进行了较完整的规定。公约里已经明确规定，因为外交官员和领事人员的地位不同，他们各自享有的豁免权也有所差异。使馆的外交人员可享有全部

① "Indian diplomat's father vows to reclaim her honor", *The Washington Post*, 13 January 2014, http://www.washingtonpost.com/world/indian-diplomats-father-vows-to-reclaim-her-honor/2014/01/12/ed2d6aa8-7b9e-11e3-97d3-b9925ce2c57b_story.html.

② "美国对印度驱逐美外交官表示'遗憾'"，中国日报网，2014年1月11日，http://www.chinadaily.com.cn/hqgj/jryw/2014-01-11/content_11011666.html。

外交特权和豁免，即刑事豁免、民事豁免、行政豁免以及无作证之义务四项。但是，领事人员享有的豁免权受到一定程度的限制。

虽说外交官享有绝对的豁免权，但这并不意味着外交代表可以进行犯罪活动而不受法律的追究。接受国对于经查明犯了罪的外交人员可以根据具体情况来采取相关措施。科布拉加德之所以被捕，是因为她涉嫌伪造女佣的签证申请文件，且支付给女佣的工资过低，甚至没有达到美国法律规定的最低工资水平。科布拉加德缴纳了保释金后获释。但是在印度政府看来，科布拉加德作为印度驻美领事馆官员是享有外交豁免权的。因此，印度政府认为科布拉加德被逮捕的事实以及被捕后的羁押程序是不可理喻的，他们感到十分屈辱和愤怒。据印度媒体报道，科布拉加德被捕后遭遇了“多重侮辱”。但是，美国警方坚称科布拉加德享受到了其他被告没有的特殊的礼遇。

在此次激烈的争论中，美方认为此事不涉及豁免权的问题，因为科布拉加德受控罪名不涉及其职务。美国警方在逮捕之后对她进行搜身检查，每一个程序都是严格参照美国的司法程序标准进行的，这些行为都是合法的。美国给出的说法看上去不无道理，但《维也纳领事关系公约》也有明确规定：“接受国对于领事官员应表示适当尊重并应采取一切适当步骤以防其人身自由或尊严受任何侵犯。”在这次事件中，印度方面认为美国的行为侵犯了印方外交人员的尊严，这也是有一定依据的。

最终，在2014年1月9日，美国国务院同意给予科布拉加德完全的外交豁免权，但是依旧保留对她的指控。

（二）民族自尊心之争

在印度当局看来，外交官事件几乎可以被认为是对印度国家尊严的一次侮辱，整个国家为此蒙羞。印度外交部长萨尔曼·库什迪（Salman Khurshid）愤怒地表示，这“已经不仅仅局限于某一个人的案件。它关系到印度整个国家的自我感知，以及我们在世界的地位”。并且，此案中另一位当事人——科布拉加德的女佣，在美国的帮助下逃离印度的消息传开后，印度方面怒气更甚。虽然美国国务卿亲自致电表达歉意，但是，美国没有任何向印度正式道歉的打算。印度为此采取了一系列的报复行动。印度的强硬态度在很大程度上反映出印度人对此事的强烈不满与愤怒之情。另外，在印度，科布拉加德被看作成功人士的典范，在大多数人眼中她更是一位极具魅力的印度女性，这或许也成为印度民众为其不幸遭遇而愤怒的部分原因。另一方面，此次事件中的另一位当事人——科布拉加德的家佣，则属于印度的“贱民”阶层（Dalit，亦直译为达利特），这是印度种姓制度中的最底层，至今在印度社会中饱受歧视。大部分经济条件优越的印度人都雇佣家佣，对于他们来说能理解这一案件是件再自然不过的事了。这些上层人士认为，这个佣人无非是想去美国寻求更好的生活，因此设计陷害自己的主人来达到目的。在印度人根深蒂固的思想观念里，富人使用佣人无可厚非，是天经地义的。印度人对该案之所以表现得过分激动，其中一个原因很可能就是，印度担心那些居住在美国、报酬过低的佣人受此案启发，都向有关机构提起诉讼。因为每小时八美金的薪酬在绝大部分印度人眼里也是一笔无法想象的财富。

然而，绝不能单纯地认为印度人对此案的愤怒是为了捍卫富人的权力和地位。事实上，虽然美国坚持认为自己把印度放在了一个平等的位置，但是外交官事件仍然给印度造成不好的感觉，即自己受到美国的威胁，美国把自己当作“小跟班”。换句话说，印度感觉自己就像是一个卑微的仆人。①

印度政府一直希望自己作为一个“世界性大国”，受到各方的尊重和敬仰。若是有对其不敬的地方，也是力图以一种强硬的姿态去应对，以此来表明印度的国际地位和力量。不仅如此，2014 年上半年印度大选，执政的国大党面临的最强大对手是印度人民党，人民党追求的是民族主义理念，如果在外交官事件上政府表现的比较软弱，就很容易被对手抢到先机；另一方面，“印度敢于和美国对峙”也会成为

① “外媒：女外交官被捕事件显示美印地位不对等”，中国新闻网，2014 年 1 月 16 日，http：//www. chinanews. com/gj/2014/01-16/5744118. shtml。

十分具有号召力的竞选话题。此外，在2013年，两名意大利海军陆战队员被牵扯进印度渔民死亡事件，印度政府以非常强硬的手段迫使意大利政府交出嫌疑犯，这一成功先例也鼓舞了他们，他们认为强硬的态度和手段是有用的。

另外，印度传媒素以激进民族主义情绪闻名遐迩。此次“外交官事件”发生后，印度一些传媒上的标题、文字，大肆渲染一种举国遭受极大侮辱的悲愤气氛，这种氛围无形中向印度官方施加了不少压力，使得政府不得不表现出强硬的姿态。

然而作为超级大国的美国，面对印度施加的压力同样不愿意表现出软弱、退让的样子，以免造成不良影响，有损自身“世界领导者”的形象。同时，2014年也是美国的中期选举年，奥巴马面临支持率下降的现实状况，出于个人政治前途的需要，他同样不敢也不愿意被扣上“软弱妥协”的帽子。

四、外交官事件后续解决趋势

2014年1月14日，美国副国务卿威廉·伯恩斯与印度驻美国大使贾伊尚卡尔进行会谈，试图修复因外交官事件而受损的双边关系，消除不利影响。美国国务院的一份声明称，两人的会议收获颇丰，在会议上双方再次确认两国重要的战略伙伴关系，并且讨论了马上举办的一系列双边会议的初步准备工作。他们都认为，美印关系在过去数周都经受住考验，今后双方将继续加强合作，推动双边关系。

声明还称，两人就印度在前段时间提出的问题进行了讨论，美方“非常重视这些问题，并且将依旧通过恰当的外交途径来处理”。① 可以说，美国态度趋软，积极修补美印关系，符合其“亚太再平衡”战

① “美印外交官举行会谈 欲修复因脱衣搜身所引发风波”，中国日报网，2014年1月15日电，http：//www.chinadaily.com.cn/hqzx/2014-01/15/content_ 17237819.htm。

略的需要。

另一方面，印度国内一些党派不断拉拢科布拉加德。因为在很多印度民众心目中，这名女外交官是民族“英雄”，一些党派甚至认为将其收入麾下，可以在印度大选中有效提高民众支持率。可以看出，印度国内的焦点始终集中在大选上，即使是之前的“叫板”，也被理所应当地理解为是在为选举铺垫。

可以说，此次风波在美印双方的妥协和努力下已经基本平静。但是，2014 年 1 月 17 日“余震”又起。据国外媒体报道，印度官员说，印度执法部门发现美国大使馆学校里的一些美国老师逃避税务，并且有签证欺诈的行为。[①] 这一新的事态是“外交官事件”的最新进展。但总的来说，该事件主角的身份敏感度远不及科布拉加德，其影响力也不会超过外交官事件，更不会从根本上影响美印双边关系。

小　结

近年来，随着国际战略形势的发展变化和各自战略的调整，美印两国在经贸、政治、军事等方面的合作不断扩大和深化，两国关系也不断地向前推进。相对于印美战略伙伴关系而言，外交官事件是一场较小的风波，但其迅速蔓延成持续一个多月的外交摩擦，暴露了美印两国之间一直隐蔽于交好下的深层矛盾，即印度渴望成为“有声有色的大国”，而美国虽然强调战略伙伴关系的重要性，却无法真正平等对待“小伙伴”。这场外交风波之所以一度蔓延，也因为其时机敏感。但总体上，该事件不会从根本上影响两国的紧密关系。

---

① “印美外交争端再起风波 美国大使馆学校被指逃税”，中国新闻网，2014 年 1 月 17 日电，http：//www. chinanews. com/gj/2014/01-17/5749267. shtml。

乌克兰危机与“新冷战”阴影

张东顺

最近几个月，聚焦全球视线的国际热门话题首先当属乌克兰危机。从十年前的“橙色革命”到受“阿拉伯之春”影响的今日乌克兰，这个布热津斯基笔下的“欧亚大陆地缘支轴国家”的命运并不顺利。从苏联解体的“后冷战”时代至今，乌克兰经历了从亲俄政府到亲欧美政府的反复转变，这种政府领导体制的巨大反差也侧面反映出乌克兰政局的两极分化，昭示着两派势力迟早会走向对立的一天。近日，原乌克兰克里米亚自治共和国进行公投以绝对多数宣布脱离乌克兰并申请加入俄罗斯，再次掀起欧、美、俄三方在乌克兰角力的高潮。这是否意味着新的冷战又将开启，正吸引着国际社会的密切关注。

一、乌克兰与俄罗斯的历史关系

乌克兰位于欧洲的东部，在国土面积上是欧洲第二大国家。它曾是苏联的一部分，在苏联时期，它是除了俄罗斯和哈萨克斯坦之外的第三大加盟共和国。在1991年苏联解体之后，乌克兰宣告独立。作为欧亚大陆上的一个地缘政治支轴国家，乌克兰的地理位置清晰地说明了这一点。乌克兰东部连接着俄罗斯，南部连接着黑海，北部又与白俄罗斯接壤，西部和匈牙利、斯洛伐克、波兰、罗马尼亚以及摩尔多瓦等国家相连。乌克兰地理位置的一个重要性还体现在它是欧盟和俄罗斯地缘政治的交叉点地位。乌克兰的地缘战略支轴地位并非徒有虚名，其地理位置不仅仅对于欧洲（或欧盟）和俄罗斯很重要，可以作为欧盟和俄罗斯之间的缓冲国；还体现在向东向南连接中亚、中东，乃至巴尔干地区。

（一）乌克兰概述

乌克兰地处欧洲东部，西邻波兰、罗马尼亚、匈牙利等国，东邻俄罗斯，南邻黑海，历来都是兵家必争之地。由于特殊的地理位置和历史原因，以第聂伯河为界把乌克兰分为了西乌克兰地区和东乌克兰地区。这也是导致当前乌克兰危机发生的一个潜在因素，西乌克兰以乌克兰族为主，人们主要说乌克兰语，人口约占乌克兰全国总人口的2/3；而东乌克兰以俄罗斯族为主，以俄语为主，约占乌克兰全国总人口的1/3。总体上绝大多数乌克兰人都信仰东正教。

乌克兰的工农业相对来说比较发达，尤其是它的重工业，在工业中占据着主要的地位。这主要是因为在苏联时期，乌克兰共和国境内占据了苏联全部重工业的30%。同时，乌克兰拥有全球黑土带的40%，盛产玉米和水稻，并且育种技术比较先进，农业比较发达。因此乌克兰也被称为欧洲粮仓。苏联解体以后，乌克兰仍在军事领域保有着大规模的武器装备系统，这也是为何武器出口在乌克兰的国际贸易中有着非常重要的地位的原因。不足的是，这么多年来乌克兰国防武器方面基本上都是延续苏联时期的老旧武器，更新换代速度比较慢。

1991年乌克兰脱离苏联独立以后，其政治制度经历了反复变化。1996年乌克兰议会表决通过了自独立以来的第一部宪法，确立了三权分立的政治原则。它被认为是一个主权、独立、民主的法治国家，推行共和制，总统是代表其国家的最高元首，任期五年，最高议会有450个席位。2004年乌克兰议会又表决通过一份宪法修正案，将乌克兰的政体由总统议会制改为了议会总统制。然而，乌克兰宪法法院在2010年10月1日认定2004年的宪法修正案违反了宪法，又重新恢复了1996年宪法的法律效力，也即由议会总统制再次回到了总统议会制。2014年在亚努科维奇政府被推翻之后，新政府再次恢复2004年宪法，同时废除1996年宪法。

（二）乌克兰与俄罗斯曲折的历史关系

乌克兰在历史上一直被认为是俄罗斯的发源地。在公元9世纪时，乌克兰所在地被认为是基辅罗斯国的中心。在其鼎盛时期，基辅罗斯的人口规模甚至有500多万，这个人口规模在当时应该是相当大的。其疆域也空前辽阔，是当时欧洲最大的国家。那时的基辅罗斯国际贸易发达，国家兴旺。也就是这时的繁荣为俄罗斯和乌克兰奠定了共同的文化基础。或许这也是乌克兰民族引以为傲并强烈要求独立的原因之一，这种强烈的民族自豪感推动着乌克兰民族渴望重建往日的辉煌。

于13世纪衰亡并陷入蒙古统治，15世纪莫斯科公国兴起，一直到今天的俄罗斯，基辅罗斯一直都被当作是俄罗斯历史的源头，而基辅这个城市甚至也被认为是“俄罗斯诸城之母”。

从12世纪到14世纪，随着基辅罗斯的重心的转移，古罗斯部族开始逐渐演变成了白俄罗斯人、乌克兰人以及俄罗斯人。之后乌克兰被分别划归邻近的立陶宛大公国与波兰王国，乌克兰人则成为失去自己国家的民族。这种状况一直持续到1654年。

1654年，当时的乌克兰统治者请求沙俄来统治。从此乌克兰东部地区与俄罗斯合并在了一起。1708年，乌克兰当地领袖玛泽帕为了重新赢得独立，私下与瑞典结成盟友。沙皇彼得一世得知这个消息后大怒，派军队对乌克兰地方部族进行了严酷镇压，从此乌克兰与俄罗斯开始埋下仇恨的种子。沙俄采用一切办法同化乌克兰的统治阶层，接着将俄语定为官方语言，乌克兰语则成了乡巴佬语，而且强迫乌克兰人放弃乌克兰语以及他们的文化传统。在后面的200年里，乌克兰一直被沙俄所控制着。1917 年，乌克兰遇到了独立的机会——二月革命在沙俄爆发导致帝国崩溃。乌克兰乘机成立了自己的中央政权，并于 1922 年 12 月宣布加入苏联。

1954 年是乌克兰正式成为俄罗斯一部分的 300 周年纪念日，当时的苏共总书记赫鲁晓夫决定把克里米亚赠送给乌克兰加盟共和国作为其领土一部分，这又给苏联解体后俄罗斯与乌克兰争夺克里米亚埋下伏笔。

1991 年的“八一九”事件导致苏联中央政府运行瘫痪，乌克兰趁机宣布独立。之后乌克兰和俄罗斯都加入了独联体，仍然保持着某种较紧密的联系。毕竟俄罗斯和乌克兰两个民族已经经历了几百年的融合，乌克兰境内的俄罗斯民族人数也占相当一部分。但是自从 2013 年乌克兰危机发生以来，乌俄关系迅速恶化。在 2014 年 3 月 17 日克里米亚共和国宣布加入俄罗斯之后，乌俄甚至有兵戎相见的危险。

二、乌克兰危机回顾

乌克兰国内动乱的爆发，顷刻间在国际舞台上掀起了轩然大波。各主要大国都密切关注着乌克兰动乱的走向。政治归属上，西乌克兰倾向于加入欧盟，回归欧洲，东乌克兰则希望能继续与俄罗斯保持甚至加强联系。这次动乱是自 2004 年“橙色革命”以来对乌克兰影响程度最大的国内动荡事件，在某种程度上也可以视为“橙色革命”的延续。下面将对这次乌克兰危机做个整体的回顾。

这次危机起源于 2013 年 11 月 21 日乌克兰当局宣布暂时搁置与欧盟签署联系国协定的准备工作。2004 年以来，乌克兰政府一直在加快与欧盟发展关系的节奏。乌克兰在 2008 年开始启动其加入欧盟联系国进程谈判以及建立双边自贸区的谈判。2013 年 5 月，欧盟委员会表决通过了在 2013 年 11 月底在维尔纽斯东方伙伴关系峰会上正式与乌克兰签署联系国协定的决定草案。如果协定签署，乌克兰即可成为欧盟的候选成员国。而紧接着，乌克兰当局宣布暂停与欧盟签署联系国协定的准备工作。11 月 24 日，大量乌克兰居民在基辅街上抗议游行，请求政府继续加强同欧盟的关系。11 月 30 日，乌克兰当局派军队驱散了基辅市中心广场的集会民众。12 月 1 日，抗议者再次占领了广场并与当地警察发生冲突，造成了总计 190 多人受伤。当天还有数百人在乌政府大楼前集会，与警察形成对峙的局面。反对派并且宣布将无限期地进行抗议示威活动，抗议者试图借助推土机突破执法人员防线，人群中有多人向内务部队扔石头。警察部队则向人群使用催泪瓦斯，试图驱散群众。12 月 8 日，乌克兰反对派再次举行数万人抗议集会，据乌克兰内务部统计，此次在基辅市中心参加反对派集会人数约有 10 万人。部分激进青年推倒了基辅市内的一座列宁雕像。

面对国内部分民众的抗议示威，乌克兰当局也迅速采取了一些措施加以应对。乌克兰的最高拉达在 2014 年 1 月 16 日通过了要对违反游行示威规定的人采取处罚措施的法律。这一举措的实施，直接导致乌国内再次爆发群众集会，并最终演变为警民冲突。在冲突的同时，反对派也提出了自己的一些要求。反对派要求乌克兰总统下台。接着乌克兰当局又颁布了特赦法。这是乌克兰当局继总理辞职之后的又一次让步。这种让步反而在某种程度上让示威者们更加肆无忌惮，增强了反对派进行更猛烈冲突的决心。

亚努科维奇原本以为通过让步实现国内局势缓解，但事情的发展却逐渐失去了控制。乌克兰局势急剧变化，乌当局一再退让，不仅与反对派签署了和解协议、释放了反对派领导人，并宣布恢复 2004 年宪法，接着表示愿意与反对派组建联合政府。然而，议会突然决定罢黜乌总统亚努科维奇的职务，决定提前大选，紧接着又要求逮捕亚努科维奇。很快乌克兰议会议长图尔奇诺夫表示将组建新政府。新政府得到示威群众的支持，意味着亲欧美的乌克兰当局取代亲俄当局重新站在乌克兰权力高峰。亚努科维奇从总统变成了通缉犯，其领导的亲俄当局下台。

在乌克兰政府倒向西方的同时，乌克兰南部的克里米亚却恰恰相反。苏联解体之后，乌克兰与俄罗斯在克里米亚问题上有过争议。如今烽烟再起，克里米亚问题也再次走上前台。就在俄罗斯总统普京下令西部军区进入战备状态时，2 月 25 日，在克里米亚共和国首府辛菲罗波尔聚集了大量的亲俄示威群众，其中部分示威者要求克里米亚并入俄罗斯。2 月 27—28 日，部分亲俄武装分子相继占领了乌克兰克里米亚共和国的政府大楼及其首都的两座机场。当天，乌克兰临时内政部长透露，俄罗斯军人参与占领了其中一座机场。

克里米亚问题迅即成为乌克兰危机的重点，乌克兰与俄罗斯展开了一场对克里米亚的争夺战。2 月 27 日，克里米亚自治共和国议会宣称将就克里米亚的地位问题举行公投。这种要求当然受到了乌克兰新当局的指责，并宣布是违法的。与此同时，美欧与俄罗斯就克里米亚问题展开了“口水战”。俄罗斯总统普京于 3 月 1 日获得议会批准，有权调遣俄罗斯军队进入乌克兰。乌克兰随后立即宣布进入完全战斗准备状态。接着，俄罗斯军人逐渐进入克里米亚并接管该地区防务。美国表示要制裁俄罗斯，在经济上孤立俄罗斯。于是，各方围绕在克里米亚的周围，互相口诛笔伐。美国海军第六舰队开入黑海，与俄罗斯黑海舰队形成对峙局面，以此显示美国的决心并给克里米亚施压。欧盟北约以及美国都宣布支持乌克兰新政府，并且表示给予援助。但是从美国仅仅给予了 10 万美元的援助来看，西方欧美国家当时对于现政府仍存有观望态度。

克里米亚的问题发展变化很快。克里米亚自治共和国当局 3 月 6 日宣布在 3 月 16 日进行公投，决定克里米亚的去留。对于这个突然的决定，俄国家杜马展开辩论，俄罗斯总统普京最后决定支持克里米亚的决定，而美欧则表示克里米亚公投的行为违反乌克兰宪法。3 月 11 日，克里米亚自治共和国议会通过了独立宣言，称其行为是为加入俄罗斯做准备。德国总理宣称俄罗斯在乌克兰的行动属于非法吞并，七国集团声明不承认克里米亚公投结果。美国总统奥巴马也表示不接受克里米亚公决结果，并警告俄罗斯收手，否则将要付出代价。然而俄罗斯则称乌克兰危机并不是俄方的错误。美、欧、俄三方成为乌克兰危机的主角，在克里米亚的各种过招中俄方暂占据优势地位。

克里米亚 3 月 16 日进行了公投。在投票结果中，赞成加入俄罗斯的选票占95.50%。[①] 随后，俄罗斯表示克里米亚公投完全符合国际法，并称之前有过科索沃案例。克里米亚最终并入了俄罗斯。至此，持续一段时间的克里米亚公投问题似乎告一段落。

克里米亚问题以外，乌克兰与俄罗斯之间仍在其他很多领域继续争斗。乌克兰通过启动退出独联体程序表示与俄罗斯的决裂。3月21日，乌克兰重新启动其加入欧盟的进程。与此同时，美欧继续加大制裁俄罗斯的力度。俄罗斯则宣称考虑对美国的制裁作出同样的举措。美俄之间以“制裁大战”的形式呈现出更加激烈的相互斗争。[②] 4月，乌克兰危机继续发酵，并进入新的阶段。乌克兰东部和东南部多个州爆发集会活动，要求独立并申请加入俄罗斯。这似乎表明，“克里米亚模式”已经呈现出扩散之势。

乌克兰危机这样持续下去，对各方都没有太大好处，寻得一个解决方案此时显得格外重要。由此，围绕着解决乌克兰问题的四方会谈应运而生，美、欧、俄、乌最终在4月17日于日内瓦达成共识，表示采取措施缓和乌克兰局势，在乌克兰恢复安全稳定。

乌克兰国内危机早已经将欧美与俄罗斯推向了对立的前台，让人不禁联想到美苏冷战时期的对抗情景，乌克兰危机引发欧美与俄罗斯在东欧的新角逐，这是否意味着其在新的历史时期投下了新的“冷战”阴影？

三、大国角逐乌克兰——再现“冷战”阴影？

乌克兰危机持续几近半载，国际形势因乌克兰而发生巨大变化。

---

① “克里米亚公投投票率达82.71%”，新华网，2014年3月17日，http://news.xinhuanet.com/2014-03/17/c_119791692.htm。

② “克里米亚入俄法律程序完成美俄掀‘制裁大战’”，新华网，2014年3月22日，http://www.chinanews.com/gj/2014/03-22/5981434.shtml。

此次危机目前尚未结束，其未来趋向仍然存有很大变数。事情发展至此，人们自然心生疑虑，为什么乌克兰会突然发生这种危机？为何大国会在乌克兰发生这么激烈的碰撞？今日的乌克兰虽尚未大动干戈，却犹如往昔的东欧剧变，从一个亲俄政权瞬间转变为亲欧美政权，同时克里米亚脱离乌克兰并转而加入俄罗斯。整个过程中欧美与俄罗斯在进行着激烈博弈，从某个角度来看，乌克兰危机处处折射出某种“新冷战”阴影。下面将从国内和国际的角度对乌克兰动荡的原因进行简要评述。

（一）国内各种矛盾激化

“坚固的堡垒最容易从内部瓦解”，这句话用在乌克兰事件上非常恰当。乌克兰之所以发生此次危机，其国内存在的各种矛盾发挥了主要作用。动荡前乌克兰内部矛盾包括东西部的民族矛盾、东西部发展不平衡的经济矛盾、政治腐败、党派对立、历史宿怨，归纳起来，内部各种矛盾集中体现为东西部的对立。

首先是乌克兰内部的民族宗教问题。乌克兰东部地区的居民以俄罗斯族为主，人口约占全国人口的1/3；相对应的西部地区则以乌克兰族为主，居民大多说乌克兰语，其人口约占全国人口的2/3。乌克兰东部地区在彼得大帝时期曾是俄国领土的一部分，而西部地区在并入苏联之前则长期处于波兰和奥匈帝国的统治之下。久而久之，乌克兰东西部在不同文化下也就慢慢地有了隔阂。西部乌克兰在斯大林时期才划归苏联领土，冷战结束后乌克兰宣布独立，东部乌克兰军民仍旧与俄罗斯保持密切联系，而西部则想亲近欧美，以摆脱对俄罗斯的依赖。

其次是因经济问题引发的内部不满。从经济上讲，乌克兰经济连续六个季度下滑，再加上国库空虚，失业率骤增，这些也让很多民众对乌当局失去了信心。比较而言，乌克兰东部地区煤矿和水力资源丰富，在苏联时期曾得到大力发展。据统计，苏联30%的重工业集中在乌克兰，而乌克兰境内的重工业几乎都处于东部地区，所以东部地区工业发达，而人口却相对较少，同时控制着乌克兰国家的大量财富，受到西部地区乌克兰人的妒忌。东部地区居民认为与俄罗斯关系亲密能够促进东部地区的工业发展，并且血缘关系的纽带作用也使得他们有种归属感；乌克兰西部地区则以农业和手工业为主，经济发展缓慢，落后于东部很多，而人口却占乌克兰人口的近2/3，大多西部地区的乌克兰人支持与欧美交好，最好是加入欧盟，这样他们的农产品就能够以较高价格卖到西欧，同时也可以去欧盟各国打工赚钱，有利于提高自身的生活水平。

其三是政治腐败问题。腐败使得乌克兰亚努科维奇总统领导的政府在动荡时处于极大的被动地位，这也加速了亚努科维奇政府的倒台。从媒体曝光的亚努科维奇的府邸可以看得出，其生活奢侈达到了惊人的程度。乌克兰驻华大使奥列格·焦明在接受媒体采访时也坦言，这次动荡的“最重要原因是政府的腐败”。根据他的描述，亚努科维奇政府在治国过程中，有非常多的腐败行为，譬如只有总统及其亲信能规定谁会进入什么行业经营。整个政府从底层到高层，甚至连执法系统——法院也非常腐败。国家的大多数利益被少数专权政客所谋取，难免不会引起利益受损者的抵制。

其四是党派关系上的矛盾。从党派关系上来说，自从乌克兰独立以来，其党派之间就一直不断地互相指责，一切都是为了争夺最高权力，而不是把人民的利益放在首位。乌克兰危机前的执政党是亚努科维奇领导的地区党，该党主要受到东部民众支持，属于亲俄党派；而反对党则主要得到中西部民众支持，受到欧美大国的青睐。反对派主张加强与欧美的联系，政治上亲西方，这是俄罗斯所不愿意看到的，俄罗斯势必积极支持亲俄的亚努科维奇政府。因此，背后大国的支持使党派之间的矛盾愈益不可调和。

其五是历史宿怨。从历史的角度来看，乌克兰西部地区在历史上多次易主，如前文所述，西乌克兰甚至被大多数俄罗斯人认为是俄罗斯民族的发祥地。之后，从16世纪开始，西乌克兰地区就曾先后属于波兰—立陶宛联邦、波兰、奥匈帝国、德国等多个国家，直到二战才被斯大林纳入苏联版图。大多西乌克兰人认为自己是欧洲人，理所当然地应该加入欧盟。东乌克兰地区几乎整个历史上都处于俄罗斯的控制之下，并且居住在那里的主要是俄罗斯族，与俄罗斯关系密切，他们都比较青睐俄罗斯。

通过以上这些国内因素的简单分析，足可见乌克兰东西部泾渭分明的对立。但是，自从乌克兰危机爆发以来，乌克兰东西部对立情结在很大程度上反而被大国之间的博弈竞争所掩盖。

（二）大国竞逐乌克兰——抢占地缘政治优势

近年来，全球局势颇不安宁，从 2010 年的中东北非变局开始，许多国家都发生了不同程度的动荡，为什么偏偏是乌克兰引来欧盟、美国以及俄罗斯如此激烈的碰撞？这还要回到危机发生的导火索事件上来，就是乌克兰当局暂时搁置了加入欧盟的进程，引起国内一些民众的反对并被国外势力利用，由此开始了乌克兰持续将近半年的危机。

从导火索可以看出，这次危机牵涉到两个世界性的力量中心，即俄罗斯和欧盟。乌克兰要在它们之中作出选择，同时无论是俄罗斯还是欧盟都不愿意乌克兰投向另一方，而美国也与欧盟站在了一起，努力争取拉拢乌克兰，从而形成了欧、美、俄三足鼎立之势。归根结底，可以把三方的关注都聚焦到抢占地缘政治优势这一点。在布热津斯基的《大棋局》里，乌克兰被描述为欧亚大陆棋盘上的一个地缘支轴国家。正是其独特的地缘政治位置，才引来欧、美、俄对它的争夺。下面将从欧、美、俄三方的角度简要分析究竟为何“得乌克兰者得地缘战略优势”。

首先从俄罗斯的角度来分析。乌克兰自古以来就与俄罗斯有着不可剥离的历史渊源。乌克兰被俄罗斯民族视为民族起源地。俄罗斯这么多年来一直努力尝试着重新恢复苏联时期的超级大国地位，恢复原有势力范围可以说是其首要目的，“独联体”这个组织为其提供了一个基础。倘若乌克兰加入欧盟，将会与欧美日益亲近，势必减少对俄罗斯的依赖，疏远俄罗斯。作为欧洲除俄罗斯之外陆地面积居第二位的乌克兰疏远了俄罗斯而加入欧盟，一方面壮大了欧盟的力量，另一方面不仅使得俄罗斯在地缘政治上有种被挤出欧洲的感觉，而且使得俄罗斯腹地在欧盟面前暴露无遗，这是俄罗斯极难容忍的。除此之外，众所周知，俄罗斯国家的发展史就是寻找温带出海口的历史。为了得到温带出海口，俄罗斯多少年来一直奉行向外扩张的政策。乌克兰是俄罗斯黑海舰队的驻扎地，倘若乌克兰加入了欧盟——这个被俄罗斯视为潜在对手的组织，俄罗斯将可能失去其黑海舰队。失去了黑海舰队，俄罗斯在整个高加索地区和中东地区乃至地中海周边地区的影响力也将极大地削弱。到那时，别说重回超级大国地位，就连一个平常的世界大国地位都将难保，甚至有沦为一个二流国家的危险。这是俄罗斯不顾欧美压力在乌克兰问题上态度强硬的根本原因之一，因为这可以说事关俄罗斯这个国家乃至民族的未来。

接着从欧盟的角度来分析。欧洲一直被学者们称作一片“破碎”地带，因为欧洲小国林立，长久以来，欧洲大陆战争不断，这也一直影响着欧洲的历史发展。第二次世界大战之后，苏联和美国均以超级大国的姿态展现在世人面前。自那时，那些传统欧陆强国看到了要想与美苏平起平坐，就必须要团结起来。很快，“欧洲共同体”应运而生，至今已经发展为一个涵盖大多数欧洲国家的欧盟组织，其世界地位与以前不可同日而语。但是，欧盟始终记得在自己的西边有着强大的美国，在东边，尽管苏联已经解体，但仍然还有一个正在恢复国力的俄罗斯。欧盟不能止步。为了保证自身安全并避免重蹈历史覆辙，欧盟需要继续扩大，努力吸收更多的欧洲国家：一来可以组成一个统一体以减少和避免内部各国争斗；二来可以壮大欧洲力量，争取重回历史上的全球领导者地位。早在冷战结束后不久，欧盟就已经盯上了乌克兰，这么多年过去了，欧盟不想错失此次与乌克兰签署联系国协定的机会。签署之后，就意味着乌克兰已经把一只脚踏入了欧盟的大门，同时欧盟也把战略前沿进一步东扩。此外，如果把乌克兰收入欧盟，欧洲天然气和石油供应就可以减小对于俄罗斯的依赖，转而经过黑海联接高加索地区以及里海。从长远的角度看，欧盟的力量甚至可以从乌克兰这一通道延伸到中亚地区。欧盟如若插足中亚，势必再次从南部对俄罗斯构成一定的威胁，最终形成一种对于俄罗斯的西部和南部的夹击之势。

最后从美国的角度来分析。美国介入到乌克兰危机中来，并不仅仅因为欧盟是美国的坚定盟友，美国也有着自己的如意算盘。应该说，美国的最直接目的就是削弱俄罗斯。一个地域横跨两大洲并在历史上与美国对峙多年的陆上霸权，自然在美国人心底里留下不小的阴影。俄罗斯目前仍是世界上国土面积最大的国家。近年来，俄罗斯的经济也在迅速发展，其军事实力也是仅次于美国。对于美国来说，俄罗斯仍然是一个潜在的强劲竞争对手，所以美国不会放过乌克兰危机这种削弱俄罗斯的大好机会。另一方面，乌克兰如果可以加入欧盟，下一步也就有可能加入由美国主导的北约。彼时，北约的导弹防御系统完全可以部署在乌克兰东部，也就是俄罗斯的腹地，如此一来，美国和欧盟的安全威胁就大幅度降低，并且对俄罗斯形成足够的威慑。争取乌克兰融入西方，对美国来说显然具有多重的战略利益。

总之，乌克兰危机并没有因为克里米亚的独立和加入俄罗斯而宣告结束，由乌克兰危机而引起的欧盟、美国和俄罗斯之间的互相争斗日趋表面化。尽管随着乌克兰亲欧美新政府的上台并得到默认，以及克里米亚经公投加入俄罗斯，乌克兰危机的烈度降低了不少，但是乌克兰东部地区局势的演变存在着极大的不确定性，大国介入和相互竞争博弈的色彩极为浓重。乌克兰危机未来发展趋势的关键，仍然取决于欧、美、俄之间的利益博弈达致某种新的平衡或共识。

越南严重暴力反华事件背后的中越海洋权益之争

王　程

2014 年 5 月 13 日开始，越南多地接连发生严重暴力反华事件，矛头直接对准中资企业和人员进行极为严重的打砸抢烧，其指向之明确，目的之险恶，行为之残暴，造成人员伤亡之严重，财产损失之巨大，震动了中国及整个国际社会。越南此次严重暴力反华事件的导火索，是越方顽固阻挠中国“海洋石油 981”号在南海勘探石油的正当作业，而深层次的原因则是越南长期以来无视事实，肆意侵占中国在南海的合理合法权益，固执挑起中越海洋权益争端的恶劣行径。

一、西沙群岛是中国的固有领土

西沙群岛自古以来就是中国的固有领土。中国人民在漫长的南海开发当中最早发现西沙群岛，此后长期开发经营群岛，中国政府也始终对此进行着有效管辖。

科考工作者在西沙群岛发现了大量唐宋时期的历史遗迹，这些直接证据表明当时中国人民就已经在开发、管理群岛了。早在唐代贞观年间，西沙群岛就隶属于“振洲”（今海南三亚）。据 1044 年北宋时期出版的《武经总要》记载，西沙群岛当时就已经位于水师的巡逻区域之内。1279 年元代皇帝忽必烈在战胜宋朝之后，派遣著名天文学家郭守敬远赴南海，勘探测量南海诸岛及其周边海域，其勘探活动的驻地就位于西沙群岛。《元史》当中详细记录了郭守敬的勘探活动，并且记载南海诸岛都在元代国界之内。当时出版的地图也显示，被称作“长沙”和“石塘”的南海诸岛都是元帝国的组成部分。明清两代的地方志以及其他历史文献都记载了南海诸岛始终是中国领土。明清时期“琼州”是当时海南最高权力机关，对西沙和南沙群岛行使管辖权。虽然此时群岛上尚无人口定居，主要作为渔民的补给点，但是中央政府和地方政府始终将西沙群岛纳为有效管辖区域。

直到 1568 年才有来自法国的航海家作为最早的西方人到达西沙群岛。1883 年，德国政府派遣船只在西沙、南沙海域测绘勘探，晚清当局随即提出严正抗议。1910 年，清政府征召大量商人租赁、经营和发展南海诸岛，以此保护当地政府和维护国家主权。清王朝倒台之后，广东省新政府将西沙群岛置于南海崖县（今三亚市）的管辖之下。民国时期，中国政府继续在南海诸岛行使主权，向中国商人发放允许开发和开采各种资源的营业执照，以此抵制外国对一些岛屿的声索和占领。1932 年 7 月 27 日，中国特使受中国外交部指派向法国外交部提出抗议，拒绝法国对西沙群岛的领土要求。1932 年 11 月 30 日，中国外交部高级官员朱兆莘致函法国驻广州领事时重申“西沙群岛毫无疑义地位于中国版图之内”。1937 年法国试图在西沙建设用于海空交通的基础设施。尽管中国不断抗议，法国军队还是于 1938 年 7 月 3 日占领了西沙群岛。这一事件发生时，恰好日本刚刚发动侵华战争，中国正全力投入抗战。日本外交部在 7 月 6 日发出抗议：“英、法两国曾经分别在 1900 年和 1921 年声明，均确认中国海南的管辖范围包括西沙群岛。因此，当前主张西沙群岛归属于越南或者法国，是毫无根据的。”二战期间，日本驱逐了法国军队并占领了西沙群岛。

第二次世界大战后，民国政府于 1946 年 10 月和 11 月从战败的日本手中接收了西沙群岛、南沙群岛及其他南海诸岛，重新将被外国非法侵占的南海诸岛置于中央政府管辖之下。但法国派军占领了珊瑚岛，并于1956年将之移交给南越军队。同年，中华人民共和国军队进驻群岛东部岛屿。1959年，中国政府在西沙永兴岛建立“西沙群岛、南沙群岛、中沙群岛、东沙群岛办事处”。1974年1月15日，中国军民驱逐了非法占据珊瑚岛和甘泉岛的南越军队，收回了群岛西部岛屿。至此，中华人民共和国政府完全收回了被外国侵占的西沙群岛主权。2014年7月，三沙市正式建立。

1974年以前，越南当局一直没有主张拥有西沙群岛的主权，也从来没有对中国拥有西沙群岛主权进行任何形式的质疑，在其各种官方文件及民间资料中，始终承认西沙是中国的固有领土。

1956年以来，越南外交部副部长雍文谦、外交部亚洲司代司长黎禄等各级政要都曾先后表示，包括西沙群岛在内的南海诸岛在历史上始终是中国的合法领土。1958年中国政府声明领海宽度为12海里并适用于“包括西沙群岛……在内的中华人民共和国的一切领土”，越南《人民报》全文刊发中国政府的声明，越南总理范文同也对此表示承认和赞同。1972年越南官方出版的《世界地图集》和1974年越南官方出版的《地理教科书》都将南沙群岛、西沙群岛等南海诸岛标记为中国领土。

1978年之后，越南政府突然对中国南海诸岛提出领土要求，公开违背此前在国际上的表态，这既是不信不义的可笑举动，也是违背国际法和国际关系基本原则的行为。

二、越南暴力反华事件回顾

此次越南严重暴力反华事件自2014年5月13日开始，多地先后发生大规模民众反华示威运动，此后事态迅速恶化发展为打砸抢烧严重暴力恶性事件。事件的导火索是中国“海洋石油981”深水油气田钻井平台进入南海区域勘探油气资源。越南单方面声称中国侵犯其国家主权，派出军舰进行阻拦，进而发展成为中越两国船只海上对峙。

经过越南方面有预谋的舆论煽动，其国内民众先后在多个城市举行游行示威，抗议中国侵犯其国家主权，后来演变成为针对外国企业和外国人的打砸抢烧暴力事件，“包括台湾和香港地区在内的一些中国企业和人员以及新加坡、韩国等企业遭到不同程度的冲击，造成生命和财产损失”。① 在此次严重暴力反华事件中，共有 4 名中国公民遇害，300 多名中国公民被越南暴徒打伤，还造成了巨大的财产损失。

20 世纪 70 年代越南实现南北统一后，同中国的关系开始逐渐恶化。越南一方面驱逐迫害在越华人，另一方面频频在边境挑起事端，中国被迫发动对越自卫反击战。此后尽管双方试图改善关系，并且在一定程度上取得进展，但因为越方始终大力在国内进行反华宣传，煽动国内民族主义情绪，两国关系仍然较为紧张。越南国内曾经多次因为中越在南海的利益纷争发生有计划的反华游行示威活动。

“事件爆发前的 5 月 7 日，中国驻越南大使馆经商处向各驻越中资、港资机构发放做好安全防范工作的通知，并安排撤离。”② 事件发生后，中国外交部迅速作出反应，表示中方正在向越南提出“严重交涉”。15 日晚间，中国外交部部长王毅强烈谴责了越南发生的严重暴力反华事件，同时向越南方面提出严正抗议。18 日，中国外交部对外宣布，已经向中国公民发出警示，建议暂时不要前往越南进行旅游，同时暂停中越两国正在进行的交流活动，未来可能会根据事态的发展采取其他必要的措施。19 日，中国国防部长常万全在会见越南国防部长冯光青时做了言辞极为激烈的表态，警告越南不要一错再错、酿成大错。同时，中国政府一方面通过各种渠道协助在越公民回国；另一方面迅速将受伤中方人员用专机接回国内进行治疗。

5 月 15 日，越南总理阮晋勇公开表态，要求越南各级有关部门采取迅速而有效的措施，对扰乱国家秩序的暴徒进行严厉打击与惩治。他表示，破坏外国企业、伤害外国人的行为是严重违法的，严重影响

① “中方就中国在越企业遭受严重暴力袭击提出严正抗议”，中华人民共和国外交部，2014 年 5 月 15 日，http：//www. fmprc. gov. cn/mfa_ chn/zyxw_ 602251/t1156443. shtml。

② 同上。

了社会稳定、国内政治和经济秩序以及国家的外交环境。各级相关部门要严密保护民众与企业的安全，特别是外国人和外资企业的安全，同时加紧对受损企业提供帮助和支持，尽早恢复正常运转。他还呼吁人民遵守法律，以和平手段表达自己的爱国热情，用合法方式捍卫国家主权，不给坏分子破坏国家稳定、损害国家尊严的可乘之机。5 月 21 日，越南总理再次作出指示，要求各级相关部门迅速补偿在暴力事件中受损的中外企业，对死难者和受伤者进行赔偿。

此后，越南警方迅速行动先后抓捕 1036 人，并对其中 700 余人提起公诉，以煽动暴乱、破坏财产、抢劫财产等罪名定谳。5 月 25 日，平阳省法院以上述罪名分别判处两名参与此次反华暴乱的暴徒以三年和一年有期徒刑。6 月 10 日，河静省法院以盗窃财产罪名分别判处两名在骚乱中盗取中国企业财物的犯罪嫌疑人两年和两年半有期徒刑。

三、此次严重暴力反华事件的直接诱因——“海洋石油981”

此次越南严重暴力反华事件的直接诱因，是中国派遣“海洋石油 981”深水油气田钻井平台赴南海相关区域进行油气勘探作业。

“海洋石油 981”是中国第一个自主设计、建造的深水油气田钻井平台，该平台由中国海洋石油总公司进行投资，中国船舶工业集团公司进行设计建造，总工程共耗资约 60 亿元人民币。“海洋石油 981 的名称中，‘9’代表钻井船，‘8’代表深水，‘1’则表示中国首个深水油气田钻井平台”，① 自 2006 年起开始设计建造，2009 年 11 月主体完工，2010 年 2 月 26 日下水，2011 年 5 月 26 日进入东海，

① “中方就中国在越企业遭受严重暴力袭击提出严正抗议”，中华人民共和国外交部，2014 年 5 月 15 日，http：//www. fmprc. gov. cn/mfa_ chn/zyxw_ 602251/t1156443. shtml。

2012 年 5 月开始在南海区域进行油气勘探开发作业。

1970 年，中国建造了南海 2 号平台，受当时技术水平所限，其工作范围局限在 300 米水深之内。1982 年，中国成立专门进行海上油气开采的海洋石油总公司，但是因为技术水平原因在南海的勘探和开采一直无进展。进入 21 世纪，世界上最先进的勘探技术已经能达到水深 3000 米，深水油气田已经占到全球巨型油气田的六成以上，但是中国仍无法突破 500 米的瓶颈，难以进行深海油气开发。南海是中国石油、天然气资源储量极为丰富的地区，经过勘测，南海地区共可开采 230 亿—300 亿吨石油资源以及 16 万亿立方米天然气资源，足以占到全国总油气资源的 30%，但其中超过七成位于勘探、开采技术力所不及的深海区域。

2006 年中国海洋石油总公司开始大力发展深海勘探、开采技术，共投资近百亿人民币，研发、建造了包括“海洋石油 981”钻井平台在内的大量世界先进勘探开采技术设备，建立了国内首支能进行深海油气勘探开发的技术团队。

“海洋石油 981”正式开始工作具有极强的意义，一方面其先进高效的技术将带来巨大的经济收益，另一方面其进入南海进行作业也有着很强的政治意义，国内有些媒体将其比喻为“航空母舰”、“流动国土”等等。2012 年 4 月，菲律宾同中国就南海黄岩岛的主权归属发生对峙，事态较为严重，因此“981”号进入南海进行作业备受各界关注。“981”开始钻探作业的当天，时任中国副总理的李克强发去贺电，大量政府官员出席启动仪式，这足以说明其对于中国的重要性。

2014 年 5 月，“981”根据工作计划开始在中国西沙群岛毗邻区开展海底石油、天然气资源的勘测作业。此次勘探作业分为两个阶段，两次作业区域与中建岛和西沙群岛领海基线的距离都是 17 海里，分别距离越南海岸线约 133—156 海里。因此，“981”的作业区域并未进入越南相关海域，而是始终位于中国合法权益所在区域。

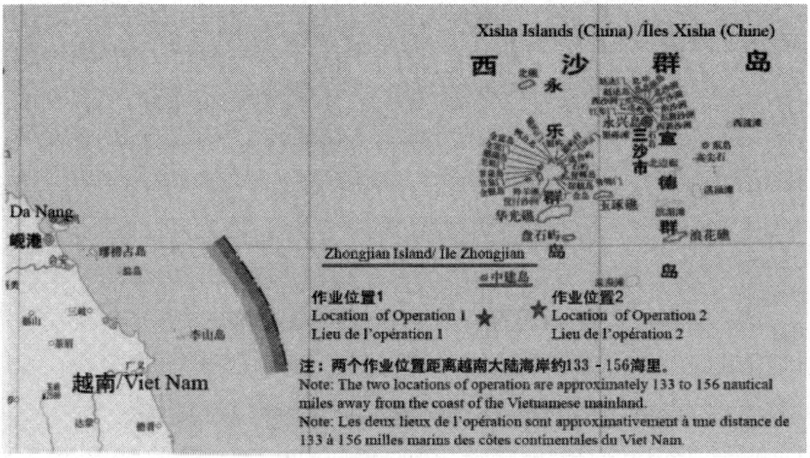

中国企业作业位置图

“981”进入预定作业区域后，越南方面迅速对其进行恶意干扰，派出大批船只进行围追堵截和蓄意骚扰，其中还包括许多越南武装船只。越方船只不断迫近在现场进行安全保卫的中方公务船，强行闯入警戒区，甚至直接对中方船只进行冲撞。据统计，越南方面派出的船只最多的时候达到了60余艘，此外累计强行闯入警戒区、冲撞中方船只达1500余次。越方还派遣大量“蛙人”进入“981”钻井平台工作区域，故意释放渔网、漂浮物等障碍物，严重威胁钻井平台和中方船只的工作与航行安全。越南肆无忌惮的行为既是对中国主权的肆意践踏，更是对中方人员和财产安全的蓄意威胁，严重违背了国际道义，违反了国际法，是对区域和平稳定局势的故意破坏。

越南不仅在海上非法强力干扰中国的油气勘探工作，而且在国内纵容和煽动反华情绪，最终酿成针对中国企业和中国公民的打砸抢烧恶性事件，造成4人遇害、300多人受伤的惨剧，人员和财产损失极为严重。

中越两国目前还没有完成在南海的专属经济区与大陆架的勘界工作，两国在事实上对划界存在较大争议。尽管两国都有在该海域主张专属经济区和大陆架的合法权利，但是不管划界工作以哪种规则进行，该海域都不会成为越南一个国家的专属经济区和大陆架。

虽然越南在南海进行咄咄逼人的恶意挑衅，但中国政府本着合理合法解决争端的目的采取了极为克制的态度，专门派出一批公务船保障“981”的作业安全，既保证了中国合法海上作业的顺利完成，又确保了南海相关区域航行自由与安全。同时始终与越南方面进行沟通，要求其立刻停止对中国合法作业的恶意干扰和破坏。面对越南国内的反华举动，中方通过外交渠道对越方施压，迫使越方赔偿损失、惩治暴徒，同时迅速将中国公民撤回国内并对伤员进行救治。

四、此次严重暴力反华事件的内在原因及影响

越南本次发生的反华事件波及范围之广、暴力犯罪之烈、造成损失之大都是十分罕见的。其内在原因主要有以下几个方面：

第一，南海油气开发对越南经济十分重要。近年来，南海局势愈发错综复杂的主要原因就在于该区域蕴藏着极为丰富的石油和天然气资源，沿岸诸国都意图从中牟取利益。有消息称，截至目前，南海沿岸各国已经以独资或国际合作的方式在该海域钻探了油气井逾千口。在这些国家当中，越南采取的行动最多，攫取的利益也最大，每年从南海开采石油超过1000万吨，其在南海进行油气开发俨然已成为国家经济的支柱型产业。中国本着“主权在我，搁置争议，共同开发”的原则，向包括越南在内的有争议国倡导共同利用南海资源，但越南始终对此置之不理，顽固蚕食鲸吞中国在南海的合法权益与利益。中国自主研发建造“海洋石油981”向各国证明，只有中国能够凭借一己之力在油气开发的技术与操作上取得突破，在南海复杂的水文地质环境下进行作业，进行石油、天然气的深海勘探和开发。此次进入南海海域既是中国对本国权益的宣示，更是对南海沿岸诸国的提醒，南海主权的真正归属是中国。

第二，此次严重暴力反华事件有着强烈的国际背景。一方面，奥巴

马上台以来提出“重返亚太”的国家战略，为此频频出访东亚诸国，其中尤为突出的是同与中国摩擦不断的菲律宾和日本关系更为紧密。对此，一些国家认为美国是在给他们“打气”，更认为同中国发生争端自会有美国介入处理，所以肆无忌惮地在东海、南海海域同中国发生龃龉。但是在当前全球化条件下，各国利益相互交织，中国作为世界最大的发展中国家、全球第二的经济体，美国究竟会在多大程度上为了其他国家的利益与中国走向对立，答案似乎不言而喻。另一方面，第 24 届东盟峰会召开在即，此前菲律宾刚刚在南海非法抓扣中国渔民，越南希望能以此为契机拉拢东盟诸国，将双边问题多边化，以集体身份共同对付中国。但是，中国与东盟大多数成员国有着深厚友谊，与东盟也有着良好的合作伙伴关系，所谓的“南海领土争端”、“海上利益之争”只是极少数国家蓄意挑起的争端，东盟及其大多数成员国绝不会愿意被极个别国家的国家利益所绑架，主动恶化同中国的友好关系。所以越南企图令东盟为其火中取栗，这一浑水摸鱼的企图注定会失败。

第三，越南当局用心险恶却搬起石头砸了自己的脚。近些年来，随着“革新开放”的继续深入，越南出现了越来越多的社会问题，这些问题长期难以得到有效解决，因而国内对政府的不满情绪不断上升。为了缓解国内压力，越南当局有意利用同中国长期存在的领土争端和利益纠葛来转移国内视线，通过炒作事态、引导舆论将国内民众对政府的不满转移到中国身上。一些人在民族主义情绪煽动下进行针对中国的游行示威，有消息显示，越南当局在游行示威之前和游行示威刚刚开始的时候采取了默认、纵容的态度。越南曾多次爆发针对中国的游行示威活动，但是大多数情况下只发生在首都河内，偶尔会同时在胡志明市发生，而且历来参与人数有限，活动规模不大。但是，此次游行示威活动的事态发展很可能超出了越南当局的预料，地域范围上超出上述两市并且蔓延全国，甚至在国外许多地区如日本和欧洲都有越南裔举行活动遥相呼应，同时大量对政府不满的人混入游行示威的队伍，采取极为暴力的手段宣泄愤怒情绪。越南当局担心事态继续恶化，会引发更大的社会动荡，威胁其政局稳定，因而被迫迅速采取行动抓捕数百名参与打砸抢烧的暴徒并予以严惩。

最后，某些越南反政府组织参与了此次严重暴力反华事件。越南警方查明，“一个长期以来以推翻越南现政权为目的的反政府组织介入了此次严重暴力反华事件”，[①] 他们利用国内反华情绪，煽动大量图谋不轨的坏分子参与游行示威，教唆游行民众打砸抢烧，是此次越南反华游行示威性质转变为严重暴力反华事件的幕后黑手。越南当局企图挑起民众强烈的民族主义情绪，将国内政治压力转移到与中国的争端之上，但是这种拙劣的手段却又被越南反政府组织利用，成为国内外反政府势力表达不满的机会。所以，在发生严重暴力的打砸抢烧事件之后，越南当局不得不迅速采取行动先后抓捕近千人以平息事态，确保社会稳定和政局稳固。

如此严重的暴力反华事件造成了极为恶劣的影响，对于越南本身和中国在东南亚地区的战略布局都将产生难以预料的余震。

首先，国外投资对越南的信心会大打折扣。此次严重暴力事件波及范围甚广，不止中国，韩国、新加坡、中国台湾以及一些日本企业也遭到暴徒冲击，造成了巨大财产损失。事件发生后，许多外企开始重新评估越南的投资环境，将大量订单转往中国大陆的工厂生产，甚至着手研究从越南撤资的事宜。这次严重暴力事件反映出越南当局难以有效掌控社会局势，企业生存环境难以得到可靠保证，因而很有可能发生外资突然撤离的情况。一旦如此，越南的“革新开放”将遭受重大挫折。

其次，越南国内经济可能受到打击。越南作为社会主义国家于1986年承认计划经济失败，开始效仿中国推行“革新开放”政策，积极引进外国资金技术，成功扭转了国内经济颓势，取得了十分显著的经济成就。但与此同时，越南国内经济也与国外资本的依赖关系越来越深。尤其是同最大邻国中国的经贸关系更是依赖性极强，仅2013年一年越南就从中国进口370亿美元，占到进口总额的近三成；对中

① “越南胡志明市公安：越新组织在游行中挑动动乱”，新华网，2014年6月7日，http：//www.qh.xinhuanet.com/2014-06/07/c_1111026745.htm。

国出口 133 亿美元，占到出口总额的 1/10。但是此次严重暴力事件造成的冲击难以估量，一旦以中国为代表的外国资本从越南撤离，双边经贸关系迅速转冷，那么越南国内经济将受到严重打击。

最后，中国的东南亚战略布局进程可能被打乱。与东盟的关系始终是中国多边外交的重要组成部分，同时也是中国进行战略布局的关键区域。近年来，中国同东盟的合作关系不断走向深入，通过泛北部湾合作、亚洲基础设施投资银行、大湄公河次区域经济合作等机制，加强了双边经贸合作，中国在这一地区的外交形势有了很大进步，也使得东盟国家从中受益颇丰。但越南此次针对中国的严重暴力事件给本来前景良好的双边合作与战略格局蒙上了一层阴影。

总之，此次严重暴力反华事件不仅会给越南本身的政治经济状况带来负面影响，而且给中国在东南亚地区主要依靠经济贸易方式推动的战略布局敲响了警钟。

五、中国的应对之策

越南严重暴力反华事件发生后，中越之间的沟通渠道仍保持通畅。“中方规劝越方从维护两国关系和南海和平稳定大局出发，尊重中方的主权、主权权利和管辖权，立即停止对中方作业任何形式的干扰，并撤走现场所有船只和人员，缓和紧张局势，使海上尽快恢复平静；中方将继续努力同越方沟通，争取妥善处理当前事态”。[①]

第一，对越南采取斗而不破的策略。

越南同中国的关系具有很强的两面性，一方面两国经贸往来频繁，另一方面领土主权争端不断。对此，中国政府应采取斗而不破的策略。面对越南当局蓄意在南海侵占我国权益、挑起政治事端，中国

① “中方就中国在越企业遭受严重暴力袭击提出严正抗议”，中华人民共和国外交部，2014 年 5 月 15 日，http：//www. fmprc. gov. cn/mfa_ chn/zyxw_ 602251/t1156443. shtml。

政府首先应当以外交手段在国际舆论上占据道德和法理高度，对越南的不法行径采取针锋相对的斗争，防止越南为了实现对南海管控的合理化、合法化而通过各种手段扭曲历史事实、强化实际占领的行为。其次，当前越南对中国存在极强的经济依赖，中国可以通过刚柔相济的经济手段迫使越南当局就范。越南“革新开放”最重要的目的就是实现经济的高速发展进而提升综合国力，南海局势恶化造成中越贸易关系遇冷，双边合作进程受阻，这必然不符合越南自身的经济利益。所以，针对越南在南海问题上不断搅局，中国应当采取外交斗争与经济斗争相结合的方式，将双边矛盾分歧控制在一定范围之内，采取合理有效的协商、谈判方式解决问题，破解越南恶化地区局势浑水摸鱼的图谋，同时也可以极大地提升中国的国际形象。

第二，将南海问题控制在双边范围。

南海周边诸国大多同中国存在领土领海争端，因而南海问题已经成为区域各国普遍关心的事项。近年来，越南、菲律宾等国多次在东盟重要会议上提议，要求东盟采取一致行动应对同中国在南海上的争端。虽然这些提案都以失败告终，但是相关国家试图将双边问题多边化，将简单问题复杂化的趋势需要引起警觉。东盟作为区域内合作组织发声的影响力度远远超过个别国家单独的影响力，一旦东盟以集体形式同中国就相关海洋争端进行沟通，会极大地鼓舞个别国家的嚣张气焰，进一步侵吞中国在南海的合法权益，而中国将不仅在南海问题上，更会在区域其他问题上陷于被动。因而在南海问题上，中国需要将事态控制在双边范围之内，防止问题恶化为中国与整个东盟之间的矛盾，确保东盟不会形成共同针对中国的一致立场。南海问题归根到底是中国同个别东南亚国家的双边问题，绝不能发展到通过多边渠道进行解决。

第三，对南海开发采取独立自主方式。

尽管中国始终表示愿意与在南海问题上存在争议的国家进行“共同开发”，越南也多次表示愿意如此，但是却又始终言行不一。越南于2001 年同中国签署了《关于指导解决中华人民共和国和越南社会主义共和国海上问题基本原则协议》，同意以合理方式解决两国存在的矛盾，推进两国进一步合作，但是一方面继续独自侵占中国在南海合法权益，另一方面同一些西方国家签订共同开发南海的协议，完全无视与中国友好协商取得的结果。目前，越南同区域外国家共同开发南海的进程仍在进行，在继续攫取巨大经济利益的同时将南海问题多边化。因此，中国“共同开发”的政策主张应适时适事灵活调整，强化在南海的事实存在与实际管控，以独立自主的方式对南海资源进行开发，遏阻越南在南海区域内的恶劣行径。

小　结

从历史角度来看，中越之间的海洋争端有一定的国际背景，即越南当局在实现南北统一之后对中国的政治依赖性减小，希望引入区外大国来平衡中国在地区的影响，进而塑造其在区域内较强的政治话语权。另一方面，越南国内“革新开放”尽管取得一定成就，但也出现很多问题，当局需要塑造一个强大的外部威胁以转移国内民众对当局的不满情绪，通过强化民族主义情绪确保其在国内的政治稳定。同时南海岛屿归属、海上划界涉及到诸多地缘安全问题，更重要的是越南看到了南海蕴藏的丰富油气资源及未来发展潜力，基于政治考量和经济因素，越南罔顾国际法和历史事实，肆意在南海挑起事端。归根到底，中越海争折射的是国家利益对于国家战略选择的巨大作用。中国未来仍然需要以清晰的思路解决南海问题，将分歧控制在双边范围之内，通过和平有效的手段确保双方基于共同利益实现合作。

马航 MH17 坠机事件背后的俄乌之争

李 喆

北京时间 2014 年 7 月 17 日晚，马来西亚航空公司波音 777 型客机 MH17 在从阿姆斯特丹飞往吉隆坡的途中，于乌克兰东部上空遭导弹击落坠机，机上 283 名乘客和 15 名机组人员全部罹难。乘客过半是荷兰人，其余包括马来西亚、澳大利亚、印度尼西亚、英国、德国、比利时、菲律宾、加拿大及新西兰人。[①] 事件一经报道，即刻引起全球范围内的广泛关注，由于坠机地点位于靠近俄罗斯边界的乌克兰东部地区，即处于乌克兰东部战乱冲突区域，此次事件的真相也因此更加扑朔迷离。（截至目前，针对此事件的调查还在继续，尚没有足够的证据揭露出肇事的真正“元凶”。）

一、马航 MH17 坠机事件争论焦点

坠机事件一经发生，国际舆论立即表示出极大的关切与关切。尽管围绕坠机事件本身的推测与线索颇多，但矛盾始终聚焦在俄罗斯所

① 人民网，http：//world. people. com. cn/GB/8212/191606/386894/index1. html。

支持的乌克兰民间武装以及乌克兰政府军两方之间。以美欧为首的西方国家在事发后的第一时间纷纷将矛头指向俄罗斯，认为正是其提供给乌民间武装的“山毛榉”导弹酿成了此次人间悲剧；而乌克兰东部民间武装和俄罗斯在争先恐后撇清自己的同时也均认为乌克兰政府军才是肇事真正的“凶手”。不难看出，马航 MH17 坠机事件事发的表象背后不可忽视的是俄乌之间的矛盾，国际社会针对马航 MH17 坠机事件众说纷纭，单纯从坠机事件本身来说，目前的疑点主要存在于两方面：

1. 击落马航 MH17 的导弹归属问题

对于导弹的归属，俄罗斯与乌克兰双方相互推诿、指责。但不管最终出自哪一方，“飞机是被击落”这一观点已基本形成国际共识。在万米高空击落一架飞机主要可能存在两种情况：一是雷达跟踪动用长距离地对空导弹精准打击；二是被同在高空的战斗机发射导弹击落。因此，国际舆论关于“肇事”导弹现在有两种猜测：一是俄制“山毛榉”地对空导弹；二是乌克兰军机发射的空对空导弹。虽然乌克兰东部民兵宣称自己的武器只能达到3000—4000 米的高度，但国际社会普遍相信，乌东部民兵、乌政府军和俄军都拥有“山毛榉”地对空导弹，因而肇事者极有可能在俄罗斯支持的乌民间武装与乌政府军之间产生。

2. 马航 MH17 不选择绕飞乌克兰东部冲突地区的主要原因

近年来，民用航空器发展速度迅猛，不论是从数量还是质量上看，各国民用航空公司较之前都有了较大发展。对于各国民用航空公司来说，在顺利完成飞行任务的前提下，安全和经济效益无疑成为首需考虑的两大因素。飞行过程中，在外部天气状况良好、内部机械运转正常且空中交通不拥堵的情况下民用航空器一般都会选择直飞航路点以获得经济效益的最大化（直飞可节省大量航油和飞行时间）。飞机在通过每个飞行情报区①时，

① 飞行情报区（Flight Information Region，FIR），又称飞航情报区、飞行信息区，是由国际民航组织（ICAO）所划定，区分各个国家或地区在该区的航管及航空情报服务的责任区，是为提供飞航情报服务和告警服务而划定范围的空域，主要目的是为民航提供飞行服务保障，当飞机发生事故时，便于展开搜寻及救援。飞行情报区与领空、领海主权无关。

空中交通管制（ATC）[①] 都会给出一份飞行情报，其中包含飞行高度、飞行速度、天气情况等基本信息，并且对飞机进行相应调配，以保持空中航路的通畅。除遇特殊情形（飞行冲突、紧急情况避让航路、地面或空中有军事活动等等）外，交通管制员允许飞行机组在飞行过程中有一定的自主选择权，并且也会选择性建议飞行机组直飞航路点。因而，出于自身营运收益的考虑，马来西亚航空公司在没有受到强制性干预的情况下保持旧有申报航路，依然飞行途经战火不断的乌东部地区，而没有选择绕飞也就不难理解了。

针对马航 MH17 坠机事件的调查仍在继续，事件真相一时间恐怕还很难浮出水面，各方对于事件的猜测使其更加迷雾重重。

二、争论焦点及各方反应

坠机事件一经发生，国际舆论即表示出极大的关注与关切。针对各自不同的立场，各国政要第一时间就此次事件发表了相关言论。

2014 年 7 月 18 日，联合国安理会就乌克兰局势举行紧急会议。安理会轮值主席、卢旺达常驻联合国代表加萨纳向媒体宣读声明，呼吁根据国际民航准则对马航空难进行全面的、彻底的、独立的国际调查，并追究相关责任。[②]

美国方面，奥巴马总统于 7 月 17 日在空军一号专机上分别与乌克兰总统波罗申科和马来西亚总理纳吉布通电话，了解事态进展。随

① 空中交通管制是根据规定的飞行计划，对飞机在空中的活动进行管理和控制的机构和设施，目的在于防止飞机与空中飞机和地面障碍物相撞，并有效地利用空域，安全地加速空中交通运输。空中交通管制是对航空器的空中活动进行管理和控制的业务，包括空中交通管制业务、飞行情报和告警业务。它的任务是：防止航空器相撞，防止机场及其附近空域内的航空器同障碍物相撞；维护空中交通秩序，保障空中交通畅通，保证飞行安全和提高飞行效率。

② “安理会召开紧急会议 各方呼吁查明空难真相”，新华网，2014 年 7 月 19 日，http://www.sn.xinhuanet.com/2014-07/19/。

后在特拉华州，奥巴马总统表示美国将给予一切可能的帮助，协助查明此次事件。7 月 18 日，奥巴马总统在白宫发表声明称，美国有信心认为马航 MH17 客机是被从乌克兰东部民间武装控制地区发射的地对空导弹击落的。奥巴马总统说："一架亚洲客机在欧洲上空被击毁，机上的乘客来自许多不同的国家。对这次事件的原委必须进行一次可信的国际调查。联合国安理会已经批准了调查，我们将使所有成员国信守承诺，包括俄罗斯在内。"①

俄罗斯方面，普京总统在事发后第一时间与奥巴马总统进行了紧急沟通，并向马来西亚总理纳吉布发唁电，对马来西亚航空公司客机在乌克兰境内遭遇意外，造成大量人员伤亡表示最深切哀悼，并请他转达对遇难者家属的同情和支持。7 月 17 日夜在莫斯科州新奥加廖沃官邸举行的经济问题会议上普京总统说，马航 MH17 客机失事悲剧发生在乌克兰领空，乌克兰无疑对此承担责任。普京总统要求俄政府尽一切努力客观调查这一悲剧，并指示俄相关军事部门为调查提供必要帮助。②

乌克兰方面，波罗申科总统于 7 月 17 日表示，乌武装力量与马航客机坠毁没有任何关联，他责成政府成立空难事故调查委员会，并呼吁国际相关机构和组织一起参与到这起事件的调查中来。③

欧盟方面，欧盟就马航 MH17 航班在乌克兰境内坠毁发表声明称，呼吁在飞机坠毁区域的各方完全开放坠机现场，让国际调查充分介入，以便尽快澄清这一悲剧的详情。④

马来西亚方面，马来西亚总理纳吉布 7 月 18 日凌晨在吉隆坡召开的新闻发布会上说："在目前初步阶段，无法确认这起悲剧的肇因，但我们会找出这架飞机出了什么问题。我们将竭尽所能去寻找原因。

---

① "马航 MH17 航班坠毁事件令美俄博弈进入新转折点 "，新华网，2014 年 7 月 24 日，http：//www. js. xinhuanet. com/。

② "普京说乌克兰对马航客机坠毁承担责任"，新华网，2014 年 7 月 18 日，http：//news. xinhuanet. com/world/。

③ 同上。

④ "欧盟呼吁完全开放 MH17 坠毁现场 让国际调查充分介入"，新华网，2014 年 7 月 18 日，http：//news. xinhuanet. com/yzyd/。

若飞机是被击落的，我们坚持认为，肇事者必须迅速被绳之以法。”①

荷兰方面，荷兰首相吕特于7月19日下午在海牙召开简短的新闻发布会上称，他与普京在电话中已经进行了交谈。他在通话时称，现在时间紧迫，普京必须向世界表明他有良好意愿，并愿意担负起责任。吕特在发布会上表示，普京必须表明他愿意像外界期待的那样有所作为，发挥他的影响力，“荷兰和全世界都希望看到他采取必要的行动”。②

中国方面，中国外交部发言人秦刚7月17日在巴西首都巴西利亚发表谈话说：“获悉马航MH17航班在乌克兰东部坠毁，我们感到震惊，谨向遇难者表示深切哀悼，向他们的家属表示诚挚慰问。我们希望尽快查明原因”，“我们将密切跟踪事件进展，同各方保持密切沟通，并采取相应措施”。③

三、俄乌双方针对马航MH17坠机事件的策略意图

自2014年年初以来，乌克兰国内局势持续动荡，克里米亚脱乌入俄后，东部反政府武装更是展现出日益强劲的离心力。此次马航MH17坠机事件无异于一支强心剂刺激了冲突不断的乌东部地区。虽然时至今日调查依然在继续，但可以肯定的是无论肇事者究竟为谁、“行凶”武器究竟来自何方，俄乌双方针对此次事件有着各自的战略意图。

---

① “马航客机坠毁后各方表态”，新华网，2014年7月18日，http://news.xinhuanet.com/world/2014-07/18/c_12677。

② “荷兰首相：找回马航班机遇难者遗骸是当务之急”，凤凰网，2014年7月20日，http://news.ifeng.com/a/20140720/。

③ “马航客机坠毁后各方表态”，新华网，2014年7月18日，http://news.xinhuanet.com/world/2014-07/18/c_12677。

（一）乌克兰：借重美欧，意欲与俄罗斯达成和平协议

乌东部地区的武装冲突已经致使乌克兰国内民生凋敝、百废待兴，持续动荡的国内政治已然使这个在大国夹缝中求生存的中欧国家无法承受。尤其是随着冬天的临近，如何解决急需的石油、天然气等能源问题也日渐提上日程，因此，如何尽快与俄罗斯达成停火协议是其首先需要考虑的战略选择。

马航 MH17 坠机后，西方国家一致谴责俄罗斯的坚定立场使波罗申科似乎看到了一丝缓和的希望。不管肇事者是否真的是俄罗斯，在西方国家强大的舆论压力下，俄罗斯支持乌反政府武装的行为似乎瞬时失去了正义性与道义感。普京在维护俄传统国家利益之时也多多少少较之前缺少了一些底气。这些突如其来的变化为双方停火提供了机遇。乌政府借重美欧之力，利用舆论与道德的压力和普京重回谈判桌，就停火协议达成了共识。

虽然东部地区目前的小规模冲突仍不时发生，但不得不说波罗申科的确利用此次事件的轰动性舆论效果达成了预期战略目的，可谓借重美欧制衡俄罗斯。

（二）俄罗斯：谴责乌方将事态扩大化，夺取道义制高点

在国际政治中，战争的正义性一直是国际社会论证的重要问题。尽管针对正义战争的具体界定仍存在争议，但其中关于“将战斗人员与非战斗人员必须区分开来并且使后者尽可能免遭伤害”这一观点已基本形成国际社会的共识。

马航 MH17 坠机事件所造成的非战斗人员的伤亡无疑已经使乌东部地区的冲突丧失了正义性，真正的凶手必将因此受到来自国际舆论的强烈谴责。然而，在调查结果公布前，抢得舆论制高点的一方也就意味着抢得了道义的制高点，不仅能够博得国际社会的同情，也能够为己方下一步行动的合法性与正义性提供一定的道德支撑。因此，引

导国际舆论方向、争得舆论先声、赢得舆论支持，从而赢得道义的制高点无疑成为俄罗斯一方的首要战略选择。

事件发生后，虽然全球舆论将肇事一方更多地指向俄罗斯，但俄方并没有放弃舆论宣传的反攻，在不断地提供证据的同时始终将矛头指向乌克兰。从“十问乌克兰”到俄外长拉夫罗夫指责乌克兰方面无法完全提供黑匣子解码记录及第聂伯罗彼得罗夫斯克调度员录音，俄罗斯针对乌克兰的外交攻势从未停止，其自信的态度以及强硬的立场虽然使坠机事件真相更加难以还原，但却给予了美欧以及乌克兰试图占取舆论制高点的行为以有力的还击。

四、俄乌之争的深层诱因与未来走势

随着2014年2月22日乌克兰前总统亚努科维奇的出走，隐藏在乌克兰政治生态中的“病毒”终于全面爆发。这个位于亚欧大陆核心位置的苏联加盟共和国，再也无法遮掩其一直以来的病态民主化进程所带来的畸形国内政治生态。无论是向东还是向西，向左亦或向右，乌克兰这一地处西欧与俄罗斯之间缓冲位置的地缘政治支轴国家已然再也无法轻易掌握自身未来走向，沦落为各大国之间的博弈场成为其命运之必然。

2014年6月7日乌克兰迎来了以波罗申科为总统的新一届政府，但乌东部顿涅茨克州和卢甘斯克州的军事行动并没有因此偃旗息鼓。尽管自9月5日乌克兰当局与东部武装达成停火协议以来，东部的军事冲突有所缓解。但从9月下旬开始，双方交火的频率又呈上升趋势，武装冲突的规模也在不断扩大。10月1日，双方再次发生激烈交火，造成多名平民死亡。俄乌相互指责对方的同时，停火协议俨然已经成为一纸空文。

持续的国内冲突已使乌克兰这个昔日的“欧洲粮仓”濒临分裂之境。国内政治持续撕裂的背后存在着难以解决的固化矛盾。主要有分为以下三个方面：

（一）敏感的地理位置吸引各大国地缘政治博弈

乌克兰位于欧洲东部，南临黑海和亚速海，东连俄罗斯，北与白俄罗斯毗邻，西与波兰、斯洛伐克、匈牙利、罗马尼亚和摩尔多瓦诸国相连，地处欧盟与俄罗斯的地缘政治交叉点。① 麦金德爵士在《历史的地理枢纽》一书中将其描述为位于世界岛的心脏地带位置，书中写道"谁统治了东欧，谁就统治了大陆腹地；谁统治了大陆腹地，谁就统治了世界岛；谁统治了世界岛，谁就统治世界"。这一概括性的描述毫无夸张地强调了乌克兰的"黄金"地缘政治属性。

而在布热津斯基的《大棋局》中，乌克兰再次被喻为亚欧大陆的"地缘政治支轴国家"之一，其敏感的地理位置以及潜在的脆弱状态能够对地缘战略棋手（美、法、德、俄、中、印）行为造成影响。

因此，拥有着重要地缘战略位置的乌克兰必然将会掺杂世界各大国的利益，也必然会成为"兵家必争之地"。"权力真空"在乌克兰不仅不会长期出现，反而往往是几方势力同时存在，竞相争夺。

乌克兰的俄语称呼为 Украина，其中"У"（乌）表示"在"、"位于"的意思，而后面的"краи"（克兰伊）则表示"边缘的"、"边区"，这充分说明乌克兰在俄国人心中的位置就是俄国边区的一部分。没有了乌克兰，俄罗斯通向高加索的门户就要时刻面临关闭的风险；其通往黑海之路必然受阻；与欧洲中西部最后的缓冲区也将消失。因此，"乌克兰与欧洲的关系可以成为俄罗斯自身发展的转折点"。"乌克兰决定倒向欧洲将使俄罗斯在对它下一阶段历史作出决策时陷入危机——或者也成为欧洲的一部分，或者成为欧亚的一个弃儿，既不真正属于欧洲，又不真正属于亚洲。"②

---

① 引自"乌克兰"词条，维基百科，http：//zh. wikipedia. org/wiki/乌克兰。

② ［美］布热津斯基著，中国国际问题研究所译：《大棋局》，上海世纪出版社 2007 年版，第 99 页。

（二）民族问题为矛盾撕开裂口

民族问题一直以来都是国际政治中首要考虑的问题之一，由于不同的民族之间文化、信仰、宗教、语言等方面存在巨大的差异性，民族问题往往能够成为战争与冲突的导火索。无论是导致一战爆发的萨拉热窝事件还是科索沃战争，无论是美国黑人运动还是俄罗斯车臣反政府武装，在世界政治的变革与纷争中始终都充斥着民族矛盾的身影。

民族问题对于乌克兰来说也不例外，正是其构成了克里米亚独立与东部地区武装冲突的关键诱因。

乌克兰共有130多个民族，然而占据主体的是约占77%的乌克兰族和约占20%的俄罗斯族。[①] 乌境内的乌克兰族与俄罗斯族分布于东西两边，构成极为明晰。与俄罗斯接壤的乌克兰东部地区正是俄罗斯族占多数的地区，因此，对于东部地区来说，继续向东亲俄的吸引力更大。

由此不难想象在面临“东倒还是西歪”、“向左还是向右”的选择问题上，俄东部地区必然会更倾向于向右转亲俄。而在乌克兰政治生态已经撕裂、克里米亚已经入俄的情况下，也必然会“吸引”更多的东部亲俄势力要求脱乌入俄，亦或是自治独立。

（三）民主化进程频频失败成为诱因

1991年脱离苏联后，乌克兰与原苏联、东欧地区其他国家一起迎来了民主化浪潮。以三权分立、议会制以及普选制为特征的西方式民主迅速为该地区国家所接受，并且纷纷采用“拿来主义”的方式直接将西方国家的政治、经济体制嫁接于本国，展开了相对激进的政治转型之路。

---

① 引自“乌克兰”词条，维基百科，http：//zh. wikipedia. org/wiki/乌克兰。

但是，普选制并非意味着民主，完全采用嫁接的方式照搬西方发达国家政治模式并没有给乌克兰带来政治的稳定、经济的繁荣以及人民生活的富足。与之相反，1992—1999 年间，乌克兰国民生产总值下降了 75%，约 70% 的人生活在贫困线下，生活远不如苏联时期，曾经的“欧洲粮仓”几乎沦落到苏联加盟共和国中“垫底”的境地。[①]

2004 年的“橙色革命”又一次点燃了乌克兰人民的希望，然而，不管是“钢铁大王”还是“天然气公主”都无法在没有民主土壤的乌克兰实现西式民主改革的胜利。在乌克兰，政治的民主化成了各利益集团的角斗场，成了商业大亨们的“游戏”。

因此，面对这种不能奏效的畸形民主，乌克兰民众在一次次失望后陷入严重的不满情绪中。在这个贫富差距悬殊、人民生活艰难的国度，越来越多的普通民众将愤怒转向政府，国内的对立情绪也越发严重。与其说乌克兰乱局是一次偶然事件，倒不如说是国内矛盾不断激化、人民与政府日益对立的必然结果。

围绕 MH17 坠机事件引发的国际斗争表明，乌克兰未来的命运不会单纯地由乌克兰人民决定，而将会更多地掌握在美、俄、欧的手中。其中，就俄罗斯与乌克兰而言，双方的斗争和较量远未结束。

众所周知，俄罗斯与乌克兰两个民族在历史上有共同的渊源，它们同为东斯拉夫人，都起源于古代的基辅罗斯，后来因为发生了分裂才形成为不同的民族国家。1654—1667 年，俄罗斯人建立的莫斯科公国与波兰进行了长达 13 年的战争，将第聂伯河左岸的东乌克兰并入俄国。1793 年叶卡捷琳娜二世伙同普鲁士、奥地利三次瓜分波兰，又将第聂伯河右岸的西乌克兰划入俄国版图，最终完成了对乌克兰的吞并。十月革命后，乌克兰于 1917 年 12 月建立苏维埃社会主义共和国，并于 1922 年 12 月同俄罗斯联邦等四国组成苏维埃社会主义共和国联盟。

由此可见，无论空间还是时间，乌克兰与俄罗斯都密切相关，乌

---

① “民主化幻影与乌克兰泥潭”，中国社会科学网，2014 年 2 月 27 日，http：//www. cssn. cn/zzx/gjzzx_ zzx/201402/t20140226。

克兰的变革也都涉及俄罗斯的核心利益，想让俄罗斯在乌克兰问题上有丝毫退让恐怕都是困难的。苏联解体后，叶利钦执政初期曾一度采用向西方倾倒的战略选择，试图尽快完成对于俄罗斯的改革，恢复俄罗斯经济。但是，应该看到的是美国对于俄罗斯的惯性扩张传统始终存有提防，西方世界并未因为俄罗斯的“投桃送李”而不计前嫌地对其全盘接纳。普京总统执政后，俄罗斯经济高速发展，利用十余年的时间俄罗斯重回大国行列。2008 年南奥塞梯战争已经初步展现出复苏的俄罗斯对于国家利益维护的决心，并展现出苏联加盟国对于俄罗斯的重要战略价值。

不管北约东扩、欧盟东扩还是民主运动，显然格鲁吉亚和乌克兰已经成了俄罗斯的最后底线，任何试图突破底线的行动都会被其视为直接的威胁。俄罗斯不会再允许历史上拿破仑帝国、德意志帝国、纳粹德国越过乌克兰的广袤平原侵略俄罗斯的悲剧重演，乌克兰这一“战略缓冲区”不再容许任何侵犯。

因此，自乌克兰危机爆发之初，普京就在克里米亚问题上表现出强硬的态度便不难理解。在美、欧作出退让之前，在乌东部顿涅茨克和卢甘斯克地区的武装冲突中，俄罗斯会依然难以选择实质性退让。

马航 MH17 坠机事件发生后，尽管发生得迅猛而突然，并饱含悲剧色彩，但恐怕难以从根本上改变乌克兰东部局势。俄罗斯和美、欧的争夺使得夹缝中的乌克兰不可避免地陷入重重旋涡。美、俄、欧在乌依然存在结构性矛盾，乌克兰未来政治走向依旧“左右为难”。

不管是亲欧的尤先科还是亲俄的亚努科维奇，在乌克兰的政治改革进程中目前尚没有一个“强人”能够将国家带上正常发展轨道。波罗申科的上台部分原因也是由于其可以被乌克兰东西部选民都接受，是一个“最不坏的选择”，而并非其有着绝对的能力优势。要看到的是在大国夹缝中求生存的乌克兰是没有机会选择“左右逢源”的中间道路来谋求自身的发展的。一旦作为总统上任执政，波罗申科必然要面对乌克兰未来的发展方向问题：或者是亲西方式的“民主政治”，融入欧洲社会；或者继续做俄罗斯的“缓冲区”，投靠俄罗斯。

倘若选择加入欧盟，首先需要面临的便是俄罗斯对于其能源的进一步制裁，尤其是天然气。作为发展中国家，抛开能源谈发展，无异于“水中月、镜中花”。其次，以德、法为主体的欧盟其重心依然在西部，虽然近年来不断加快东扩进程，但作为东部边缘的乌克兰如若想搭上欧盟这一顺风车无疑还需时日，扩充过快的欧盟在一段时期内必定对其无暇过多顾及。再次，俄罗斯必定会持续支援乌东部反政府武装，介时乌克兰乱局无疑还会进一步动荡。

倘若选择继续依靠俄罗斯，乌克兰将会因此丧失与西方加强经济联系的机会，不能够享受美国以及欧盟提供的公共产品，并且极易回到现实主义政治的历史往复中，继续成为俄罗斯的势力范围。

乌克兰未来之路布满荆棘且难见曙光，但不论是“东倒”还是“西歪”，乌克兰都很难走上独立自主、健康稳定的发展道路。

结　语

马航 MH17 坠机事件的发生给全世界敲响了警钟，单纯只依靠航空公司的力量想必依然难以保证跨国飞行的安全，作为非国家行为体的国际民航组织以及各主权国家应就跨国安全飞行建立一套行之有效的安全合作机制，对各国航空公司的飞行进行强制性规范，从而在主观层面上规避飞行风险、保证飞行安全。

“逝者已矣”，无论肇事者为哪方，悲剧性地结果已然不可改变。在未来，如何使普通民众远离战争与冲突，保证其生命、财产的安全似乎更值得国际社会的关注与思考。

安全政策

美国新版《四年防务评估报告》与美国战略变化

吕　超

2014 年 3 月 4 日，美国国防部发布了 2014 版《四年防务评估报告》，报告是美国基本结束反恐战争之后发布的第一份国防策略评估。该报告针对未来的数年时间，详细探讨了美国未来面对的安全环境以及应对策略，同时阐明了财政的制约作用。本文将概括此报告的主要内容，并与 2010 年版的《四年防务评估报告》做比较，分析美国的军事战略变化。

一、美国面对的未来安全环境

美国虽然刚刚结束了十年反恐战争，完成了在伊拉克的撤军行动和在阿富汗的角色转变，但未来的国际安全环境仍具不确定性和复杂性。对美国来说，既存在机遇，又有挑战。在当今全球化的形势下，国家、非国家实体和个人间的交流日益便捷，全球重心分散化，中国、日本、欧洲已成为不可忽视的力量。

（一）全球范围

随着全球化日益加深，各国间的交流深度和对彼此的影响也与日俱增，这对全球安全既是挑战亦是机遇。全球化的一大表现就是科学技术的迅速发展和广泛传播。这为美国提供了一些新的高效安全合作模式，但同时也给一些国家和非国家行为体提供了非对称的对抗手段。在接下来的数年内，中国将继续发展其军事能力，包括发展网络和太空技术。一些国家日益增长的防空力量会限制美国的海空自由，先进的导弹技术也让美国及其盟友的海军和陆地设施感受到了严重威胁。美国的军事行动比以往更加依赖网络和太空，而一些国家在网络和太空领域上的进步挑战了美国安全。科技的进步还使得恐怖分子更具隐匿性，尽管“基地”组织的领导人被美国追杀，但他们仍有能力对美国发动袭击，对美国的本土和海外利益造成重大威胁。

（二）地区范围

亚太地区：美国一个多世纪以来都是一个太平洋强国，在亚太地区存在广泛的经济和安全利益。在过去的60年中，亚太地区正是在美国主导的国际体系中获得了长久的和平与繁荣。当前亚太地区对全球商业、政治和安全的影响力越来越强，因此美国不可能忽视当前亚太日趋激烈的军备竞赛、长期的主权纷争和自然资源竞争，并且尤其关注中国军队的快速现代化。日本、韩国、澳大利亚以及多边组织，如东盟，也是亚太地区的活跃行为体。朝鲜作为一个封闭的威权国家，美国认为它的远程导弹和核武器严重危害了朝鲜半岛的和平与繁荣，甚至是对美国的直接威胁。

中东和非洲：中东的宗教和资源纷争导致的地区持续紧张仍是美国关注的重点，尤其是在政府管控力不强的国家内。虽然伊朗宣称其不追求拥有核武器，但美国仍然认为伊朗存在破坏地区稳定的行动，仍是中东的一大不稳定因素。此外，中东和非洲的一些国家正在经历政治和社会动荡，这为当地恐怖组织提供了发展的温床，美国致力于与多边国际组织一道，在当地采取联合安全行动，稳定局势，打击恐怖主义。

欧洲：在维护全球和平方面，欧洲仍是美国最坚定的盟友，没有欧洲的配合，美国在中东和非洲的行动会遇到巨大障碍。所以欧洲在稳定欧洲边缘地区的安全形势上发挥着不可替代的作用。此外，欧洲的繁荣与和平离不开俄罗斯的参与。美国因此仍将继续与俄罗斯展开防务安全合作，以期鼓励俄罗斯增加透明度，减少双方军事误判。

西半球：美国面临的挑战主要是毒品贸易和跨国犯罪，所以与西半球各国合作打击此类活动已是大势所趋。

（三）美国的力量和机遇

面对这一环境，美国致力于运用其优势力量以迎接挑战。首先，美国具有雄厚的经济基础。新的页岩气革命很有可能让美国在未来数十年中成为能源净出口国。其次，基于共有利益和相同价值观，美国与一些国家形成了盟友或者伙伴关系，并在一些地区合作开展军事行动，这种合作关系构成了美国力量的重要支撑。最后，美国拥有先进的科学技术和强大的科技创新能力，这为美国的国防工业奠定了基础，也增强了美军的作战能力，提供了多种训练方法。

二、美国的防务战略

美国国防部的定位是通过在关键区域采取强制行动，防止侵略，积极介入全球事务来尽力减少冲突的可能性。强大且具有全球投送力量的美军将始终为外交提供可信的军事力量，美国只会在必要时有选择地运用军事力量。总之，在采取军事行动时，不仅要考虑其可能的代价和风险，更应以是否符合国家利益为基准。

冷战结束后，美国的国家利益虽有些许变化，但它的四大核心利益一直未变：一是保护美国本土、美国公民、盟友与伙伴的安全；二是保证美国经济能够持续强劲增长并富有创新力，保持世界经济体系的开放，促进世界经济的繁荣并使其充满机遇；三是在全世界推广美国式的价值观念；四是维持美国领导的国际体系，促进和平与安全，加强合作来应对全球挑战。

基于上述利益，美国制定了2014年防务战略的三大支柱。第一，保卫本土。即预防和击败对本土的袭击，在应对潜在袭击和自然灾害所带来的影响时，支持民事机构。第二，建立全球安全网络。维持地区稳定，威慑敌人，支援盟友和伙伴并联合他国共同应对安全挑战。第三，加强全球投送力量，旨在击败入侵，破坏恐怖组织网络，提供人道主义援助和救灾行动。这三大支柱相互强化且互相依赖。如核力量是保卫本土的关键，它同样可以为盟友提供核保护伞，从而威慑地区性对手，促进全球安全。得到保护的盟友可以延伸美军的投送力量。反过来，盟友可以帮助美国在海外消灭威胁本土的势力。

（一）保卫本土

保卫本土是保证美国经济持续高速发展，保护美国公民安全以及在海外执行大规模行动的基础。本土一旦受袭，必然会影响美国人民的幸福安康，从而重挫美国经济，削弱美国在海外的行动能力。所以美国国防部为保卫本土制定了以下措施：（1）加强导弹防御系统的建设。（2）在继续削减核武器的情况下，不放弃核威慑力量。核武器虽然作用有限，但其威慑力量至关重要。它是盟友的保护伞和震慑敌人的中坚力量。（3）应对网络攻击。在遵守法律政策规定，保护美国公民的隐私和公民自由的基础上，采取行动保护美国的关键网络系统，在海外执行有效的网络行动。国防部将与美国相关机构和民用企业合作，继续与各方面的伙伴分享情报，共同制订防范网络攻击的计划。（4）控制天空，保持一支快速反应部队以防范对本土的直接空中或海上攻击。同时为公众机构提供援助，及时应对国内各种自然灾害，制订好灾前疏散和灾后救济计划。(5) 防患于未然。美国将继续与各国合作打击恐怖分子并制止大规模杀伤性武器的扩散，尽力在海外解决威胁。

(二) 建立全球安全网络

仅仅加强本土的防御力量不足以维护美国利益，对此美国提出要建立全球安全网络。其中最重要的是亚太地区的再平衡。美国会继续在亚太地区采取关键行动，应对危机，促进亚太的和平与安全。具体措施为：(1) 增强与日本、韩国、澳大利亚和泰国的安全同盟关系，继续加快美军和盟友军事力量的现代化进程。这是美国亚太再平衡战略的关键。(2) 与关键地区的伙伴深化防务关系，这些伙伴国家包括新加坡、马来西亚和越南。(3) 与盟友共同关注导弹防御系统建设，共同关注网络安全领域以及太空、海上安全等方面。(4) 继续与中国人民解放军开展持续的建设性对话，在反海盗、维和、人道主义救援、救灾方面展开合作。(5) 利用国际法促进区域和平与稳定，同时推进美国式民主原则的影响。(6) 注重多边组织的作用，利用多边合作安全机制采取适当的行动，增强东盟的中心角色作用。把印度洋纳入“亚太”范围，南亚的安全与和平对美国亦至关重要。

(三) 加强全球投送力量

训练有素、装备精良的预备役和现役军队，军队的快速部署能力以及军队在全球各地的行动能力是构成美军强大投送能力的三大要素。以此为支撑，美国得以拓展其利益，影响远离本土的事务和维护重要地区的稳定。在当前的安全环境下，美国希望在朝鲜半岛和中东发生战事时能够取得决定性的胜利。此外，美国还致力于应对恐怖分子。总之，美军的全球投送能力不仅要运用战斗性行动以击败威胁，还需要用于执行非战斗性的疏散任务，向需要维稳的国家提供援助。十年反恐战争的历练使美军认清了自己的实力。该报告认为美军的战争能力就是能打赢一场大规模、多层次的地区战争，同时在另一地区能够抵御一场意外入侵。这基本延续了2010年防务报告所提出的方针，即美军将放弃以往为传统性大规模地区冲突做准备的国防战略指针，将着重加强海空协调能力，为多层次、多形式冲突做准备。①

（四）创新与调整

十年反恐战争使美军的战术和科技创新能力大大提高，许多新式装备应运而生并得到了广泛应用。这为美军应对日后挑战奠定了良好基础。但为了更好地适应未来作战的需求，首先，美国国防部将进行一些调整来增强海外驻军的作战能力，具体举措包括：在亚太等重点地区部署海军前沿力量，以便用更少的花费取得更短的反应时间；向战区提供新式的海空军装备和危机反应部队；建立某种“聚焦地区”的应急部队，以实现重要的全球和地区目标；充分利用海外设施，与盟友加强协作；利用国防部的资金优先投资发展先进装备并创新作战理念，如研制第五代作战攻击机；设法延长舰船的服役年限；寻求与别国签订“自由进出”的协议以便获得战略优势并灵活地开展行动。

其次，与盟友加强合作关系是美国维持军事优势的不二选择。这种合作关系将给双方带来长远的安全利益。美国国防部还会继续保持在与军事相关的科技领域上的领先地位，提高对能源创新的关注。此外，美国不会忽视气候变化对当前作战方式的影响及其所带来的机遇，国防部会综合考量气候变化来重新制定各项相关政策。

三、美国联合作战部队的再平衡

为了与不断变化的战略环境和随之更新的防卫战略相协调，美国

① “美国最新《四年防务评估报告》突出强调亚太安全”，凤凰网，2014年3月5日，http：//www. news. ifeng. com/mil/3/detail_ 2014_ 03/05/34447053_ 0. shtml。

国防部需要采取措施来调整联合作战部队，但财政预算的缩减严重制约了军队的现代化进程。2011 年新出台的预算控制法案决定从 2012 财年起，在十年内削减 2870 亿美元的国防部经费。同时，该法案还建立了一个裁减机制，要求每年再裁减 500 亿美元，直到 2021 财年为止。虽然 2013 年未裁减规定的 500 亿美元，但如果美国国会不行动，到 2016 财年，500 亿美元的年度削减将卷土重来。面对严峻的财政状况，美国总统所提交的 2015 财年预算与 2014 财年预算相比，美国国防部将在五年内多削减 1130 亿美元。尽管财政紧张，但为了达到防卫战略的目标，国防部会在裁减部队的同时更加注重现代化并时刻准备恢复裁减前的水平。当前，为了减少损失，保护重要利益并尽力减小风险，国防部要果断作出决策，而不应寄希望财政预算会有所提高。下面的这些决策就是根据总统的 2015 财年预算制定的。

（一）军队的调整

美军的主要军种可分为空军、海军、陆军、海军陆战队和预备役。由于各个兵种所承担的责任不同，它们在调整中的侧重点也有所不同。

空军：保证空军具有快速全球打击能力，因为空军对保护美国在空中、太空和网络空间的利益至关重要。美国将针对先进防空系统研制下一代战斗机和轰炸机、新的武器和战术训练方式。空军的现代化将集中于装备第五代 F-35 战斗机、新式的隐形远程轰炸机和 KC-46A 型新一代运输机。为了保证这些现代化任务的顺利完成，空军将减少近期在战斗地区的支出。如果 2016 财年的经费遭到大幅削减的话，一些老式机型将被淘汰，新式战机的购买也将放缓，无人机的飞行时间也将会大大减少。

陆军：陆军仍是美国维持全球和平与稳定不可或缺的力量。一支具备全球打击能力、现代化且训练有素的陆军要能够开展一场大范围行动，无论是在国内支持民事机构还是在国外进行威慑或是在威慑失败爆发战争时，都要取得胜利。在财政紧张的情况下，为了保证作战效率，陆军将从57万人缩减到44万—45万人，国民警卫队将从战时的35.8万降至33.5万人，预备役部队则从20.5万降至19.5万。但是，陆军的一些重要装备和技术将会得到升级。如果2016财年的经费限制更加严重的话，将只会保存42万现役陆军、31.5万国民警卫队和18.5万预备役军人。

海军：海军是维护美国海上优势的中坚力量。保持一支现代化的海军需要大量的投资，这包括为在2021财年开始SSBN－X级潜艇建造而进行的必需投资，以及在攻击性反舰武器、新式对陆攻击武器、F－35战机项目和在弗吉尼亚级核潜艇上安装大型垂直发射管等进攻性打击能力方面的投资。总之，海军的水面舰艇、舰载飞机以及核潜艇都会得到现代化。为了应对紧缩的财政预算，海军将只会暂时购买32艘濒海战斗舰，并每年减少30亿美元的承包商合同投资。到2016财年，如果预算进一步缩减，“乔治·华盛顿号”航母将面临退役风险，到时美军将只剩下10艘航母。[1]

海军陆战队：海军陆战队仍是美军应对危机的前线主力，他们时刻准备执行快速两栖行动。所以美军认为，为其装备更先进的两栖作战车并继续研究濒海领域的科技以充分发挥其战斗力是必须的。同时为了保障陆战队的现代化进程和力量发展不被打乱，国防部计划保留18.2万海军陆战队员，到2016财年将减至17.5万。当然削减计划中不包括保护美国驻外使馆的900名队员。

预备役部队：作为现役部队的补充，预备役部队需要做好准备随时为美国利益而战。

总之，裁军是美国国防部在下一阶段的主要任务。对此美国国防部长哈格尔说：“为迎接挑战，应建设规模更小、技术更先进、能力更强大的美军。此次裁军旨在节省开支，优先确保美军在全球的机动能力、技术领先地位以及特种行动部队和网络空间等重要领域的投入。”

---

① Department of Defense, United States of America, Quadrennial Defense Review Report, March 2014, pp. 50－52.

（二）支撑防卫战略的三大支柱

防卫战略能否顺利有效地实施就在于军队的调整，所以军队的调整应与防卫战略的三大支柱相适应。

1. 保卫本土

（1）导弹防御：美国的陆基拦截导弹将从30组增至44组；在日本部署第二套雷达以提供针对朝鲜导弹的早期预警和跟踪；[①] 建造新的传感系统，提高拦截、识别和监测能力；设立新的导弹防御基地从而提高导弹拦截的效率。

（2）核威慑：在继续按照与俄罗斯达成的协议削减核武库的同时，增强核武的投送能力并更新核弹头、指挥与控制系统等。有效的战略核威慑是防卫本土所必须的战略内容。

（3）网络：培训并招聘网络人才，建立网军以更好地保护国防部的网络和支援军事行动。

（4）空中/陆地/海上：保护美国的领空、海岸和陆上边界不受侵犯仍是美国国防部的重点任务。

（5）支持地方民用机构：随时准备应对国内重大自然灾害以及人为威胁。国防部将与国内司法机构保持紧密合作来打击危害国家安全的本土极端分子和组织。

2. 建立全球安全网络

首先是在亚太地区：（1）至2020年，美国国防部会把60%的海军部署在太平洋地区，包括增强驻日美国海军的力量；在新加坡部署濒海作战舰；在太平洋地区驻扎大量驱逐舰、两栖舰只和高速舰艇；调整关岛驻军。（2）增加远程战略轰炸机；增加侦察情报部队数量并参加与盟友的演习；将把驻扎在澳大利亚达尔文的海军陆战队增至2500名。（3）随着伊拉克和阿富汗战事的结束，美国将继续增强在

---

① Department of Defense, United States of America, Quadrennial Defense Review Report, March 2014, p. 54.

东北亚的军事存在，以防范朝鲜可能发动的突然袭击。

其次是在中东地区：（1）当前美国在波斯湾地区驻扎了超过3.5万人的部队，这些部队将承担起威慑敌人，保持地区稳定和平的任务。（2）国防部将继续与当地盟友紧密合作，将主要精力置于加强盟友的军事力量。

其三是在欧洲地区：（1）美国认为，美在欧洲的基地设施以及欧洲完善的基础设施对美国开展在中东和非洲的行动十分重要。（2）北约盟友仍是美国最重要的合作伙伴，美国将在同北约盟友继续开展合作的同时与俄罗斯进行建设性接触，以促进一个和平、繁荣的欧洲持续发展。

3. 加强全球投送力量

（1）海上和空中：在F－35战斗机和远程打击、情报获取及监视、适应性强的基础设施以及潜艇领域上加大投资，以应对某些国家的“反介入”和“区域拒止”手段。将来的海军和空军应当成为反介入/区域拒止作战的首要力量，同时，他们也是将军力从一个热点地区迅速部署到另一个热点地区的“翅膀”。加强与盟友的合作也是应对实力更强的敌人的有效手段。

（2）地面部队：击败敌人的地面部队和占领敌人的领土是取得战争胜利的关键，所以继续改良美军的作战方式、更新武器仍是美国陆军执行大规模军事行动的需求。

（3）太空领域：美国国防部要筹措建立一个富有活力、以防御为中心的战斗指挥中心。该中心将会拥有统一的控制交流系统，具有监测太空和执行精确打击任务的能力。

（4）反恐和特殊行动：国防部在这一领域将严重依赖特种部队，所以国防部决定把特种部队的人数增至6.97万。同时加强盟友的力量，让盟友担负起海外反恐的部分责任，减轻美军负担。

（5）精确打击：空军和海军都正在研制新型武器以提高精确打击能力。

（6）情报工作：为了提供更准确的情报，国防部将扩大空中情报平台，装备更先进的传感器；还将利用商业和盟友的情报系统，为情报分享创造良好环境。

（7）恢复力：为了保证美军在遭受大规模打击后仍有能力维护国家利益，国防部将采取措施合理分散布置军队并提供足够的后勤保障。

（三）风险

在未来复杂多变的安全环境中，为了维护其国家利益，美国国防部会继续修正防卫战略。美国会高度关注重要战略区域，在可能的情况下会联合盟友采取军事行动。同时，美国也注意到其他国家正在研制新的技术和武器装备，所以虽然美军的现代化进程没有停滞，但留给美军犯错的空间越来越小。

虽然2015财年的预算相对宽裕，一些风险都在可控范围内，但是为了保证军队的训练和现代化水平，国防部急需寻找现实的替代方案，比如从赔款、医疗保障中节约资金。短期看，国防部还有总统的260亿美元的“机会、成长和安全”基金来解燃眉之急，可是，长期严峻的财政状况还是给美军带来巨大压力。

四、美国国防部内部机制的再平衡

（一）关注军队人员的健康与生活

照顾好美军服役人员和他们的家庭，尤其是要照顾那些因战争而伤残的人员，是美国国防部的基本任务。为此，美国国防部致力于采取下列措施：（1）继续为1.4万名受伤士兵和他们的家庭提供各种援助，投资康复项日，与康复机构相协调以帮助正在康复中的士兵渡过难关；（2）与老兵事务委员会和劳工部紧密合作，使老兵的一些技术经验可运用于社会，从而使退役老兵融入地方社会，以期让地方民用企业和国防部实现双赢，因为这既减少了民用企业培训员工的费用，又减轻了国防部的财政负担；（3）严禁军营中出现性骚扰事件并采取措施消除性别障碍，追求男女平等。

（二）持续、审慎和重要的内部机制改革

报告提出，要推进美国国防部内部管理体制的自我完善和发展。其实质是体制创新，重新制定内部机制运作的规则，旨在节约行政运行费用。主要包括：（1）为了提高效率，国防部将减少内部主要部门预算的20%。此外，还将整合国防部长办公室的各项职能，减少职位并采取向办公室直接报告的做法以节约开支，提高工作效率。（2）调整购买力和改革财政管理方式。在调整购买力方面，国防部将完成可支付的项目；依据产品的寿命周期来控制花销；提高企业和政府的效率和创新力；淘汰效率低下的繁文缛节和官僚主义；促进有益竞争；提高经营商业合同的能力；提高合同工人的职业素养。对于财政管理方式的改革，国防部将进一步严格审查财政审批程序，装备现代管理系统并针对防务经费的管理者设置正式的信用评级制度。所有的这些措施都是为了提高防务经费的使用效率。（3）武装部队的管理。为了节约开支，国防部将把5万现役的非战斗人员转换为地方人员，从而为战斗、后勤和医务人员腾出空间。国防部将综合管理军队各要素，使军队效率最大化并符合任务需求。（4）基地管理与关闭。为了避免花不必要的钱，国防部将削减不必要的基础设施。在这一过程中，基地重新组合和关闭机制将发挥重要作用。在过去的25年中，经过五轮调整，平均每年为美国国防部节省了超过120亿美元的经费，所以该机制被认为是一个非常有效的管理方式。① 当然，基地的削减是在保证全球基地符合美国战略需求的基础之上进行的。

---

① Department of Defense, United States of America, Quadrennial Defense Review Report, March 2014, p. 70.

（三）调整支出费用

一是基本津贴：五年内年度津贴增长率要低于劳工雇佣成本指数，从 2015 财年的低于 1% 起。但这并不包括将级军官，因为他们的薪水将被冻结一年。二是基本住房补贴：国防部计划在 2015—2019 财年节约这方面达 50 亿美元的开支。三是军队医疗系统：2014 财年国防部在这一方面的开支达到了 490 亿美元，是 2001 财年 190 亿美元的两倍多。为了减轻财政负担，国防部决定在不影响军队医疗系统的前提下，在 2015—2019 财年缩减 90 亿美元的医疗费用开支。四是国防委员会机构：当前该委员会控制着各地共 243 家军营杂货店。军营杂货店的诞生是由于以前在军营附近很少有便宜的民用商店，但今非昔比，民用商店已遍及军营周围。所以国防部将缩减对该委员会的年度直接补贴，仅对偏远地区维持原来的补贴水平。仅此项措施就能帮助国防部在 2015—2019 财年节约 390 亿美元。①

五、美国财政紧缩所带来的启示与风险

财政紧缩、预算不足将迫使国防部在十年内减少 1 万亿美元的开支。这会严重损害美军的结构和现代化建设，影响作战力，从而导致防卫战略的执行困难重重。

第一，表现在对美国防卫本土战略的影响。军队备战水平的下降将影响到对美国领空、海岸和陆上边境的绝对控制，不利于导弹防御系统的建设。尤其在海外爆发大规模冲突时，美国本土防卫水平将会被大大削弱。

---

① Department of Defense, United States of America, Quadrennial Defense Review Report, March 2014, p. 71.

第二，表现为对美国建立全球安全网络方面的影响。在亚太地区，能否保持60%的海军部署比例是个问题，尤其是在太平洋的航母数量。此外，与盟友的演习合作规模也受到影响。在中东，美军的军事威慑和行动将愈加力不从心，与亚太地区牵涉精力太多也有关联。在欧洲，美国将减少驻兵，降低与北约盟国的演习合作水平，执行军事行动的能力将有所下降。

第三，表现在对美国全球投送力量方面的影响。经费不足将导致美军准备不足，无法快速部署应对意外事件和危机。长期的训练不足分和装备落后会严重腐蚀战斗力，日后恢复需要大量时间和金钱。军队的现代化进程也会遇到障碍，应对一些国家“反介入”和“区域拒止”威胁的能力下降。国防部还将被迫拖延甚至取消一些重要的现代化项目，而那些次要的现代化项目更面临未知的命运。

面对财政预算的严峻挑战，美国国防部将作出一系列非战略性决定，从总体上说，虽然在一定程度上有损于美国及其盟友的利益，但目前尚没有在根本上损害其三大防卫战略，基本维护了当前以及未来数年美国的安全利益。美国国防部将继续致力于争取国会和美国民众的支持，制定合理的财政预算，从而让国防部有足够的资源致力于发展国防事业。

六、2014年报告的主要变化

奥巴马政府曾在2010年发布了一份《四年防务评估报告》，由于当时美军在伊拉克和阿富汗的战事仍在进行，所以该报告具有“战时”性质。[①] 它平衡了短期内的伊拉克和阿富汗战争与长期遏止冲突的要求。它同时提及要为一场未来的大规模冲突做好准备以及继续保

① “解读美国2014版《四年防务报告》”，中国社会科学网，2014年3月12日，http：//www.cssn.cn/zx/bwyc/201403/t20140313_1027275.shtml。

障军队的持续健康发展。其总的防务战略是：打赢目前的两场战争，预防并慑止冲突，准备战胜对手并成功应对广泛领域的突发事件，保持并增强全志愿兵役制部队。

与2010年的报告相比，在防卫战略方面，2014年的报告有两大显著变化，即突出保卫本土和战略、武器的创新。保卫本土是美国的核心防卫战略之一，报告对此进行了详细的阐述。而战略、武器的创新也是为了保持美国在科技领域上的优势，研制新式武器来装备军队从而更好地应对敌人的威胁，毕竟在科学技术快速传播的全球化时代，美国面临的威胁也愈加复杂。

在2014年报告的正文中，“平衡”（balance）、“平衡的”（balanced）、“不平衡的”（unbalanced）等词累计出现了26次，“再平衡”（rebalancing、rebalance）累计出现了36次，成为该报告最大的特点，也是美国新军事战略的核心。因此在今后相当长的一段时期，美军的主要任务就是财政紧缩状态下进行国防的“再平衡”。①

紧张的财政预算给美国国防部带来了巨大压力。经费的减少限制了美国的军事行动。正如美国国防部长对该报告的评论，美军将在三个方面面临高风险。首先，美军将面临更艰难的常规战争。为了节约资金，美军需要重新审视以前的常规行动计划，充分利用先进的情报侦察能力，更早发现威胁以使美军的优势得到充分发挥并融入以后的行动计划。据此，国防部可以合理部署海外驻军，以最小的代价获取最大的利益。其次，美军将更加依赖盟友和伙伴来支持海外的军事行动，当然盟友是否与美国拥有共同利益和盟友是否愿意基于共同利益而出兵还是未知数。况且在经费紧张的情况下，美国将适当减少对盟友的援助，这将导致大部分盟友的军力下降。此外，美国自身军力的下降会令寻找新的安全伙伴十分困难。最后，作为国际体系的领导者，美国要认清需要担负起的全球责任。在严峻的现实下，一些新兴大国军力、科技和核力量的增强给美国保卫本土造成了不小的压力，

① “解读2014年版《四年防务评估报告》”，凤凰网，2014年3月14日，http://www.ent.ifeng.com/HOT/yaowen/detail_2014_03/17/34838952_0.shtml。

牵制美军力量和海外优势的发挥。国防部需要重新设定美军的优先目标，使其同未来美军的规模和能力相匹配。

美国空军也对财政预算问题非常担心。据相关人士透露，如果从2016年开始新一轮的财政预案缩减的话，空军将继续裁减人员，缩小规模。空军将越来越注重作战能力而非规模，所以需要及时淘汰老旧飞机和基础设施，节约开支，充分显现出空军的战术、侦察和监控优势。不仅空军如此，海军和陆军也在想方设法尽力减少财政紧缩所带来的损失。①

2010年的防务评估报告提出了“空海一体战”的概念，但2014年的报告却对此鲜有提及。然而，没有出现“空海一体战”这一概念并不代表国防部放弃该项目。美国有专门研究该项目的办公室，国防部将与该办公室以及其他部门紧密合作共同推行“亚太再平衡”战略，它将帮助提高美军的作战效率并更好地应对导弹威胁。随着“空海一体战”理念的不断发展，国防部将向该项目投入大量资金使理念付诸实践。②

2010年的防务评估报告提及了“亚太再平衡”战略，2014年报告中，“亚太再平衡”成为美国防卫战略的重中之重。针对部分媒体所猜想的该战略主要针对中国的崛起，美国国防部进行了否认。美国国防部的说法是，其只是关注中国国防预算的提高和国防力量的现代化进程，同时呼吁中国进一步增加军事力量的透明度。为了获得更多关于中国军力的信息，美国将致力于与中国开展持续健康的军事对话并加强高层交流。

---

① “Air force undersecretary: budget uncertainty worries airmen”, The American Forces Press Service, http://www.defense.gov/news/newsarticle.aspx?id=121793.

② “Preview of the 2014 Quadrennial Defense Review”, Washington, D.C., March 5, 2014, http://fpc.state.gov/222926.htm.

小　结

2014年的报告同2010年的报告相比有较为显著的变化。但无论美国的防卫战略有何变化，财政紧缩情况有多严重，美国在2020年仍将拥有最强大的军队。美军100多万官兵分布于全球130多个国家，其各方面实力均强于美国认定的潜在对手。美国与一些强大国家的联盟仍将使美国保持全球唯一具有大规模军事力量投送能力的国家地位。中国作为美国眼中的头号潜在对手，对美国不可放松警惕。为此我们要加快“强军”计划，为和平崛起保驾护航；锻造世界一流军队，为建设新型大国关系奠定坚实的实力基础；践行能打仗、打胜仗的理念，随时做好军事准备；量力而行承担大国责任，为维护国际和平和安全做贡献。

美国国防部长哈格尔辞职始末

张　畅

2014 年 11 月 24 日，美国总统奥巴马宣布接受国防部长哈格尔的辞呈，称现在是哈格尔结束其任期的合适时机。[①] 民主党中期选举遭遇失败后，哈格尔成为内阁中辞职的第一人。两年前奥巴马曾经力排众议提名哈格尔为国防部长，现在却接受了他的辞职请求，哈格尔的国防部长任期尚不足两年。哈格尔为什么突然辞职？为什么早先一直鼎力支持哈格尔的奥巴马如今却放弃了自己的“盟友”？他的告退又会为此后美国的军事行动、乃至中美关系带来什么样的影响？

一、哈格尔其人及其国防部长任期

68 岁的哈格尔是内布拉斯加州的共和党参议员。作为一名二战老兵的儿子，1967 年他自告奋勇参加了越南战争，作战英勇并获得两枚紫心勋章，这段见证残酷战争的经历对他日后的政治观点产生了深刻的影响。此后哈格尔辗转从事过多份工作，先是于大学任教，随后长期经商，最终他步入政界，于 1992 年当选内布拉斯加

① “美国国防部长哈格尔辞职”，新华网，2014 年 11 月 25 日。

州参议员，并获得连任。在这期间，他结识了同为参议员的奥巴马，由于政治观点相似，二人遂成为好友。

2009年，任期即将结束的哈格尔访问了白宫。奥巴马深感在反战、对美国角色的定位、对以色列的态度等方面，哈格尔都与自己颇具共识，两人之间的合作由此展开。在2013年1月帕内塔辞职之后，奥巴马决定提名哈格尔接任其职务。1个月后，参议院表决通过了这一提名，哈格尔正式就任美国第24任国防部长。

然而，提名虽获得通过，但却遇到了颇大的阻力。尽管哈格尔是共和党人，但在决定哈格尔接任帕内塔的参议员投票中，共和党参议员却投了41张反对票。哈格尔因而成为获得赞成票和反对票差额最小、获得反对票最多的国防部长提名人选。与此同时，哈格尔的个人经历也非常特殊——他是美国历史上第一位有服役经历，并且参加过战争的防长。不难看出，哈格尔是一位很具“争议”的人物。由于其独特的背景经历、鲜明的政治个性，哈格尔的继任为美国的政策立场带来了一定的转变。

（一）与众不同的“温和”的立场

哈格尔在出任国防部长之前就因其“特立独行”而引人注目。他本人曾多次强烈反对美国出兵干涉伊拉克、阿富汗，甚至以“邪恶”、“犯罪”等激烈言论要求美国早日撤军，主张以外交方式解决问题，反对使用武力手段；他还抨击美国和以色列策划军事打击伊朗核设施，坚信对伊朗单方面制裁并不能缓解矛盾，反而将适得其反，破坏与伊朗的接触。他强烈反对以色列的中东问题政策，被以色列政客称为“最敌视以色列”的美国国防部长。哈格尔还批评美国军队过大的规模，要求削减军费。这也使他的国防部长任命受到多方质疑，通过他提名的表决异常艰难。

不过，这种“温和”的立场也正是他获得奥巴马认同的最根本原因。他本人曾坦率地表示出自己对美国在海外用兵的谨慎态度：

“我相信武力的作用，但动武不能不经过深思熟虑”。[①] 在就任国防部长后，他继承了先前的主张，却导致了他与白宫的多次不和。哈格尔依然批评美国和以色列的对伊政策，支持伊朗更多地参与阿富汗、伊拉克的重建。对“伊斯兰国”，他认为白宫现行政策是混乱的，不仅难以打击“伊斯兰国”，还扰乱了美国对叙利亚的政策布局，“美国空袭‘伊斯兰国’、训练‘伊斯兰国’武装的做法，不仅无法达到目的，还给叙利亚反对派‘帮了倒忙’”。[②] 推动美国从伊拉克和阿富汗撤军，在中东实现和平，始终是哈格尔的主张。美国以单方面军事干预行动向其他国家输出民主价值的做法也激起了哈格尔的反对。

哈格尔对同盟关系也作出了新的诠释，放弃了美国先前强势的单边主义作风。在哈格尔看来，美国更需要与世界上的其他国家对话接触；美国不能一味地依靠自己领导世界，而需要更多地和盟友一起发挥起领导作用，要深化发展与盟友的关系。“任何国家，即使美国这样的强国，单枪匹马都会一事无成。”[③] 美国既要维持与老同盟的关系，又要根据共同的利益发展新的同盟，更好地利用同盟的资源。

在此基础上，哈格尔提出了新的对华立场，主张与中国“接触”与对话。在哈格尔看来，中美关系正是“21 世纪最重要的双边关系”。在担任参议员期间，哈格尔一直反对制裁中国，特别是反对抵制北京奥运会。他表示，美国在外交上应该摒弃“非敌即友”的态度，坦承中美之间存在分歧，但是更强调“专注于共同利益”是发展互利关系的关键。2012 年在芝加哥举行的北约峰会上，哈格尔指出：中国是个伟大的国家，但美国不能畏缩，也不要担忧他们将取代美国的地位。[④] 他承认中国的崛起已经是既成事实，并能够合理对待两国关系之间的竞争性一面，主张在亚太地区寻求共同利益并确保亚太地区稳定，在对华政策上体现出务实的态度。在充斥着“中国威胁论”的美国政界，这无疑是一种相对理性的声音。

---

① “哈格尔，身体里还有越战弹片”，环球人物，2013 年 1 月。
② “哈格尔的‘个性’”，新华网，2014 年 11 月 26 日。
③ “哈格尔就任美国防长”，中新网，2013 年 2 月 28 日。
④ “哈格尔的军事外交‘方程式’”，南方周末，2013 年 7 月 5 日。

显然，哈格尔的任命表明美国对外政策出现了相当程度的转向。“对哈格尔的任命标志着20年干涉行动的终结，这些干涉行动始于索马里，止于伊拉克及其后的阿富汗。对哈格尔的任命也表明了，美国防务开支将会决定性地削减至2000年之前的水平或更低。”[①] 美国对外军事行动的锋芒将有所收敛。

(二)“重返亚太”战略的忠实执行者

必须指出的是，从中东的回撤、国防预算的削减乃至哈格尔看似温和的姿态并不意味着美国将实行军事收缩。即便是在就职前哈格尔就表示，他认为美国必须继续保持世界最强大的军事力量，保护美国国家和美国人民的利益，领导世界应对新的威胁与挑战。对华战略是奥巴马第二任期当中的关键内容。作为奥巴马所中意的国防部长，哈格尔本人也是美国安全战略东移的坚定支持者。

哈格尔与中国也有着很深的渊源。早在20世纪80年代初他曾以商人身份到访中国，此后在担任参议员期间也与中国建立起“强有力的关系”。[②] 不过，执行美国的“亚太再平衡”战略是哈格尔作为五角大楼领导人的首要任务。

“亚太再平衡”战略始于2009年底，美国正式提出“重返亚太”战略。自接任以来，哈格尔就一直是“亚太再平衡”战略的忠实执行者。在2013年5月的第12届香格里拉对话会上，哈格尔发表了题为《美国的地区安全政策》的演讲。在演讲中他表示，到2020年美国将把60%的海军军舰部署在太平洋前沿地区，美国空军也将把60%的海外力量调集至亚太。同时，同样比例的太空战和网络战力量也会被分配至该地区。另外，美国还将革新该地区美军的轮换部署计划，并部署最先进的作战平台。哈格尔在亚太地区的首次亮相所作出的如此宣示，充分表明美国推进“亚太再平衡”战略进入了实践阶段。

---

① “哈格尔：不一样的美国国防部长”，新华网，2013年1月13日。

② “哈格尔的‘平衡术’”，《齐鲁晚报》，2014年4月7日。

哈格尔三次亚太之行都避开了中国，但他的每次亚太之行都与中国密切相关。在香格里拉对话中，哈格尔公开谴责中国军方的网络黑客“入侵”美国情报系统，随即遭到中方将领的严辞反驳。第二次东盟防长扩大会议上，哈格尔表示，亚太争议海域的局势愈发紧张，为了应对这种国际对抗的风险，他建议加强美军与东南亚国家的军事与安全合作。即便面对政府缺钱关门、军事预算削减的困境，哈格尔依然明确表示，美国再平衡的战略不会动摇，削减国防预算有两个方向不受影响，即研发新的武器装备和推进“亚太再平衡”战略。

哈格尔访华则更具有多面性。一方面，在此之前，他多次发表敏感言论，欢迎“日本解禁集体自卫权”，“认为钓鱼岛适用于日美安保条约”，将中国在岛屿问题上的“野心”与俄罗斯“吞并”克里米亚进行类比，在访华之前对华高调指责，甚至通过新的对台军售方案，表现出美国积极借重日本和东盟助其推动“亚太再平衡”的意图。种种迹象都使我们不难看出美国在亚太对中国实行遏制的坚决态度。

可以说，哈格尔既“温和”又“强硬”的态度，正是中美关系既有合作又有竞争的真实写照，体现了美国重整军备、撤出中东、重返亚太的整体战略部署。

二、哈格尔为何突然辞职

哈格尔的辞职看似突然，但各方消息均表明，哈格尔的辞职其实酝酿已久。“有白宫官员透露，奥巴马与哈格尔已经就此问题讨论了数周时间，两人都认为五角大楼现在需要一位新的领导人。”① 美国媒体甚至直言哈格尔是被奥巴马“劝退”。② 奥巴马究竟为何决定在这

① “美国防长突然换帅”，环球网，2014 年 11 月 25 日。

② “White House struggles to find Hagel successor”, *CNN*, November 29, 2014.

个时刻让之前的“盟友”离开？

（一）哈格尔辞职在一定程度上反映了美国因应国际局势变化的政策取向

结合自2013年哈格尔被提名以来国际形势尤其是中东局势的巨大变化来看，他的辞职并不令人感到惊讶。

奥巴马于2013年提名哈格尔为国防部长，旨在有力削减国防预算，避免美国介入外国武装冲突，落实自己从阿富汗撤出的选举诺言。对这一考虑奥巴马本人曾作出过明确的解释，他之所以选择“这名卓越的越战老兵”，就是因为其“懂得只有在必要时才将美国青年们送上战场”。[①] 参加过越南战争、获得过两枚紫心勋章的哈格尔在美军内部有一定的口碑，显然是执行这一任务的绝佳人选。

哈格尔作为防长履行了自己的职责，在他的主导下，美国顺利从伊拉克撤军并把军事重心转移到了亚洲，也解决了巨额国防预算的问题。然而事与愿违，由于叙利亚问题的急剧恶化和“伊斯兰国”的异军突起，中东态势的发展迫使奥巴马不得不再次介入。近期他签署命令，重新在伊拉克部署2900名军人作为顾问并训练伊拉克政府军，以对抗“伊斯兰国”。与此同时，白宫推迟了阿富汗的撤军进程，以应对该国可能出现的动荡。另一方面，乌克兰危机爆发，美俄两国剑拔弩张；伊朗核问题谈判也是进展艰难。

可以说，哈格尔最初之所以能够脱颖而出，正是出于奥巴马改革军事、落实亚太战略部署的目标。而如今，在反恐局势趋于失控、欧洲紧张形势陡增的情况下，采取进一步军事行动，保持一定水准的军事实力，放缓之前的军事变革，对于奥巴马政府势在必行——这必然导致奥巴马与哈格尔之间的分歧。一位美国前国家安全助理总结道：“随着‘伊斯兰国’的崛起，哈格尔需要应对的问题已经与最初选择

① “White House struggles to find Hagel successor”, *CNN*, November 29, 2014.

他任国防部长之时大不相同。”[①] 在美军不得不重返伊拉克、打击“伊斯兰国”之际，哈格尔的低调做法难辞其咎。奥巴马需要一位能够执行他的新对外政策的国防部长。两人自己也坦承“美国国家安全需要不同的焦点，需要变化”。[②]

目前，美国在乌克兰危机和“伊斯兰国”问题上都是十分被动的。面对国内如潮的批评，奥巴马不得不对外交和安全政策作出调整，正是由于这种原因，哈格尔的使命不得不“提前完成”。更换国防部长可以说是奥巴马政府放出的政策变化的信号，表现了政府改弦更张，以新态度面对安全挑战的决心。

（二）哈格尔辞职从一个侧面反映奥巴马政府对外政策及其实践上的困境

哈格尔本人的工作能力自上任之前就曾遭到多方质疑，提名听证会中他因不够强势、过于“软弱”的表现而受到批评。他在国防部的领导和在白宫扮演的角色始终面临各方非议。[③]

在哈格尔正式请辞之后，美国媒体便有报道指出这是因为五角大楼与白宫之间的分歧。据白宫官员透露，哈格尔对白宫在中东，特别是伊拉克、叙利亚问题上的政策十分不满。[④] 哈格尔对奥巴马在国家安全事务方面的表现也有很大的意见。在奥巴马政府应对“伊斯兰国”与叙利亚局势的整个过程中，哈格尔并没有突出的作为，很大程度上保持了沉默，起主导作用的是国务卿克里以及参联会主席邓普西上将。外界普遍认为这是哈格尔在向奥巴马表示不满。

与此同时，奥巴马对哈格尔的工作实际上也颇有微词。在打击

---

① Perry Bacon Jr.，“A shifting battleground：Why Chuck Hagel resigned”，*NBC News*，November 24，2014.

② “美国防长突然换帅”，环球网，2014 年 11 月 25 日。

③ 同上。

④ “Defense secretary Hagel，under pressure，subits resignation”，*Washington Post*，November 24，2014.

“伊斯兰国”的问题上，奥巴马与哈格尔的分歧日益凸显，哈格尔曾严厉批评国家安全事务顾问赖斯“政策失败”，并对奥巴马发出警告，如果美国再不改变对叙利亚的政策，美国在打击“伊斯兰国”时会面临得不偿失的结果。此后退役将领艾伦被任命为特别军事顾问，负责协助对“伊斯兰国”的打击行动——这一任命也被解读为意在削弱哈格尔的影响。

奥巴马始终期望哈格尔能够实现削减军费、改革防务的目标。虽然哈格尔的确在这一问题上有所建树，但他仍竭力希望维持国防领域的超额预算，对奥巴马急于削减国防开支、仓促推动国防管理改革的做法逐渐显露不满，认为不应在面对如此众多的安全挑战的情况下急于推进军队改革。[①] 此外，打击“伊斯兰国”、抗击埃博拉疫情等诸多问题，使得奥巴马对于美军改革的举措短期内更加难以有效实施。

此外，哈格尔早先就已经意识到“伊斯兰国”问题的严重性，他曾明确将其列为“中东最大的威胁”，但这一看法并未得到奥巴马的重视，奥巴马反而将其称之为“预备队”，表示不足为虑。哈格尔批评奥巴马在打击“伊斯兰国”等中东问题上缺乏更加明确的战略，特别是打击“伊斯兰国”与推翻叙利亚的巴沙尔政权究竟孰先孰后。

毫无疑问，在安全问题上，白宫国家安全委员会对奥巴马影响很大，以至于他经常忽视国务院、国防部等其他部门的建议。前任防长盖茨、帕内塔均表示，奥巴马经常听取周围人士的不成熟的建议，使美国在许多国家安全、对外政策问题上处于被动。除了哈格尔作为防长与白宫之间的不和，在对“伊斯兰国”究竟该采取什么样的打击力度问题上，奥巴马和美国军方之间的不合调也使哈格尔难有作为。

然而，不论是哈格尔本人遭到批评，抑或奥巴马执政团队关系没有理顺，问题的根本在于美国对外政策、特别是中东政策的混乱。美国高估了当地伊斯兰政党的能力和成熟度，没有预料到自己的中东政策会对它的两个最重要的中东盟友——以色列和沙特阿拉伯——产生何种影响，未能把握中东地区恐怖活动的发展态势，低估了在叙利亚

---

① 李岩：“哈格尔辞职背后”，《解放军报》，2014 年 11 月 26 日。

问题上不作为的代价。奥巴马固执于自己撤出中东、战略转移的既定政策，在迅速变化的形势面前反应迟钝、僵化。这导致哈格尔曾经提出正确但与奥巴马相左的意见时，被断然驳斥。结果，面对今日中东的乱局，奥巴马需要一个“替罪羊”。“寄希望于总统炒自己的鱿鱼是不现实的，因此需要由其他人来扮演牺牲品的角色。”①

结束伊拉克和阿富汗战争，是奥巴马对哈格尔的期待，但美国对“伊斯兰国”的重点打击，实质上正使其在伊拉克和叙利亚的战争不断升级。由于自身缺乏清晰、连贯的战略，中东局面正在失控，如今奥巴马正逐渐地、不得不致力于推行他竞选时所反对的外交政策，而且其效果令人担忧。在这种尴尬的局面下，哈格尔显然不宜继续留在这一岗位上。

（三）美国政府内党伐也导致了哈格尔的辞职

自“伊斯兰国”开始肆虐以来，奥巴马始终坚持不出动地面部队打击“伊斯兰国”，如期从阿富汗撤军，结果“伊斯兰国”问题愈演愈烈，奥巴马政府在国内面临着共和党人的巨大压力。哈格尔作为奥巴马既定军事政策的执行者，始终反对向伊拉克增兵，并竭力推动美国从阿富汗撤出作战部队，削减国防预算，一直是共和党人攻击的对象。

从上任起，人们就普遍不看好哈格尔。从某种程度上来说，他的共和党参议员身份让奥巴马政府方便利用它执掌国防预算削减的过渡时期，② 参议员和共和党人这两重身份是奥巴马任命哈格尔的主要考虑，通过哈格尔的这双重身份，协调民主共和两党、政府国会之间立场态度的任务的难度将有所降低。然而身为奥巴马执政团队重要成员的哈格尔，却有着接近共和党主流派观点的立场，而与民主党人的观点大相径庭，以致其在国家安全委员会中鲜有作为——与此同时他经

① “哈格尔辞职或因奥巴马需要替罪羊”，海外网，2014 年 11 月 26 日。

② “哈格尔曾猛批奥巴马对华政策失败”，环球时报，2014 年 11 月 26 日。

常在私下对共和党议员表达对奥巴马政策的不满，美国媒体对其“不能进入核心决策圈而被迫辞职”的估计可谓与这种情况不谋而合。

如今，奥巴马希望通过他消除两党分歧的设想已然无法实现，奥巴马自己也因乌克兰危机、叙利亚问题、伊拉克问题而饱受共和党的批评，决策受到很大的掣肘。当初期待哈格尔所发挥的作用已经难以实现，哈格尔本人与奥巴马又欠缺默契，那么他的去留自然将成为一个问题。

哈格尔是奥巴马政府中期选举失利后第一位被开除的内阁成员。他在政府核心决策圈内缺乏影响，在国防部内也没有足够的号召力，面对共和党控制下的新一届国会，哈格尔作为沟通政府与国防部、国会、两党之间桥梁的作用已经非常有限。开除哈格尔既可转移对其外交政策的批评，有“将美国打击‘伊斯兰国’不力的视线转移到哈格尔身上的政治考虑”,[①] 亦可宣示今后美国对打击“伊斯兰国”将采取不同的策略。

三、哈格尔辞职的影响

（一）美国“亚太再平衡”战略不会变化

哈格尔在推进“亚太再平衡”战略方面可以说是全力以赴。在不到两年的任期内，他先后四次出访亚太，甚至为了亚太而忽视中东地区。[②] 近期他所主导的相关军事部署计划也正是美国亚太战略的关键一步。虽然哈格尔已经辞职，但很难说美国“重返亚太”的战略会有根本转变。

在“亚太再平衡”问题上，美国两党并无过多分歧，美国国家安

---

① “哈格尔曾猛批奥巴马对华政策失败”，环球时报，2014 年 11 月 26 日。

② “Defense secretary Hagel, under pressure, submits resignation”, *Washington Post*, November 24, 2014.

全利益、全球战略利益是他们的共同的出发点。未来亚太地区的重要性对美国而言已经是显而易见，美国的战略布局必然更多地关注亚太，这实际上得到了美国两党上层人士的一致支持。共和党可能将继续在中东政策、军费预算等问题上给奥巴马制造麻烦，但在“亚太再平衡”战略的问题上，两党不会有大的分歧或矛盾。

此外，奥巴马政府潜在的接任人选，都是民主党要员。作为防长，毫无疑问他们将更加坚定地执行总统的意图，美国的亚太战略不会有大的调整和变化。哈格尔“被辞职”的经历表明，无论谁来当国防部长，都存在被白宫“架空”的可能性，美国的国家安全政策依然将以白宫为重心，国防部长对国家安全政策的影响力依旧有限。短期内中东乱局可能牵制美国的亚太战略，但从长远来看“重返亚太”的战略并不会发生变化。

当然，中美双方领导人均致力于中美关系的进一步发展，特别是谋求避免在中美之间发生冲突。在中美领导人的三次会晤中，双方都强调加强两国之间交流的重要性——这是奥巴马政府的既定政策，并不会随着国防部长易人而改变。在哈格尔作为国防部长的两年时间内，双方军事合作取得了引人注目的进展。不难理解，哈格尔的辞职并不会影响中美关系的前进。①

（二）美国国内军事改革会受一定的影响，但程度有限

美国共和党与军工利益集团关系密切。国会的共和党人一方面要求民主党政府削减财政预算，另一方面由于集团利益又不愿裁军或削减国防开支，所以降低医疗等社会福利的标准以减少赤字是他们的主张。两党就此问题争拗不断。

哈格尔是奥巴马与共和党在军事上沟通的桥梁，国防部正在规划2016 财年和未来五年的国防预算申请，更换国防部长显然会对这项关

① “Hagel resigning as Defense secretary, won't affect China-Us ties”, *China Daily USA*, November 25, 2014.

键工作构成不利的影响。如今共和党再度成为参议院多数党。作为奥巴马政府内唯一的共和党人士，他的辞职将大大增加政府、国防部和国会之间进行协调的困难。一方面是猖獗的“伊斯兰国”，另一方面是大幅缩减军费的趋势，共和党则始终坚决反对国防预算的削减。今后奥巴马政府在利用国防建设资源、削减赤字方面无疑会面临更艰巨的挑战。美军的转型计划将遇到一定的挫折。

（三）对“伊斯兰国”的打击力度可能有所加大

有分析指出，奥巴马在中期选举失败后更换国防部长的做法和小布什当年的做法如出一辙。防长拉姆斯菲尔德也正是在小布什政府中期选举失利后被解职，随后宣布向伊拉克增兵。如今，美国将扩大在伊拉克、叙利亚军事行动的种种信号也伴随着哈格尔的离职出现。

目前，塔利班的威胁并未消除，阿富汗今后两年的安全状况令人担忧，担心阿富汗局势失控的奥巴马刚刚增加了留守阿富汗的作战部队。与此同时，鉴于美国对伊拉克、叙利亚的“伊斯兰国”所采取的空袭成效明显，奥巴马已经批准了为打击“伊斯兰国”的额外开支。出动地面部队也是美国军内一直就有的态度，参联会主席邓普西曾向国会表示“存在让美国军事人员参与一线作战的可能”。[①] 可以看出，美国不出兵参战的立场已经有所松动。哈格尔的辞职，如前所述，极可能意味着美国希望在中东一定程度上恢复自己的存在，避免局势进一步失控。

不过，即便随着哈格尔的离去，奥巴马政府得以排除内部分歧与不和，美国打击“伊斯兰国”的任务可以说也仍然前途未卜。在漫长的伊拉克战争、阿富汗战争之后，中东的矛盾和问题已经大大复杂化。现在美国中东政策困难重重，仅仅更换一名国防部长，并不会使现状产生根本性的变化。

---

① “How Chuck Hagel's resignation might affect ISIS fight”, *ABC News*, November 24, 2014.

日本解禁“集体自卫权”的原因及影响

尹郑晨

2014年7月1日，安倍政府在内阁会议上正式通过一项修改有关“集体自卫权”宪法解释的决议案，在民众及舆论的强烈反对声中解除了行使“集体自卫权”的自我限制。这是日本战后安保政策的重大转向，也是日本朝摆脱战后体制束缚、实现“正常国家”目标迈出的实质性一步。此举打破了战后日本奠定的民主主义与和平主义理念根基，或给地区国家的安全环境构成潜在威胁，对亚太格局的和平稳定带来新的冲击。

一、解禁“集体自卫权”事件概述

《联合国宪章》第五十一条内容规定，主权国家享有自卫权，区分为单独自卫权和集体自卫权。集体自卫权是指一旦与本国关系密切的国家遭受来自其他国家的武力进攻，不管自己受到攻击与否，都有权利使用武力进行阻止和干预。① 也就是说，联盟中的所有成员在其他成员

---

① “国际法专家：‘日本解禁集体自卫权是在打开潘多拉盒子’”，新华网，2014年7月2日，http://news.xinhuanet.com/world/2014-07/02/c_1111410815.htm。

受到进攻的情况下，即使自身没有遭受直接进攻，也能够相互提供武装支援，这种使用武力保护联盟中其他成员安全的行动即是行使集体自卫权。日本在二战战败后建立“和平宪法”，其中最重要的就是第九条规定的内容（即所谓的“和平条款”）：“日本国民诚挚追求源于正义和秩序的国际和平，永远放弃使用国家权力挑起战争、进行武力威慑或使用武力等手段来处理国际争端。为此，海陆空三军和其他一切军事力量不得保留，对国家交战权不予承认。”① 因此，不同于一般国家，日本不享有国家交战权，更没有集体自卫权，如果日本的盟国受到进攻，日本不可以“通过武力方式实施阻止和干预”，只有当日本自身遭受直接进攻时才能行使单独自卫权进行反击，且必须同时符合三个限定条件，即国家受到紧急不当的武力侵袭、没有其他适当方法能够制止入侵、将武力使用控制在“必要的最小限度”之内。由于宪法第九条的规定，日本历届政府在宪法解释中都对“武力行使”与“自卫”进行了严格界定，将国防军与自卫队明确区别开来，确保了自卫队的合法合宪存在。

日本政府于2014年7月1日下午举行临时内阁会议，通过了修改“集体自卫权”宪法解释的内阁决议案，这代表着战后日本一直秉持的“专守防卫”安保政策产生了巨大改变。决议案将日本历任内阁政府严格遵循的“自卫权行使三条件”全部推倒，提出了全新的“武力使用三条件”：其一是日本受到武力进攻，或者与其关系密切的国家受到武力进攻，日本的国家安危受到威胁，严重威胁日本国民的生存、自由及追求幸福的权利；其二是为了保护国家及国民的安全，没有其他任何合适的手段能够排除以上所述的进攻；其三是武力行使限于“必要最小限度”。该决议案规定，在同时符合以上全部条件的情况之下，日本可以通过“自卫”方式使用武力。该决议案还规定，在“非战斗现场”条件下，日本自卫队能够对他国的军事行动提供后方援助；同时也要求自卫队强化应对“灰色地带”事态（处于和平

① “国际时评：安倍蔑视和平宪法自取其辱”，新华网，2014年7月1日，http://news.xinhuanet.com/world/2014-07/01/c_126697640.htm。

状态与军事冲突之间）的能力；简化下令出动日本自卫队的手续；以及出动自卫队之前先提请国会批准。

然而，通过决议案并不代表日本能够立刻获得行使集体自卫权的自由。由于日本现有法律的制定都以历任内阁禁止行使集体自卫权的政府解释为依据，内阁决议案通过后，还必须对《周边事态法》、《自卫队法》、《应对武力攻击事态法》等相关法律进行修改完善，之后提交国会审议。[①] 一旦相关法律修正案获得通过，日本将正式获得海外派兵的“通行证”，即使在没有受到直接进攻的条件下，也能够参与涉及他国的战争行动。

二、历史回顾——安倍的八年“顽梦”

挣脱“战后体制”、废弃“和平宪法”、让日本做回“正常国家”是安倍晋三等日本国内右倾保守势力一直以来的政治理想。从2006年首次出任首相至今，在八年多的时间里，安倍不惜代价使用各种政治手段强推“解禁”，企图动摇战后国际秩序根基。

（一）2006年入阁三天就提出“解禁”

安倍首次担任首相之后，就开始筹划为“松绑”集体自卫权而修改宪法解释。2006年9月26日，时年52岁的安倍出任日本第90届内阁总理大臣，成为日本战后最年轻的首相。安倍在任职三天后发表施政演说，提出要“建设新的国家”，第一次在官方场合提及解禁集体自卫权之事，称“反恐问题给国际形势带来了变化，人们期待着日

① 日本政府2014年7月1日晚正式在国家安全保障局下设立专门小组，以加快对行使集体自卫权相关法律的修改和完善工作，小组分为联络部门与法律检讨部门，前者负责与相关部门联络沟通，后者负责研究与武力袭击对策相关的法律问题，成员共30人。修改后的法律原定于2014年10月提交秋季临时国会进行审议，后因故推迟计划至2015年春实施。

本为国际社会作出贡献，解禁集体自卫权能够使美日同盟更加有效地发挥作用以维护世界和平”。①

（二）上任两个月后正式研究“解禁”

安倍在2006年冬天推动实施政治改革，仿效美国成立日本版“国家安全委员会”（NSC）是其中的一项重点，同年11月，“国家安全问题强化官邸机能会议”为此仓促启动，安倍亲任会长。当时据媒体报道，安倍手下的阁僚曾透露，安倍将正式着手研究有关解禁集体自卫权的问题，或将意味“日本迎来重大转折”。不久，安倍召集相关人员召开“国家安全问题强化官邸机能会议”首次会议，时任首相国家安全保障问题辅佐官的小池百合子在会后向记者证实，会上涉及了集体自卫权的有关话题。

（三）2007年春试探美国态度

日本是二战战败国家，其宪法框架是在美国的主导下构建的。对于解禁集体自卫权，安倍清楚美国的表态至关重要。安倍于2007年春天访问美国，将集体自卫权解禁问题纳入与时任美国总统小布什会谈的主要内容。为了消除美方的担忧，安倍在与布什商谈集体自卫权解禁问题时牢牢抓住强化美日同盟关系这一主线，相关会谈内容有：以美国为打击目标发射的导弹如果飞越日本上空，日本能否使用导弹防御系统实施拦截；美海军舰船与日本海上自卫队舰船在公海海域一同航行时，如果美军舰船遭到攻击，自卫队能否进行反击等等。

（四）7月“解禁”梦断参议院选举“惨败”

在2007年7月举行的日本参议院选举中，安倍带领的自民党遭

① “集体自卫权：安倍的八年‘顽梦’”，新华网，2014年7月3日，http：//news.xinhuanet.com/world/2014-07/03/c_ 126703567.htm。

遇惨败，集体自卫权解禁的日程在国内政治的影响下被迫中断。安倍重组内阁，并有意暂时放弃修改宪法、解禁集体自卫权等“安倍色彩”政策。但是颓势难挽，同年9月12日，安倍在其官邸召开记者会时突然向外界宣布，辞去内阁首相及自民党总裁一职。这时，距离安倍担任首相职务还未满一年时间。

（五）2012年底二次拜相重提修宪

2012年11月15日，时任自民党总裁的安倍在展望其再次当选首相后奉行的安保政策时表示，日本需要解禁集体自卫权以进一步巩固美日同盟关系。同年12月26日，安倍自2007年9月辞去首相职务后二次入阁拜相。对此，日本共同社当天报道称：“为洗脱‘放弃政权的首相’的污名，安倍将迈出重新挑战的步伐，其关注重点必将是‘修宪’这一夙愿。”再次出任首相后，安倍迅速重新启动了早在2007年就为“修宪”而设立的“安全保障法制基础再构筑恳谈会”，研究集体自卫权解禁问题。

（六）2013年再度访美加大“解禁”力度

安倍于2013年2月15日在其官邸召集专家开会共同研讨设立日本版国家安全会议的相关问题。会后有消息指出，解禁集体自卫权被提上议事日程，安倍在会议上提及所谓的外部“威胁论”，并将此作为推动解禁集体自卫权的一项重要理由。当年秋天，安倍出访美国，就其内政外交政策与美方交换了看法，并再一次向华盛顿详细阐释解禁集体自卫权的相关问题，谈到依据理由，安倍一再妄谈所谓的外部“威胁论”，并抛出一套全新的“积极和平主义”理论。返回国内后，安倍明显增强了推行“解禁”的力度，只因与自民党联合执政的公明党表现出谨慎态度，再加上多数国内民众的强烈反对，安倍原定于同年底完成的“修宪”计划被一再推迟。

（七）2014年不惜内阁支持率下降冲刺“解禁”

自民党在2013年参议院选举中赢得胜利，安倍由此解除了日本众参两院“扭曲国会”[①]的不利局面。进入2014年，安倍加快了“解禁”的脚步，即使面对国内民众和政治党派的强烈抵制，仍旧一意孤行。日本共同社报道称，2014年6月上旬，安倍曾经对身边的人士透露称，“必须在内阁会议上作出决断，即便丧失与公明党联合执政的机会，即使内阁支持率遭遇滑坡，也一定要解禁集体自卫权”。同年6月12日，在安倍的强硬姿态下，公明党低头，日本执政两党就此基本取得一致。同年7月1日，日本内阁正式通过有关集体自卫权解禁的决议案，安倍终于如愿以偿。

三、主要手段——四项具体推进措施

在推动“解禁”过程中，安倍绞尽脑汁使出一系列招术，以达到掩人耳目的效果，主要措施有：

一是粉饰伪装，兜售歪理。安倍欲修改“和平宪法”第九条面对的最大障碍在于，绝大部分日本民众对于其所勾画的国家战略目标认同感并不高。为说服反战国民，安倍一方面从营造“修宪”政治气氛、改造社会政治环境入手，企图将罪行累累的侵略历史篡改为带有正义性质的“大东亚圣战”，并在二次上台一周年之际悍然参拜靖国神社；另一方面通过竭力曲解现有宪法，散播日本所受到的“不公待遇”，以“论证”日本行使集体自卫权的“必要性”及“正当性”。安倍上台以来，在多个场合作出各种有悖逻辑的解释与辩护，如“安

① “扭曲国会”是指实行两院制的国家，执政党和在野党分别控制参议院或众议院，导致执政党提出的法案只能通过两院之一，却无法在两院通过的状况。“扭曲国会”会使议案在国会频频遭否，或者久延不决，首相及其内阁的诸多政策难以推行，民意支持走低。

保环境恶化”、“美日同盟关系的需要”、“联合国维和的需要”等，还抛出“行使集体自卫权以保护海上交通线”、“维护亚太地区安全稳定”等论调，并一再兜售其所谓的“积极和平主义”理论，妄图穿上“为世界的安全与福祉多做贡献”的外衣，来为解禁集体自卫权“正名”。

二是操控舆论，玩弄民意。安倍在竞选首相时有意突出经济议题，以此麻痹选民。当选后，安倍又精心挑选“同党”组成所谓的“专家会议”，并常以“行使集体自卫权才能够更好地确保国民的生命安全与正常生活”等论调诱导民意，妄图掩盖事实真相。据安倍首相官邸消息人士透露，之所以强行通过内阁决议案来解禁集体自卫权，是因为安倍本人想“趁着内阁支持率保持在高位的机会一举敲定那些不得人心的政策”。[①] “解禁”前夕，安倍还加强了对舆论的控制。对于2014年6月29日发生的自焚抗议事件，[②] 多数日本媒体不但没有及时进行报道，还有意淡化屏蔽，尤其是代表国家电视台的NHK对此“不发一言”，引发日本民众的强烈不满。日本国内民众谴责NHK被政治所绑架，失掉了公信力。在2014年底举行的众议院选举中，自民党在安倍的带领下又一次赢得过半席位。安倍在选举期间有意回避讨论集体自卫权解禁问题，并在选举中牢牢控制了日本各大媒体，使其不能有针对性地进行批判报道，导致众多日本民众在安倍精心设计的“障眼法”下丧失了应有的判断力。

三是变相修宪，模糊字眼。安倍一直企图突破“和平宪法”第九条的束缚，但由于过程进展迟缓，因此决定通过内阁决议案废除原先明确规定的“自卫权行使三条件”，取而代之推出内容宽泛的“武力使用三条件”，对宪法第九条实施阉割。2014年6月24日，美国《外交政策》杂志网站发布署名文章称，“安倍通过改变宪法解释的

---

① “安倍‘解禁’：玩弄民意于股掌 外媒称中韩心存戒备”，新华网，2014年7月6日，http：//news. xinhuanet. com/world/2014-07/06/c_ 126714457. htm。

② 2014年6月29日下午，在东京繁华的新宿车站附近，一名50多岁的男子用了1个多小时的时间宣读完自己反对解禁集体自卫权以及安倍政策的声明后，引火自焚。

方式解禁集体自卫权，在本质上属于‘宪法政变’的行为”。[1] 虽然“释宪”与“修宪”仅有一字之差，但安倍内阁祭出这一“暗度陈仓”的手段，不仅绕开了修宪所面对的舆论压力及烦琐程序，还在很大程度上缩短了“解禁”所需的时间。此外，安倍内阁在修改宪法解释时，使用了“自卫措施”、“行使武力”等字眼，并未直接使用“集体自卫权”一词，淡化了日本自卫队能够对第三国发动武力进攻的概念，从而使政策转变相对模糊化。

四是组合出招，加速“右转”。当今的日本政治加速右倾，伴随着国内右翼势力的不断上升，安倍在“右倾大道上”一路狂奔，不断推进“国家正常化”战略。安倍二次上台之后，一再美化、否认侵略历史，推动修改历史教科书内容，妄图模糊并改变应有的历史认知。在此基础上，安倍政府还打着“积极和平主义”的旗号加速扩充军备，通过了“安保三箭”，即新版《防卫计划大纲》、《中期防卫力量整备计划》及首份国家安全保障战略，防卫开支预算在2013财年第一次实现11年来实质性增长，2014财年又追加至95万亿日元创造了历史新高。[2] 由此可见，集体自卫权解禁并非一起孤立事件，而是“安倍军事学”的重要一环。此前，安倍政府于2014年4月1日通过了“防卫装备转移三原则”，抛弃了延续近半个世纪的“武器出口三原则”，日本进行军火出口、军事技术对外输出的门槛大大降低，军工产业进入国际市场的通道由此打开。

四、原因分析——“解禁”寓意何为？

从个人、国家和国际体系三个层面分析，安倍政权此次解禁集体

① “日解禁集体自卫权：须高度警惕日危险动向”，新华网，2014年7月3日，http://news.xinhuanet.com/world/2014-07/03/c_1111432709.htm。

② “安倍政府在右倾化道路上还要狂奔多远”，新华网，2014年7月7日，http://news.xinhuanet.com/world/2014-07/07/c_126717872.htm.

自卫权主要有以下四方面原因：

一是完成外祖父遗愿，实现个人政治抱负。在政治理念上，安倍继承了其外祖父、二战甲级战犯岸信介的右倾价值观，即否定“和平宪法”、否定东京审判、否定侵略战争性质。这种政治“遗传基因”决定了安倍可以全然不顾国内民众的感受及利益，为了实现个人的政治理想，不惜牺牲政治生命，“一条路走到黑”。而解禁集体自卫权正是安倍一直以来追求的政治夙愿。安倍在首次当选首相时即声称，“要将60多年前美国占领日本时期制定的宪法交还至国民手中”。安倍再次出任首相后也曾多次表示，“修宪是吾毕生使命”。[①] 正如《每日新闻》评论所述，“安倍之所以竭力谋求‘松绑’集体自卫权，就是为了继承其外祖父的遗愿。”[②]

二是转移国内矛盾，巩固自身执政地位。安倍在2012年底再次组阁上台后，抛出了“安倍经济学”这一概念，实施了一系列刺激举措，力图改变日本经济衰退的局面。经过两年左右时间的努力，虽然在一定程度上延缓了经济下行的趋势，但由于日本社会自身存在的固有弊端和顽疾一直未能得到根治，“安倍经济学”之后陷入到难以为继的困境中。受到多重消极因素的影响制约，“安倍经济学”愈来愈难以满足日本民众的期待，安倍的个人支持率也随之不断走低。为了转移民众视线，进一步巩固执政地位，安倍迫切需要用一个新的话题凝聚士气人心。加快军力扩张脚步、谋求行使集体自卫权、迎合右翼势力诉求，即是安倍为了摆脱困境给自己开出的“药方”。一方面可以将公众视线转移至军力发展、对外政策等问题上，以淡化、掩盖社会经济民生方面存在的诸多问题矛盾；另一方面也能够借机讨好国内右翼势力，用外部压力凝合民心、巩固政权。

三是摆脱战后体制，实现“正常国家”目标。安倍之所以全然不顾国内民众反对与国际社会警告，在解禁集体自卫权问题上一意孤

---

① “日媒解析日本解禁集体自卫权的‘来龙去脉’”，中国新闻网，2014年7月4日，http：//www. chinanews. com/hb/2014/07-04/6352812. shtml。

② “国际观察：安倍开启通往战争之路”，新华网，2014年7月6日，http：//news. xinhuanet. com/world/2014-07/06/c_ 1111476845. htm。

行，根本原因在于安倍政权企图让日本彻底挣脱战后体制束缚，消除“和平宪法”限制，建立一个拥有军队、能够进行对外战争的“正常国家”。日本国力持续衰退已达一二十年之久，需要有一位强有力的领导人，带领日本振兴经济、激发民族自豪感，安倍政权正期冀凭借解禁集体自卫权来实现这一目标。安倍复出后，反复高调宣扬“日本绝不当二流国家”、“日本回来了”、“日本不仅要从经济上领导亚洲，也要在安全领域领导亚洲”等言论，妄图主导亚洲事务，恢复日本的大国地位和昔日荣耀。

四是巩固美日同盟，遏制中国崛起。日本在美日同盟中是受保护的一方，而集体自卫权解禁则能使日本与美国实现“互相协防”。为配合美国实施“亚太再平衡”战略，安倍一心想要在日美防卫合作指针修订之前解禁集体自卫权，以博取美方欢心，提高日本在美日同盟中的地位。另一方面，安倍也对美国是否有足够实力在中国快速崛起的背景下继续维护日本的利益存有顾虑，解除战后束缚便成为优先选项。同时也应当看到，安倍内阁决定的背后，美方的支持是外在助力。时任美防长哈格尔 2014 年 4 月 5 日访问日本时表示，美方对日方采取修改宪法解释等方式解禁集体自卫权的做法表示“欢迎”。同年 4 月 21 日，美总统奥巴马访日前夕接受日本《读卖新闻》专访时表示，对安倍政权解禁集体自卫权予以支持，这也是美在任总统首次明确表态支持日本行使集体自卫权。

五、未来影响——危险动向须高度警惕

安倍政权不顾各方反对，在解禁集体自卫权的道路上一意孤行，不仅是对战后国际秩序的肆意践踏，也是对世界和平正义力量呼声的公然蔑视，危险动向必须引起我们的高度警惕。

一是自卫队成为军队，开启海外参战道路。安倍政权通过内阁决议案解禁集体自卫权虽然不是修改宪法第九条本身，却废除了宪法的

核心——第九条第一款所规定的“放弃交战权”，使日本重新获得交战权，自卫队升格为实际意义上的“国防军”，实现了绕开常规修宪程序的变相“修宪”，代表着日本将开始放弃“专守防卫”政策，使自卫队实施多样化海外军事行动甚至参与针对他国的战争行动成为可能。解禁集体自卫权使日本对外遂行军事行动的能力获得提升，影响或介入地区和国际安全事务的手段选择增多。此外，对行使集体自卫权相应条件的模糊化处理，① 还使日本获得了实施对外军事行动的“自主裁量权”，决策的余地和空间得到了保留。依据宽泛的“武力使用三条件”内容规定，日本将可以不受任务性质与地理条件限制地遂行海外军事行动，为他国而战，亦或是在自身未受攻击时“先发制人”。在“关系密切国家面对安全威胁”、“本国利益受到挑战”等借口下，日本挑动战争、海外出兵、以军事手段介入地区及国际事务的门槛大为降低。

二是亵渎法律精神，挑战战后政治体制。诸多日本国内的学者专家之所以不赞成采用修改宪法解释的手段实现集体自卫权的解禁，主要是认为安倍此举实际上是凭借非法手段篡改了现行宪法内容，在本质上是用行政权架空司法权与立法权，由此将动摇日本的立国之基，危及日本的根本政治制度。从法理角度来看，安倍此举明显违背了日本现行宪法的基本原则及和平精神。日本法政大学教授山口二郎就此指出：“安倍修改宪法解释以解禁集体自卫权的方法存有四个问题：第一是此举严重背离立宪主义，日本将配不上‘法治国家’的称号；第二是安倍所设想的解除集体自卫权禁令不但无法维护民众生命安危，反而会使国家的安全环境更加恶化；第三是所谓在‘必要最小限度’内行使集体自卫权的说法带有一定的欺瞒性质，集体自卫权禁区一旦突破，将根本无法‘刹车’；第四是在处理与邻国关系时一味强

---

① 根据新的内阁决议案，日本行使武力的其中一个必要条件为：“日本遭到武力攻击，或与日本关系密切国家遭到武力攻击，威胁到日本的存亡，从根本上对日本国民的生命、自由和追求幸福的权利构成明确威胁”，但何为“关系密切”，何为“明确危胁”，并无清晰的标准，这就为日政府根据需要扩大解释提供了可能。

调冲突与对抗，将只会恶化亚太地区的紧张局势。”[①] 许多日本法律专家尤其指出，通过内阁决议改变宪法解释本身就已经违反了宪法的规定，是无效的政府越权行为。日本宪法属于刚性宪法[②]，只有在众参两院得到2/3以上支持且在全民公决中获得半数以上支持才能进行改动。虽然安倍率领的自民党在2014年底举行的众议院选举中获胜，但2014年以来的大部分民调结果都显示，反对解禁者远多于赞成者。日本共同社在2014年12月15—16日两天实施了全国电话民意调查，其中55.1%的受访者表示不赞成解禁集体自卫权，明显多于表示赞成的33.6%的比例。[③] 由此可见，安倍解禁集体自卫权难过民意这道坎。

三是引发邻国担忧，加剧地区紧张局势。在一再美化侵略历史的背景下，安倍政府架空“和平宪法”，解禁集体自卫权，无疑将给日本与亚洲邻国之间关系带来消极影响，亚太地区安全环境所面临的不确定因素将变得更加复杂多样，原先形成的战略平衡与稳定将有可能被打破，相关各国也会对自身的军事安全战略与政策作出相应调整。随着日本的国家安保政策更加具有进攻性和外向性，相关地区国家发生安全摩擦或地缘战略对峙的风险也将上升，甚至可能引发该地区新一轮的军备竞赛。安倍内阁决议案中诸如“与日本关系密切国家遭到武力攻击”、“海上自由航行受到阻碍”等有关集体自卫权行使条件的表述措辞宽泛而模糊，随时都有可能变成日本实施对外军事行动的借口。有消息称，日本下一步或考虑将越南、菲律宾、印度、澳大利亚等国纳入互相行使集体自卫权对象国行列，为其干预地区事务、介入局势争端埋下了伏笔。[④] “和平宪法”是亚洲战后安全秩序的重要一环，安倍肆意歪曲宪法，以内阁决议方式改变其实质，将对地区安

---

① “专家解析日本解禁集体自卫权 中日关系势必紧张”，中国网，2014年7月2日，http://news.china.com.cn/2014-07/02/content_32831139.htm。

② 指制定、修改的机关和程序不同于一般法律的宪法。

③ “解禁集体自卫权，安倍难过民意这道坎”，人民网，2014年12月17日，http://paper.people.com.cn/rmrb/html/2014-12/17/nw.D110000renmrb_20141217_6-02.htm。

④ “解禁集体自卫权后的日本将向何处去”，求是网，2014年7月31日，http://www.qstheory.cn/dukan/qs/2014-07/31/c_1111827073.htm。

全环境造成新的冲击，其所推行的“强国战略”不仅危害亚洲邻国，最终也将对国际社会的和平与安宁构成威胁。

四是日美军事一体化程度加深，中日冲突可能性增加。日本在解禁集体自卫权后将可以“协防”美国，将进一步提升美国对美日同盟的支持力度，从而换取美国对日本强化防卫的保障。美日同盟也从过去的美国单方面保护日本变为两国相互提供防御，日本在美国的亚太安全战略中将扮演更加重要的角色，美日两国之间的平等性、对等性有所加强。日本自卫队在与美军并肩作战的名义下将能够不受束缚地参与美军的作战行动，为美国在世界范围内遂行军事行动、插手地区事务提供可靠支持。前日本海上自卫队护卫舰队司令官金田秀昭就曾指出，当因“某种事由”产生明确的必要性时，日本将有可能毫不犹豫地将台湾纳入行使“集体自卫权”的对象。此外，“遇美海军舰船在公海海域遭受攻击，同行的日本海上自卫队舰艇可实施反击”等可能性选项也已纳入安倍政府的论证日程，暗示如果中美在台海地区发生冲突，日本可能会对驻日美军进行物资、后勤支援，甚至直接参与作战。同时，日本也可以借助美国对其“解禁”的支持，通过纳入“关系密切国家”这一概念，在未来东海局势争端中单独或协同美军进行武力干预，势必对中国的主权和安全构成严重威胁，中日由于现实利益矛盾爆发冲突的潜在危险将大大上升。

小　结

日本政府在冷战过后不断表现出对解禁集体自卫权的强烈诉求，采取制造政策实践先例等手段形成既定事实，以此突破行使集体自卫权的禁区。安倍政权通过内阁决议案修改宪法解释的行为与日本国家安保战略转型、美日同盟发展新趋势及日本自卫队参与国际行动的需求紧密相关、相互交织，折射出日本企图通过解禁集体自卫权，逐步达成其所谓的军事大国与“正常国家”的目标。日本推动行使集体自卫权的举动必将对亚太地区甚至整个国际社会的安全稳定构成严峻挑战。解禁集体自卫权所带来的一系列重要动向及背后驱动力，将对日本今后的国家战略选择、亚太地区的安全形势以及世界格局的未来发展走向带来深远影响。

从英国在巴林新建海军基地看其中东战略意图

黄　钊

2014 年 12 月 5 日，英国外交大臣菲利普·哈蒙德在出席麦纳麦对话会高峰论坛期间与巴林外交大臣哈利德签署双边军事合作协议。按照协议，英国将在巴林的米纳·塞勒曼港建立一个永久性质的海军基地，[①] 计划驻扎包括航空母舰和驱逐舰在内的各类大型舰只。该海军基地计划耗资 1500 万英镑，由英方承担运行成本并由巴方支付基建费用，预计 2016 年投入使用。新基地的建成，将使英国在全球获得一个全新且极其重要的战略支点，其功能包括支持英军在伊拉克打击极端武装组织“伊斯兰国”行动、积极参与欧洲海军“阿塔兰特”打击海盗行动，同时为邻近的美国海军第 5 舰队提供情报共享与作战支援。值得注意的是，在巴林的基地将是英国自 20 世纪 50 年代撤出中东后在海湾国家重新建立的首座永久性军事基地。纵观历史，中东地区对英国具有重要的战略意义。近年来，英国为重新进入中东实施了一系列军事干预行动，其向中东辐射影响力的战略意图十分明显。

---

① “英国将在中东建永久军事基地”，中国国防部网站，2014 年 12 月 8 日，http：//www. mod. gov. cn/opinion/2014-12/08/content_ 4556378. htm。

一、冷战前中东对于英国的战略意义

中东作为政治地理概念，始于苏伊士运河的开凿和石油的发现这两起重大事件。1869 年苏伊士运河的通航被认定是中东凸显其历史意义的标志。英国历史学家阿诺德·汤因比曾论述道："处于东方与西方之间的中东，握有使两极之间畅通无阻、予以封闭或迫使重新开放的权力。"因此，苏伊士运河的开通，使现代化的"西方"与遥远而富含资源的"东方"之间货运线路缩短了 40%。即使在 140 多年后的今天，经苏伊士运河完成的货运量仍占欧亚两大洲海运货物的 80%。历史上殖民地时期的英国，凭借其强大的军事实力在 1882 年占领了埃及并完全控制了苏伊士运河，同时在运河地区驻扎了海外最大规模的军事力量。第一次世界大战结束后，英国承认埃及独立却仍保留着在运河区的驻兵权。二战期间，围绕苏伊士运河的争夺对英国乃至整个反法西斯同盟的战略意义更为重大，因为控制了运河就意味着控制了整个中东和东地中海。

20 世纪初，在煤炭产量被德国赶超的情况下，英国决定另觅新途，寻找替代能源。1905 年，英国政府在伊朗购买了"英波"（盎格鲁—波斯）石油公司［现为英国石油公司（BP）］大量股份后逐渐掌控公司业务。1911 年，丘吉尔担任英国海军大臣后立即要求把皇家海军军舰的动力燃料改为石油，使之上升为英国战略利益的核心所在。从资源争夺角度来观察第一次世界大战，英国的确有超越一般国家的视野。一战结束后的《凡尔赛条约》以国际法的形式将中东的利益划给了英国与法国。虽然同时纳入到英法的殖民体系内，但法国在中东拥有的仅是贫油的叙利亚与黎巴嫩。二战期间，英军从敦刻尔克撤退、法军败降之后，德国的直接争夺目标就是中东。由此看来，中东的石油资源一向是大国共同利益之所在，更是争夺的关键环节。

二、退场：英国从中东战略收缩

20世纪50年代，中东地区爆发了苏伊士运河危机和第二次中东战争。一系列重大事件的发生缘于二战后的历史进入了民族独立的高潮时期，历史以不容抵挡的势头促成了殖民地控制范式的衰落。以殖民地方式营造全球霸权的英国在这一浪潮的冲击下渐渐失去了昔日大国的实力和姿态。

二战结束后，埃及坚决要求收回苏伊士运河主权并开展了长期斗争。1952年7月，以纳赛尔为首的自由军官组织建立了埃及共和国，奉行维护国家独立、主权和发展国民经济的政策。经过长期艰苦的谈判，埃及与英国宣布废除《1936年英埃条约》，英国将放弃苏伊士基地的权利并逐步撤离运河。虽然英国于1956年6月撤出运河区域，但仍控制着运河公司并掌握着绝大部分运河的收入利润。1956年7月，埃及政府宣布了将苏伊士运河收归国有的决定，但英法两国并不甘心失去运河的控制权并试图通过以色列之手攻打埃及，伺机夺回运河。至此，苏伊士运河危机爆发。

出于自身目的和利益需求，以色列决定支持英法的战争政策，运河危机渐渐向国际战争的方向演变。1956年10月22日，英、法、以三国代表团在巴黎定下了对埃战争的决策。10月29日晚，以色列出动4.5万人的部队分为四路突然攻占了埃及西奈半岛。至11月1日，联合国安理会提出决议，美苏达成一致意见要求以方撤军，但英法两国行使了否决权。在大规模空袭掩护下，英法联军2万余人迅速在埃及登陆，逼近塞得港。苏联此时着力关注起中东战况，表明立场称战火的扩大会引发第三次世界大战。同时美国总统艾森豪威尔在国际舆论和国内大选的双重压力下不得不要求英法立即停火。最终在11月6日晚间，英法宣布停火。第二次中东战争历时仅九天，但停火后的各方博弈随之而来：埃及要求外敌撤出、恢复主权；英法以军队意欲继续在当地拖延；苏联试图介入，美国谋划未来单独控制当地，各方斗争激烈。僵局的转折发生在 11 月 7 日，联大当天通过关于紧急部队组织和职能的原则决议，同意由巴西、加拿大、挪威、芬兰等 10 国代表联合国先行出兵埃及，另 14 个愿意参与的国家待需要时调动。联合国紧急部队于 11 月 16 日分批进入英法占领的埃及塞得港和运河区。迫于联合国军队的压力，英法联军开始撤军并于 12 月 22 日完全撤离。次日，埃及恢复了对塞得港、福阿德港和运河区的控制。另一方面，美国不愿因偏袒以色列而过分得罪阿拉伯国家从而影响他们“排英反苏”的中东战略，开始对以方施压。1957 年 1 月 22 日，以色列履行联合国决议撤出西奈半岛。

苏伊士运河危机和第二次中东战争最终以英国、法国和以色列的失败而告终，由此导致的地区局势变动呈现出以下特点：一是埃及的国际威望大为提高，中东北非的民族独立运动进入历史高潮。二是英法维系的殖民统治体系受到强烈冲击，特别是英国“日不落帝国”在全球的庞大帝国体系加速土崩瓦解，最终导致 1971 年英军完全撤离苏伊士运河以东地区。而在此后的 40 余年间，英国一直未在该区域建立永久性质的军事基地，同时失去的还有对中东地区秩序的掌控力。三是随着英法殖民势力从该区域退出，美苏间冷战的对抗形势逐步深入，美国借机以扩大势力范围为目标与苏联针锋相对地开始争夺中东的“力量真空”。

三、“重返”中东：英国在中东及北非参与军事行动

21 世纪，着眼于国际环境的变化和自身实力的进展，英国并不甘心永远丢掉对中东事务的参与度与话语权，借势把握几次重大国际冲突的机遇，将参与军事行动作为其再次向中东投送影响力的关键。

（一）参与2003年伊拉克战争

2003年3月20日凌晨，英国以“美国最牢靠盟友”的身份参与到推翻伊拉克萨达姆政权的军事行动中，行动代号为“Telic”①。联合部队的主力由4.5万名英军和12万美军组成。其间，英军积极配合美军成功实施了一系列空中打击、海上封锁、空降作战、登陆作战、地面进攻及城市巷战行动，其主要行动表现为：一是在以科威特方向为起点的地面进攻中，随着战争初期美陆军主力部队由科威特向伊拉克境内推进，英陆军第7装甲旅、第4装甲旅及海军陆战队部分兵力积极配合美军实施“钳形攻势”。在沙漠战场上，英陆军装甲部队凭借“挑战者”-2型主战坦克的优异性能在短时间内将伊陆军击溃，为美军主力向巴格达方向迅速推进给予高效支持。二是在攻占法奥半岛的空降和登陆作战中，以英国皇家海军陆战队第40突击营为主力的部队3月20日凌晨在联军空中力量的支援下迅速空降，在未损失一人的情况下夺取了三处重要目标并俘获超过200名伊军士兵。另一侧的英军539突袭中队则负责清除海岸附近的地雷和水雷，同时由英国皇家海军三艘护卫舰为联军提供舰炮支援。3月24日，联军顺利攻占乌姆盖斯尔港使得英陆军第7装甲旅得以向巴士拉推进。三是在夺取巴士拉的城市巷战中，英陆军装甲部队和步兵以来回机动的方式连续进出巴士拉城区，对城区围而不困并在外围打击伊增援部队。同时，英军并不阻拦伊民众进出城市和运进食物，通过生活用品从民间换取情报并开展心理战促使隐藏在人群中的伊军投降，最后发起立体进攻于3月31日完全占领巴士拉。

联军最终在4月9日占领伊首都巴格达，战争的进攻阶段于4月30日结束，其间共有33名英军战斗人员阵亡。2010年4月，英国正式结束在伊军事行动，战斗人员悉数撤离。时至2011年5月22日，

① “伊拉克战争”，维基百科，2015年1月21日，http：//zh.wikipedia.org/zh-tw/%E4%BC%8A%E6%8B%89%E5%85%8B%E6%88%B0%E7%88%AD。

英军最后一支在伊部队撤离完毕。8 年期间，英国先后向伊派驻约 4.6 万名士兵，主要驻扎在伊南部港口巴士拉，承担着训练伊海军、守卫钻井平台等任务。整个战争期间，共计 179 名英军战斗人员阵亡。①

（二）参与 2011 年利比亚战争

2011 年 3 月 17 日，联合国安理会通过 1973 号决议，决定在利比亚设立禁飞区以限制该国政府军打击反对派武装。随即在第二天，英国首相卡梅伦表示皇家空军将派出战斗机赴地中海参与“限制利比亚政府军”的国际联合行动。3 月 19 日，法国海军率先出动“阵风”式战斗机对利比亚境内政府军目标实施空袭并摧毁数辆政府军装甲车，之后英国、美国等多国联合发起的大规模军事行动正式展开。英军主要表现为：一是在空袭行动中，英军连续出动“台风”式战斗机和“狂风”式攻击机对利比亚展开空袭，整个行动呈现战斗机航程远、定点打击精确、综合保障全面等特点。例如 3 月 20 日，从英格兰诺福克马哈姆空军基地起飞的“狂风” - GR4 型攻击机发射数枚“风暴之影”空对地导弹对利比亚首都的黎波里周边目标进行定点空袭，行动飞行距离总计达到 4800 公里，是自 1982 年英阿马岛战争以来英国空军所执行的最远的空袭行动，其间还出动了加油机和侦察机参与综合作战保障。二是在海上方向，英国皇家海军在利比亚周边海域部署的“威斯敏斯特”号护卫舰和“坎伯兰”号护卫舰在空袭开始后对利比亚境内目标发射巡航导弹，在第一时间成功实施了海上封锁，同时对整个联军的空袭行动进行有效火力支援。3 月 22 日，英国首相宣布利比亚政府军的防空系统已被联军空袭完全摧毁。随着禁飞区的建立，多国部队和利比亚反对派武装开始集中力量打击卡扎菲的地面部队。最终在 8 月 24 日，反对派宣布占领象征卡扎菲政权的阿

① “英国在伊拉克军事行动全部结束”，中新网，2011 年 5 月 23 日，http://www.chinanews.com/gj/2011/05-23/3057846.shtml。

齐齐亚兵营，从此利比亚正式进入后卡扎菲时代。

（三）打击“伊斯兰国”恐怖组织

2014年9月26日，英国议会通过了对伊拉克境内恐怖组织“伊斯兰国”（IS）进行打击的动议，随后英军迅速展开打击行动。其表现为：一是以空袭恐怖组织据点为主要行动方式。9月30日，英国皇家空军从驻塞浦路斯南部阿克罗蒂里空军基地出动两架“狂风”式攻击机首次空袭了“伊斯兰国”组织在伊拉克境内的目标，其间发射一枚“硫磺石”反坦克导弹和一枚重约230千克的“铺路IV”型激光制导炸弹，炸毁极端武装一处炮兵阵地和数辆武装卡车。至10月中旬，英军派遣两架“死神”无人机加入行动，其间协助伊拉克政府军和美军进行联合侦察行动，同时发射“地狱火”反坦克导弹和GBU－12激光制导炸弹打击“伊斯兰国”目标。二是低调出动特种部队消灭恐怖组织重点目标。在空袭进行的同时，英军已于10月内派遣特种部队进入伊拉克境内打击“伊斯兰国”重点头目及指挥团伙等目标。[①] 行动中，英国特种空勤团（SAS）人员在获取情报支援后先搭载军用直升机奔赴“伊斯兰国”控制区域临近地带，实施机降后搭乘特种四轮摩托车在夜间前往目标地点，以隐匿而迅速的方式歼灭恐怖组织人员。至11月下旬，该精英部队已通过一系列突袭行动击毙数百名恐怖分子。另一方面，英国还在11月期间向伊拉克派出军事顾问团帮助伊安全部队开展反恐行动，[②] 该批军官计划为伊军提供培训及顾问帮助，同时加入到美军在巴格达的数个指挥部。虽然该批人员规模较小，但却是英军自2011年全部撤离伊拉克以来主动承担的首个对伊军事任务。

① “英媒称英国秘密地面打击‘伊斯兰国’”，新华网，2014年11月25日，http：//news. xinhuanet. com/world/2014－11/25/c_ 127246404. htm。

② “英国拟向伊拉克派出军事顾问团助伊拉克打击IS”，中国社科网，2014年11月5日，http：//www. cssn. cn/hqxx/hqwx/hqwxnews/201411/t20141105_ 1391662. shtml。

四、英国向中东投送军事力量的战略意图

在巴林建立的海军基地，是英国自 20 世纪 50 年代退出中东后具有历史意义的事件，而基地的现实作用更能诠释英国今后的战略意图：基地不仅可使英军更加高效地开展军事干预，在阻击国际恐怖势力的同时，英军舰机还可依托基地充分支援盟国的反海盗行动。

（一）折射英国增强地区影响的意图

自 20 世纪 50 年代苏伊士运河危机后，英国被迫从中东地区逐渐撤离，随着其国际影响力的不断下滑，最终近乎丧失了对中东地区的控制力和干预力。但是新世纪以来，英国不甘在中东长久静默下去，把握住几次重大国际冲突机会，以实际的军事行动作为其再次投送影响力的关键。首先是 2003 年伊拉克战争，英国配合美国的力量在两河流域这一中东地区的核心位置开展一场真正意义上的立体化大规模作战，不仅为其再次向当地投送军事影响力提供了机遇，更为其审视或检验自身军事实力设立了平台。其次是 2011 年西亚北非革命的出现，英国借机参与打击利比亚卡扎菲政权，为革命效应波及至中东地区时预先进行一次军事干预范畴内的预演，也为英军海、空力量在地中海东部开展军事行动再次营造了现实机遇，尤其是为英国军工科研机构向沙特、阿联酋等中东富国推销展示“台风”式战斗机等武器装备的优良性能建立了直观渠道。第三是当前中东地区正遭受着严重的恐怖主义威胁和宗教极端势力影响，英国适时在海湾中心地带的巴林部署军事力量并建立基地，即可随时针对地区事务进行干预，阻断“伊斯兰国”恐怖势力向周边尤其是苏伊士运河这一海运生命线方向蔓延的趋势。打击恐怖组织，可使英国在中东地区重塑失去已久的影响力，反恐行动的有效开展对英国在全球范围内话语权的提升及价值

观的推送也具有重大意义。

（二）凸显英国打击恐怖主义的决心

2014年，恐怖组织“伊斯兰国”的猖獗活动对中东地区造成了最为强烈的影响。“伊斯兰国”继承了之前“基地”组织进行国际恐怖活动的范围，其开辟的伊拉克至叙利亚一带已成为全球最为突出的恐怖主义高发区。纵观“伊斯兰国”的现实威胁，主要表现有：一是国际恐怖主义向苏伊士运河至红海方向蔓延将直接威胁海运生命线的安全。中东地区的油气资源长期以来对世界经济社会发展的影响举足轻重，英国的国家利益更是与这条贯通东西世界的海上运输线路密不可分。倘若“伊斯兰国”由伊拉克和叙利亚蔓延至约旦、沙特等国，恐怖分子在红海东岸肆意袭击、劫持国际商船的情景就很可能发生。二是“伊斯兰国”恐怖势力的强大蛊惑煽动力将直接影响欧美国家的国内反恐形势。该组织范围规模庞大，资金充足且对英、法等国家内部的年轻穆斯林群体具有很大影响力。英国内政部大臣特丽莎·玛丽·梅2015年1月14日表示，英国在近几个月内挫败三次重大恐怖袭击预谋。约有600人从英国前往叙利亚和伊拉克参战，其中大约一半人返回英国，而且这样的人员在欧洲还有成千上万。[①] 对此，英国在海湾地区扩大军事存在的用意也非常明确：为了阻击“伊斯兰国”势力在中东地区的肆虐和扩张。此外，驻扎在巴林基地的英国舰机可充分支援欧美盟友在亚丁湾地区开展的打击海盗行动。

（三）表明英国加深盟友关系的意愿

除恐怖主义之外，近年来在阿拉伯半岛南端的亚丁湾还存在着日益猖獗的海盗活动，从红海过往的国际船只面临着严重的海上安全威

---

① “英内政部：英国数月内已挫败3起重大恐怖袭击”，中新网，2015年1月15日，http：//www.chinanews.com/gj/2015/01－15/6970198.shtml。

胁。据联合国统计，全球各国仅在 2008 年就向索马里海盗支付赎金共 12 亿美元，而由此产生的间接损失是海运保险费的增加和红海航线路线的变更。尤其危险的是，海盗活动的幕后指挥者在阿联酋等周边国家利用劫船获得的赎金从事走私枪支毒品、组织偷渡等其他犯罪活动，甚至还与恐怖组织勾连。对此，英国在巴林建立海军基地并更加积极地开展活动，将对国际联合打击海盗行动产生积极影响：一是引领欧盟国家实施打击海盗行动。2008 年底，欧盟启动了代号为“阿塔兰塔”的海上军事行动，以在亚丁湾海域打击海盗及其他武装抢劫活动为中心任务，同时确保世界粮食计划署运粮船只及其他商业船只的安全。行动开启后取得了显著成效并延续至 2014 年底。其间，英国承担了很大的行动义务并发挥了重要作用，不仅将总指挥部设在本国赫特福德郡的诺斯伍德，同时由英国皇家海军少将菲利普·琼斯担任首位舰队司令。二是积极参与北约框架下打击海盗行动。自 2009 年 8 月起，北约启动了代号为“海洋盾牌”的打击海盗行动，内容包括军舰在“非洲之角”执行海上巡逻任务，以打击海盗并加强区域海军力量。目前，“海洋盾牌”行动将任务范围延伸至印度洋地区，时限将延长至 2016 年底。在美国主导的军事部署下，英国、意大利等国舰只紧密给予配合并共同执行巡逻任务，发挥着至关重要的作用。

（四）践行英国重塑强大舰队的志向

17 世纪至 20 世纪 40 年代的英国，曾一度保有全球范围最强大的舰队实力，其海军更是投放国家战略的基石。冷战期间由于战略收缩和经济衰退等因素，英国舰队规模急剧缩水，而冷战的终结更使其面临作战使命和作战模式的深层转变。时至 1998 年，英国工党政府出台了《联合王国战略防御评审》，它对英国皇家海军的使命、任务、规模和结构革新性地提出了规划意见，[①] 使得英海军在 40 余年的徘徊

① “英国皇家海军回归‘全球舰队’之路——2010 舰队”，《国际展望》杂志，2004 年 9 月 21 日，http：//mil. news. sina. com. cn/2004-09-21/1722228978. html。

后终于从地区性防御力量转回到全球舰队的道路。值得注意的是，该战略防御评审摒弃了“舰队海上决战”的思路，而是将两栖作战提升至前所未有的高度。在该战略防御评审的指引下，英国皇家海军在20世纪90年代末开启了未来舰队的建设。由于许多主要舰艇都计划在2010年前后进入现役，因此该舰队被称为“2010舰队”。依据构想，舰队将以2—3艘中型航母为作战核心，同时保持英国在海基核力量方面的传统优势；随着45型防空驱逐舰的服役，英国皇家海军的远洋作战及对陆支援能力将得到极大提升；以“不列颠”级船坞登陆舰为代表的一批两栖作战/支援舰只将使英军的快速反应力量具备实际意义上的全球部署能力。英国国防大臣迈克尔·法伦在2014年12月表示，英国在巴林建立的永久基地将是英国皇家海军足迹的一次永久扩张，英国将派遣更多、更大型的舰只驻扎在海湾地区。[①] 由此可见，驻巴林新基地将成为英国在全球最重要的海军基地，英海军航母、携带“战斧”式巡航导弹的攻击型核潜艇及两栖舰艇今后都可部署于此。该基地的建立必将成为英国践行“全球舰队”的重要环节，舰队规模的成型也将全面提升英国的全球军事干预能力。

---

① “43年后重返中东，英国欲图一箭多雕”，中国国防部网站，2014年12月17日，http：//www.mod.gov.cn/big5/opinion/2014-12/17/content_ 4558275.htm。

内战硝烟下的叙利亚化学武器危机

王　森

化学武器的使用和扩散多年来始终牵动着国际社会的神经，叙利亚是否储藏有包括沙林毒剂等在内的化学武器也一直是国际社会关心的问题。面对美欧等西方国家多年来的指责，叙利亚政府从不承认自己拥有化武。但是，2011 年 3 月在“阿拉伯之春”的直接刺激下，叙利亚国内局势出现动荡，化武问题终于被推到了前台。特别是 2013 年 3 月以来，随着叙利亚政局危机升级为内战并持续恶化，疑似有化武踪迹的传闻不绝于耳。2013 年 8 月化武袭击的出现构成了叙国内形势的重要拐点，当局与反对派都指责对方制造了此次惨剧，力图撇清自己的嫌疑，而国际社会围绕谁使用化武这一问题也产生了明显分裂，以美俄为主要力量的两派分别站在反对派和政府军一方针锋相对。最终，通过讨价还价，美俄达成了以化武换和平的协议，为政治解决叙利亚危机注入了希望。

一、叙利亚基本国情

（一）叙利亚国家发展历程

叙利亚位于地中海东岸，连通西亚与非洲，战略地位极其重要。① 正如美国学者菲利普·K. 希提（Philip K. Hitti）所说，历史上的大叙利亚是“地图上最大的小国，论规模大小微不足道，影响却牵动世界，是文明世界历史的微缩景观”。② 作为世界上最古老的文明发源地之一，百万年前便有晚期猿人在这里繁衍生息；公元前 8 世纪起，叙利亚先后被多个外部力量所统治，从 1571 年被征服直至第一次世界大战前，叙利亚只是奥斯曼帝国的一个省。“叙利亚”一词始见于希腊化的塞琉古王朝时期，系希腊人和罗马人对于地中海东岸和陶鲁斯山以南地区的称谓，奥斯曼帝国解体后，叙利亚称谓恢复旧称。③

1920 年 3 月，叙利亚全国代表大会在大马士革宣布国家独立，创建联合王国。此举遭到英法强烈反对，法国更持敌对态度，不宣而战，大举入侵叙利亚，7 月 25 日，法军攻占大马士革，独立的叙利亚联合王国昙花一现，叙黎两地便落入法国手中。1922 年 7 月，国际联盟批准了法国对叙黎两国的委任统治权。1940 年，维希法国向纳粹德国投降，叙利亚的法国当局经过短暂犹豫后，倒向维希政权，英国与维希关系急速恶化。1941 年 6 月 8 日，英国主动发动以占领叙黎为目的的勒凡特战役，会同戴高乐的自由法国夺回叙利亚。为争取叙黎人民的支持，自由法国发表文告，“废止委任统治”，获得叙黎人民的热

① ［苏］H. A. 穆希基诺夫等著，祝诚等编译：《现代叙利亚》，北京：北京出版社，1981 年版，第 1 页。

② ［美］罗伯特·D. 卡普兰著，涵朴译：《即将到来的地缘战争》，广州：广东人民出版社，2013 年版，第 300 页。

③ 哈全安著：《中东史》，天津：天津人民出版社，2010 年版，第 648 页。

烈欢迎。自由法国的目的只是为了欺骗叙黎民众，最终还是要恢复自身的委任统治权，这又引发了与英国和美国等力量的错综复杂的矛盾和斗争，力量薄弱的自由法国不得不妥协。叙利亚在1943年举行大选，成立了民族政府，库阿特里当选首任总统，在向叙政府移交权力的过程中，法国几经反复故意拖延，1945年6月21日，叙黎政府在大马士革发表联合公报，宣布免除法国人在两国政府里的所有职位，要求撤出所有法国军队。在叙利亚人民的坚决斗争和在战后反殖民主义运动的压力下，1946年4月17日，所有外国军队撤出，叙利亚获得完全独立，这个日期以后也被确立为叙利亚民族独立日（国庆日）。①

20世纪50年代末到60年代中期，很大程度上出于纳赛尔领导的埃及的影响和推动，阿拉伯世界民族主义思潮风起云涌。1958年2月，叙利亚和埃及合并组建阿拉伯联合共和国，埃及总统纳赛尔出任联合共和国总统，库瓦特里出任副总统。许多阿拉伯人当时把这一联盟视为实现真正的阿拉伯统一的起点。此后三年，纳赛尔政权在叙利亚推行埃及化的改革措施，解散政党，实施国有化和土地改革。② 但是两国之间没有共同边界，相距约1000公里，经济社会情况各不相同，合并带来重重困难，加上埃及人独揽大权，排挤叙利亚地方政府，压制复兴党政策，以及对叙利亚人的专横，③ 最终导致叙利亚复兴党和一些军官于1961年9月发动政变，驱逐埃及官员，废除国有化和土地改革的相关政策。④ 纳赛尔一开始意图镇压，后来发现局势已经不可控制，遂承认政变，阿拉伯联合共和国宣告解体，叙利亚重新加入阿拉伯联盟。1963年3月8日，齐亚德·哈里里上校在阿拉伯复兴社会党和纳赛尔主义者的支持下发动军事政变，接管内阁，组建新政府，随后由于政治主张不同，纳赛尔主义者遭到清洗，复兴党政

---

① 生林编著：《叙利亚——中东古国》，北京：军事谊文出版社，1995年版，第12页。

② 哈全安著：《中东史》，第654页。

③ 彭树智主编：《中东史》，北京：人民出版社，2010年版，第383页。

④ Yapp, M. E., *The Near East Since the First World War*, London: Longman Publishing Group, 1996, p. 252.

权建立。[1] 1970 年 11 月 16 日，哈菲兹·阿萨德（Hafez al-Assad）发动政变，夺取复兴党领导权并出任政府总理，1971 年 3 月，在已经实质性掌握叙利亚最高权力的情况下，阿萨德又通过全民公决的方式登上总统大位，直至 2000 年逝世；同年，其次子巴沙尔·阿萨德（Bashar al-Assad）继任总统，2007 年、2014 年两度连任总统。

（二）阿萨德家族

阿萨德家族引人注目之处在于：第一，统治国家的力量主要依靠不足叙总人口 12% 的阿拉维派穆斯林的支持，而占国民人口绝大多数的逊尼派穆斯林[2]半个世纪来一直处于被统治地位；第二，在阿拉伯地区，统治权能够成功地在家族两代人之间进行移交的只有叙利亚一家而已。阿萨德家族势力庞大，但从统治史来看，最主要的人物是已故叙利亚总统哈菲兹·阿萨德和他的儿子、现任总统巴沙尔·阿萨德。

哈菲兹·阿萨德（1930—2000），原姓瓦赫什，在阿拉伯语中意为“野兽”，他在少年时代将其改为“阿萨德”，意为雄狮，它象征着力量和尊严，也许还表明了自信和傲慢。阿萨德崇尚世俗阿拉伯民族主义，1947 年加入复兴党，先后就读于胡姆斯军事学院和阿勒颇空军学院，1955 年，作为一名战斗机驾驶员毕业时获得最佳飞行员纪念章。1956 年，在围绕苏伊士运河问题爆发的第二次中东战争中，他驾驶战斗机击落英军轰炸机，立下战功。但阿萨德无意追求单纯的职业军人生涯，根本原因是他仍把服兵役看成应尽的义务和参与政治的一种手段。[3] 20 世纪 60 年代初，阿萨德与萨拉赫·贾迪德、穆罕默德·乌姆兰等人共同组建复兴党军事委员会，参与 1963 年军事政变。

---

① 哈全安著：《中东史》，第 657、658 页。

② 叙利亚 2012 年人口总数为 2253 万，由于战乱，叙利亚人口近年一直在下滑，截至 2014 年 10 月，据 World People Review 估算，人口数量已下降至 2198 万。国民中穆斯林人口占 85%，其中逊尼派 80%，什叶派 20%，什叶派中 75% 为阿拉维派。

③ ［以］摩西·马奥茨著，殷罡等译：《阿萨德传》，北京：世界知识出版社，1992 年版，第 31、38 页。

复兴党政权建立后，阿萨德成为复兴党新兴激进派别的核心人物之一，1964 年，他被任命为空军司令，并晋升为少将，1966 年又兼任国防部长。1970 年 11 月 16 日，阿萨德打着“纠偏运动”的旗号，政变夺权，并于第二年当选总统。

阿萨德上台后立即着手制定新宪法，集党政军最高领导人职务于一身，牢牢掌握国防、外交、经济战略和国内安全的决策权，叙利亚政治进入“绝对总统制”时代。[①] 阿萨德工作勤勉，作风严谨。在处理国家日常事务和外交问题时，经常通宵达旦，同时其性格又非常内向，孤僻寡言。能够 30 年独揽大权而不遭受严重挑战，也与他高度的政治敏锐性和坚决果断的处理手段密切相关。最重要的镇压反叛行动发生在 1982 年。20 世纪 80 年代初，长期扩军备战、经济增长率下降等原因导致社会矛盾加剧，叙利亚国内开始出现不稳定迹象。1982 年 2 月，哈马地区逊尼派穆斯林发动大规模叛乱，提出结束复兴党一党专政等要求。阿萨德派重兵围剿哈马城 20 余天，“清除”了约 2 万人，哈马城被摧毁。此后阿萨德开始采取严厉手段，强化对国内政治社会的掌控，在其总统生涯的余下近 20 年时间里，叙利亚没有再发生严重的国内动荡，政局一直处于稳定状态。总体上看，国家利益和民族尊严的至高无上是阿萨德政权遵循的基本政治准则。叙利亚与以色列之间的长期军事对抗，特别是 1973 年中东战争，提升了复兴党政权在叙利亚国内的凝聚力。如同纳赛尔是埃及主权和独立的象征，阿萨德成为叙利亚国家利益的象征。[②] 依靠军队、安全情报网和复兴社会党三大支柱，凭借坚强的意志、老辣的政治手腕和极度投入的治国热情，阿萨德成功地建立起一套具有家长制色彩的严密的统治体系，带领叙利亚从一个动荡弱小的国家成长为一个高度集权的中东强国。[③]

阿萨德作为唯一的总统候选人，于 1971 年、1978 年、1985 年和 1991 年连续四次当选总统，30 年的总统生涯使得阿萨德在世界政坛

---

① 哈全安著：《中东史》，第 661 页。

② Ragmond Hinnebusch, *Syria: Revolution from Above*, London: Routledge, 2001, p. 66.

③ 生林编著：《叙利亚——中东古国》，第 19 页。

颇具影响力，美国前总统老布什认为他堪称“政治天才”，卡特称赞其为人“高明”。2000 年阿萨德去世时，法国、埃及、苏丹、约旦、巴勒斯坦和阿尔及利亚等多国元首共同参加了他的葬礼，隆重之程度，放眼世界现代史亦不多见。①

巴沙尔·阿萨德（1965—）能够成功登上总统宝座，首先归功于老阿萨德在政权接班上的良苦用心。1984 年，阿萨德与其胞弟、掌管武装部队和安全机构的副总统里法阿特·阿萨德之间爆发激烈的权力角逐，阿萨德挫败了里法阿特的政治阴谋，② 同时着意栽培长子巴希勒为接班人，但天有不测风云，1994 年巴希勒遭遇车祸，意外身亡。这才使得阿萨德不得不考虑将承接大统的重任交到次子巴沙尔手里。在阿萨德晚年，他将高层中觊觎总统宝座的官员一一排挤出权力核心，同时为巴沙尔培养值得信赖的辅佐势力，并着手准备放松政治管制，进行经济社会改革，这些举措无不是在为巴沙尔顺利接任总统铺路搭桥。

在其长兄巴希勒出事前，巴沙尔根本没有想过有朝一日会从政，其梦想是成为一名优秀的眼科医生，为此他从大马士革大学医学专业毕业后又继续求学于英国伦敦。1994 年在巴希勒车祸死亡后，巴沙尔按父亲要求立即回国，并开始其快速的政治资本积累过程。首先，对于叙利亚的政治人物来说，部队履历是其从政不可缺少的重要一环，所以巴沙尔被送到胡姆斯军事学院进行了五年的学习训练，一步步解决“军衔”问题，拥有了部队经历的同时也奠定了其在军中的地位；其次，在国家治理上，阿萨德授权他全面承担起惩治腐败的重任，同时也负责信息网络科技的发展；最后，在对外政策领域，他主要负责黎巴嫩相关问题的处理，③ 由于历史原因，叙黎关系在叙利亚对外关系中极为特殊，黎巴嫩事务也在叙外交中处于绝对优先方向，所以这

① 焦翔、黄培昭，“强势家族打造的矛盾总统”，人民网，2011 年 12 月 6 日，http：//paper. people. com. cn/hqrw/html/2011-12/06/content_ 978239. htm？ div = －1。

② 哈全安著：《中东史》，第 672、673 页。

③ 陈双庆：《叙利亚的政治继承与换代》，载马晓霖主编：《阿拉伯剧变：西亚、北非大动荡深层观察》，北京：新华出版社，2012 年版，第 334 页。

一工作安排对巴沙尔外交资历的积累和威望的树立具有重要作用。2000 年 5 月，复兴党大会确定巴沙尔为阿萨德的继承人。6 月阿萨德病逝后，党政军多管齐下，力保巴沙尔顺利接位：先是议会马上修改宪法，将总统任职年龄的底线从原来的 40 岁下调为他当时的年龄 34 岁；同时，其军衔也从中校直接晋升为叙利亚军队中最高级别的大将，担任部队总司令；接着，复兴党通过全党大会选举其为总书记。凭借着阿萨德所遗留下来的威望，各方力量共同努力，最终使得巴沙尔在 7 月的总统大选中以 97% 的高票顺理成章地当选。

巴沙尔的个人风格与其父亲颇为不同，他为人开明包容、机敏且充满活力，特别值得一提的是，巴沙尔非常亲民，时常“微服私访”，体察民情。[①] 在他执政的头几年里，巴沙尔能够顺应民众“思变”心理，以极大的热情与雄心对叙利亚进行全面改革，为叙利亚带来了“大马士革之春”。在经济上，他制定颁布了一系列法令吸引国外投资，改革叙利亚经济结构，努力提高人民生活水平；在政治上，他尝试缓和政治气氛，一大批因异见入狱多年的反对派获得了赦免，同时他一度放松对媒体和社会舆论的严密控制，并下大力气对贪腐势力进行打击；值得一提的是，巴沙尔对于信息科技的发展情有独钟，下决心要带领叙利亚大步迈入网络时代。当然，随着巴沙尔执政时间的延续，人们发现对改革的期许并没有如愿实现。改革的副作用反而危及到政权稳定性，巴沙尔毅然收紧了管控，减缓甚至取消了改革。尽管如此，客观上看，在 2011 年叙利亚危机爆发前的十年里，叙国家政治体制基本上从依靠个人威望的“克里斯马”式统治成功转变为了相对宽松和民主的“凡人统治”。[②]

与此同时，巴沙尔政权也面临诸多挑战。第一，最大的威胁来自叙利亚国内政治体制缺陷，主要表现在政治体制不成熟和决策机制不健全，老阿萨德留下的元老的制约以及阿萨德家族内对巴沙尔地位的

---

① Eyal Zisser, *Commanding Syria: Bashar al-Asad and the First Years in Power*, New York: I. B. Tauris&Co. Ltd, 2007, p. 50.

② David W. Lesch, “The Evolution of Bashar al-Asad”, *Middle East Policy*, Summer 2010, p. 77.

潜在威胁和挑战。第二，要想对叙利亚经济社会进行全面有效的改革，困难和阻力都非常大。第三，国内外反对势力也不容忽视：一方面是国内潜伏的伊斯兰激进势力和库尔德叛乱分子；另一方面是流亡海外伺机而动的反对派力量，两者都对巴沙尔政权构成了极大的威胁。①

（三）叙利亚的政党政治

叙利亚的议会民主制实际上根植于法国委任统治时期，到1963年复兴党夺权上台前，尽管叙利亚政坛一直处于极度的动荡中，但主导体制表面上仍是议会民主制。从1963年以后叙利亚政治逐渐集权化，1970—2000年叙利亚进入实质上的绝对总统制时期。巴沙尔上台后，政党制度有所放松。目前的叙利亚政党态势，主要是复兴党及其主导下的民族进步阵线同以“全国联盟”为主要力量的反对派之间的斗争博弈：

1. 阿拉伯复兴社会党（The Ba’th Arab Socialist Party）。简称复兴党，始建于1941年，1946年召开第一次大会，主张世俗的阿拉伯民族主义和激进的民粹主义，反对殖民主义和帝国主义。复兴党以统一、自由和社会主义三项原则作为意识形态的基本纲领，主张超越教派之间的狭隘界限、实现政治联合和建立自由民主的政治制度，强调发展国有经济和改善民众的物质生活，倡导土地改革和社会公正。②最终目的是建立不分教派、人人平等的阿拉伯世俗政权，实现阿拉伯民族的伟大复兴。③ 1963年复兴党政变夺权构成叙利亚共和国政治演变的重要分水岭，1969年，复兴党政权修改宪法，明确规定一党制的政治制度，复兴党成为叙利亚的唯一合法政党。④ 1971年复兴党大会

① 详见陈双庆：《十年稳定进与退》，载马晓霖主编：《阿拉伯巨变：西亚、北非大动荡深层观察》，第394—396页。

② 哈全安著：《中东史》，第651、652页。

③ Nikolaos van Dam, *The Struggle for Power in Syria: Politics and Society under Asad and the Ba’th Party*, London &New York: I. B. Tauris & Co Ltd, 2011, p. 17.

④ Don Pertez, *The Middle East Today*, London: Drager Publishers Inc, 1994, p. 426.

修改中央机构选举制度和集体领导制度，明确规定阿萨德在复兴党内部的绝对领导地位，强化复兴党自上而下的政治原则。现任总统巴沙尔兼任党的第一书记。

2. 民族进步阵线（National Progressive Front）。创建于 1972 年 3 月，是由复兴党主导的政治联盟，作为叙利亚民众政治参与的外在形式和国家与社会之间沟通的渠道，旨在联合各种进步和爱国的政治力量，凝聚民众社会，扩大国家的政治基础。[①] 复兴党主席兼任阵线主席。阿萨德执政时期，左翼政党为合法政党。除复兴党外，参加民族进步阵线的党派还有：叙利亚共产党、阿拉伯社会主义联盟、社会主义联盟运动、民主社会主义联盟党、阿拉伯社会主义运动。其中，阿拉伯社会主义联盟系纳赛尔主义政治组织，始建于 1961 年的社会主义联盟运动、始建于 1974 年的民主社会主义联盟党和始建于 1964 年的阿拉伯社会主义运动均脱胎于复兴党。复兴党与加入民族进步阵线的诸政党保持良好的政治合作；加入民族进步阵线的诸政党具有合法地位，参与议会选举，出任内阁职位。进步民族阵线以外的一切政治组织及其政治活动均被视为非法。[②] 巴沙尔上台后逐渐放松了政党管制，部分政党恢复合法身份，诸如曾遭打压的社会民族主义党，2005 年恢复合法身份，2012 年加入阵线，成为议会温和反对派。

3. 叙利亚反对派。1973 年宪法规定，叙利亚议会选举实行多党制，然而复兴党主导的民族阵线预先分配议会席位，民族进步阵线以外的政党不得参与议会席位的竞选，复兴党长期占据议会的多数席位。[③] 2011 年 8 月，为缓和社会矛盾和政治僵局，巴沙尔政府颁布新的法律，恢复了中断半个世纪之久的多党选举制，朝着民主化的方向迈出了重要的一步。此后，叙利亚先后出现的反政府团体多达数十个，敦促巴沙尔总统下台是各个派别的最大共识，但在其他方面矛盾重重。这些派别主要包括：（1）“反对派和革命力量全国联盟”，简

---

① Eyal Zisser, *Asad's Legacy*: *Syria in Transition*, New York: New York University Press, 2001, p. 27.

② 哈全安著：《中东史》，第 663 页。

③ 同上书，第 662 页。

称“全国联盟”，创建于2012年11月，虽然内部团结并不稳定，一些境内反对派甚至不承认其代表性，但是截至2013年10月，已经有100多个国家宣布承认“全国联盟”的“合法地位”，阿盟也允准其代表叙利亚参与阿盟活动。（2）“全国民主变革力量民族协调机构”，创建于2011年6月，该机构包括15个叙政党，不赞成采取武装斗争的手段夺取统治权，而是呼吁采取和平手段改革叙利亚政治军事体制。（3）“叙利亚自由军”，成立于2011年7月，其核心力量来自一批脱离政府部队的军人，“自由军”的成员大多数为逊尼派穆斯林。①

二、叙利亚的动荡局势

2010年底以来，以发展民主、改善民生为主要诉求的“阿拉伯之春”持续发酵，并不可避免地波及叙利亚。2011年3月，叙利亚南部德拉省的七名中学生在学校墙壁上信手涂鸦了一些反政府标语，被当地军警拘捕，成为叙利亚民众抗议浪潮的导火索。叙利亚民众迅速走上街头表达诉求，原本为抗议警察拘捕中学生引发的小规模街头示威，后迅速发展成为席卷全国的大规模反政府示威，其政治诉求也逐渐扩大到要求政府取消紧急状态法、推动政治改革、改善民生等。为缓和日益严峻的国内局势，巴沙尔特赦了这几个德拉男孩，并取消了已实行近50年的紧急状态法，同时巴沙尔对社会承诺将会改组政府和修改宪法，但这一切措施与“阿拉伯之春”的巨大影响以及叙利亚民众被激发的呼吁改革的强烈诉求相比仍显得无力，根本无法阻止国内动荡局势的迅速恶化，尤其当政府军越来越多地进入抗议浪潮所在中心城市及周边乡镇追捕武装分子和试图恢复秩序时，血腥暴力冲突已经无法避免，自杀式爆炸袭击和暗杀活动此起彼伏。

---

① 王猛：《叙利亚危机的新发展与美俄的战略博弈》，载刘中民、朱威烈主编：《中东地区发展报告——转型与动荡的二元变奏》（2013年卷），北京：时事出版社，2014年版，第269—270页。

叙利亚危机爆发之初，相当多的意见判断巴沙尔会像阿里和穆巴拉克在突尼斯和埃及一样很快被赶下台，或者像利比亚和也门那样借助外部势力的干预以暴力或和平方式较快地实现权力更迭。但令人意外的是，叙利亚国内局势却陷入了久拖不决的僵持状态，并在2011年下半年升级为内战。[①] 2012年4月，在联合国—阿盟叙利亚危机联合特使安南的积极调停下，当局和反对派力量实现了初步停火，同时联合国也派出了监督团，叙利亚国内局势一度缓和。然而，一个月之后冲突再度升级，特别是7月份大马士革发生了导致数位政府高层领导人死亡的爆炸袭击，直接刺激了局势的严重化，战火逐步蔓延至首都大马士革等中心城市。2013年5、6月间，叙政府军在古赛尔战役中取得了两年来最重要的军事胜利，开始逐步收复失地，战局天秤开始向政府一方倾斜。[②] 在此背景下，海合会、阿盟国家紧急重启对“叙利亚自由军”的援助，西方国家也开始考虑对其进行援助，反对派也进行全面改组，随后反对派力量在全国范围内发起新一轮大规模进攻。就在此时，突然被曝光的化武袭击立刻成为国际关注的焦点。

三、叙利亚化武袭击事件

“叙利亚化武袭击事件”特指2013年8月21日凌晨发生在叙利亚首都大马士革东部郊区姑塔（Ghouta）的化学武器袭击事件。此次袭击造成1000余人死亡，遇害者普遍产生人体晕厥、口吐白沫、瞳孔收缩、呼吸障碍等明显中毒症状。[③] 事件最早由叙利亚反对派披露，

---

① 王猛：《叙利亚危机的新发展与美俄的战略博弈》，第266—267页。

② David Schenker, “US and EU Must Arm the Syrian Rebels or Watch Assad Destablise the Region,” *The Guardian*, May 30, 2013.

③ “Syria: Thousands suffering neurotoxic symptoms treated in hospitals supported by MSF”, *Médecins Sans Frontières*, August 24, 2013.

反对派与政府互相指责对方施放了沙林①（Sarin）毒气，酿成此次惨祸。

（一）8月21日化武事件回顾

2013年8月21日凌晨3时许，政府部队为夺回被“自由军”占领的大马士革东郊姑塔地区，对该区域展开进攻。

当日清晨战斗发生后，全球主要社交网站脸书（Facebook）上第一时间就出现了化武袭击的爆料，相关内容是由反对派成员披露的。关于罹难人数，地方协调委员会②（Local Coordination Comittees）估计有1338人，其中约1000人死于扎马尔卡区（Zamalka）。驻叙利亚的“人权观察”③组织的目击者表示，从受害者的症状与炮弹发射的方法判断，该地区确实出现了化学武器。化武专家理查德·格思里（Richard Guthrie）表示，袭击发生的当周，大马士革一直刮的都是西风，自然条件有利于政府军使用化武，可以将毒气从西往东吹向姑塔地区。

但是，与此同时也出现了认为是反对派制造了此次袭击事件的相关爆料。8月29日，独立新闻网站“薄荷新闻网”（Mint Press News）发布新闻称，姑塔地区一名自由军士兵的父亲穆奈因姆（Moneim）在接受该网站采访时承认，他的儿子连同其他若干反对派士兵不小心误操作了化武设备，不幸导致毒气扩散，酿成了本次惨案。报道称，据了解这

---

① 沙林：神经性毒剂，化学名为甲氟膦酸异丙酯，具有沸点低、挥发度高的特点，极易形成战场杀伤浓度，但持续时间较短。可经由皮肤、眼部接触、呼吸或由口食入等途径危害身体，微小浓度就可以发挥巨大毒性。即使非致死剂量也会造成瞳孔缩小、在暗处视力困难、胸部紧塞、头痛、恶心以及呕吐等症状。而且毒性会积累，如果浓度更大时会使人晕眩、焦虑、心智损伤、肌肉痉挛、呼吸困难，最后导致死亡。参见曹正荣、梁沂主编：《现代核生化武器》，北京：星球地图出版社，2009年版，第141—142页。

② 地方协调委员会（Local Coordination Comittees，简称LCC）是在2011年叙利亚反政府示威中诞生的、由地方组织与个人组成的一个网络活动报道组织，该组织支持公民抵抗，反对武装对抗和外国军事干预。

③ 人权观察（Human Rights Watch，简称HRW）是一个非政府的国际组织，总部设在美国纽约，对外以调查、促进人权问题为主旨。

些化学武器来源于沙特阿拉伯高层。另外，事后媒体披露的用以证明政府军使用化武的视频资料，经分析被认为存在多处涉嫌伪造，其真实性令人怀疑。①

（二）国际社会的有关指控

在这次事件发生之前，来自不同渠道的报道都已指出，叙利亚政府军和反对派都曾使用过化武。②

1. 针对巴沙尔政府方面的指控。此次袭击发生后，美国声称，根据其情报机构拦截到的叙利亚高官谈及化武的通信记录，美方十分确信巴沙尔政府军在姑塔袭击事件中动用了化学武器，酿成多达1429名平民死亡的惨剧，其中至少有426名未成年人。美国国务卿约翰·克里也向媒体宣称，就在大马士革化武袭击事件三天前，政府军就接到通知，准备好防毒面具以及地面行动的预防措施。法国情报部门的卫星侦察图片也显示，袭击是从政府军控制地区发动的。美方宣称，叙当局之所以要发动化学攻击，是为了消除大马士革郊区的反对派力量对政府中枢构成的威胁，打破政府军久攻不下的僵局。对此，包括美、英、法、以色列、阿拉伯联盟和北约在内的多个国家和国际组织，都指责叙利亚当局对此次袭击事件以及所造成的惨剧负有不可推卸的责任。

2. 针对叙利亚反对派方面的指控。与西方国家截然相反，俄罗斯和伊朗的官方媒体在同一时间声称，他们得到了叙反对派对平民动用了化学武器的证据。据“俄罗斯之声”报道，叙利亚反对派应该为此次化武袭击事件负责，其所使用的化武来自长期支持叙反对派的沙特阿拉伯政府。俄外交部称，通过调查显示正是反对派力量在袭击当天

① “2013年叙利亚化学武器袭击事件”，维基百科，http://zh.wikipedia.org/wiki/2013年叙利亚化学武器袭击事件。

② “联合国人权调查员认为叙利亚冲突中使用了化学武器”，路透社，2013年6月4日；Masuma Ahuja，“A partial list of Syria's suspected chemical weapons attacks this year”，*The Washington Post*，21 August 2013.

清晨向该区域发射了填充有化学毒剂的火箭弹。[①] 俄罗斯总统普京表示，在没有证据的情况下，美国的指控纯属“无稽之谈”，是“别有用心”。[②] 据伊朗媒体援引美联社消息称，多名叙反对派士兵在回答美联社记者提问时承认在姑塔地区使用了化学武器，并表示这些化武来自于沙特，但因为没有对反对派士兵进行武器操作的规范培训而导致了惨剧的发生。[③] 另据路透社消息，较早于2013年5月上旬时，联合国叙利亚问题独立调查委员会委员卡拉·德尔－蓬特曾表示，其所在的小组还没有发现有关巴沙尔军队使用化武的可靠证据，但是经部分化武袭击受害者的证实，叙反对派使用携带沙林神经毒气的化武的可能性非常高。

四、国际社会行动

化武袭击事件发生后不久，联合国立即成立了调查小组。经巴沙尔政府的同意，调查小组在当局监督下，于2013年8月26—31日前往大马士革，进行实地调查取样工作。9月16日该小组发布相关调查报告，报告内容显示：从事件现场采集到了确凿的证据，可以证明8月21日姑塔区确实发生过针对平民的大规模化武袭击，伤亡是由地对地火箭弹所携带的沙林毒剂所致，但是报告对究竟是哪一方制造了这次袭击并未提及。[④]

---

① “化武进攻——叙反对派的‘蠢招’”，俄罗斯之声，2013年8月22日，http：//sputniknews. cn/radiovr. com. cn/2013_ 08_ 22/236122763/

② “Putin：US should present Syria evidence to Security Council”，http：//rt. com/news/putin-us-syria-evidence-249/.

③ “恐怖分子承认使用了化学武器”，伊朗伊斯兰共和国对外广播电视台，2013年8月31日。

④ “联合国现场搜证 确定叙使用化武”，联合早报网，2013年9月17日，http：//www. zaobao. com/special/report/politic/ peacetalk/story20130917-253865。

（一）关于化学武器的基本国际共识

化学武器（以下简称化武）属于大规模杀伤性武器（Weapon of Mass Destruction）[①]。早在20世纪初，人们就已经意识到化学物质应用于战争极具危险性，并为避免这一危险开始进行努力。1925年签订的《日内瓦议定书》[②] 是人类尝试遏制化武危害的第一次重大成就，截至2011年已有138国签署该议定书。当然由于对化武定义不够明确，而且禁止范围不够全面，加上当时许多签字国都有所保留，[③] 这都使得《日内瓦议定书》的效用受到局限，人类需要更进一步的努力才能真正有效防止化武这一巨大危害。1993年1月13日，《关于禁止发展、生产、储存和使用化学武器及销毁此种武器的公约》（简称《化武公约》）签字仪式在巴黎举行。截至2013年底，《化武公约》缔约国已有190个[④]，并相应建立了禁止化学武器组织（简称禁化武组织），该组织负责对世界范围内化武的销毁进行核查并且确保化武及其制作中所用的有毒化学品不被扩散。归功于为销毁化武所付出的"巨大努力"，禁化武组织获颁2013年度诺贝尔和平奖。[⑤]

（二）围绕叙利亚化武问题的国际军事干预危机

早在2012年7月，叙利亚政府就公开声称，"叙军队将不会使用化学武器对付自己的人民，但会用来抵御外敌的入侵"。此次表态立

---

① 今天的大规模杀伤性武器一般指以下三种（总称为NBC）：核武器（Nuclear，包括放射性武器）、生物武器（Biological）、化学武器（Chemical）。

② 全称《禁止在战争中使用窒息性、毒性或其他气体和细菌作战方法的议定书》。

③ 夏治强主编：《化学武器：防御与销毁》，北京：化学工业出版社，2014年版，第509—512页。

④ 包括2013年10月加入的叙利亚。

⑤ Naftali Bendavid，"Chemical-Weapons Watchdog Wins Noble Peace Prize"，*The Wall Street Journal*，October 11，2013：A4.

即招致美国及其盟友的强烈谴责，[①] 奥巴马发出严厉警告：化学武器是一条绝对不能逾越的“红线”，[②] 一旦巴沙尔在冲突中动用此类武器，必将引发“严重后果”。

化武事件发生后，联合国秘书长潘基文以及于 2012 年从安南手中接过叙利亚危机特使一职的拉赫达尔·卜拉希米都呼吁安理会应当采取实质性行动干预叙利亚局势，[③] 阿盟也不断敦促安理会应该采取行动，但是这些呼吁并没有指明采取军事行动。然而美国、英国以及以色列等则不断威胁将对叙利亚动武。特别是以色列，由于历史宿怨和现实矛盾，其强硬立场格外引人注目。以色列总理内塔尼亚胡在化武事件发生后立即发表讲话，谴责叙利亚的“犯罪”行为，指责叙利亚已成为“伊朗的试验场”。与此同时，以色列部署了导弹防御系统，并与美国进行了海上军事演习，[④] 准备随时对叙实施军事打击。与西方针锋相对的俄总统普京则对武力威胁予以驳斥，并强调：奥巴马在决定动用武力之前，应当切实考量此举会给无辜平民带来什么样的伤害和影响。[⑤] 面对美国的军事威胁，除了在政治立场上的强硬回击外，俄罗斯在实际行动部署上也不甘示弱，派遣军舰前往地中海，一时间叙利亚上空战云密布，多国都存在被卷入的可能。[⑥]

（三）以销毁化武换和平方案的通过

军事干预成箭在弦上之势，与此同时，西方国家内部的反战声浪

---

① 陈凯主编：《2014 国际军备控制与裁军》，北京：世界知识出版社，2014 年版，第 129 页。

② http：//www/globalpost. com/dispatch/news/regions/middle-east/syria/130425/syria-time-line-red-line- rhetoric-video.

③ Tom Miles，Stephanie Nebehay，Mark Heinrich.，“Military intervention in Syria would need U. N. approval：Brahimi”，*Thomson Reuters*，2013-08-28，http：//www. reuters. com/article/2013/08/28/us-syria-crisis-brahimi-idUSBRE97R0EW20130828. 8.

④ 王为民：《阿拉伯与地区大国关系剧烈变动》，载马晓霖主编：《阿拉伯发展报告：2013—2014》，第 111 页。

⑤ “奥巴马寻求国会授权对叙动武，国际社会反战呼声强烈”，新华网，2013 年 9 月 1 日，http：//news. xinhuanet. com/world/ 2013-09/01/c_ 117176662. htm。

⑥ 陈凯主编：《2014 国际军备控制与裁军》，第 130 页。

也是不断高涨，意大利坚持任何军事干预必须得到安理会授权，英国议会则否决了卡梅伦武力干预叙局势的提案。美国则处于一个尴尬境地：此前由于俄罗斯在联合国安理会的极力反对，美国原计划绕过安理会，单方面使用巡航导弹对叙军事设施进行有限打击。尽管奥巴马宣称总统有发动战争的权力，但是面对美国国内舆论的普遍反对，特别是国会不少重量级议员的公开批评，奥巴马暂停了军事打击计划，决定寻求国会授权，而一旦国会拒绝授权，奥巴马军事干预政策将面临进退两难之境。正值这一焦灼时刻，很大程度上得益于俄罗斯不遗余力地加强外交斡旋，2013 年 9 月 9 日，化武事件出现重大转折，俄方突然主动提议叙政府通过将其所存储的化武交由国际监管，来换取"和平"，第二天，叙官方立刻表态欢迎这一倡议。[①] 美方也同意了俄方提出的倡议的具体内容——要求巴沙尔当局交出全部化武并由国际社会监督销毁，叙利亚立即签署《化武公约》并加入禁化武组织以作为暂时解决方案。俄方还提出，如果巴沙尔政府无法及时履行有关框架协议[②]，或在执行过程中出现任何错误，就要面临联合国安理会通过的普遍性制裁措施。

十天后，叙当局即按期呈交了化武目录详单。9 月 27 日，禁化武组织执行理事会通过叙化武问题决议；联合国安理会在密集磋商后也在当晚通过第 2118 号决议，[③] 核心部分是叙政府必须同禁化武组织和联合国进行协作以销毁其全部化武。这也成为叙局势发生动荡两年来安理会通过的第一份有关决议，此前俄中两国曾三次投反对票，否决了美英法主导的对叙政府施压的议案。仅仅过了半个月（10 月 14 日），叙利亚即签署《化武条约》，成为禁化武组织第 190 个成员。

---

① "叙利亚欢迎俄将化武置于国际监督之下的建议"，新华网，2013 年 9 月 10 日，http：//news. xinhuanet. com/world/2013-09/10/c_ 117296486. htm。

② 有关框架协议，指的是美俄两国外长在 2013 年 9 月 14 日于日内瓦达成的一揽子协议，其中要求叙政府十一周内提交一份化武详细报告，联合国武器核查人员在 11 月份之前进入叙利亚，最终目标在 2014 年年中之前将化学武器全部销毁或转移，以换取美停止对叙动武的承诺。

③ 陈凯主编：《2014 国际军备控制与裁军》，第 131 页。

（四）叙利亚化武销毁工作的启动

联合国安理会达成2118号决议后，落实工作随即展开。首批核查工作人员于2013年10月1日进入叙利亚，着手展开相关核实清查。按照禁化武组织所称，“叙利亚已在一个月内销毁了其对外公布的全部化武相关设施，圆满完成全面消除化武的阶段性任务”。[①] 接下来从11月至2014年6月，是决议执行最重要的阶段：主要任务是支持、监督和确证销毁叙利亚全境存储的化武。

销毁过程需要在海外进行。2014年1月7日，首批运载有化武的船舶从叙北部港口拉塔基亚驶出，我国海军“盐城”舰联手俄罗斯、丹麦、挪威军舰共同进行护航。根据计划安排，首批化武并不是一次性集中销毁，而是分为两部分，一部分在美国舰只上处理，另外一部分的销毁工作在第三国境内进行。6月23日，在多国海军编队护航下，叙利亚最后一批化武被运离其国境，至此，按照本阶段化武消除时间安排，叙官方呈报的全部化武已悉数运出。8月18日，奥巴马宣布，叙利亚交出的全部化武均已销毁，为了销毁其中毒性最强的化武原料，美军在地中海公海海域进行了史上第一次海上化武销毁作业。[②]

（五）中国在叙化武问题上的原则立场

中国与包括叙利亚在内的中东各国有着传统的友谊，长期以来一直相互同情和支持。新中国成立60多年来，中国与中东国家在和平共处五项原则的基础上，努力建立和发展起了友好合作、互利互助的新型国家关系。在推动解决地区热点问题上，中国努力采取不偏不倚的公正立场，尽力做好劝和促谈工作，为中东地区的和平与安全发挥

---

① “Head of OPCW-UN Team Awaits Next Steps on Destruction of Syria's Chemical Weapons,” *UN News Centre*, November 1, 2013.

② “美在地中海销毁全部叙化武”，《解放日报》，2014年8月20日，第三版。

了一个负责任大国应有的作用和影响。[①]

外交部长王毅将我国在叙化武问题上的原则立场概括为：第一，坚定维护联合国宪章宗旨和国际关系基本准则，特别是不干涉内政原则；第二，坚持在联合国框架下，包括根据联合国相关决议，推进地区热点问题的解决；第三，坚持通过和平手段解决争端；第四，从问题本身的是非曲直决定中方立场，绝不利用热点问题为自己谋取私利；第五，尊重当事国人民的意愿，努力引导分歧各方寻找到一个大家都能够认可的问题解决方案。[②]

中国在叙利亚化武危机上的做法注重循序渐进，着眼于从根本上解决问题。在国际军事干预箭在弦上之时，中国通过积极协调斡旋，促成叙利亚危机再次回到联合国的框架内。为缓解叙利亚战火所造成的人道主义困难，中国为其提供了多批次的援助。同时，为了有效完成消除叙利亚化武的工作，中国提供了必要的设施装备，并派遣军舰全程参与为叙化武运输进行的护航工作。此外，中国与叙利亚政府及反对派各方都保持了有效联系和沟通，能够更全面地听取各方意见和诉求。总之，作为联合国安理会常任理事国，中国以自己的“中国方式”为叙利亚化武危机的最终解决贡献了力量。

小　结

“叙利亚目前和以后仍将处于阿拉伯世界动荡的中心。”[③] 此次化武危机是近三年的叙利亚内战的一个高潮，残酷的叙利亚内战不仅导致伤亡惨重、损失巨大、教派仇杀愈演愈烈、极端势力日渐坐大等消极后果，其外溢效果尤其是难民问题、教派冲突问题、库尔德问题的

---

① 王联著：《中东政治与社会》，北京：北京大学出版社，2009 年版，第 482 页。

② “王毅在瑞士蒙特勒出席叙利亚问题第二次日内瓦会议期间接受中外媒体采访”，人民网，2014 年 1 月 23 日，http://politics.people.com.cn/BIG5/n/2014/0123/c70731-24210839.html。

③ ［美］罗伯特·D. 卡普兰著：《即将到来的地缘战争》，第 299 页。

复杂化还加剧了中东的地区动荡。据估计，此次内战导致叙利亚过去近40年的国家发展丧失殆尽。内战已经导致16万叙利亚人死亡，200多万人逃往境外沦为难民，500万人无家可归。[①] 联合国2118号决议，无疑为推动叙利亚局势走向和解提供了新的机会。目前虽然尚无法确定决议执行的实际后果，但该决议至少增强了国际社会介入叙利亚危机的力度，并使叙利亚危机出现了向政治解决方向发展的可能。[②] 2014年1月22日，叙利亚政府和反对派代表共同参加了第二次日内瓦会议[③]，双方自2011年国内危机爆发以来首次尝试通过理性协商解决问题，但是两轮日内瓦会议并没有取得实质性突破。2015年以来，在俄方的牵线搭桥下，叙利亚冲突双方代表再次于莫斯科展开新的政治磋商，并达成了包括维护叙领土的完整性、在2012年达成的日内瓦公报的框架内化解国家危机、以和平方法推动叙军政机构改革等在内的“莫斯科原则”,[④] 这些进展都增加了政治解决叙利亚危机的希望。

---

① Michael Abramowitz, “Does The United States Have A Responsibility to Protect the Syrian People?”, *The Washington Post*, September 7, 2013.

② 王猛：《叙利亚危机的新发展与美俄的战略博弈》，第276页。

③ 2012年6月30日，叙利亚问题“行动小组”外长会议在瑞士日内瓦举行，会后发表《日内瓦公报》，呼吁由叙利亚人民主导过渡进程，在叙建立由各派广泛参与的“过渡管理机构”。

④ “俄方：叙利亚问题第二轮磋商具有建设性”，中国日报中文网，2015年4月11日，http：//world. chinadaily. com. cn/2015-04/11/content_ 20409680. htm。

从核安全峰会看未来全球核安全体系的构建

李　喆

2014年3月24、25日，第三届核安全峰会在荷兰海牙顺利举行。本次峰会共有53个国家、4个国际组织的领导和代表出席，以“加强核安全、防范核恐怖主义”为主题，围绕六个方面展开。中国国家主席习近平出席峰会并发表重要讲话，首次提出了中国核安全观，即“发展和安全并重、权利和义务并重、自主和协作并重、治标和治本并重”。由此，“确保核材料、核设施、和平利用核能的安全以及防范恐怖主义”再次回归人们的视野。

在国家间互动日渐加深的今天，核安全已经突破国家主权的层面，成为全球治理范畴下的共同安全问题。只有加强国际合作、增加国家间战略互信、凝聚各国共识，才能在新的历史条件下使各国走出核安全困境、消除核安全隐患、确保核安全。本文立足于本届海牙核安全峰会，对于当前核安全现状进行简要梳理，分析出中国核安全观及其意义，总结核安全峰会取得的积极成果。

一、当前国际社会在核安全领域面临的威胁与挑战

（一）核安全领域的最大威胁——核恐怖主义

“9·11”事件发生以来，恐怖主义行动日益呈现出暴烈性、多样性、不可预测性的特点；展现出频率高、范围广、造成毁伤巨大等新的发展趋势。2002年10月发生在巴厘岛的爆炸案以及2004年马德里爆炸案无一不向人们悲剧性地展示了这一趋势。因此，不难猜测的是，一旦恐怖组织掌握核武器，必将会对国际社会、主权国家、普通民众造成更大规模的伤害。

在弗格森、波特等人撰写的《核恐怖主义的四张面孔》一书中将核恐怖主义划分为四种可能出现的形式，即窃取并引爆核武器、自制简单核武器、攻击核电站、制造并使用脏弹。[①] 除攻击核电站外，其余三种形式都离不开核原料甚或是核武器的获取。由此可知，在恐怖分子使用核武器之前，如何得到核装置、核材料是其必须要考虑的关键一环。

总结起来，目前恐怖组织获取核武器主要通过以下几种途径。其一是有核国家为了打击某一特定目标，主动将核武器送交恐怖组织手中。[②] 例如，A国通过将核武器秘密交付C恐怖组织，企图利用C对B国直接实施核恐怖袭击，使得B国遭受巨大损失。这样做不仅可以使A国实现打击B国的目的，也可以使A推诿否认这次行动，避免了遭受来自B国报复袭击的可能。当然，尽管这一假设很有可行性，并且A国与C组织能够实现“双赢”，但在现实世界中却几乎不可能

① Ferguson and Potter, *The Four Faces of Nuclear Terrorism*, Monterey Institute of International Studies, 2004, p. 3.

② T. V. Paul, Patrick M. Morgan, James J. Wirtz edited, *Complex Deterrence, Strategy in the Global Age*, The University of Chicago Press, 2009, p. 111.

发生。因为这样的行为意味着 A 国将会对核武器失去有效控制，会被迫对 C 组织的忠诚度极度信任。期望一个有核国家的领导人对恐怖分子极度信任几乎是不可能的。其二是通过从有核国家直接偷取核武器。这样做虽然可行但却十分困难，因为有核国家通常会建立非常可靠的安全机制以保护核武器，例如实现广泛的物理隔离、使核原料存储与武器相分离等等。[①]

通过上述分析我们不难发现，窃取一个完整的核武器对于恐怖组织来说是极其困难的。因此大部分学者认为恐怖组织获取核武器的最可能途径就是自主制造。由于浓缩铀或者钚再处理的工艺十分复杂，一般的恐怖组织可能根本无法完成，因而恐怖组织极有可能通过获得某国已经制造好的核材料来完成核装置的制造。[②] 据估算，只要拥有50—60 公斤高浓缩铀，恐怖组织就能够制造一颗相当于投掷于广岛的等量的核装置。[③]

近年来，涉及核原料窃取的犯罪行为日渐增多。1998 年，“基地”组织高级助手萨利姆在德国被捕，被指控试图获取高浓缩铀；2002 年在厄瓜多尔，五枚核原料被窃取，其中两枚据估计已经流入黑市或被恐怖组织据为所有；最危险的还是当属 2003 年三枚俄罗斯“核电池”的丢失，据估算其中的每一枚都具有将美国哥伦比亚特区夷为平地的能力。[④] 根据国际原子能机构非法走私数据库的报告，在1993—2005 年期间，全球查明的非法走私核材料高浓缩铀核钚的事件即有 16 起。[⑤]

在全球化背景下，恐怖组织获取核材料的机会和途径都会相应增

---

① T. V. Paul, Patrick M. Morgan, James J. Wirtz edited, *Complex Deterrence*, *Strategy in the Global Age*, The University of Chicago Press, 2009, p. 111.

② Ferguson and Potter, *The Four Faces of Nuclear Terrorism*, Monterey Institute of International Studies, 2004, pp. 119 - 120.

③ Graham Allison, *Nuclear terrorism*, Times Books/ Henry Holt and Company, LLC, August 9, 2004, pp. 95 - 98.

④ Peter D. Zimmerman with Cheryl Loeb, "Dirty Bombs: The Threat Revisited", *Defense Horizons*, January 2004, Center for Technology and National Security Policy, National Defense University.

⑤ 张沱生主编：《应对核恐怖主义》，社会科学文献出版社，2012 年，第 21 页。

加，即使在没有任何直接联系的恐怖组织与其他行为体之间，也可能会由于类似巴基斯坦核物理学家卡迪尔·汗所构建的全球核走私网络而联系紧密。在冷战时期的美苏核两极管控已经缺失且核不扩散机制尚不完善的情况下，恐怖组织在获取核材料方面有着更大的自由空间，因而非国家行为体的核扩散问题在冷战后更应引起国际社会的高度关注。

（二）有效维护核设施安全，避免福岛核泄露悲剧重演

核能是重要的清洁能源。在经历了几次能源危机之后，全球日益重视对于核能有效的开发与利用，各国政府也都日渐加重对清洁核能源发展的政策倾斜。但2011年3月11日爆发的日本福岛核泄漏事件却给全世界敲响了警钟，将世界核电领域的核能安全使用问题重新拉回人们的视野。如何和平利用核能，兼顾安全与发展，成为全球对福岛核事故的最大反思。

1. 福岛核事故对核电发展产生影响

随着科技的进步与时代的发展，世界各国对于能源的依赖普遍加重，在煤炭、石油等高污染化石燃料持续对资源与环境产生高损耗的背景下，有效利用新型清洁核能本应成为各国追求能源的主要趋势。但福岛核事故的爆发却在一定程度上给各大国追求核能电力的发展蒙上了一层阴影。更多的国家在事故爆发后开始采取更加审慎的态度来对待核能这一高效、清洁能源；更有甚者，谈“核”色变，对于核能的开发利用产生了更多顾虑。据国际原子能机构统计，2011年全球只有7台机组开工建造，却有19台关闭（含日本10台），核能发电比例降低4%，到2012年这一数字增加至7%，仅占全球发电总量的10.4%。

2. 福岛核事故造成了周边国家和地区的环境污染与生态破坏

由于核电站反应堆核燃料部分熔化，放射性物质大量扩散造成了日本福岛附近严重的空气污染。这些泄漏的放射性物质随大气环流在北半球地区广泛扩散。美国、俄罗斯、英国、法国、加拿大、冰岛、

瑞典、中国、韩国和菲律宾等国在空气中均检测到放射性物质。部分国家甚至在食物中也检测到了放射性物质。①

同样，由于地震造成的核电设施的损坏，加上早期处置反应堆降温引入大量海水，大量含放射性物质的污水泄露，进一步破坏海洋生态环境，引起部分海洋生物的变异，造成严重的环境灾难。②

在日本本国以及其周边邻国遭受核泄露引发的环境污染的同时，核泄露也给日本本国及周边邻国国民的心理带来焦虑与恐慌，以至于对进一步发展核能进行排斥。各国或者国际组织的各类专业人员必须花大量的时间、金钱、精力主持各种层次的会议，才能略微提高公众的信心。

核能利用事关人类未来生存与可持续发展，不可回避。如果能够将其纳入科学开发、合理使用的有效框架下，加强安全监管和有效防护，制定出危机处理预案，加强全球广泛合作开发，核能势必将能够作为新型清洁能源逐步取代高污染、高消耗的常规能源，成为各国能源使用的主力军。

（三）核扩散仍在持续，伊核、朝核问题亟待解决

核武器、核设施、核材料以及核技术的扩散，长期以来一直是国际关系中最重要且敏感的问题之一。围绕核扩散问题，各国学者展开了较为广泛的讨论。其中，最为著名的莫过于斯科特·萨根（Scott Sagan）与肯尼斯·华尔兹（Kenneth Waltz）之间展开的“唇枪舌战”。二人分别代表全球主义反扩散论者和有限核扩散支持者，最终得出核扩散“越多越糟”和“越多越好”两种截然相反的结论。

冷战结束以来，两极国际体系下核恐怖平衡的土崩瓦解，导致全球核扩散的区域化、分散化。本小节将就伊朗核问题、朝鲜核问题的来龙去脉进行梳理，并从国际国内两方面进行简要分析，力求展示出

---

① 夏志强、李国胜：《日本福岛核电站核泄露事件简析》，《国外防化科技动态》，2011年第4期，第15页。

② 同上。

现阶段核扩散领域面临的主要难题。

1. 伊核问题和谈荆棘丛生，谈判之路艰难险阻

2013 年 8 月鲁哈尼总统上任以来，伊核问题的谈判出现了新的转机。9 月 26 日，伊朗外长扎里夫首次与六国外长就解决伊核问题面对面交换意见。10 月中旬，六国与伊朗在日内瓦举行了伊新政府成立以来的首轮对话。11 月，各相关方再度在日内瓦举行谈判并于 24 日凌晨就解决伊朗核问题第一阶段措施达成协议。

自 2014 年以来，围绕伊核问题，伊朗核问题六国与伊朗已经展开了四轮谈判，在一些问题上依然存在分歧，没有取得明显进展。截至 6 月 2 日，国际原子能机构总干事天野之弥在维也纳说，国际原子能机构目前与伊朗正在进行实质性合作，目标是掌握更多伊核问题的情况，但不会急于对伊核问题“下结论”。[①]

伊朗核问题和谈可谓“布满荆棘而又充满曙光”，谈判逐渐进入深水区，由于涉及复杂、敏感的问题以及涉及谈判各方的诸多利益，因此在一些核心问题上（例如核燃料产能、其核计划透明度以及洲际弹道导弹等问题）依然不能有效达成一致。尽管如此，我们依然要看到此次多边外交和谈给予了伊朗核问题实现和平软着陆的可能性。未来谈判中，各方分歧依旧存在，但应努力寻找利益交汇点，力求在多边框架下利用和谈这一有效手段为解决核扩散问题提供出路。

2. 六方会谈难以重启，朝核问题愈加扑朔迷离

伊朗核问题的和平谈判似乎让人们看到了朝核问题和平解决的未来发展方向，但值得注意的是，与伊朗核问题比较起来，朝核问题存在其更加强硬、更加固化的特征，也因此成为国际核安全领域的一大“痼疾”。

（1）三次进行核试验，事实上已经具备核能力

朝鲜自 2006 年起已经先后进行了三次核试验，并且进行了多次卫星发射。其追求核力量的步伐并没有因受到国际社会的普遍谴责与

---

① “国际原子能机构称不会急于对伊核问题下‘结论’”，新华网，http://news.xinhuanet.com/world/2014-06/03/c_1110956971.htm。

制裁以及来自美国等西方大国的压力而停止，相反，朝鲜却公然宣布自己是“拥核国家”。

（2）封闭的国内体制以及“先军政治”的主导思想致使拥核成为必然

与伊朗兼有传统宗教与现代民主成分的二元体制不同，朝鲜自建国以来实行较为封闭的发展道路。经过自金日成至金正恩的三代统治，朝鲜已经形成封闭保守的家族统治模式。

金正日执政时期“先军政治”思想的提出，更是苏联解体后朝鲜不安全感的日益凸显。因此，不管是出于其国内政治需要，还是外部安全需要，亦或是增加谈判地位的需要，核能力对于朝鲜来说，无疑成为一把通往“新世界”的金钥匙，抓住核力量这把利剑，朝鲜能够获得更多的政治诉求和更高的军事能力。

当今国际背景下，伊核问题、朝核问题分别呈现出了截然不同的发展态势。如何防止核扩散、防止“核多米诺骨牌”效应的产生、维护地区安全值得引起全球思考。

二、核安全峰会的召开及其成果

（一）核安全峰会概述

2009 年 4 月 5 日，美国总统奥巴马在捷克首都布拉格参加欧美峰会时发表演讲，第一次提出了构建“无核世界”的理念。在演讲中奥巴马总统提出了针对核问题的三项主张：减少并最终消除现有核武库；强化《不扩散核武器条约》；阻止恐怖分子获得核武器、核材料。为了加强各国对核原料与核武器的保护力度，共同打击核走私与地下核市场，奥巴马总统提出主办一个核安全峰会的承诺，力求通过国际社会的共同努力，在四年内解决核材料的安全保障问题，破坏核黑市，侦查并拦截核材料的运输，运用金融手段摧毁非法的核材料交易。

2010 年 4 月 12、13 日，首届核安全峰会在华盛顿举行，来自各大洲的 47 个国家的领导人或代表以及联合国、国际原子能机构、欧盟等国际和地区组织的负责人出席会议。第一届峰会就恐怖主义威胁、各国和国际社会的应对措施以及国际原子能机构在核安全领域的作用等问题展开讨论。与会各方最终签署了《华盛顿核安全峰会公报》和《华盛顿核安全峰会工作计划》。①

2012 年 3 月 26、27 日，第二届核安全峰会在韩国首尔举办，共有 53 个国家和 4 个国际组织的领导人或代表出席。该届峰会围绕“应对核威胁，安全保卫核原料和设施，防止非法核走私，管理强化放射性物质”展开讨论，并最终形成《首尔公报》。②

2014 年 3 月 24、25 日，第三届核安全峰会在海牙召开，通过四次全会和两次互动式讨论，进一步凝聚了国际社会的共识，其最终形成的《海牙核安全峰会公报》提出了加强全球核安全水平的具体措施，将对促进核安全健康、持续发展起到积极促进作用。③

本届峰会取得的进展主要体现在以下四个方面：一是进一步巩固前两届峰会成果，扩大和加深国际社会核安全共识；二是各国相互学习借鉴核安全领域先进经验，有助于在核安全领域开展更有效的协调合作；三是就如何规划未来核安全进行了深入讨论，各国一致同意继续推进峰会进程；四是通过《海牙公报》，重申各国对核安全负有根本责任，提出了加强核安全的具体措施建议。④

---

① “核安全峰会在华盛顿举行 胡锦涛发表重要讲话”，新华网，2010 年 4 月 14 日，http：//news. xinhuanet. com/world/2010-04/14/c_ 1231346. htm。

② 引自人民网，http：//world. people. com. cn/GB/8212/191816/374829/。

③ “第三届核安全峰会通过《海牙公报》”，2014 年 3 月 26 日，http：//news. xinhuanet. com/world/2014-03/26/c_ 126315391. htm。

④ “苗圩出席海牙核安全峰会期间举行的中外媒体吹风会”，2014 年 3 月 28 日，http：//finance. ifeng. com/a/20140328/12005846_ 0. shtml。

（二）核安全峰会的成效

自2010年至今，历经华盛顿、首尔、海牙三届核安全峰会。核安全峰会与会国为了推动构建国际核安全体系、预防核恐怖主义采取了积极的应对举措，也取得了显著的成果：

1. 减少全球危险核原料的总储存量

各国首脑聚集核安全峰会旨在减少高浓缩铀的使用及存储，减少核及放射性材料存储地，并且确保核原料的使用能够造福于人。近年来，各国逐步将高浓缩铀（HEU）稀释为低浓缩铀（LEU），并将其作为核反应堆的主要能源加以利用；将高浓缩铀运至核大国，以求尽可能减少本国领土范围内的核能源存储地数量。

自首届华盛顿核安全峰会后以来的四年时间里，与会各国分步骤采取措施对国家的核材料进行有效改造，以达成上述总目标。首尔峰会以来，至少有15吨的高浓缩铀已经被稀释为可以用作核电站燃料的低浓缩铀，这些被稀释的高浓缩铀，总量可以制造500件核武器。2009年以来，世界上的12个国家和地区已经完全在其领土范围内清除了高浓缩铀；15个国家宣称已经或正在将高浓缩铀（或者钚）转移出境。

本届海牙峰会举办期间，13个国家签署了《不使用高浓缩铀联合声明》（“HEU-Free Joint Statement”）。他们强调削减高浓缩铀的重要性，并且呼吁所有国家于2016年核安全峰会召开之前，逐步清除各自领土范围内的高浓缩铀。在《海牙公报》中，各国首脑就接下来削减钚存量进一步达成了广泛共识。

2. 改善核及放射性材料的安全现状

全球范围内核及放射性材料的安全状况正在得到明显改善，其安全问题已经得到了各国首脑的高度重视。目前，国际社会的核及放射性材料实物保护得以加强，各国核安全方面的相关立法逐渐与国际接轨，用于训练、认证核安保人员的训练中心也纷纷建立。

在一些医院、工厂和大学中，核材料一直被广泛使用。然而，这些地方中的一部分又常常是对外界开放的。因此，如何确保这些地方的核安全也就成为核安全峰会的主要目标之一。

《海牙公报》为保证所有核材料的安全，提出了确保工业、医疗、农业以及实验用核材料绝对安全的更大目标，核取证也被认为是进一步保证核安全的有效手段。

有效的实物保护、加强信息安全，都能够降低恐怖分子对于这些核及放射性材料进行窃取的可能性；安装辐射探测设备也会有助于发现并制止恐怖分子的偷窃行动，同时也意味着能够减弱其对于核及放射性材料进行偷窃的倾向。

几乎所有的与会国都宣布他们已经或正在对于其国内的核安全立法进行修订。其中大量涉及核材料实物保护、放射性原料的运输方面的内容，目的就是为了与国际公用标准相符，以便于应用。本届海牙峰会中 30 个国家支持发展“国家核安全立法”，并为各类条约与纲领进行统一作出了各自的贡献。

3. 加强国际合作

各主权国家逐渐认识到国际原子能机构在核安全领域的核心作用，开始支持并利用该机构加强自身核安全。越来越多的国家希望邀请国际原子能机构对其进行评审（IAEA peer-review missions），尤其是邀请国际原子能机构进行实物保护咨询服务（IPPAS），以求对于核设施的实物保护与国际标准相匹配。《核材料实物保护公约》的修正案即将进入实施阶段，各国积极调整相关立法以确保修正案的通过。

越来越多的国家开始认识到区域合作以及加强他国核设施安全防范的重要性，逐渐开始进行联合演习或开发联合行动计划。国家之间（也包括国家与国际组织之间、国际组织之间）展开的这些合作构成了连贯全面的核安全体系结构。

三、习近平主席首提中国核安全观

在海牙核安全峰会上，中国国家主席习近平应荷兰首相吕特邀请做主旨讲话，并在讲话中首次全面阐述了中国核安全观。习主席指出，人类要更好利用核能、实现更大发展，必须应对好各种核安全挑战，维护好核材料和核设施安全。①

核安全问题全球治理面临的主要障碍来自三个方面：其一，与核材料、核设施等相关的信息对于主权国家来说涉及到核心国家利益，因此很难做到与外部共享。所以在全球共同打击核恐怖主义、维护核安全的时代条件下，各国际行为主体很难快速、高效地形成打击合力。其二，有效利用清洁核能源是未来能源发展趋势，各主权国家持续发展必须依靠自身能源使用体系的合理转型，从而使利用核能等新兴清洁能源成为其能源主要消耗方式。因此，如何平衡自身核能发展与维护国际核安全成为摆在各主权国家发展面前的现实问题。其三，各国在恐怖主义与核安全等问题的认定标准上依然存在差异。在核安全标准上，发达国家与发展中国家出于自身发展的考虑，各自采取有利于自身的解读，尽管经过三届核安全峰会的不懈努力，这一问题已经得到重视并正在解决，但在现阶段依然影响国际核安全体系中的跨国合作行为。

习近平主席代表中国政府在海牙核安全峰会上提出的“四个并重”政策主张，旨在呼吁国际社会更多国家和国际组织能够围绕核安全问题切实加强合作与交流，推动信息与资源共享，提供资金和技术支持，将核安全纳入多边合作框架之下共同解决。其中，“发展和安全并重”旨在说明任何以牺牲安全为代价的核能发展都难以持久，都

① “习近平在荷兰海牙核安全峰会上的讲话”，新华网，2014 年 3 月 25 日，http：//world. people. com. cn/n/2014/0325/c1002-24725670. html。

不是真正的发展；“权利和义务并重”是指每个国家应根据自身的实际情况，采用最适合本国的核安全政策和举措；“自主和协作并重”呼吁更多国家加入国际核安全进程，使各国既从中受益，也为之作出贡献，争取实现核安全进程全球化；“治标和治本并重”说明要想维护全球核安全，不仅要治标更要治本，只有营造和平稳定的国际环境，发展和谐友善的国家关系，才能从根源上解决核安全问题，实现核能的持久安全和发展。①

四、构建全球核安全体系的几点构想

自华盛顿核安全峰会召开至今，国际社会围绕核安全峰会的讨论始终没有间断。我们在肯定核安全峰会取得的众多成果的同时，也应听到一些来自“负面”的声音。例如，有学者指出核安全峰会的召开“虚大于实”，认为峰会在取得一些文字性成果的同时，却不能够推动其贯彻执行，缺乏有效的执行力；并且认为核问题涉及各国的切身利益，各国均从自身国家利益出发制定核安全方面的相关政策，国际社会很难形成有效合力共同打击核恐怖主义。还有一些学者指出，各国的发展处于不同的阶段，核安全峰会中提倡的“防止核扩散、高浓缩铀和钚的使用”完全是发达国家对于发展中国家的“霸王条款”，严重阻碍了欠发达地区的发展进程，是大国对于小国的能源剥削。

以上的几种观点不无道理，因此，如何构建实际、高效的全球核安全体系是国际社会亟待解决的共同问题。

（一）构建多层次、多功能的核安全架构

本届核安全峰会只有 53 个国家以及 4 个国际组织参加会议，虽

① “习近平在荷兰海牙核安全峰会上的讲话”，新华网，2014 年 3 月 25 日，http：//world. people. com. cn/n/2014/0325/c1002-24725670. html。

然控制与会的国际行为体数量是为了能够在一些问题上快速达成有效共识，但要看到还有更多的国家、国际组织有待被拉入全球核安全体系的多边合作框架中，以期建立一个由尽可能多的国家、国际组织参与的互动平台，共同进行核安全有效管控，即既能确保核材料安全、防范核恐怖主义、确保和平利用核能的安全，也应该包括在发生核事故时进行救援、减轻核事故后果、核损害赔偿、防止核材料与核废物污染环境等各个方面。[①]

（二）强化国际原子能机构的主导作用

核安全峰会举办以来，国际原子能机构在提供核安保培训、建立实物安全保护、建立辐射监测站、建立有效的边境管制以及建立非法贩运数据库等方面作出了突出贡献，越来越多的国家和国际组织已经开始认识到国际原子能机构在打击核恐怖主义、维护核设施安全方面的重要作用。随着时代的发展，未来的核武器偷窃、核设施破坏、“脏弹”袭击等核恐怖主义行径或许会显现出更加难以防范的新形式，可见，国际社会需要一个更加专业、更加敬业的国际原子能机构为构建核安全体系提供更多、更好的服务。

（三）大国应勇于担当，建立有效合作机制

国际社会缺乏一个统一的最高中央权威，因此国际体系中的各大国往往扮演着主导全球事务的重要角色。在核安全领域，大国的利益远远多于小国，在共同追求核安全的同时往往会出现各大国利益交叉点。在核安全领域，大国应当兼顾本国利益与国际合作，求同存异，建立合作的有效机制，共同构建大国主导下的核安全体系。我国在本届核安全峰会中提出的首个国家核安全观为各大国下一步核安全领域的积极合作树立了榜样，只有越来越多的大国积极参与其中才能够有

---

① 夏立平：《论国际核安全体系的构建与巩固》，《现代国际关系》，2012 年 10 期。

效带动整个核安全体系的健康运行。

（四）推动公报和各项文件的落实

自从华盛顿核安全峰会以来，各国在核安全领域取得积极进展，国际合作不断深入，核材料和核设施安全状况有所改善，应对核恐怖主义能力随之提升。但在推动《核安全峰会公报》和相关文件的执行方面却缺乏必要的约束力，倘若仅仅依靠各国的“自愿”合作意向，那么将很难采取有效的共同行动来维护全球核安全。

虽然核安全峰会发布的文件、联合国安理会通过的决议以及相关的国际法律文件已经大致涉及核安全领域的方方面面，但如若不能够很好地将其贯彻执行，那么构建全球核安全体系将依然是“水中花、镜中月”。因此，积极推动各项文件和法律法规的贯彻执行将成为未来全球核安全领域工作的重中之重。

结 语

华盛顿、首尔、海牙三届核安全峰会的召开为全球核安全领域的交流合作提供了一个良好的沟通平台。通过三届峰会的举办，国际社会在核安全问题上确实形成了一定共识，形成诸多法律文件，为下一步核安全领域展开的合作行动提供法理依据；大国作用逐渐凸显，为全球核安全体系的构建提供了一个良好合作框架；国际组织，尤其是国际原子能机构的核心作用不断加强，为构建国家间合作提供了一个联系的坚韧纽带。

习近平主席说：“光明前进一分，黑暗便后退一分。我们在核安全领域多做一份努力，恐怖主义就少一次可乘之机。”[①] 未来的全球核安全体系的构建中，只有更多国家的共同努力才能逐步消除核恐怖主义对于人类的威胁，也只有光明才能驱散黑暗。

① “习近平在荷兰海牙核安全峰会上的讲话”，新华网，2014 年 3 月 25 日，http：//world. people. com. cn/n/2014/0325/c1002-24725670. htm。

非传统安全

解读新型恐怖组织“伊斯兰国”

黄　钊

2014 年 6 月初，“伊拉克和沙姆伊斯兰国”（Islamic State of Iraq and al-Sham，简称 ISIS），又称为“伊拉克和黎凡特伊斯兰国”（Islamic State of Iraq and al-Levant，简称 ISIL）势力从伊拉克北部发起攻势，数日内占据了伊第二大城市摩苏尔，后迅速将战线推进至伊首都巴格达附近。6 月底，ISIS 高调宣称建立“伊斯兰国”（The Islamic State，简称 IS），其头目阿布·奥马尔·巴格达迪①自称哈里发（即伊斯兰世界宗教与政治的最高领袖）。期间，该组织在社交网络上公布其“版图”主张，宣称将在 5 年内达成目标，地域囊括大半个非洲和整个西亚、中亚，甚至包括巴尔干半岛、西班牙、奥地利及中国的部分地区。尽管“伊斯兰国”不具备长期对抗国际社会和西方国家的军事实力，但该势力代表了 2001 年“基地”组织发动恐怖袭击以来国际恐怖活动的最大发展，其活动最为猖獗的地区——伊拉克至叙利亚区域已成为全球最为突出的恐怖主义高发区。

---

① 1971 年 6 月 29 日，巴格达迪出生于伊拉克萨拉赫丁省萨迈拉市，曾就读于伊拉克阿宰米耶伊斯兰学大学，获伊斯兰学博士学位。2003 年伊拉克战争期间，巴格达迪在一所清真寺当阿訇。其曾于 2004 年 2 月被美军拘留，后因无犯罪记录被“无条件释放”。2013 年，巴格达迪合并了伊境内多个伊斯兰组织，成立“伊拉克和黎凡特伊斯兰国”，后于 2014 年 6 月 29 日建立“伊斯兰国”，自任伊斯兰世界的哈里发。

一、“伊斯兰国”恐怖势力的演化进程

2014年6月至8月，“伊斯兰国”的武力动作和政治攻势让世界极为震惊。纵观该组织的演化进程，从“伊拉克伊斯兰国”（ISI）恐怖势力发展到“伊拉克和沙姆伊斯兰国”（ISIS）极端势力，再发展到“伊斯兰国”（IS）割据势力，大约经过了3年时间。

（一）从ISI到ISIS

“伊拉克和沙姆伊斯兰国”（ISIS）的前身是“基地”组织在伊拉克的分支“伊拉克伊斯兰国”（ISI），当时的头目是约旦人扎卡维（Abu Musab al-Sarkawi）。2006年至2007年期间，美军一度针对ISI进行了强力打击，导致扎卡维于2006年6月在一次空袭中丧生。但随着2011年美军撤出伊拉克，ISI的恐怖活动又死灰复燃，自2012年开始频繁制造多起爆炸、枪击等重大伤亡事件。ISI的目标是通过对伊斯兰教什叶派民众和伊拉克政府目标的接连不断地袭击，打击政府威信、破坏国家重建，进而将伊拖入战乱与动荡交织的境地，借机从中发展自身力量。另一方面，随着2012年叙利亚内战的全面爆发，ISI抓住机遇竭力向叙境内渗透，于2013年4月与叙反对派武装“救国阵线”合并，组建了“伊拉克和沙姆伊斯兰国”（ISIS）。至此，ISIS的活动不再限于恐怖袭击，而是积极参与颠覆叙政府的武装活动，以拓展活动空间和声势影响，力图将伊拉克与叙利亚两地的活动通连起来追求“建国”意愿。在叙利亚混乱的内战环境下，ISIS吸纳了大批叙本土和境外的极端主义分子，通过大规模武装活动控制了叙东北部的多个重要城镇，缴获了大量武器和物资，同时在控制区向民众征税，掌握当地油田开采出口，进一步扩大了资金获取渠道。

（二）从 ISIS 到 IS

2014 年初在伊拉克境内，什叶派掌权的伊政府与安巴尔省的逊尼派民众发生剧烈冲突。1 月内，ISIS 趁乱杀回伊拉克安巴尔省并占领多个城镇。经过数月的筹划，该组织在 6 月初发动了总攻势，6 月 10 日占领摩苏尔，迫使伊政府军全线撤出市区并向南回缩。6 月 29 日，ISIS 通过互联网发布声明称已在横跨叙伊两国的广大区域建立起“伊斯兰国”（IS），阿布·奥马尔·巴格达迪自任哈里发，在掌控的区域内强行推行伊斯兰教法，“国土”从叙北部阿勒颇省延伸至伊东部迪亚拉省。在这 3 个月间，“伊斯兰国”的经济实力激增：先是劫掠银行现金和贵金属，劫持摩苏尔国有银行 4.29 亿美元巨款，一举成为世界上最有钱的恐怖组织；其次是控制油田并卖出石油获得资金，大批出售库存小麦；之后是剥削民众，强征什叶派人士的资产，杀害并掠夺非穆斯林民众等等；进而是蛊惑全球生活失意或失业的穆斯林青年。据英国媒体报道，“伊斯兰国”自称拥有 1.5 万人，其中约有 1.2 万来自伊拉克以外的中东、西欧和东南亚等地区。当前，以美国为首的西方国家联合沙特、阿联酋等阿拉伯国家已对“伊斯兰国”势力进行空中打击，伊拉克政府军正再次聚合力量对其展开攻势。面对局势的发展，“伊斯兰国”很可能转移大部分力量以保存实力。

二、“伊斯兰国”恐怖势力的形成背景

纵观“伊斯兰国”的演化过程，该恐怖势力的形成既存在西方大国在当地实施武力干预的外部因素，也包含中东地区历史、宗教、种族冲突等地区自身因素。

（一）伊拉克战争打破“伊斯兰国”政治生态平衡

“伊斯兰国”极端组织产生于乱局之中的伊拉克，此情形与美国主导的伊拉克战争有直接关联。伊国内主要由三部分不同种族和信仰的人们构成：60%以上的人口是信奉伊斯兰教什叶派的阿拉伯人，聚集在南部地区；20%左右是信奉伊斯兰教逊尼派的库尔德人，集中在伊北部几个省份；还有不到20%是信奉伊斯兰教逊尼派的阿拉伯人，主要居住在伊中部。阿拉伯人为主的伊拉克虽然什叶派信众占多数，但在历史上一向是逊尼派居于统治地位，所以伊拉克的政治结构长期以来都是金字塔形的。这一结构由于历史和民族的原因使得各方力量保持基本平衡，因而也能够在一定程度上维持稳定。2003年美英主导的伊拉克战争推翻了逊尼派萨达姆·侯赛因掌控的政权，随后推广了一人一票的“民主”选举制度，使得什叶派掌权。但在伊国内政治环境错综复杂的局面下，美国也无法把什叶派和逊尼派的政治力量撮合到一起，不仅逊尼派抵制总理马利基，什叶派自身内部也是派别林立，竞相争夺。此外，从伊战结束至今，伊中部的逊尼派聚居区从来就没有稳定过。费卢杰、提克里特、摩苏尔、甚至是首都巴格达一直以来都处在动荡中，枪击爆炸事件不断，当地反美反政府武装层出不穷。美军撤出后，伊境内的逊尼派宗教民族主义再次高涨，各逊尼派反政府武装被从叙利亚战场上流入的极端组织渐渐整合，终于在2014年将听命于什叶派内部不同势力的伊政府军打得望风而逃。

（二）叙利亚内战使得极端组织乱中坐大

2012年叙利亚危机的爆发彻底加剧了中东地区乱象，也为不同派别武装组织的成长提供了温床。在叙利亚内战期间，将活动重心转移到叙境内的“伊拉克和沙姆伊斯兰国”（ISIS）如愿获得了置身战场和招兵买马的机会。自2013年4月份起在叙境内加大活动规模以来，ISIS逐步将势力扩张至叙北部和东部省份，把靠近伊拉克边境的数千名武装分子纳入自身旗下。这一期间，ISIS头目着重培养并巩固叙境内的ISIS力量，并在全球范围内大量招募“圣战”人员。在占领控制叙北部大片地区后，ISIS与政府军、“叙利亚自由军”及库尔德人武装频繁交战，其成员战斗意志旺盛，战场经验亦得到磨练。早在2006年期间，ISIS的前身“伊拉克伊斯兰国”（ISI）仅善于制造各种陷阱和路边炸弹袭击，一旦和美军或伊拉克政府军正面交手就被击退打散。然而近些年，经过与叙政府军等不同武装交手数载后，ISIS已能够娴熟运用各种单兵武器并实施地面群组协同作战。到了2014年初，当ISIS再次杀回伊拉克时，伊政府军发现这批武装分子经过叙内战的“锻炼”已具备了发动大规模正面攻势的能力，而缺乏训练的伊政府军已不是其对手了。总体来看，ISIS武装从叙利亚战场上获得了丰富的实战经验，非常熟悉伊叙两国地理环境，在不停地占据和夺取中获得了资源和据点，大量外来资金和军火也助其快速成长和扩张。

（三）地区教派冲突隐含两大集团交锋

“伊斯兰国”的出现，包含着中东地区伊斯兰教教派冲突的深刻因素。这一冲突由于2003年伊拉克战争而突显，更因2012年叙利亚内战而呈现白热化，以伊朗与沙特间的较量和角力为表现形式。追溯中东地区的历史发现，伊拉克千百年来一直是阿拉伯人和波斯人冲突与斗争的前沿地带，两大民族长期在此拉锯。主体民族为波斯人的伊朗是伊斯兰教什叶派国家，而什叶派的大部分圣地（如卡尔巴拉、纳杰夫等）在伊拉克境内，伊朗的什叶派信众也多赶往上述城市朝圣。时至今日，伊朗非常乐见伊拉克国内占多数的什叶派占据统治地位，但阿拉伯世界的主流是逊尼派，所以他们决不允许伊拉克这个阿拉伯国家由什叶派把持。2003年伊拉克战争结束后，中东地区隐约出现了两个具有影响力的集团势力：一方是什叶派的伊朗。战争将伊朗的死敌——逊尼派萨达姆政权打掉，由此伊朗在地缘政治上的地位立刻凸显出来，其在伊拉克、叙利亚及黎巴嫩的影响力与日俱增。另一方是沙特阿拉伯为代表的逊尼派集团。沙特不遗余力地想要推翻亲伊朗的叙利亚巴沙尔政权，其用意就是为削弱作为巴沙尔盟友的伊朗。或许是深知 ISIS 的宗教、民族背景，美国国务卿克里 6 月 27 日到访沙特①，要求沙特能够在遏制 ISIS 方面发挥作用。最终，无论是感受到“伊斯兰国”发展壮大后不可控的威胁，还是受到美国的压力，沙特军队于 9 月下旬开始对“伊斯兰国”实施空袭。

三、“伊斯兰国”恐怖势力的主要特点

“伊斯兰国”恐怖势力是当前全球范围规模最大、影响最深及蛊惑煽动力最强的一支恐怖组织。其战术灵活多变，人员招募范围广阔，拥有充足的资金并在占领区实施最为激进的教法。令全世界不安的是，该组织动辄以最为残暴血腥的屠戮方式威胁当前的人类文明与和平环境，其巨大的版图野心令世界主要国家无不认识到反恐形势的严峻与迫切。

（一）队伍发展迅速，作战方案灵活

在总体“发展战略”及作战方案的制定上，ISIS 表现得周密而有序：ISIS 根据己方实力，对进攻路线和目标选择做了周密规划。2013 年以来，为躲避叙利亚政府军打击，ISIS 将主力移至伊拉克境内，于 2014 年初期一举攻占安巴尔省，并轻取费卢杰和拉马迪。占领费卢杰之后，伊拉克整个西部都处在 ISIS 不断扩张势力的影响之下。其间，ISIS 趁机在伊西部的逊尼派聚集区招募人员，扩充实力。经过半年的蛰伏期，ISIS 的力量愈加壮大。从 2014 年 6 月开始，ISIS 乘势在伊北部发动猛攻，相继攻陷摩苏尔和提克里特并推进到距巴格达仅 95 公

① “克里访问沙特磋商伊拉克和叙利亚局势”，新华网，2014 年 6 月 28 日，http：//news. xinhuanet. com/world/2014 -06/28/c_ 1111358918. htm。

里的区域。以往ISIS的攻势主要是袭击、伏击、骚扰，此番同时在几个省发动攻势并获得收效表明其作战方案的制定是战略性的。8月中旬，面对美军的空袭，“伊斯兰国”采取“战术撤退”终于使伊政府军得以趁势夺回至关重要的埃尔比勒和摩苏尔大坝。时任美国国防部长哈格尔8月21在新闻发布会上将“伊斯兰国”定义为迄今为止美军见过的最有经验、资金最充足、最强大的恐怖组织，该组织结合了意识形态蛊惑、复杂的战略战术和武装力量，拥有极其庞大的资金，“远远超出我们所看到的”①。

（二）行事手段残忍，国际影响恶劣

2014年9月24日的联合国大会上，美国总统奥巴马用极为强烈的措辞谴责“伊斯兰国”，将该组织对世界的威胁与埃博拉病毒并列。其倡导的反“伊斯兰国”阵线当天在联大获得空前支持，联大反恐峰会一致通过了打击“伊斯兰国”的反恐决议②。“伊斯兰国”之所以受到国际社会的一致反对在于该组织不仅血腥、残暴、狂妄，同时还不断挑衅人类的道德伦理。具体表现：一是在作战中实施集体屠杀让全世界感到震惊。其公布的大量屠杀照片让世界感到战乱中的伊拉克正回到野蛮、血腥的原始时代。在2014年6月攻占了伊拉克第二大城市摩苏尔后，ISIS屠杀了1700多名政府军俘虏并披露现场图片③。这一消息震撼了全球，媒体称这是伊拉克战争以来受害者最多的一次集体屠杀。2014年7月底，随着斋月结束，“伊斯兰国”又发布了一批新的“屠杀视频”，并扬言以此“庆祝开斋节”。二是在占领区实施最为激进的教法，屠杀异教民众，摧残妇女儿童。在伊拉克的联合国人道主义协调员7月24日表示，“伊斯兰国”已下令在摩苏尔地区

---

① “美军方警告‘伊斯兰国’威胁 称危险程度或超‘基地’”，新华网，2014年8月23日，http://news.xinhuanet.com/world/2014'08/23/c_126906411.htm。

② “奥巴马联大演讲措词强硬 安理会反恐决议全票赞成”，环球网，2014年9月26日，http://world.huanqiu.com/exclusive/2014-09/5151727.html。

③ “伊拉克ISIS宣布处决1700名俘虏”，新华网，2014年6月17日，http://news.xinhuanet.com/world/2014-06/17/c_126681870.htm。

对所有妇女和女童施行割礼，其发布的“伊斯兰教令”将影响4百万名年龄在11至46岁的女性[①]。8月，“伊斯兰国”占领并摧毁了伊北部雅兹迪人的家园，仅在尼尼微省北部就有500余名雅兹迪人遭到屠杀，被关押的雅兹迪人无论男女妇孺多被卖作奴隶。三是连续虐杀西方国家人质，公开恫吓国际社会。8月19日，“伊斯兰国”发布恐怖视频，显示武装分子将1名人质割首虐杀。经美国情报机构分析，该人质为美记者詹姆斯·福利。之后，“伊斯兰国”在9月又接连放出1名美国人质、1名英国人质和1名法国人质被割首的视频，宣称美英等国政府将对打击“伊斯兰国”的决定“付出代价”。四是逼迫儿童参与恐怖行动和虐杀行为。7月1日，联合国伊拉克援助团发布公报表示，已收到有关极端组织“伊拉克和黎凡特伊斯兰国”招募儿童兵和严重侵犯儿童权利的报告[②]。8月，一名澳大利亚籍的“伊斯兰国”武装分子竟然让自己年仅7岁的儿子双手提着被杀害的叙利亚政府军士兵人头拍照，并将照片上传到社交媒体上“展示炫耀”[③]。这也成为“伊斯兰国”分子所发布的最为恐怖的图片。

（三）蛊惑手法独特，煽动人员众多

“伊斯兰国”不仅在战略、战术上颇为灵活，而且在蛊惑、煽动的手法上“紧跟时代步伐”。由于推特、脸谱等社交媒体具有传播快、难监控的特点，“伊斯兰国”充分利用其发布成员招募信息，期间夹杂着五花八门的蛊惑内容。与其他恐怖组织只注重传播极端思想和信息的方式不同，“伊斯兰国”在网络上还注重包装自己，并力图让自身形象更符合西方年轻人的时尚观念。在脸谱网上，人们竟然发现“伊斯兰国”还销售玩偶，这种玩偶手持“枪支”，举着带有该组织

---

① “ISIS强令伊拉克北部女性接受割礼 联合国严厉谴责”，人民网，2014年7月25日，http：//gd. people. com. cn/n/2014/0725/c123932 -21783932. html。

② “ISIS招儿童兵”，《法制晚报》，2014年7月1日，http：//www. fawan. com. cn/html/2014 -07/02/content_ 498798. htm。

③ “澳大利亚极端分子让7岁儿子手提人头拍照”，环球网，2014年8月11日，http：//world. huanqiu. com/article/2014-08/5101829. html。

标志的黑色旗帜，上面写满了宗教口号。另外，自2012年起，当时的ISIS就像很多正规商业公司一样发布年度财务报告，详细记录曾实施的每场次暴恐袭击。目前，脸谱网已关闭了上述网页。从参加“伊斯兰国”的外籍“圣战”者人数来看，该组织的蛊惑能力确实惊人：据英国媒体的一份报告显示，从2014年6月份ISIS在伊拉克发动大规模袭击以来，约有15000人前往叙利亚和伊拉克加入了该组织[①]，这些外籍“圣战”者来自全球80多个国家且绝大多数是阿拉伯国家公民，其中以来自约旦、沙特和黎巴嫩三国的人最多，还有超过500名英国人（虐杀美国记者福利的刽子手就操着伦敦口音）。9月份以来，“伊斯兰国”又新增了3000名外籍恐怖分子。相比之下，20世纪80年代阿富汗战争中的外籍“圣战”者的数量最多仅为2000至3000人。

（四）资金基础雄厚，行动开销巨大

“伊斯兰国”在社交网络上公布了详细的“年度财务报告”，报告详细记录每次袭击活动的内容及其参与者信息，目的是方便组织头目了解每名参与者的家庭状况，以便在他们死亡或被捕时支付赔偿金。美军反恐机构的资料显示，该组织为巩固和维系庞大繁杂的行政系统、管理超过1.5万名“员工”，需要非常强大的经济基础。而该组织目前正以20亿美元的资产成为全球最富有的恐怖组织。据报道，“伊斯兰国”的资金收入有三种渠道：石油、在伊拉克和叙利亚控制区的活动收入和私人捐赠。首先，石油是“伊斯兰国”的经济命脉。“伊斯兰国”夺取控制了伊拉克最重要的炼油厂，并控制叙利亚富油区代尔祖尔省70%的面积。对于无法控制的炼油厂，他们与当地部落达成协议控制石油出口。其次，勒索和抢劫占领区住户是该组织另一个资金来源渠道。仅在摩苏尔，该组织每月就征收800万美元的“革

---

① 《世界知识》，2014年第14期，第11页。

命税”[①]。除了征税，逃亡的什叶派人口遗留下来的企业和资产也会被他们征收和变卖。同时，袭击伊拉克政府机构也是该组织的财源之一。最重大的一次活动是抢劫摩苏尔国有银行获得4.29亿美元资金[②]，抢劫其他银行分支也有不少收获。另外，私人捐赠是该组织的第三大财源支柱，该组织要求每位穆斯林将2.5%的收入捐赠给“福利事业”，但实际上这些捐款大部分被用于恐怖活动支出。

（五）版图野心巨大，染指欧亚中心

“伊斯兰国”发言人阿德纳尼（Abu Mohammed al-Adnani）曾宣称：新“伊斯兰国”疆土辽阔，从叙利亚北部一直延伸到伊拉克迪亚拉省，横跨两国边境。同时，该组织支持者在社交网络上广泛分享的一张地图显示：“伊斯兰国”制定了一项5年计划，企图将“边界”扩张至中东穆斯林国家以外的地区。除了中东、北非大部分区域外，西班牙（西班牙在15世纪前一直由穆斯林统治）、巴尔干半岛及一直延伸到阿尔巴尼亚的东欧一起被划入“伊斯兰国”版图。更为值得警惕的是，“伊斯兰国”还在地域版图中将中国新疆纳入其中。其谋划的步骤是：数年内先占领西亚北非，同时进攻西班牙、中亚和南亚次大陆全境，直至中国新疆。在“伊斯兰国”7月初“建国”时，其头目巴格达迪在演讲中指名要将中国排在第一位，多次提到中国及中国新疆，攻击指责中国政府在新疆的政策，并鼓动中国境内的穆斯林和全球穆斯林一样向其“效忠”。其后，该组织还抛出由专业人士制作的线下与互联网同步英文杂志，炮制文章肆意歪曲中国新疆的发展历史、宗教自由和民族融合，煽动“伊斯兰起义”，“打败美国、伊朗、俄罗斯和中国”。

---

① “ISIS危及石油安全”，人民网，2014年9月15日，http://paper.people.com.cn/gjjrb/html/2014-09/15/content_1477300.htm。

② “ISIS劫掠银行4.29亿美元”，中新网，2014年6月13日，http://www.chinanews.com/shipin/2014/06-13/news442607.shtml。

四、“伊斯兰国”恐怖势力及国际反恐形势的未来走向

（一）中东恐怖活动或化整为零

从外部因素看，2011 年美军撤出伊拉克确实为“伊拉克伊斯兰国”（ISI）的“死灰复燃”提供了先期机遇。时至今日，无论是“伊斯兰国”的显性威胁过于巨大，还是美国共和党对奥巴马“贸然撤军”政策的抨击过于猛烈[①]，奥巴马政府已对先前的中东反恐战略做出实质性调整。9 月 10 日，奥巴马宣布了打击“伊斯兰国”的全面战略，通过不断扩大空袭范围、加大资助伊地面反恐力量、迫使阿拉伯国家承担反恐责任、向受极端组织影响的平民提供援助等举措全面剿灭“伊斯兰国”的生存空间。相信在拥有绝对情报优势的联合军事行动面前，“伊斯兰国”的作战实体和指挥核心将转入地下或流入周边，至多纠集零散的团伙制造小规模恐袭，并很难再集结起大批兵力发动成规模攻势[②]。从内部因素看，“伊斯兰国”过于极端的“施政主张”即使是在阿拉伯世界也难以形成气候，更不可能演化成塔利班式政教合一的强权实体。仅仅数年的历史积淀就要求全球的穆斯林都效忠于该组织，这让拥有圣地麦加、麦地那的沙特，让什叶派的伊朗怎么可能信服？阿拉伯世界外的国际社会更不会认同接受这样一个极端组织。就军事力量而言，仅仅 1 万余人的队伍就妄图要在 5 年内从中东打到欧洲和中国西部，无论是西方国家，还是俄罗斯、中国都不可能给其机会。

---

① “反恐‘组合拳’有点虚”，凤凰网，2014 年 9 月 12 日，http：//news. ifeng. com/a/20140912/41963660_ 0. shtml。

② “空袭下的“伊斯兰国”还能挺多久”，人民网，2014 年 9 月 28 日，http：//world. people. com. cn/n/2014/0928/c157278 -25750868. html。

（二）国际恐怖势力呈“两股共存”局面

“伊斯兰国”恐怖势力的异军突起，必然对“基地”组织的领导力和影响力构成重大挑战。国际恐怖主义形势开始进入两强相争与共存的时代。一是“伊斯兰国”抢夺“基地”组织势头。“伊斯兰国”头目巴格达迪年轻力壮、军事才能过人且拥有伊斯兰教研究博士学位，其号召力超出接替拉登后的“基地”头目扎瓦希里。二是“基地”组织流回南亚伺机而动。尽管面临国际社会和“伊斯兰国”的双重打压，但“基地”组织肯定不会坐以待毙，流动至最为熟悉的南亚地区拓展生存空间。三是两大恐怖组织或同时化整为零，肆机各自聚合，交替制造惊人事端。由于“伊斯兰国”正成为国际社会打击的首要焦点，这一局面客观上减缓了美西方对“基地”组织的打压力度。由此，国际社会需在集中应对“伊斯兰国”的同时，更加重视“基地”组织在阿富汗的长远威胁。一旦两大组织虚实结合，交替闪现，国际恐怖主义局面恐再次恶化。

（三）世界“反恐联盟”组建进程加快

综观30多年的国际恐怖主义发展史，当前全球面临的恐怖主义威胁形势比以往任何时期都要严峻。“伊斯兰国”成为恐怖主义的新轴心，折射出国际暴恐势力新的发展趋势。对此，尽快建立起全球范围、情报共享、联合参与的反恐联盟机制已成为当下趋势。主要表现为：一是国际社会联合起来对继续残杀无辜和扩大地盘的“伊斯兰国”进行打击①，遏制其成为全球恐怖主义轴心并向世界输出极端意识形态，防止各国穆斯林青年受到蛊惑成为极端分子。二是尽快让每

① 联合国伊拉克援助团2014年7月1日发布公报显示，伊拉克境内（除安巴尔省）今年6月期间的暴力冲突和恐怖袭击共导致2417人死亡。死亡人数约是今年5月的3倍。参见《法制晚报》，2014年7月1日，http://www.fawan.com.cn/html/2014-07/02/content_498798.htm。

个国家切实承担起反恐行动义务，确保各国能够联合起来抗击恐怖势力。三是争取在现有国际反恐机制下扩大共识、加强合作，增进美国、欧洲、中国、俄罗斯等重要国家（组织）间交流协调与情报共享，最大限度地调动全球反恐资源和行动积极性。

五、“伊斯兰国”恐怖势力对我新疆反恐形势的影响

从“伊斯兰国”头目巴格达迪多次抛出欲将中国新疆纳入其“版图”的狂言来看，国际恐怖组织和宗教极端势力早已将新疆视作“势力范围”。而新疆境内的暴恐分子更是渴望得到境外恐怖势力物质及精神上的双重支援。新疆境内的暴恐分子，他们无论是否加入“伊斯兰国”恐怖势力，都定会受到该组织的影响、煽动和蛊惑。经历过中东战事的“东突”分子很有可能会潜回国内作案，同时将战场经验传授给活动在中亚地区的“东伊运”、“东突解”等恐怖组织。

随着境内外“东突”分子与“伊斯兰国”恐怖势力联动的加深，我新疆地区反恐形势或将面临如下挑战：一是“伊斯兰国”恐怖势力无疑对全球范围内的恐怖分子形成很大的吸引力和鼓动力。在通信技术及社交网络日渐发达的当前，我国新疆境内民族分离分子及有暴力倾向的宗教极端主义者或将在更大程度上受到“伊斯兰国”极端思想的煽动蛊惑。二是“伊斯兰国”武装分子未来或在西方国家的军事打击下暂时蛰伏并分散流窜行动。对此，我方必须严密监控该组织恐怖分子的流向，尤其要紧盯其中“东突”分子的去向，严防并做好其潜回国内的相关预案。

香港“占中”事件的影响及启示

罗照晴

2014年9月28日，一场名为“占领中环”的非法占领运动在香港中环地区爆发了。由于受到外部势力的鼓动与挑唆，部分港人借由对于全国人民代表大会决定在香港特别行政区实行“2017年一人一票普选香港特区行政长官”的不满，打着“撤回方案、重启政改”等口号，占领了香港重要商业区的路面，严重影响了正常交通，香港市民深受其害，而香港一直以来引以为豪的法制也面临着严重的威胁。12月15日下午，香港警方逮捕了17名仍拒绝离开的人士，宣告最后一块占领区——铜锣湾已清场完毕。至此，“占中”事件在持续了79天后终于落下了帷幕。“占中”作为一种旨在表达政治诉求的街头政治的表现形式，其行为也逐渐演变成为暴力、非和平手段的抗议方式。在此背景下，一些受到蒙蔽与挑唆的激进群众的加入使得“占中”的事态发展愈发难以控制，并导致其他势力趁机浑水摸鱼，企图搞乱香港，动摇香港的法治根基。对此，我们必须严肃认真地面对并加以反思。

一、“占中”事件背景

1990年，《香港特别行政区基本法》颁布，此基本法是一个类似于宪法的文件，规定了“一国两制”、“高度自治”和“港人治港”等重要原则。邓小平称其为“具有创造性的杰作”，有很重要的历史意义，在国际上产生了深远的影响。它明确规定了香港在法律上从属于中国，其立法会、行政机构和法院在得到全国人大的授权后，可分别行使立法权、行政权和司法权。因此，香港民主政治活动的开展，必须遵循《基本法》和全国人大的决定，不得与此相背离。

2014 年 8 月 31 日，第十二届全国人大常委会第十次会议通过了《关于香港特别行政区行政长官普选问题和 2016 年立法会产生办法的决定》。决定明确，香港特别行政区行政长官从 2017 年开始可由普选产生。普选行政长官时首先成立一个能代表大众的提名委员会，然后再由该委员会从获得全部委员半数或以上支持的人中选出两到三名候选人，最后再由香港所有资格选民在这几人中选出最终人选。行政长官产生后，由中央政府直接任命。此外，全国人大常委会副秘书长李飞在这项决定草案的说明中特别强调，香港特区行政长官必须遵循的一条原则是“爱国爱港”，这样才能保证其不会损害国家的整体利益。[①] 对此，香港部分政党及人士认为，通过此种办法产生的特首，是经过中央政府“筛选”出的受其信任的特首，是“假普选”，因此希望煽动立法会在表决时投反对票。香港是中国的一部分，作为香港的行政长官，最基本的要求就是尊重自己的国家和民族的利益。反对“爱国爱港”原则实际暴露了反华人士试图篡夺特区管理权的本质。

香港自 1997 年回归以来共产生了四届行政长官，均由选举委员会选出。此项关于普选的决定若最终能得到香港立法会、行政长官及全国人大常委会的批准，就可以达到特区行政长官由香港所有选民直接选举产生的目标，这将会是香港政治发展中划时代的一步。毫无疑问，这项决定使得外国势力的代言人没有机会触碰香港的管理权，他们试图借由反对派控制香港的目的将会落空。因此，他们才想通过这样的方式煽动香港民众站出来搞街头政治，以此动摇香港的管治与权

① “李飞：从制度上确保特首爱国爱港”，香港文汇报，2014 年 9 月 1 日，http：//paper. wenweipo. com/2014/09/01/HK1409010004. htm。

威，增加他们的发言权，扩大其生存空间。香港许多激进人士便中了他们的圈套，迫不及待地发动了“占中”运动。

二、“占中”事件经过及结果

（一）“占中”事件经过

2013 年 1 月，香港大学法律系副教授戴耀廷在《信报》上发表题为《公民抗命的最大杀伤力武器》的文章，拉开了“占中”的序幕。在此之后，“占中”势力逐渐发展，其行动的过程大致可分为四个阶段。

1. 酝酿期（2013 年 1 月—3 月）

2013 年 1 月 16 日，戴耀廷在《信报》发表文章，鼓励香港民众以非暴力的形式表达港人自决的权利。他宣称，过去港人所采取的争取权利的策略，如举行大型游行、变相公投和占领政府总部配合绝食等行动都成效甚微，并未对北京产生足够的压力，所以提议发起“杀伤力”更大的占领中环行动[①]，并称之为“公民抗命”，希望透过运动争取香港的特首普选。之后，戴耀廷在得到其他人意见之后逐步丰富其内涵，计划开展签署信念书，举行商讨日，发动全民电子投票、煽动变相公投、发动不合作运动，以及最后的“杀手锏”——占领中环。[②] 戴耀廷还制定了“占中”时间表，具体划分了各时间阶段：论述及策划期定于 2013 年前半年，实际展开运动定于 2013 年 7 月或 2014 年初夏。

---

① “戴耀廷：公民抗命的最大杀伤力武器”，信报，2013 年 1 月 6 日，http：//www. hkej. com/template/dailynews/jsp/detail. jsp？ dnews _ id = 3609&cat _ id = 6&title _ id = 571297。

② “占领！民间计划、经验与实践研讨会”，民间人权阵线，2013 年 3 月 14 日，http：//www. civilhrfront. org/article. php？ id = 228。

2. 发展期（2013 年 3 月—2014 年 9 月）

2013 年 3 月 27 日，戴耀廷、陈健民及朱耀明（后被人合称为“占中三子”）签署了全称为“让爱与和平占领中环”的信念书，呼吁民众走出来抗议，誓在争取 2017 年普选香港特区行政长官，[①] 并于 4 月 28 日成立了活动的秘书处。

随后在 2013 年 6 月 9 日、2014 年 3 月 9 日以及 5 月 6 日，“占中”活动举行了三次商讨日，形成一致意见，即加强煽动，试图使“占中”变成香港的全民运动。香港《大公报》报道称，国家副主席、中央港澳工作协调小组副组长李源潮 5 月 5 日在北京会见到访的香港团体时，罕见地对“占中”提出了尖锐的批评，同时点出了这场极端政治行动的三大要害——违法、祸港、阻普选。这是中央领导人首次公开批评“占中”。[②]

6 月 20 日至 29 日，“占中”的煽动者举行了为期 10 天的“全民电子投票”，在三个备选方案中确定出了最后的“占中”方案。紧接着在 7 月 2 日凌晨，学联及学民思潮在中环发动了静坐集会，为“占中”预演。警方在凌晨多次警告集会为非法集会后开始进行清场。清场行动超过了 5 个小时，共拘捕 511 人[③]。

面对“占中”准备活动的一步步展开，社会上反对的声音亦随之愈加强烈。8 月 17 日，香港“保普选反占中大联盟”发起了大游行，支持和平普选，反对以暴力方式危害香港社会安全。参与人数约有 19.3 万。游行的人群来自香港各行各业，年龄有老有少，但他们共同的心愿就是希望“占中”行动能适可而止，香港能在基本法和全国人大常委会的框架下实行普选。大游行向社会发出了积极的声音，过程井然有序，取得了良好的效果。

9 月，“占中”分子的活动愈加频繁。先是举行了“公民抗命”

---

① “让爱与和平占领中环”运动信念书全文，苹果日报，2014 年 3 月 27 日，http://hk.apple.nextmedia.com/realtime/news/20130327/51318372。

② “‘占中’三祸害 港人须警醒”，大公报，2014 年 5 月 6 日，http://news.takungpao.com/paper/q/2014/0506/2458169.html。

③ “占中预演 八月嚟真”，太阳报，2014 年 7 月 3 日。

演练；紧接着是黑布游行，为“九二二”学生罢课造势，并于9月22日开始罢课抗议，持续5天。学联提出了四项诉求，即公民提名、取消立法会功能组别、全国人大常委会撤销关于普选的决定，若不接受相关官员必须下台，要求梁振英特首在两日内对此做出回应。对此，梁振英表示，他对学生要求普选的愿望表示理解，并指出实际上人大的决定较现时选举委员会选举的民主成份更多，希望一人一票普选行政长官能尽快实现①。

3. 高潮期（2014年9月末）

2014年9月26日22时许，香港学界大罢课集会结束后，学民思潮及学联突然发动重新占领“公民广场”行动，之后一系列行动也随之展开。另有百名学生冲击立法会大楼。

9月27日上午，虽然冲击行为已经停止，但仍有学生滞留在广场上。“占中”的三个发起人同时赶到添美道，为留守现场的学生撑腰打气。下午1点半，警方展开拘捕行动，有74人被拘捕。入夜后警方严阵以待，设置多条防线，但对峙情况还是持续了一整晚，部分示威者不愿离去，与警方发生了冲突。

在此情况下，戴耀廷于9月28日1时40分宣布启动“占中”，行动从占领政府开始。他要求“全国人大常委会撤回政改框架决定，重启政改，并且要求梁振英拿出一份能反映香港真实民意的报告，如果做不到，‘占中’将会升级”。②

15时38分，梁振英联同警务处长曾伟雄会见媒体，称愿意敞开对话的大门，但不能脱离人大常委会的决定执行政改，并重申政府绝对信任警方的专业判断。警务处处长曾伟雄称“只会使用最低限度的武力”。随后一个小时内，中环若干街道即被示威者占据，他们人数超过3万人，高喊“学生无罪，声援学生”、“梁振英下台”等

---

① “梁振英回应罢课称认同学生诉求冀普选特首”，香港电台，2014年9月23日，http：//news. stnn. cc/hongkong/2014/0923/137311. shtml。

② “万人聚集添美道，戴耀廷被逼提早宣布占中”，星岛日报，2014年9月28日，http：//la. stgloballink. com/hk/2014/0928/139157. shtml。

口号。[①]

当日傍晚，占领行动蔓延至旺角和铜锣湾，警方开始使用催泪弹驱逐占领者。22 时 20 分，学联怀疑警方使用了橡胶子弹，呼吁示威者全面撤离，但仍有大量示威者在马路上静坐抗议。

4. 收尾期（2014 年 10 月至 12 月初）

10 月 1 日至 3 日期间，“占中”行动一度扩散到了尖沙咀，也逐渐演变成了长期占领，倘若不加以阻止将会有演变成骚乱的风险。为了避免事态升级，进一步威胁香港社会的安全与稳定，香港高等法院于 10 月 20 日颁布了临时禁止令，要求“占中”人士停止在旺角地区及中信大厦三个出入口的占领行动。10 月 21 日晚，特区政府与学联代表进行了接触，讨论了有关普选的问题，政务司司长林郑月娥也提出“进一步探讨多方平台”等回应，称港府愿意与学生团体加强沟通，倾听他们的心声，听取他们对于政改的意见，而此次会面也会是今后更多对话的开始。

10 月 22 日，立法会多位议员联合发声，呼吁示威者要在法律允许的范围内表达自身政治诉求，珍惜与政府沟通的机会，并要求他们马上撤离，禁止以任何理由堵塞金钟、旺角等指定地区的道路。此外，许多社会组织来到旺角、金钟等地区向占领者抗议，要求他们还路于民，恢复该地区正常秩序，还自发地搬走了障碍物。

10 月 25 日，“保普选反占中大联盟”发起了为期 9 天的民众签名活动，呼吁更多人认识到“占中”的危害，加入到他们中来，并以此表达了对警方执法的支持。当天就得到了 32 万多名香港市民的响应。截止 11 月 3 日投票结束时，总签名数已达到 183 万余次。

面对越来越大的舆论压力，“占中”分子手里可打的“牌”已为数不多，但还在试图做着抵抗。10 月 28 日傍晚，大联盟在美孚的签名点遭受暴力冲击。此外，“学联”秘书长周永康考虑把“占中”的形式转变为推动罢工罢市和罢课。戴耀廷建议港府举办一次关于“8 · 31”决定及梁振英是否应该下台等议题的投票，并将投票结果反

① “占领堵路扩港九 梁振英：我们不想香港乱”，明报，2014 年 9 月 29 日。

映到政府交予中央的民情报告中，力图为退场创造条件；而另一方案则是发动一名超级区议会议席的立法会议员先辞职再补选，变相发动“公投”。还有一些激进的人士希望在APEC召开之际把事情闹到北京去，使之得到与会者的关注。

此时，“占中”事件已经进入一个疲劳期，尽早撤离已是主流民意所在。

（二）“占中”事件结果

12月15日下午，铜锣湾地区的交通恢复了正常，香港持续79天的非法占领行动终于落下帷幕。香港警方也拘捕了17名拒绝离开的“占领”分子。《纽约时报》12月15日称，11周前席卷香港街头的抗议安静地结束，港府没有向示威者做出实质性让步，示威运动疲态日显，内部摩擦加深，最终归于失败。[①]

然而，反对派由于不肯善罢甘休，继续煽动对抗，试图诉诸于其他形式的抗议运动，还放出话说“明年还会组织发动占领行动”，可见“占中”带来的影响并不会随着它的失败而消退。虽然反对派自称并不是在鼓吹暴动，但事实上却带有威胁使用暴力的意味。香港社会的和平稳定才是民心之所向，“占中者”的言论是不得人心的。对此梁振英也强调：政治上出现的违法行为一定要由执法机关将其绳之以法。

三、“占中”事件特点

“占中”事件是一次有组织、有预谋、有目标的非法对抗政府的

① “最后一个‘占领区’被清除 示威运动最终归于失败”，环球网，2014年12月16日，http：//china. huanqiu. com/article/2014-12/5243477. html。

活动，就其主要表现来看，有以下几个特点：

（一）非法聚集不得人心

香港一个研究机构的调查显示，人们对于此事件的反对态度进一步增长，有七成受访市民表示不支持，逾半数人表示完全不能接受。一些市民也向政府提出投诉，认为“占中”影响市民正常的生活、堵塞交通、耽误紧急医疗救治。香港总商会等社会团体也希望香港人民一起反对“占中”行动，集体声讨背后煽动暴力的黑手。香港特区全国人大代表也呼吁占领人士停止用非法手段追求个人利益，要尊重法律，考虑到香港的整体发展利益。

“占中”分子强行占领香港重要商业地区的路段，以非法方式谋求某种政治目的，这种做法严重影响了道路交通的正常运行及市民的正常生活。他们的做法不仅危害了个人安全和公共安全，破坏了社会正常秩序，阻碍了经济发展，中央也不会因此被胁迫而在普选问题上做出让步。可以说，这是香港民主发展的倒退。因此，“保普选，反占中”大联盟发起了签名活动，不仅仅是在表达自己的态度，更是对警方执法的一种支持，支持政府采取必要措施，防止暴力事件重演。

（二）境内外敌对势力撑腰打气

早前就有报道指出境外某些势力是策动香港“占中”行动的幕后推手，其目的就是希望香港由亲西方的傀儡政府所领导，企图借此牵制北京。此外，有些国外媒体还借此大肆宣扬所谓的“真普选”，煽动不明事理的人加入“占中”，使香港成为“世界民主的中心”。这些不负责的言论是别有用心的，目的在于动摇香港的法制，扩大“港独”的势力。

1. 美国

美国是支持“占中”、妄图搅乱香港社会秩序的幕后主要推手之一。10月4日，香港《东方日报》引述美国地缘政治智库的研究报告，称此次“占中”行动与美国在全球多地暗中推动的颠覆政府活动类似，目的就是希望让香港由依赖美国势力及资金、维护西方国家利益的傀儡所领导，企图借此牵制住中国。① 另有研究指出，“美国国家民主基金会”向策动和参与“占中”的多名活跃分子提供资金，进行人员培训，是“占中”行动的幕后策划。由此看来，“占中”其实是一场蓄谋已久的行动。

此外，美国主流媒体对“占中”的报道也是一边倒的支持。他们把“占中”定性为香港版的“颜色革命”，认为占中者是在争取民主。10月3日，《时代周刊》的亚洲版更以这次示威作为封面，以“雨伞革命”（Umbrella Revolution）为大标题，“香港争取自由对中国而言是一次挑战”（Hong Kong's Fight for Freedom is a Challenge for China）为副题，指香港人在政治上得不到自主权，当下社会的混乱是由中央集权造成的。②

2. 英国

“占中”事件发生以来，英国政府表示对此“深切关注”，并极力增加自身的参与感，希望能在香港的事务中恢复话语权。2014年10月1日英国首相卡梅伦表示，相当担心警察与示威者之间的冲突状况，并且对港“有一股强烈的义务感”。他公开表示说，中英联合声明保障香港人享有的权利和自由，包括言论自由、出版自由、集会自由、结社自由、旅行自由和罢工自由等，这些是很重要的自由，“我们应该站出来支持”。③

英国媒体也大肆发表不实报道，企图搅乱舆论。《经济学人》在其10月4日出版的文章中将此次“占中”事件视为“天安门事件以来共产党面临最严峻的挑战”。这是西方国家所用的惯常伎俩，目的

---

① “港媒披露美国势力资助‘占中’行动 图谋‘夺港’”，新华网，2014年10月6日，http：//news. xinhuanet. com/mil/2014-10/06/c_ 127067251. html。

② “Hong Kong Stands Up”，Time，2014年10月02日。

③ “卡梅伦声称：英国英国为香港人的权利站出来”，环球时报，2014年10月17日，http：//a. 509. cc/n/shijie/20141124/60300. html。

就是抹黑中国，歪曲事实。

英国广播公司（BBC）在其官网刊文报道说，香港的“占中”行动并非自发产生，境外势力早在2013年1月就参与密谋“占领”计划，准备动员1万人上街去占领香港市中心道路，并对香港示威参与者进行“特殊培训”，受训者数量可能超过1000人。

3. 日本

日本共同社11月3日称，美国国务卿克里呼吁中央政府不要使用武装力量制止“占中”行动。而当时的实际情况是，占领人士在逐渐撤退，占领行动难以为继，香港警察也一直没有进行清场，目的就是不想给“占中者”将事态扩大的机会。而此前日本媒体就曾有过制造假新闻的前科，因此，此时的炒作不能不让人怀疑其是在背后挑拨。

4. 台湾

2014年9月29日，马英九接受《纽约时报》采访时公开表示支持“占中”运动，认为香港的学生是在“争取普选，也就是争取民主”。他还说此次事件不同于台湾的“太阳花”学运，台湾学生只是反对一项“公共政策”，而香港是要争取民主。此外，民进党也借题发挥，鼓吹“今日香港，明日台湾”或者“今日台湾，明日香港”等论调，借此诋毁大陆。这些人试图扰乱香港的政治氛围、借香港之事破坏两岸关系，为“台独”论调造势的阴谋暴露地一览无余。

（三）分裂势力浑水摸鱼

香港“占中”事件也给了“藏独”、“疆独”、“台独”等敌对势力浑水摸鱼的机会。美国国家民主基金会（NED）的副会长路易莎·格雷夫，是该组织在亚洲和西亚北非地区工作的负责人。近年间，她经常参加包括“阿拉伯之春”和其他“颜色革命”的研讨会，可谓为策动分裂行动助力不少。“占中”事件发生前几个月，她就与事件策划者碰头商讨相关事项。

2013年10月19日，朱耀明前往台湾与“台独”势力头目施明德谋划“合作占中”，妄图趁此之乱破坏香港社会的统一与稳定。他们表示2014年是事关香港未来发展关键的一年，双方将在港定期开会，商讨台湾在推动香港“占中”行动中可发挥的作用，共同促进香港社会“民主化”。在香港社会陷入混乱的时候，敌对势力的加入无疑会激化矛盾，令局势雪上加霜。

四、“占中”事件的影响

香港的政治若想取得长足的发展，一条不容置疑的底线就是必须遵守基本法，服从全国人大的决定。“占中”无视法律权威，把个别人的政治要求强加于大众，严重影响了香港民众的正常生活。“占中”的行为并不在公民自由行使的权利范围之内，是对个人权利的任性解读。少数人为了个人利益绑架香港大众的民意，既损害了社会的公共利益，动摇了香港的核心价值和法制基础，更重要的是，它影响了2017年由香港合法选民直接选举产生行政长官制度的实行，阻碍了香港的民主政治前景。

（一）动摇法制稳定性

2015年新年，“法”字经过票选成为香港2015年度汉字。“法”字的当选无不体现了香港市民在经历了“占中”这一香港前所未有的违法运动之后，对“法”的重新审视与思考。“占中”并未得到政府的批准，因此从本质上来说是非法活动，其诉求本身就违反了香港《基本法》，破坏了香港的核心价值——法治。《基本法》第45条规定，香港特别行政区行政长官在当地通过选举或协商产生，由中央人民政府任命。行政长官的产生办法是根据香港特别行政区的实际情况，按照循序渐进的原则，最终由一个具有广泛代表性的提名委员会按民主程序提名后普选产生。虽然“占中”者自称行动全凭个人意愿，是体现个人自由的和平行动，但事实却是严重侵犯了其他港人的权利，并有逐步演变成暴力政治的趋势。法治是香港社会繁荣稳定、经济持续发展的重要保障，一直以来都是香港的骄傲。少数人的意见应该被尊重，但并不等于少数人可以无视法律规范，把行使自由当作恣意妄为的借口。法律是明辨是非的准绳，在任何情况下都要始终执行贯彻。“占中”这一非法行动必须受到法律的约束，恢复香港社会以公正、稳定、和平的秩序，使香港在此前提下逐步推进民主的发展。

（二）削弱经济力量

“占中”行动导致金钟、旺角、铜锣湾地区的经济出现下滑，零售业、餐饮、交通、旅游等方面受到重创。由于这些地区都是香港的繁华地段，是拉动其经济增长的主要来源之一。据美国金融机构美银美林预测，“占中”行动每持续一天，香港零售业就会多损失约 1.1 亿港元（约合 0.87 亿元人民币），由此将会导致 2014 年全年的零售额出现负增长。位于占领区一带的商店生意额普遍大幅下跌，个别商店下跌近八成，单餐饮一项每日损失逾 7000 万港元。此外，香港旅游业也出现缩水，特别是金钟及中环地区，入住酒店的游客同比下降约 30%。同时，“占中”也导致包括巴士、出租车、货车等在内的交通运输业每日直接经济损失达 2.5 亿港元。由此算来，近 80 天的“占中”给香港带来的直接经济损失就达到了 200 多亿港元，再加上间接损失，数字估计还会更大。全球三大国际评级机构之一的惠誉信用评级亚太区主管安德鲁·科尔克奎恩说，“占中”长期持续将对香港经济和金融系统产生实质影响，对香港的国际信用评级产生负面作用。[①]

---

① “煽动占中意欲何为——香港社会呼吁依法惩治‘占中’幕后元凶”，新华网，2014 年 9 月 29 日，http：//news. xinhuanet. com/2014-09/29/c_ 1112680612. htm。

（三）影响市民生活

香港市民的生活也受到明显影响。多条巴士路线受阻，比较严重的区域包括港岛中区某些区域、旺角及铜锣湾等地。交通阻塞影响了市民的正常出行，阻碍了商业活动，部分银行也要暂时关闭。除此之外，“占中”也导致人际关系出现裂痕。香港心理学会主席张传义表示，对于“占中”态度的不同会导致矛盾与争吵的产生，如果“占中”支持者太过偏激，会使其与家人、同事和邻居的关系出现问题。许多人也避免讨论此事，不敢在朋友圈中发表个人意见。

（四）损害城市形象

香港特区政府运输及房屋局局长张炳良则表示，“占中”发生以来，香港在外界的形象受到很大的影响：“这对我们社会的发展，对香港在国际上的、我们本来有的种种相对优势方面、竞争力方面等，都不是一件好事。”①

此外，“占中”事件也恶化了香港的营商环境。香港是一个法治社会，完备的法律和司法体系作为香港重要的软实力和核心竞争力，一直以来都是其营商环境的坚实基础。而“占中”事件一改之前香港在外界眼中理性、亲商、温和的形象，表现出了非理性和对抗的一面。“占中”者打着“公民抗命”的旗号，明知犯法却还一意孤行，公然挑战了法律的权威与地位。市场和投资者如果将政治和社会因素考虑在内的话，恐怕其对香港的看法和涉港事项的决策将会因此而受到影响。

---

① “香港‘占中’一月：经济民生受严重冲击，社会各界呼吁还路于民”，新华网，2014 年 10 月 28 日，http://news.xinhuanet.com/gangao/2014-10/28/c_1113016273.htm。

以上这些，正是“占中”策划者以损害香港人民利益为巨大代价，为巩固自身地位积累的政治砝码。事件导致香港社会动荡，经济下滑，其苦果最终还是降临到香港同胞身上。

五、启示

“占中”行动持续近80天以来，给香港社会的稳定带来了很大的冲击。虽然参与的学生并不想造成这样的局面，但却控制不了局势的发展，而其中很多激进的、不怀好意的人士趁机浑水摸鱼，形势十分危险。“占中”背离了最初声称的“和平、非暴力”的抗议方式，助长了违法者的气焰，侵蚀了香港的法律支柱。而且，“占中”组织者更试图以此胁迫中央政府与特区政府满足其政治诉求，给民主自由蒙上了阴影。如果任由少数分子任意妄为，大多数港人的利益将被“挟持”，香港社会的繁荣稳定将不复存在。在“后占中时代”，香港社会的法治重建和民众的信心重建工作任重而道远。

香港政治制度发展已经到了一个关键期。2017年直接普选行政长官制度若能实现，香港的民主政治就会向前迈出一大步，其社会、经济也会加速发展。因此，全面贯彻“一国两制”，遵守《基本法》和全国人大常委会“8·31”决定，坚持爱国爱港的原则，共同促进香港民主政治向前发展，这是符合全国人民的希望和香港社会的根本利益的。

在整个过程中，中国政府再三警告美国，此次事件属于中国内政，美国政府不要干涉。而对于美国这个“占中”幕后策划者之一，其渗透香港政坛的目的无非是想把香港变成外国势力颠覆中国的桥头堡，在香港实行“软性再殖民”计划。美国在“占中”问题上的态度和插手的程度，使人联想到近几年发生在独联体、中东和北非等地的“颜色革命”背后，美国所扮演的角色。表面上，美国打着践行“民主、自由和人权”的大旗，但实际目的并非争取民主，而是着眼于自己在亚太的战略利益，企图借此压制中国，扩大自己的势力范围。对此，中国必须多加警惕，将香港放于国际棋局中思考并制定对策应对。

国际油价波动的经济影响与政治效应

孙一普

国际原油价格的波动一直牵动着每一个国家的神经，石油生产国和消费国的政治经济发展以及对外政策选择受其影响巨大。最近一段时间内，我们可以看到全球经济在一个较为稳定的大环境下持续发展，而油价的极速下跌却成为全球经济平稳运行中的不和谐因素。短期内，国际油价从当初的每桶100多美元蹦极般迅速降至49美元左右，油价下跌的速度和幅度甚至让专家们咋舌。国际油价的蹦极式下跌使得阴谋论和政治博弈论一经提出便成为了舆论的焦点，各路专家学者围绕油价大幅跳水的原因及油价未来发展趋势展开了激烈的争论。原油价格的大幅跳水让各国都措手不及，它给各石油输出国以及石油消费国的经济带来了巨大冲击力，进而也给全球经济的复苏进程造成深刻影响。

一、国际油价制定规则

“国际原油市场的油价体系包含欧佩克官方价格、非欧佩克官方价格、净回值价格、易货贸易价格、期货市场价格、现货市场价格和价格指数等多种内容。”[①] 了解油价体系内各部分的价格内容使得我们可以知晓不同地区和不同方式的定价权，这为我们观察分析油价提供了宏观和微观的两种视角。

所谓的欧佩克官方价格指的是当前欧佩克组织所采用的组织内11国油价平均价的参考值，而并非由组织内单一产油大国所主宰。自2005年第三季度开始，欧佩克组织修订并通过了新的一揽子参考价格，它的出台意味着自1987年起施行了近二十年的七国油价参考体系彻底终结。新的一揽子平均油价体系内包含阿联酋穆尔本原油价格、巴士拉轻油价格、尼日利亚博尼轻油价格、印度尼西亚米纳斯油价格、利比亚埃斯德油价格、委内瑞拉原油价格、卡塔尔马林油价格、科威特出口原油价格、阿拉伯轻油价格、阿尔及利亚撒哈拉混合油价格和伊朗重油价格，取其油价平均值作为欧佩克组织对全球石油市场进行监督的依据。

非欧佩克官方价格由非欧佩克国家根据自身实际情况并参考欧佩克官方价格制定。

现货市场价格指的是全球范围内主要现货市场的交易价格。现如今，全球范围内五大石油现货市场包括：“美国市场、新加坡市场、加勒比海市场、西北欧市场和地中海市场”。[②] 全球范围内的绝大多数石油贸易均以五大地区的基准油价作为参考数据。

期货市场价格取决于国际主要期货市场，“包括新加坡交易所（SGX）、东京工业品交易所（TOCOM）、纽约商品交易所（NYMEX）和伦敦国际石油交易所（IPE）”。[③] 伦敦期货市场和纽约期货市场这两巨头主宰着当前的国际石油期货价格，纽约商品交易所交易的是西德克萨斯中质原油（WTI，West Texas Intermediate）；伦敦国际石油

---

① 资料来源：能源网，http://www.cngold.org/img_date/yuanyou.html，访问日期：2015年1月13日。

② 资料来源：能源网，http://energy.cngold.org/nybk/c3002316.html，访问日期：2015年1月13日。

③ 资料来源：能源网，http://energy.cngold.org/nybk/c3002307.html，访问日期：2015年1月15日。

交易所交易的是布伦特原油（Brent Crude Oil）。[①] 全球范围内超过80% 地区以布伦特原油价格为基准进行计价，而只有少数中东和远东的原油为例外情况。因为美国的金融市场十分发达而且它之前一直是世界范围内最大的石油消耗国，所以全球范围内大量投资者将 WTI 即期合约视为国际能源市场衡定原油价格变化的基准价。全球范围内各主要产油区的标准油被作为国际原油市场的定价基准。美国全球首位的经济实力以及原油购买力加之纽交所自身具有的影响力使得 WTI 原油价格具有一定影响力，并进而成为全球原油市场内三大基准价格之一。因为许多媒体习惯于采用 WTI 价格对油价进行表述，所以我们公众在日常生活中了解到的油价涨跌主要就是指这一价格。事实上，“70% 以上的世界原油交易量却不是以 WTI 而是以同样轻质低硫的北海布伦特（Brent）原油为基准油作价。”[②] 自伦交所于 1988 年推出了布伦特原油期货合约之后，由于其具有供应稳定且受当地因素影响小的优势，短短的几十年里，它迅速蔓延至世界范围内的绝大部分地区，使得他们也均以此为基准作价。因为它可以满足石油工业基本的需求，所以往往也被看作为“能最大程度规避风险且具有高度灵活性的适宜进行交易的工具”，在国际原油价格三大基准中占有一席之地，伦交所进而跻身原油期货交易场所三巨头。布伦特原油定价体系曾经一度覆盖了世界原油成交总量的 83%，直至其影响逐渐衰弱的今天，世界范围内依然有多达 67% 左右的石油交易是以北海布伦特原油的价格为基准进行的。

① 资料来源：能源网，http：//energy. cngold. org/nybk/c3002307. html，访问日期. 2015年1月15日。

② 资料来源：能源网，http：//energy. cngold. org/nybk/c3002316. html，访问日期：2015年1月13日。

二、国际油价大幅波动的原因剖析

回顾2014年全球经济发展状况及其走势，我们可以看到全球经济总形势以及全球原油供需关系在短期内并未发生彻底的逆转，因此仅从经济因素层面进行探索必然无法使我们获得全面清晰的解释。与此同时我们不得不承认的事实是，发生在全球范围内各主要石油供给国之间的政治斗争以及经济博弈也难辞其咎。尤为明显的是乌克兰危机发生之后，地缘政治博弈带来的影响我们可以从欧美联合制裁俄罗斯的一系列举措中窥得一二。很多人习惯性的将油价大幅跳水单纯归因于欧美国家企图通过油价波动来压制俄罗斯，但我们知道欧美国家是市场经济十分自由的国家，而政府不可能对油价进行直接干预，因此单纯从政治方面进行分析也行不通。我们要想客观全面地看待这个问题便只有将经济因素与政治因素结合起来一同分析，方能得到清晰完整的解释。

（一）美元汇率的影响

美国联邦储备银行退出了近几年施行的量化宽松政策，这使得美元升值速度加快，而依据金融市场惯例，全球范围内的原油等大宗商品均以美元进行定价和结算，市场经济货币理论规律告诉我们国际原油价格与美元相对价格走势属于反相关关系，美元的强势升值必将导致原油价格的大幅下跌。2008年金融危机之后，美国非常规的油气探采活动因“页岩气革命”而一度变得异常繁荣，不得不说，它的出现给美国的经济带来了充足动力并使其经济形势整体向好。然而好景不长，目前美联储已宣布结束量化宽松政策，这使得加息预期变得愈发强烈并进而使美元指数大幅飙升。可以看到的事实是在过去短短不到一个季度的时间里，美元累计相对升值幅度已经超过8%，这已然是一个巨额数字，与之对应的则是国际原油价格的大幅跳水。[1]

全球石油交易总额的三分之二是通过美元进行计价和交易的，因而美元必然成为国际石油交易的主导货币，其汇率的变化势必会给国际原油价格走向带来巨大影响。观察世界经济市场我们不难发现美元汇率与石油价格深度联动且两者价格呈现出反向变动关系。一项由美联储进行的长期研究结果表明，每当美元对其他石油消费国货币增值20%就将导致以美元计价的国际油价下跌15%，美元汇率在国际油价体系中的作用由此可见一斑。EIA的数据报告表明，"若以2007年美元汇率作为基准汇率，则2012、2013和2014年各年度美元汇率指数同比分别增长3.8%、3.7%和2.2%"，[2] 美元对外币保持升值。事实情况是，自2014年第三季度开始，美元对外币价值指数在美国经济指数持续向好的引导下也一路飙升，甚至一度接近90大关。美国量化宽松货币政策的终止将使得美元上升的势头在一段时间内保持下去并进而导致原油价格在一段时间内呈现走低的趋势。美元今后的走势取决于美国经济的改善程度和美联储的货币政策，若美元继续升值那么全球石油价格将毫无疑问继续走低。

（二）原油现货与期货交易市场的作用

世界原油交易包括现货交易和期货交易两类。"原油现货市场主要分布在欧洲、美国与亚洲，包括西北欧市场、地中海市场、加勒比海市场、新加坡市场、美国市场。"[3] 而在全球范围内的期货交易中，纽交所和伦交所两大巨头控制了全球原油期货交易的基准价格，它一直以来被视为国际原油现货交易的重要依据。西德克萨斯中质原油和

---

① 资料来源：凤凰网，http://finance.ifeng.com/a/20141030/13233705_0.shtml，访问日期：2015年1月15日。

② 资料来源：中国电力新闻网，http://www.cpnn.com.cn/zdgc/201402/t20140211_653219.html，访问日期：2015年1月18日。

③ 资料来源：百度百科，http://baike.baidu.com/link?url=EGGruEFv5lJXe804GzdY5vQIOxrW0nHSu2Z1p0c4s6Qc8Tg1rDDRHRDvx_rDKpPly_1UESjTOI1g1DUqFhgzKq，访问日期：2015年1月18日。

北海布伦特原油期货价格是两大期货交易所决定全球原油现货价格的方式。在迪拜进行原油期货交易的迪拜商交所是全球第三大原油期货交易所，但由于其真正的统治层和管理层绝大多数均来自美国和英国，因而必定被美交所和伦交所这两大商品交易所影响。美欧实际上控制了全球主要的金融交易机构，这使得它们能对国际原油价格的波动施加巨大的影响力，事实上，国际原油价格的走势也基本取决于这些金融机构的相关市场预期。

（三）石油供需格局变化对油价的影响

回顾2014年全球石油供需格局，我们可以发现两个鲜明特点：一是石油市场需求结构基本稳定且有小幅增长；二是石油供应总量稳定，但供应结构有较大变化。非OPEC国家石油产量的增加是2014年石油供应层面发生的最显著变化，而OPEC石油产量基本保持不变。与此同时，新兴的美国页岩油产业高速发展，这毫无疑问地使得美国供给石油的能力也大幅提升。“美国石油产量2014年增长约130万桶/日，产量增长主要来自巴肯、伊格尔福特和二叠盆地的页岩油，这一特点在2013年末已表现出来，2014年继续呈现。”①

不难发现，全球最大原油进口国——中国经济增速的减缓给全球石油需求总量带来巨大影响，这也进一步影响着全球经济的复苏进程。石油需求方的需求增速减缓，而石油供给方则与此形成鲜明对比：沙特等原来OPEC主要产油国均宣布至少不会减少原油供给量，美国页岩油与页岩气革命以及新能源产业的迅猛发展更是使美国从原来一个石油需求大国经过华丽转身而变为一个石油供给大国，这些因素都给全球能源供给格局带来了巨大影响。我们都知道经济学的基本原理，当供过于求时必然会导致竞争的产生，而在此过程中，同为供给方的俄罗斯、以沙特为代表的OPEC成员国和美国又必然会为国际

① 资料来源：人民网，http：//finance.people.com.cn/n/2015/0118/c153572-26404753.html，访问日期：2015年1月19日。

原油市场的供给份额展开一场激烈的“价格厮杀战役”。降低原油价格的确会为欧美制裁俄罗斯提供方便，但国际原油市场并非美国的一言堂，OPEC 成员国们凭借相对较低的原油生产成本等优势拒绝减产，这使得成本在每桶 60—80 美元的页岩油生产无利可图，削弱了美国页岩油抢占市场份额的能力，给美国的经济带来一定阻力。国际原油价格一降再降，而经济结构单一的俄罗斯为了保证其主要的财政收入来源却不得不放手一搏来跟随市场进行大幅降价以保住其传统市场份额，这更是加速了国际原油价格的下跌。

再从全球经济基本面来看这个问题，2014 年全球经济仍然处在经济复苏阶段。我们可以看到，虽然全球范围内经济增长的大环境较为低迷，但全球范围内对石油的需求量却仍然稳固增长。与 2013 年类似的是，2014 年石油的需求增长依然依靠发展中国家，这使得需求结构相对稳定。中国与印度等发展中国家对石油仍有巨大需求，这与中印等国较好的经济发展势头以及较高的经济增长率密不可分。从国际能源署做出的相关研究报告中我们可以看出，中国在 2013 年度的石油需求量同比增长 38 万桶/日，而这一数据在 2014 年则变为 40 万桶/日，中国在全球经济低迷期内石油需求不减反增着实为全球经济的稳定与复苏做出巨大贡献。

（四）地缘政治因素

由于 OPEC 成员国、中东地区国家以及俄罗斯是全球范围内主要原油供给方，一国内部的动荡即可引起全球原油供需的变化并进而给国际原油价格带来巨大影响。虽然油价的大幅跳水会使大部分石油供应国的经济利益遭受损失，但有时考虑到自身的政治利益，许多国家宁愿舍弃经济利益而保全政治利益，不愿降低原油产量来稳定价格，似乎非要耗个你死我活才肯罢休。

回顾 2014 年，最为人们熟知的地缘政治事件便是欧美因乌克兰问题而联手对俄罗斯施加制裁。制裁主要围绕俄罗斯的要害部门即能源与金融部门展开，这着实给俄罗斯的油气生产带来重创。当下正值全球经济的低迷期，各国经济发展都面临一定的阻力，为了抢占更多的市场份额，欧美石油企业必然会毫不犹豫地采取措施来降低其原油价格。而恰巧欧美国家拥有完备的市场机制以及老练的政治手腕，这使得他们能竭尽所能地在国际原油市场内兴风作浪，有时甚至可以做到只手遮天，我们不得不承认这个现实。

三、未来国际油价走势的预判

当我们回顾2008年金融危机发生之后的7年时间，我们会发现国际石油价格共有过3轮比较明显的下跌。最为突出的特点是之前每一轮油价跳水持续时间较短，但本轮油价下跌与前三轮有着显著地不同，而且持续一段时间偶有涨幅的低迷状态将很有可能出现：

一是“页岩油气革命”仍将给传统原油市场带来巨大冲击。尽管油价目前已经跌至页岩油成本线附近，但页岩油生产企业大规模破产潮仍未出现。而且我们不得不面对的现实是，页岩油气勘探开发技术在不断进步，效率也在不断提高，它们必将导致页岩油气生产成本大幅降低并进而给传统油价带来更大压力。

二是近年来金融监管压力正在逐步加强，全球范围内有一些投行因巨大的压力而不得不退出部分大宗商品市场。这大大削减投机资本对国际原油市场的投机炒作，使国际油价波动更加趋于理性。

三是尽管当前伊拉克以及乌克兰东部局势持续动荡，美欧与俄罗斯之间相互制裁，但全球主要原油供应国仍处于和平稳定的环境之中，对石油市场影响不大。伴随着经济全球化及一体化程度的不断加深，全球范围内原油市场的日趋完善，地缘政治等因素给石油市场可能带来的影响也在逐渐减小。

四是从经济学的长周期理论来看，世界经济的发展历程不可能是持续高速发展而没有停滞和阻碍的。2008年的金融危机也才刚刚过去没多久，世界主要经济体中，只有美国出现比较明显的经济复苏，欧元区经济复苏短期内无望，核心国家经济增长十分缓慢。事实证明，五年时间已经过去了，世界经济整体上仍处于结构性危机之中且无法走出困局。石油需求与经济增长形势有着紧密的联系，经济形势不好很有可能导致石油需求下降。

五是世界各原油供给方对“限产保价”仍未达成一致意见。沙特为代表的 OPEC 组织成员国已经作出声明表示在 2015 年之前不会减少石油供给量，这必然将导致石油供求失衡的局面持续下去。2014 年 11 月，欧佩克成员国齐聚奥地利并举行了高级会议，而会议的结果是它们宣布石油日产量将继续稳定在 3000 万桶的标准上。“欧佩克 15 日发布的原油市场月度报告指出，去年 12 月欧佩克的日均原油产量是 3020 万桶，而欧佩克预计 2015 年全球对欧佩克的原油需求是日均 2880 万桶，该预期比之前的报告低 10 万桶。”[①] 价格正给原油市场的供需平衡带来影响，就目前形势而言，诸原油生产国正经历着一段极其痛苦的时光。

从以上内容中我们可以知晓，国际原油价格仍将在未来一段时期内维持较低价格水平，而且持续走低的可能性仍然存在。至于最终价格会跌至多少，这由两个因素决定：首先是成本因素。经济规律告诉我们商品不会以低于成本的价格进行交易，更不会以低于成本百分之二十的价格进行长时间持续性交易。目前全球原油开采成本为 45—60 美元/桶而总成本约为 55—70 美元/桶，美国页岩油平均成本由于相关生产开发和勘采技术等限制而大约维持 68 美元/桶。最近油价跌至 56 美元的窘境，这个价格其实已经跌破了绝大部分传统石油生产商的底价，此价格必定难以长期继续存在。其次是减产因素，海湾国家有足够的资金用以应对几个月甚至更长时间的低油价危机，但俄罗斯、委内瑞拉等一些国家经济结构过于单一且国家收入主要来自于原油交易，它们正面临着前所未有的困境。若油价在将来一段时间内仍持续下跌，那么主要原油供给国或许就不得不采取减产保价的措施。因

① 资料来源：中国新闻网，http：//finance. chinanews. com/ny/2014/11-05/6751970. shtml，访问日期：2015 年 1 月 19 日。

此，本轮油价下跌基本不会重复2008年金融危机的悲剧，据专家估计此次油价跳水的最低点在45—50美元的可能性较大。

四、国际油价波动对世界局势的影响

（一）国际油价波动的政治效应

回顾历史我们便可以清楚地知晓每次油价的大幅波动都会产生极为明显的国际政治后果。1973—1974年间，全球原油价格暴涨四倍，这不仅使得美元抓住机遇巩固其世界货币的地位而且使得前苏联国力大大加强并进而开始其全球扩张计划，美苏集团也因实力更加接近而使得冷战格局更加稳固。与此形成鲜明的对比，20世纪80年代，国际原油价格有过一次暴跌，这很大程度上导致了前苏联财政的破产及其实力的大幅衰减并进而使其在1991年解体。21世纪初的几年时间里，原油价格的大幅上涨给俄罗斯的经济复兴注入了强劲动力，使其元气得到一定程度上的恢复。然而好景不长，先是2008年的金融危机给俄罗斯的经济造成阻力，进而是最近国际原油价格的大幅跳水使得俄罗斯本来就不景气的经济雪上加霜。美国、俄罗斯、中国以及欧盟成员国在国际油价大幅跳水的背景下，如何进一步调整自己国家的经济发展战略变得尤为重要，而且这也必然会对国际油价产生反作用。

（二）油价波动对全球经济复苏的影响

国际油价下跌给全球经济复苏带来的影响需要从两个方面进行剖析。乐观地看待这个问题，国际原油价格的大幅下跌必然会导致能源成本降低，同时也会对制造业的复苏与发展产生积极影响，对全球经济复苏进程也有积极作用；低廉的国际原油价格必将使得一些国家对原油的需求量大幅增加，特别是像中国这样的发展中大国，而石油消耗大国对原油需求量和储备量的增加也必然有利于全球经济的发展。悲观地看待这个问题，“国际油价短期内急剧下跌会使全球市场对未来一段时期的经济增长预期和市场需求预期下降，进而不利于经济复苏进程。”① 而从不同国家在国际原油市场中扮演的角色进行分析，低廉的原油价格对石油进口国来说显然更加有利，对石油输出国而言则是巨大的挑战。国际原油价格的大幅跳水必然会给那些一直以来主要依靠原油出口带动经济发展的国家带来巨大的负面影响，尤其是在全球经济仍未完全复苏的国际背景下，同时这些国家的经济发展状况也将进一步影响全球经济的复苏进程。

（三）国际油价波动对主要产油国的影响

美国页岩油勘采技术的出现及发展给国际原油市场造成了巨大影响，同时这也使得国际油价发生了一定的波动，而国际油价的波动与美国页岩油的生产发展之间存在作用力与反作用力。首先，美国页岩油勘采水平的提高以及产量的扩大必然会对原油供需形势产生影响，而供需形势的变化则必然又会影响原油价格。其次，国际原油价格的波动也一定会对美国页岩油的勘采带来重大影响，当页岩油的生产成本高于国际原油价格时，页岩油生产的经济意义便几乎消失因而其生产和再开发进程必然受阻，这极有可能会使美国页岩油产量的快速增长中断。

2014 年全球原油供需形势发生了重大变化，OPEC 成员国正竭尽全力希望保住它们原有的国际原油市场份额，这就使得它们不得不与俄罗斯以及美国竞争。美国页岩油开采技术的进步使得其从原油需求国一下成为原油供给国，着实给 OPEC 和俄罗斯带来巨大压力。沙特想要维持对原油的供应量以保持其在国际原油市场的竞争力，它希望能对美国的页岩油生产施加一定阻力并企图抑制俄罗斯的竞争力进而

① 资料来源：中国新闻网，http：//finance.chinanews.com/ny/2014/11-05/6751970.shtml，访问日期：2015 年 1 月 19 日。

保持其在全球原油市场上的优势地位。

俄罗斯可谓是这次石油价格大跌的主要受害者，俄罗斯一直以来是一个经济结构十分单一的国家，其主要的 GDP 来源就是石油和天然气出口，这么多年来，俄罗斯仍未摆脱其经济对原料出口的严重依赖，其大于 60% 的财政收入来自于油气出口。一项由俄罗斯财政部做出的预测显示，国际原油价格每降低 1 美元就将使得俄罗斯的财政收入缩水 15 亿美元，国际原油价格对俄罗斯经济的影响程度由此可见一斑，而这次大幅跳水的原油价格更是使得俄罗斯的经济状况雪上加霜。“当市场上每桶原油 50 多美元的价格远远低于全球平均每桶 80 美元左右的开采成本价，也逼近 60 美元的美国页岩油平均开采成本价，这种状况能持续多久是个问题。”① 结合当前的国际形势来看，俄罗斯已有 8.2% 的通货膨胀率，而国际对其经济预期的下降也导致卢布的大幅贬值，国际油价持续不断的下降加之诸多不利因素将很有可能会使得俄罗斯的经济发展进入持续滞涨状态。

五、国际油价波动对中国的影响及应对思考

中国一直以来不仅是最大的发展中国家，而且也逐渐成长为最大的能源消耗国。2014 年国际油价的大幅下跌对中国来说真可谓是千载难逢之机，中国应当切实利用好这次机遇：

一是中国石油企业需要自强奋进，苦练内功，迎接挑战。要想谋发展谋进步，无论什么时候，自身因素始终是最重要的，外部环境的好坏只能提供部分助力或阻力，但远非决定性因素。石油企业除了把握机遇增加低价油进口额度外，加快混合经济改革进程也是必不可少的。

---

① 资料来源：参考消息网，http：//www.cankaoxiaoxi.com/survey/youjiabaodie/，访问日期：2015 年 1 月 19 日。

二是要通过降低能源成本加快国内相关产业的发展，并加快和完善石油等能源的储备体系。2014 年国际油价的大幅下跌是千载难逢之机，它使得许多基础性工业的成本大大降低并极大地提升了相关产业的国际竞争力。“我们还应以此为契机加快和完善石油能源的储备体系，保障能源安全，建立多层次储备体系，不仅要加快国家原油储备，同时发展和提高商业原油储备。”①

三是加快中国原油期货市场的发展，使中国原油期货市场能给国际原油期货市场施加更大影响。一直以来全球原油市场基本上需求大于供给而表现为卖方市场，中国虽然有最大的购买量却一直没有与其购买量相应的价格话语权，恰逢国际原油价格大幅跳水之机，当今的全球原油市场供给大于需求而表现为买方市场，这的确是中国重新掌控话语权和提升其国际影响力的绝佳机会。上海自贸区的成立为我们提供了典范，原油期货在上海自贸区成功挂牌交易为提升中国的国际影响力提供了强大助力，事实教导我们应当进一步加快相关市场的建设与发展。

四是继续加大原油进口规模并囤积一定量的储备油以对冲过去一段时期油价的高成本。在过去相当长的一段时期内，国际油价一直居高不下，这使得我国不得不大量进口高价油也使得相关产品的成本大大提高进而影响了产品的竞争力，无形中成为我国经济发展的阻力。现如今，恰逢油价大幅跳水，加大原油进口规模并加快原油进口速度无疑成为了促进我国经济发展的“高速路”。由于我们无法判断原油低价格将持续的时间，因此应缩短交易周期并将重点放在现货市场交易上。

---

① 资料来源：网易财经网，http：//money.163.com/15/0122/10/AGIBFT5C00253B0H.html，访问日期：2015 年 1 月 20 日。

“岁月”号沉船事件始末

许腾飞

2014年4月16日，一艘载有476名乘客的韩国客轮——“岁月”号在韩国西南海域发生浸水事故而沉没，事故造成多达295人遇难，至今仍有9人下落不明 。严重的伤亡使得本次事故成为近年来全世界最为严重的海滩，让韩国民众和世界各国人民都陷入悲痛之中。沉船事件不仅暴露了韩国安检部门监督不严、海警部门救援不力等问题，更有船员们不顾乘客安危、抢先逃离现场等恶劣行径的发生，并促使韩国政府事后进行了周密的调查和严肃的处理。本文将以“岁月”号客轮本身出发，深入剖析事件的发生原因、沉船经过以及救援过程，为今后的海上航行安全提供借鉴。

一、“岁月”号[1]扫描

海难发生后，全世界都将目光投向了“岁月”号这艘已有20年船龄的客轮，其本身的船体信息和经营历史也被公之于众，而客轮上所载乘客尤其是遇难乘客的信息更成为人们关注的焦点。

---

① 船名由世茂集团会长俞炳彦所取，为“世越”，是“超越尘世”之意，有宗教意涵，与“岁月”毫无关系。但是之前中文传媒多翻译为“岁月”号，后韩国《朝鲜日报》方面更正为“世越号”，不过韩联社等依旧称之为“岁月”号。中国港澳、星马、台湾的中文媒体已逐渐改称为“世越号”，不过大陆多数媒体及其他地域部分中文媒体依旧称之为“岁月”号。

（一）客轮历史

1994年6月，"岁月"号客轮在日本长崎下水，这艘船只既能载客又能装货，其自身重量6586吨，满载状态是10497吨，能够搭乘的乘客数量是804人，满载人数可以达到900人。建成之初归大岛运输有限公司所有，往返于鹿儿岛和冲绳那霸之间的航线。①

2012年10月，该客轮由一家韩国海运公司收购。经过打造，已经成为韩国国内最大的船只，船自身重量6825吨，长、宽分别为146、22米，能够搭乘的乘客数量为921人。日本方面示意称，在和韩国清海镇海运交接"岁月"号前，已对船只进行了严格的质量检验，称该船卖出后的用途、维修与其没有任何关系，因此将不会参与本次沉船事故的原因调查。

2013年3月，"岁月"号客轮完成了由韩国当局进行的检查，开始往返于仁川和济州之间的航线，并归属清海镇航运公司旗下，2014年2月19日完成了对该船的最近一次一等中间检验。

（二）乘客信息

据韩联社报道，"岁月"号上共有475名乘客，名单已经被公布，包括安山市檀园高中的14名教师和325名学生，他们这次是前往济州岛进行毕业旅游；另有其他乘客73人，导游1人、货运工作人员33人，而客轮乘务员则为29人。

外籍乘客方面，中国驻韩国大使馆第一时间调查后表示船上有2名中国乘客，为一男一女；4月18日又证实有1名中国女高中生搭乘该船；当天下午，又有第4名中国籍乘客被确认搭乘该船，为来韩务工人员，4名中国人已经全部确认遇难。此外，2名菲律宾人和1名

① 引自"世越号"沉船事故词条，维基百科，http://zh.wikipedia.org/wiki/岁月号歲月號#.E6.94.B9.E8.A3.85。

俄罗斯人也在遇难人员当中。

二、“岁月”号沉船始末

“岁月”号沉船事件的事发原因是多方面的，而整个救援过程更是一波三折，水文环境、自然光线、救援设备以及失踪人数过多等因素都迟滞了救援活动。虽然韩国政府和其他国家动用了庞大的救援力量，仍然没能避免严重的伤亡。

（一）沉船经过

“岁月”号客轮离开仁川港的时间是 4 月 15 日 20 点，之后就开始了前往济州岛的旅程。

船只发生撞击的时间是 7 时 55 分。据之后幸存的乘客称，巨响过后，当时船体发生了严重的摇晃。导致船迅速沉没还有一个原因就是当时船舱内的货物向一侧倾斜滑行，加剧船体迅速倾覆。而在此之前船上广播却告知乘客不要随处走动，间接导致大量乘客无法第一时间逃出船舱。

韩国海警人员收到求救信号的时间是 7 时 58 分，在初步了解事故后开始驶向出事海域。

“岁月”号发生侧翻的时间是在事发两个小时之后的 9 点 31 分，当时船的尾部逐渐下沉，而船头部位逐步上翘，最终海水进入船体导致沉没。

到了 9 点 40 分，韩国木浦海警出动 60 名海警，7 艘海军舰艇、2 架消防直升机前往事故地点。另有 7 艘民间商船也参与援救。

韩国海警救出 120 余名乘客的时间是 10 点。

包括韩国军方的“大祚荣”号驱逐舰在内的 20 余艘舰艇前往救援的时间是 10 点 55 分，此后，事故地点又来了一架海上预警直升机以及一架 C－130 运输机，这艘运输机装有 46 艘救生艇。

11 点左右，船体已经底朝天并几乎全部沉没。

（二）伤亡情况

4 月 16 日 10 时 15 分，韩国 YTN 电视台报道称，“岁月”号上 338 名学生已经全部获救。上午 11 时，在紧急记者会上，韩国安全本部发表声明称所有乘客都已逃生，而客轮则完全沉没。当地时间晚上 11 时 30 分，“岁月”号客轮原来搭载的 462 人中仅有 174 人获救，剩下的乘客，其中的 4 人已经证实遇难，另外失踪的人数达到 284 人。

韩国政府针对此次沉船事故专门成立了调查机构。4 月 18 日，召开记者招待会发布消息称，“岁月”号客轮的乘客总人数将从 475 人增加 1 人至 476 人，这其中已经包括了获救人数。根据西海地方海洋警察厅的解释，之所以多出 1 人，是因为有 2 名乘客由于船只没有及时出发而未登船，但是有 3 名乘客身在汽车中，并未填写乘船登记表，因此造成了先前统计的误差。

4 月 19 日，韩国政府发布消息称，确认遇难人数为 32 人，获救人数仍是 174 人，失踪人数为 270 人。21 日，确认死亡人数增至 81 人。到了 26 日 13 时，又发布消息称死亡人数达到 187 人，获救人数为 174 人，115 人下落不明。

5 月 2 日，新的消息宣布，证实死亡人数增至 236 人，获救人数不变，失踪人数减至 66 人。

5 月 6 日，已证实有 267 人遇难，仍有 35 人下落不明。

到了事故发生后的第 25 天，即 5 月 10 日，遇难人数增至 275 人，失踪人数为 29 人。

进入第 29 天，5 月 14 日，死亡者达到 281 人，失踪者为 23 人。

5 月 18 日，第 33 天，事故已造成 285 人遇难，仍有 19 人下落不明。

“岁月”号客轮事故进入第 54 个工作日，6 月 8 日上午 10 时 35

分，救援人员在“岁月”号三楼食堂中打捞出一名疑似女性的遗体。至此，整起“岁月”号沉船事故的死亡人数为 291 人，失踪人数为 13 人。①

（三）救援过程

整个“岁月”号沉船事故救援工作一直进展不顺利，究其原因，是因为事故海域的水深为 30 米，浪高达到半米，海水温度为 11.7 摄氏度，关键的是事故海域能见度仅为 20 米，水速达到了每小时 8 公里。并且，船只下沉速度惊人，仅过了两小时，船只就已消失在海面上。救援人员透露，船体碰撞以后，沉没速度飞快，而很多乘客困在了船舱里的商店、餐厅以及娱乐设施；更为糟糕的是，水下温度低，能见度差，几小时的时间过后难以再发现生还者。

1. 韩国国内救援行动

当地时间 4 月 16 日上午 8 时 55 分，韩国“岁月”号客轮行驶至韩国全罗南道珍岛郡屏风岛以北 20 公里海域时，沉船事故发生。到了 9 点 40 分，在收到求救信息第一时间，韩国海警救援人员赶往事发海域，其中出动海警人员 60 名，海军舰艇 7 艘以及消防直升机 2 架，另外 7 艘民用商船也赶往救援。事发后两小时的 10 时 55 分，韩国政府增派“大祚荣”号驱逐舰等 20 余艘舰艇，一架海上警戒直升机也随行救援，此外，空军部门也抽调一架装有 46 艘救生艇的 C－130 运输机赶往事发地点。下午 4 时 59 分，救援队伍增加至 16 架直升机和 24 艘船只，附近渔船也在事发海域参与救援工作。然而，事故现场天气恶劣，能见度极差，使得救援工作困难重重，并于 19 点结束，除了获救人员外，没有发现额外的幸存乘客。

17 日，韩国政府部门宣布将竭尽所能开展对“岁月”号客轮沉船事件的救援工作。18 日，虽然因事发地点可能出现的降雨及强风天

① “韩国沉船事故确认造成 291 人遇难 仍有 13 人失踪”，中新网，2014 年 6 月 8 日，http：//news. xinhuanet. com/yzyd/local/20140 608/c_ 1111035436. htm。

气影响了搜救工作，但是搜救工作并未中断，512 名潜水人员一直在水下开展对人员的搜救工作。

18 日，潜水员终于进入船体内部作业。当日，韩国军方派往救援的兵力达到了 400 余名，其中包括各种舰艇 28 艘，飞机 24 架（含 13 架直升机、10 架运输机以及 1 架巡逻机），此外还有海难救援队及海军特种作战团。由于考虑到打捞船体可能会影响船体内幸存者的生存状况，搜救部门决定暂时先不打捞船体。救援人员透露，军方潜水人员将轮换潜水以展开救援，这样救援人员可以以最好的状态展开搜救。①

19 日，沉船事故救援工作的第四个工作日，也就意味着 72 小时的黄金救援时间已经过了。这一天韩国救援人员共派出各类搜救船只 192 艘，飞机达到 31 架。在一个晚上的救援行动中，海警发射了多达 880 枚照明弹，并动用了 4 条拖网渔船，为的是防止遇难者遗体随海水漂走。②

20 日，在记者招待会上，韩国事故对策本部表示，救援人员已经构建引导绳，以便增加进入船体搜救的时间和途经。当地时间 12 时 9 分及 17 时 55 分，潜水人员再次进入船体内部。救援人员计划当天投入 90 艘海警舰艇、32 艘海军舰艇、90 艘民间渔船、32 架飞机及 556 名救援人员，这样救援达到了最大力量。

22 日，韩国对策本部表示，由于客船的三四层是船上便利设施集中的区域，新发现的遗体也大多集中于这些地方，因此成为目前行动的重点区。至 22 日晚间，潜水人员克服各种困难，进入船内三楼餐厅，此前一直认为这是遇难者最为集中的地方。③

28 日，救援行动受到巨大阻碍和困难，事发海域的天气急剧恶化，大风引起了巨浪，使搜救工作不得不暂停。据有关部门透露，事

① “韩军潜水员将‘接力下水’挽救失事客轮失踪者”，韩联社，2014 年 4 月 18 日，http：//chinese. yonhapnews. co. kr/newpgm/9908000000. html？cid = ACK20140418001100881。

② “韩国沉船事故遇难者增至 32 人搜救工作彻夜进行”，韩联社，2014 年 4 月 19 日，http：//chinese. yonhapnews. co. kr/newpgm/9908000000. html？cid = ACK20140419000100881。

③ “韩国沉船事故遇难者过百人三四层客舱为搜救重点”，韩联社，2014 年 4 月 22 日，http：//chinese. yonhapnews. co. kr/newpgm/9908 000000. html？cid = ACK20140422001400881。

发海域风速在每秒 8 米以上，并且一度达到每秒 13 米，浪高达到 2 米，迫使救援人员推迟原定次日凌晨的搜救工作。

5 月 4 日，在针对沉船事故的新闻发布会上，韩国政府表示，对于“岁月号”的打捞工作已经进入常态化阶段，救援队伍将持续加大搜救力度。目前，第一轮的搜救工作已经完成，下一步将试图突破船体内尚未打开的客舱，并增加搜救人员和装备数量。①

2. 国际救援行动

美国方面，沉船事故发生时，美国两栖攻击舰“好人查理”号正在朝鲜半岛西部海域巡逻。美国驻韩海军公共事务官员表示，该舰立即对沉船事故作出反应并应韩国海军和海警的要求前往救援，同时向事发地点派出了舰载直升机。②

日本方面，海上保安厅对沉船事故表示了沉痛哀悼，并通过日本政府向韩国方面表示，如有需要，将派遣舰船参与搜救。韩国方面对此表达了感谢，但仍拒绝了日本海上保安厅的援助建议，同时表示暂时不需要此方面的援助。③

三、事故分析

事故发生后，韩国官方对事故原因进行了严密的分析和解读，这其中既有船体本身的漏洞，也有航行过程中的操作不当，更有在海难发生时以船长为首的船员们独自弃船逃生的卑劣行径，真可谓“天灾”与“人祸”的结合。

---

① “韩国沉船事故第 13 天 恶劣天气阻搜救”，韩联社，2014 年 4 月 28 日，http：//chinese. yonhapnews. co. kr/newpgm/9908000000. html? cid = ACK20140428000200881。

② South Korea Ferry Sinking：U. S. Navy Ship to Join Rescue Effort，NBC News，2014 年 4 月 16 日，http：//www. nbcnews. com/storyline/south-korea-ferry-disaster/south-korea-ferry-sinking-u-s-navy-ship-join-rescue-n81606。

③ “韩船遇难、日愿协助救难韓船遇難”，中央社，2014 年 4 月 17 日，http：//www. chinatimes. com/realtimenews/20140417004321-260408。

（一）沉船过程分析

釜庆大学的环境与海洋研究所所长，Lee Sang-Yun（이상윤）教授，对沉船事件原因进行了分析，认为沉船事故的发生可能是多方面造成的。他认为船只倾斜沉没可能分为6个阶段：

（1）渡轮以非正常速度航行；

（2）海水流速达到了8公里每小时，且海浪给航行造成了障碍，而渡轮速度仍然很快；

（3）突然转向，目的是避开由海浪引起的航行障碍；

（4）船舷开始倾斜；

（5）船舱进水；

（6）船体继而倾覆。①

（二）沉船原因分析

1. 船体漏洞

作为一艘滚装船，“岁月”号从1994年在日本建成至今已有20年船龄，其设计之初的目的是利用车辆来搭载货物，这样可以节省装船所用的装卸、起重等设备，节约了装载时间，也不需要对码头进行大规模的改建，这也就是所谓的滚装船。这种类型的船只分为很多层，上层部分用来搭载成员，下层部分则为货物车辆准备。它由于使用汽车装载货物，因而为陆地交通系统的延伸，一般在近海地区使用，因为此区域潮汐稳定、公路系统发达。但是由于要搭载车辆，因此下层空间巨大，缺少横舱壁和船内支柱，导致船体结构强度不足，海上抗风浪和沉没能力严重缺乏。并且这种下层空间偏大的设计使得船只海上航行不稳，极易导致船只倾覆，这种设计方面的原因被认为

---

① 여여객선침몰> "'과속+유속' 복원력 상실 가능성，韩联社，2014年4月17日，http：//www.yonhapnews.co.kr/bulletin/2014/04/17/0200000000AKR20140417154500051.HTML。

是这次沉船事故的主要因素。此外，“岁月号”船身设计复杂，功能区域错综复杂，虽然保证了乘客乘船的舒适性，但却大大延误了事故发生时乘客逃生的时间，导致伤亡的加剧。

2. 航行过程中突然转向

部分乘客获救后曾经表示，“岁月号”在事故发生前曾有过剧烈的转向。船只剧烈转向的原因目前尚不明确，可能是为了海上紧急避险而采取的措施。但鉴于“岁月号”为一艘滚装船，如此强度的转向将导致极大的危险性，因为船只下层空间搭载了各类货物以及车辆，在航行过程中的剧烈转向可能导致货物和车辆向同一方向滑动，使得船只重心发生偏移，从而导致船只倾覆沉没。依据国际上关于船只安全方面的规章制度，总体设计上，对于滚装船，车辆货物的稳定和系固必须严格考虑进去，另外对船体底层货仓地面要做防滑处置，必须保证足够的压载水舱以保证船只的稳定性，防止其发生倾覆。

一般来说，航行过程中，船只自动恢复平稳是可以实现的，只要船只转向时的角度不大于当初的设计角度；但是，如果船只所受外力过大，突然的转向很可能导致船体内部的重物发生偏移，改变船体的重心，这在高速航行时十分危险，可能导致船只倾覆甚至沉没，“岁月”号作为一艘船龄达到二十年的客轮，即使对其进行高强度的改装和安全加固，面对这种突发情况也难以避免危险。①

3. 船员失职

船员失职的重要证据就在于船员明知道船体已经发生大幅倾斜，仍通过无线电让乘客“原地不动”，导致许多乘客没有采取应急措施，丢失了最后的逃生希望。船上装载的救生艇只打开了一个，急救的效果完全丧失。更卑鄙和令人愤怒的是，海难发生后，船长不履行保护乘客的责任，相反却第一个弃船，使乘客处于更危险的境地。以上因素可能是海难造成严重人员伤亡的重要因素。②

① 여여객선침몰> "'과속+유속' 복원력 상실 가능성，韩联社，2014 年 4 月 17 日，http：//www. yonhapnews. co. kr/bulletin/2014/04 /17/0200000000AKR20140417154500051. HTML。

② “彻查沉船真相、吸取惨重教训”，新华网，2014 年 4 月 18 日，http：//news. xinhuanet. com/world/2014-04/18/c_ 126405689. htm。

22日，在经过调查核实之后，海洋警察署宣称，“岁月”号的船长和船务人员非但没有第一时间对乘客进行引导疏散，相反却率先逃离沉船事故现场，造成乘客丧失最好的逃生机会。据悉，16日上午8点58分，海警的一艘救生艇第一个接到求救信号，并且在上午9点30分率先抵达事发地点，但此时船只已经大幅度倾斜。船长和其他船员在上午九时三十八分最后一次和海上交通控制中心的工作人员通话，然后就和乘客坐救生船第一批撤离现场。然而，就在他们撤离前仅仅十分钟，船上的广播还在向乘客们告知不要外出走动，呆在船舱内更加安全。①

四、事故影响

严重的伤亡在全世界范围内引起了巨大的反响，更让韩国国内陷入一阵沉痛的气氛之中，韩国政府在平息事件所造成的恶劣影响之余也对相关责任人进行了严肃处理。

（一）各国反应

17日，美国总统奥巴马在听闻韩国“岁月”号客轮发生重大沉船事故后，立即发表声明，表达了沉痛的哀悼，并代表美国人民对事故死难者家属致以深切的慰问。他说，韩美两国是友好的盟国，两国人民之间更是有着深刻的友谊，美国已经并将持续派出海空搜救力量在事发海域搜救失踪者，美方将会为韩国提供一切必要的援助。②

同一天，中国国家主席习近平也对事故不幸发生表达了沉痛的哀

① “韩失事客轮船员第一时间逃生、未及时疏散乘客”，韩联社，2014年4月22日，http：//chinese. yonhapnews. co. kr/newpgm/9908 000000. html？ cid = ACK20140422002300881。

② “奥巴马对韩国沉船事故表示哀悼、已派救援队伍”，新华网，2014年4月18日，http：//news. xinhuanet. com/world/2014-04/18/c _ 126404511. htm。

悼，并向韩国总统朴槿惠表示了慰问。他说，惊悉贵国“岁月”号客轮不幸发生严重海上事故，造成大量人员伤亡和失踪，特别是其中包括许多年轻的学生，令人深感痛心。我谨代表中国政府和中国人民，并以我个人的名义，对遇难者表示深切的哀悼，向遇难者和失踪人员家属及伤者致以诚挚的慰问。①

4 月 23 日，朝鲜媒体报道，朝鲜红十字会中央委员会向韩国红十字会表达了慰问。报道说，朝鲜红十字会中央委员会发去慰问电，就 16 日韩国“岁月”号客轮在全罗南道珍岛郡附近海域沉没并造成包括青年学生在内的大量人员死亡和失踪，表示“深切慰问”。②

（二）韩国国内反应

4 月 18 日上午，沉船事故失踪乘客家属汇聚在全罗南道珍岛室内体育场内，发表呼吁称，他们对政府在事故救援中的不力表现深感不满，希望社会各界伸出援助之手。18 日下午，在京畿道安山檀园的校园内，一场烛光祈祷会由安山的市民与学生们自发组织，希望下落不明的乘客能够安全归来。“岁月”号沉船死难者临时联合灵堂设在韩国京畿道安山奥运会纪念馆室内体育馆内，等候吊唁的长队人数众多，队伍太长只能在体育馆前的古栈小学的操场里环绕几圈，一直延伸到一千米外的高丽大学安山医院。

4 月 27 日上午，现年 70 岁的韩国总理郑烘原召开新闻发布会，通过电视向全国直播。新闻发布会上，郑烘原脸色严峻。他对政府在此次事件中的不力表现向公众表示道歉，并表示自己将会因为这次事故造成的严重后果引咎辞职。

5 月 16 日，朴槿惠总统和“岁月”号沉船事故遇难者家属组成的代表团举行的会面在韩国总统官邸青瓦台召开。会上，朴槿惠总统

① “习近平就韩国客轮沉没事故向韩国总统致慰问”，新华网，2014 年 4 月 17 日，http：//news. xinhuanet. com/world/2014-04/17/c_ 1110291453. htm。

② “朝鲜红十字会就韩国沉船事故致慰问电”，新华网，2014 年 4 月 23 日，http：//news. xinhuanet. com/world/201 4-04/23/c_ 111037 991 5. htm。

首次对事故发生表示道歉，并就事件之后的一系列处理办法听取了家属们的意见。她表示将从根本上对社会安全系统进行改革，不会让类似的悲剧再次发生。5 月 19 日，在面向全体韩国民众的电视讲话中，对于此次“岁月”号沉船事故，朴槿惠再一次对遇难者家属和韩国民众进行道歉，表示对在救援行动中表现不佳的韩国海警人员立即进行解散。“岁月”号沉船事故发生后，因为韩国政府在“岁月”号事故救援工作中的糟糕表现，民众对朴槿惠的信任大减，其支持率也从 71% 直接跌至 56.5%。

（三）事故责任追究

船员：事故责任追究一直受到韩国公众的关注，5 月 15 日，韩国警方和检方组成了关于“岁月”号的联合调查本部，经过各方面的深入调查，对包括船长李俊锡在内的 15 名船员发起公诉，罪名是起诉“不作为”的杀人罪，对象包括李俊锡与一等航海师、二等航海师和轮机长等 4 人，对于其他 11 名船员，则以涉嫌抛弃遇难乘客致人死亡、受伤和违反船只遇难救援法发起公诉。6 月 10 日，韩国方面对“岁月”号上的海员进行首次公开审理。被指控犯有杀人罪的船长和其中 4 名海员以及其余 11 名被起诉的船员出庭受审，但他们中大多数并不认罪，表示救援任务是海警的责任。被告辩称，海岸警卫队将去营救乘客，船员们是听从海事警察命令弃船，不能说他们有“故意杀人”的嫌疑。船长的律师表示，由于船体迅速倾覆，被告人无法进行救助活动，并且身在驾驶舱内很难做出正确判断，因此被告认为，应该由海警负责救人，因为他们装备了先进的救援设施，而且事故初期就是赶到现场的。

船主：5 月 27 日，韩国总统朴槿惠要求对“岁月”号客轮的所属公司清海镇海运公司的会长俞炳彦尽快实施逮捕，称其及其家族是事故发生的“根源”，必须受到法律制裁。韩国总统朴槿惠发表声明时说，俞炳彦的罪行不可饶恕，必须予以严惩，其所作所为是对韩国法律和社会的严重挑战。[1]

韩国检察院在事故发生后不久即对会长俞炳彦进行调查。仁川地方检察院于16日由特别搜查组对俞炳彦进行传讯，但他对此未作出回应。22日，特别搜查组进入了京畿道安城锦绣园展开搜查，但是未能找到俞炳彦，目前，韩国政府和警察部门提高了对俞炳彦和其长子的悬赏金额，从8000万韩元上调至6亿韩元，不断加大搜捕力度。

海警：6月10日，韩国《中央日报》发布消息称，韩国检察院已经对包括韩国海洋警察厅仁川总部等6个部门进行了扣押调查，试图查清为何事故初期海警没有第一时间展开实质性搜救工作。此前，6月5日，海警总部、西海地方厅、木浦海洋警察厅、珍岛郡厅、彭木港厅的海警状况室、珍岛海上交通管制中心（VTS）等部门已受到韩国光州支厅海警调查专案组的扣押搜查。在此之后，韩国检方也对第一个抵达事故海域的海警123警备艇船员进行调查，询问其为何没有第一时间进入“岁月”号船舱内部开展救援。

---

① “朴槿惠命尽快逮捕沉船船主称其为事故‘根源’”，中新网，2014年5月27日，http：//www. chinanews. com/gj/2014/05-27/6217285. shtml。

从非洲埃博拉疫情看公共卫生安全

杨 晨 吴晓晓

2014 年 2 月，几内亚首都科纳克里报告了四宗埃博拉病毒疑似病例，拉开了此次埃博拉疫情肆虐的“序幕”。此后六个多月里，埃博拉病毒不断蔓延，感染人数以及死亡人数不断攀升，疫情逐渐朝“不可控制”的方向发展。面对这场“强烈风暴”，多个国家纷纷加入抗击埃博拉病毒的行列中，共同保卫地区的公共卫生安全，为当代公共卫生安全的国际合作提供了新的宝贵经验，也给中国应对包括公共卫生安全在内的非传统安全问题带来不少启示。

一、关于公共卫生安全

公共卫生影响到生命健康是十分重要的。美国公共卫生研究领域领袖、耶鲁大学温斯洛（Charles-Edward A. Winslow）教授 1920 年给出定义：“公共卫生是通过有组织的社区努力以预防疾病、维护健康、延长寿命及提高效益的科学与艺术，包括防止传染性疾病，改善环境卫生，教育个人注意保持清洁卫生，指导医疗工作者对疾病进行早期确诊及防御治疗，并建立可以保障每个公民都达到健康生活水准的机制。”① 公共卫生问题包括各种自然因素及人类生产行为、生活方式等社会因素所造成的卫生安全问题，包括重大疾病尤其是传染性疾病（如艾滋病、结核病、SARS 等）、食品药品、公共环境等问题。

后冷战时代的全球化也增加了公共卫生风险的防范难度。在全球化条件下，携带传染性病毒的人口或商品因其前所未有的流动规模，而对国际安全造成了重大影响，这是一个典型的非传统安全议题，需要国际社会对既有的安全秩序进行新的设计。因此，应结合政府公共健康和安全维护，依托国际组织和非政府组织从上到下进行应对。

随着经济全球化的不断发展，全球公共卫生安全未来的发展趋势将表现在以下几个方面：

第一，人类对疾病的应对能力远不足以对抗不断出现的“新”疾病。这主要表现在两个方面：1. 全球化极大地提升了传染性疾病的扩散能力。20 世纪 50 年代，形势还能得到控制，人们的注意力在霍乱、鼠疫、天花等检疫疾病之上，新的疾病很少。基于世界的交流越来越紧密，人口流动相较以往呈急剧加速的趋势，这使得传染性疾病更加容易扩散传播。但是根据 2014 年 9 月 4 日，美国波音公司的市场预测的数据，2014 年世界民航客运量约 30 亿人，预计到 2033 年，这一数字将接近 70 亿人。全球员工的不断流动，大大增加了各种传染病在世界传播的机会和速度。因此，世界上无论何处，一旦疾病或传染病爆发，有可能在短短的几小时后，造成对其他国家和地区的威胁。2. 非传染性疾病造成的伤害也显著提高，这与不断恶化的环境有着一定联系。据 WHO 统计，非传染性疾病大约使 360 万人失去了生命，危害不可低估。

第二，人为破坏全球公共卫生安全的现象和事件日趋严重，令未来的防控工作更趋复杂。2001 年“9·11”事件后不久，美国出现炭疽邮件，导致 22 人受到致命性炭疽孢子的感染，其中 5 人死亡，生

① “Public Health”，《美国公共卫生杂志》，1957 年第 2 期。

物恐怖事件来到现代社会的现实生活，造成巨大的经济损失，危害公众健康。展望未来的公共卫生安全，主观故意实施生物恐怖袭击将大大增加潜在的威胁，生物恐怖主义已构成对国际安全的威胁。这主要是因为，（1）仍有相当一些国家以安全为由继续从事生物武器的研发。（2）商业生物技术的开发亦不可避免地间接增强了生物武器的危害性。

第三，全球治理要求高。如今，各项疾病传播蔓延范围极广，给全世界各个国家的卫生安全带来隐患。例如，在2003年爆发的SARS（严重急性呼吸综合征）是20世纪末至21世纪初人类第一次遇到的严重疾病的新类型。短短5个月内，疾病传播到32个国家，造成8098人感染和774人死亡，病死率达11%左右。可以看出，SARS的迅速传播暴露出国际社会预防和控制能力弱；然而，社会中普遍蔓延的恐慌和焦虑比病毒扩散的更快，这显示出一种超出人类掌控的病原体对人类社会的安全、经济以及社会秩序造成的巨大冲击。今天，传染病大爆发无疑是对世界最大的威胁之一。2009年，甲型H1N1流感爆发后，WHO总干事立刻表示甲型H1N1流感警戒级别为最高的六级，这是一个全球性的流感大流行。虽然此次流感的影响相较1918年至1919年那场导致了2000万人死亡的世界性流感疫情相比还有所不及，但毋庸置疑的是，新世纪这次流感的流行必将带来新一波的震动，也可能会带来毁灭性的后果。因此，流感大流行被称为“国家安全最严重的威胁”。也正是由于诸如此类的疾病全球性爆发，使得全球治理的难度增大，要求更高。

简言之，全球公共卫生安全问题已被公认为是当今世界非传统安全议题一个重要组成部分，并能够影响政治，有以下特征：一是跨国的性质，疾病的传播有其特殊性，即不分国界。二是转化的性质，传染病蔓延迅速超越卫生这一单一的范围，容易引起恐慌并演变为社会经济和政治问题。三是不确定的性质，传染性疾病的发生和造成的危害通常不可预知。四是协作的性质，疾病的问题需要加强部门间的协调、跨区域合作和国际合作。[1] 也正是受这四个因素的影响，虽然国家仍然是维护公共卫生安全的主力，但国际组织在维护世界公共卫生安全方面起到了非常重要的平台作用。

总的来说，随着经济全球化进程的逐步加快，世界公共卫生问题也日益增多，给公共卫生安全带来极大的威胁，公共卫生安全的未来形势走向不容乐观，需要各国在充分发挥自身力量的基础上，积极借助国际组织的力量加强国际协作，同时，注重发挥非政府组织的巨大潜力，共同维护公共卫生安全。

二、关于2014年非洲埃博拉疫情

2014年的非洲埃博拉病毒疫情起始于2014年12月在西非爆发的一系列疫情。最初爆发主要是蔓延到几内亚、利比里亚、塞拉利昂、尼日利亚四个西非国家，其中几内亚疫情是最严重的，并首次从偏远丛林村庄，蔓延到人口稠密的城市。据世界卫生组织在2014年9月22日发布的最新疫情数据显示，截至9月17日，各地累计发现埃博拉病毒确诊、疑似和可能感染病例5843例，死亡2803人。死亡人数已经达到了历史新高，并已难以控制其局势。

（一）关于埃博拉病毒

埃博拉病毒病（EVD，以往称为埃博拉病毒性出血热）早在1976年在非洲发现。这种病在一个村庄的埃博拉河附近爆发，因此命名。该病毒疫情至今大规模爆发已经发生了三次，还有十余次小规模疫情，总计在非洲造成的伤亡人数超过千人。感染者会出现出血等各种可怕症状，死亡率极高。

① 尹力："重视国际政治中的卫生问题"，《学习时报》，2005年12月。

埃博拉病毒有五大种类：BDBV、EBOV、RESTV、SUDV、TAF-V①。这次爆发的是扎伊尔疾病，也是迄今为止致死率最高的病毒，死亡率接近90%。

（二）2014年埃博拉疫情在西非地区的爆发与扩散

2014年2月，埃博拉疫情在几内亚开始爆发。3月25日，几内亚卫生部向世界卫生组织报告发现埃博拉出血热疫情。疫情涵盖了几内亚南部地区盖凯杜古、马森塔、恩泽雷科雷和基西杜古等地。3月31日，首批国际援助到达，各国开始协助调查。4月中旬，利比里亚录得疑似病例。同时，塞拉利昂、马里和加纳出现相似情况，不过其埃博拉病毒临床样本呈阴性反应。4月18日，几内亚媒体报道，埃博拉疫情在几内亚经历稳定期后，再次呈不断上升的趋势。截至4月17日，几内亚共202例临床疑似病例中有125例死亡②。在5月中旬，几内亚的整体感染情况有所改善。然而到了5月23—27日，三个之前受影响的地区、四个新地区和一个新的国家，都出现了新的临床病例。7月26日，首例感染埃博拉病毒的尼日利亚人死亡，该国进入警戒状态。在7月26日到7月28日这三天，利比里亚有80个新病例，已成为各国中新增例数最多的国家。WHO统计，至8月4日，西非埃博拉病毒致使死亡人数几乎是历史最糟糕疫情中受难者的两倍。

疫情的肆虐不仅威胁了当地民众的安全，对医护人员的生命健康也构成极大威胁。2014年8月25日，WHO在声明中表示，逾240名医护人员感染埃博拉病毒，其中逾120名因此丧生，所受影响的医务人员是空前的③。

2014年9月3日，几内亚政府宣称，埃博拉疫情蔓延趋势难以阻

① “埃博拉病毒病”，世界卫生组织官网，http：//www.who.int/mediacentre/factsheets/fs103/zh/。

② “几内亚埃博拉疫情抬头”，新华网2014年4月19日电，http：//news.xinhuanet.com/tech/2014-04/19/c_1110313714.htm。

③ “世卫组织：超120名医护人员在埃博拉疫情中丧生”，中国新闻网2014年8月26日电，http：//www.chinanews.com/gj/2014/08-26/6530368.shtml。

止，已经扩散到该国其他地区。另一方面，关于疫情也偶有好消息传来。9 月 10 日，塞内加尔卫生部确认称，于 8 月 27 日确诊的首位埃博拉病毒感染者已经逐渐康复，不再携带病毒。

然而，埃博拉疫情的总体形势依旧是十分严峻的。WHO 称截止到 2014 年 11 月，西非地区埃博拉病毒的确诊及疑似病例数量可能超过 20000 人①。

（三）2014 年埃博拉疫情之特点

自 2014 年 2 月，非洲埃博拉疫情的蔓延如风暴一般难以停止。对比以往疫情，此次爆发的疫情呈现出以下几个特点：

第一，疫情范围极广。疫情从几内亚爆发后，迅速地向其他几个国家扩散。此次疫情的扩散首次蔓延到人口稠密的大城市。

第二，持续时间长。埃博拉疫情爆发以来已经超过六个月，该病毒的传播很难看到停止的迹象，如何控制疫情将变得更加困难。

第三，感染人数多且高致命率。表一是世界卫生组织统计的埃博拉病毒病既往疫情年表，可以看出，此次埃博拉疫情致命率极高，疫情非常严峻。

另一方面，我们也不难发现，此次埃博拉疫情肆虐也暴露出西非各国的一些共同特点。首先，受灾国都饱受多年内战蹂躏，国家发展水平低下。埃博拉通常在医疗服务匮乏国家猖獗肆虐。其次，民众教育程度低，对埃博拉不了解，缺乏自我保护及避免埃博拉的知识和意识，影响了与病毒的对抗。此外，民众对当局高度不信任，这也影响了防治埃博拉的进程。这一系列因素为埃博拉疫情的肆虐找到了“温床”，并使其愈演愈烈。

---

① “The Ebola Emergency—Immediate Action, Ongoing Strategy”, 23 September 2014, http://www.nejm.org/doi/full/10.1056/NEJMe1411471? query = featured_ home.

表一　埃博拉病毒病既往疫情年表

年份	国家	埃博拉病毒分型	病例数	死亡数	病死率
2012	刚果民主共和国	本迪布焦型	57	29	51%
2012	乌干达	苏丹型	7	4	57%
2012	乌干达	苏丹型	24	17	71%
2011	乌干达	苏丹型	1	1	100%
2008	刚果民主共和国	扎伊尔型	32	14	44%
2007	乌干达	本迪布焦型	149	37	25%
2007	刚果民主共和国	扎伊尔型	264	187	71
2005	刚果	扎伊尔型	12	10	83%
2004	苏丹	苏丹型	17	7	41%
2003（11—12）	刚果	扎伊尔型	35	29	83%
2003（1—4）	刚果	扎伊尔型	143	128	90%
2001—2002	刚果	扎伊尔型	59	44	75%
2001—2002	加蓬	扎伊尔型	65	53	82%
2000	乌干达	苏丹型	425	224	53%
1996	南非（前加蓬）	扎伊尔型	1	1	100%
1996（7—12）	加蓬	扎伊尔型	60	45	75%
1996（1—4）	加蓬	扎伊尔型	31	21	68%
1995	刚果民主共和国	扎伊尔型	315	254	81%
1994	科特迪瓦	塔伊森林型	1	0	0%
1994	加蓬	扎伊尔型	52	31	60%
1979	苏丹	苏丹型	34	22	65%
1977	刚果民主共和国	扎伊尔型	1	1	100%
1976	苏丹	苏丹型	284	151	53%
1976	刚果民主共和国	扎伊尔型	318	280	88%

三、非洲本土以及国际社会的态度和应对措施

自2014年2月开始，在一些国家肆虐的西非埃博拉疫情，来势凶猛，传播速度快，很多人的生命受到威胁。也正是因为此次疫情的严重性与特殊性，不仅仅是非洲本土尤其是受灾国竭尽全力进行救治和预防，国际组织以及世界各国都积极参与，共同控制埃博拉疫情的进一步恶化，努力寻求解决方法。

（一）非洲本土

此次埃博拉席卷西非国家，特别是几内亚、利比里亚、塞拉利昂、尼日利亚这四个国家受灾严重。面对肆虐的疫情，最初有的国家表现得有些慌乱，有的国家较为消极地防控，但随着疫情的扩大，以及对疫情的了解不断深入，各受灾国积极进行疫情的控制与预防，并结合国际力量联手抗击埃博拉病毒。

几内亚是这次疫情的首发国，其疫情在四个西非受灾国中也最为严重。塞拉利昂国内的安全部队已经对受埃博拉影响的东部地区实施完全封锁。自2014年7月份出现疫情，尼日利亚各部门进行了积极的应对，排查可疑患者。塞内加尔在发现该国出现感染病例后，立即采取措施，对接触感染者的人群进行了详细的排查和观察，在9月10日宣布该国患者已经痊愈，其他人群也未发现任何感染症状。可以说，塞内加尔的疫情在相当大程度上得到遏制。而在西非以外的刚果（金）也同样发现了个别病例，虽然已确认该国疫情的爆发与当前西非埃博拉疫情没有直接联系，但是情况同样不容乐观。目前，刚果（金）已经努力加强控制力度并积极协调国际工作。

总的来说，受灾国政府在这一特殊阶段，都将绝大部分精力投注

在治疗、预防、管控疫情的事业上。这些受灾国不仅仅是依靠本国的力量，还联合起来共同商讨应对措施。与此同时，世界卫生组织，联合国安理会，中国、美国等各国医疗队，一系列的国际力量也在此次疫情防控中积极贡献力量，帮助受灾国共同对抗埃博拉疫情。

（二）国际机构

1. 联合国

疫情爆发以来，联合国也在竭尽力量共同应对埃博拉疫情，为控制局面已经启动紧急措施并建立了应对埃博拉的多伙伴信托基金。9月25日上午，在联合国六十九届联大一般性辩论之间的时间里，联合国秘书长潘基文召集各国领导人参加应对埃博拉疫情的高级别会议，为抗击疫情动员更多力量。

2. 专门机构

在全球化不断发展的今天，公共卫生已成为世界性的责任。世界卫生组织在此次抗击埃博拉疫情中起到了绝对的领导作用，在协调各国共同对西非的救援中起到了至关重要的作用。在抗击埃博拉的“征程”中，世界卫生组织做出的努力主要包括：第一，向灾区派遣医务工作组，发派医疗器械。世界卫生组织此次共向几内亚、利比里亚、尼日利亚和塞拉利昂四国派遣超过400名医护人员。[①] 这些工作人员深入疫区，设立救治点，帮助当地政府一起防治埃博拉病毒。在参与危险的救治工作时，有些医务人员不幸感染埃博拉病毒。第二，通报疫情，制定方案。疫情爆发的半年多来，世卫组织持续跟进防治工作，及时了解情况，统计数据，研究解决方案，向国际社会进行通报。面对疫情的升级也在第一时间发出警告。第三，搭建合作平台，倡议国际力量的加入。疫情发生后，世卫组织多次召开会议研究解决方案，邀请受灾国和其他国家加入，呼吁国际社会共同应对这一“人

① “世卫组织派出的卫生工作者检测感染埃博拉后获得医治”，世界卫生组织官方网站2014年8月24日电，http：//www. who. int/mediacentre/news/statements/2014/health-worker-ebola/zh/。

类不幸”。第四，研发疫苗，研究治疗手段。正是由于世界卫生组织的一系列投入和付出，加强了受灾国政府及民众的抗治信心，加紧国际合作抗击病毒，在这场埃博拉“攻坚战”中扮演了核心的角色。

3. 非政府组织

同时不可忽略的是，一些非政府组织也积极参与抗击埃博拉疫情的工作，如国际红十字会、国际妇女儿童联合会等，这些组织纷纷采取捐助资金和医疗装备、派遣医疗人员等方式向受灾国伸出援手，共同抗击疫情。

（三）主要国家

1. 中国

自埃博拉疫情肆虐以来，其灾情状况一直牵动着国际社会的心。一些国家纷纷表示了本国对疫情的关切，向受灾国派遣医疗队，捐助资金，研制解决方案。其中，中国在这一方面做出了巨大的贡献。

中国作为非洲长久以来的朋友，在得知埃博拉疫情爆发的消息后，第一时间向非洲受灾国提供了防控救治物资。之后在 8 月份，又向利比里亚等其他 3 个国家提供人道主义援助，价值约 3000 万元，派出两批移动式生物安全实验室。习近平主席已经宣布进一步提供总额 2 亿元人民币的紧急现汇，粮食和物资援助。这一段时间以来，在抗击疫情第一线不断有医护人员感染病毒。在这样一个危险的形势面前，中国有 170 多名医务人员仍在坚守阵线，与当地人一起，陪伴灾民周围。中国抗埃博拉疫情援助工作得到受灾国以及世卫组织的高度赞赏，为国际社会携手防治疫情激发“正能量”做了很好的表率。

2. 美国

美国作为当今世界第一强国，在此次抗击埃博拉疫情中也充分展现出其大国风范。疫情爆发后，美国国家卫生机构——疾病预防控制中心派出五个调查组，协助调查。同时，美国将西非埃博拉疫情的响应级别升级到最高级别，美国不但派遣了先进的公共医疗设施和训练有素的医护人员，并且美国总统奥巴马宣布美国将派遣 3000 名士兵并斥资7.5亿美元用于抗击埃博拉疫情[①]。同时，他多次表示，抗击埃博拉已列入美国国家安全的首要任务，提醒所有国家和组织积极参与，为战胜疫情不遗余力。

3. 欧盟

自疫情爆发以来，欧盟及其成员国一直深切关注疫情状况，表现十分突出。欧盟将首个“移动实验室”派往几内亚，致力于埃博拉病毒的诊断和测试。截至8月，欧盟支持对抗埃博拉疫情资金高达1190万欧元，各成员国也提供双边援助。2014年8月8日，欧盟表示追加800万欧元资金用来帮助抗击西非埃博拉疫情，并向疫情国配置第二个“欧洲移动实验室”。欧盟外长也多次公开发表声明表示，欧盟愿意继续支持防疫人员和国际机构人员，并呼吁国际社会的跟进行动，增进协调。

中国、美国和欧盟国家此次抗击埃博拉的表现，给世界各国做了非常好的表率，赢得了国际社会的赞赏和尊重。也正是国际社会的积极作为，使得受灾国政府和民众坚定了抗击疫情的信心，鼓舞了士气，推动防治工作的有序进行。

四、从埃博拉疫情看国际公共卫生安全合作

2014年8月8日，世界卫生组织就在日内瓦宣布，西非地区的埃博拉疫情已构成“国际关注的突发公共卫生事件”[②]。此次近40年来最大规模、最严重、最复杂的埃博拉病毒疫情，使世界上所有国家的公共卫生系统都受到震动，也给国际公共卫生安全合作提供了更多的

---

① “美国全力应对埃博拉疫情，将向西非派遣3000名士兵”，凤凰网2014年9月18日电，http://news.ifeng.com/a/20140918/42018299_0.shtml。

② “世卫组织：埃博拉疫情已构成国际关注突发公共卫生事件”，人民网2014年8月9日电，http://world.people.com.cn/n/2014/0809/c157278-25434816.html。

经验和启示。

首先，国际公共卫生安全合作必须涉及大国合作。

公共卫生安全需要国际社会齐心协力，共同贡献力量。而在开展合作时，大国的领导力与影响力又是必不可少的。我们这里所指的大国，相较于其他国家，在经济实力、科技力量、国际影响力方面更具有优势，在号召国际社会共同维护公共卫生安全方面更具有说服力。如此次抗击埃博拉疫情过程中的美国、中国等。就目前主要大国在抗击埃博拉疫情上的行动及其效果而言，大国力量发挥了主导性作用，不仅仅是向西非受灾国提供了资金、技术、人员，更是给西非疫区的政府与民众带来强有力的信心。

其次，国际公共卫生安全合作需要国际组织的统筹协调。

埃博拉疫情爆发之后的六个多月，联合国、世界卫生组织、非盟等一系列国际组织多次召开国际会议，呼吁各国共同应对，国际社会帮助加强医务人员能力、提供财政及后勤支持，并保持港口和机场开放；同时，在非洲本土针对不同国家情况提出具体的防控建议；及时向社会公众通报疫情发展的情况，研究制定防治方案。可以说，国际公共卫生安全合作的有序进展，离不开国际组织的统筹协调。

再次，国际公共卫生安全维护需要疫区国家的团结协作。

疫区国家作为疫情爆发的直接受害者，在维护国际公共卫生安全方面必然是一支主力军。疫区国家可以及时向国际社会提供有价值的信息，其防治工作的利弊也能给国际社会提供借鉴。疫区国家间的团结一致、紧密合作，不仅可以在源头上更好地控制疫情的发展，并能够更好地配合国际援助工作，使得国际公共卫生安全维护工作进展更为顺利。

最后，参与国际公共卫生安全合作应该也给中国带来了更多机遇。

第一，历练和提高了我国生物科技实力。维护公共卫生安全必然需要坚实的经济实力作为支撑，这是大国参与国际公共卫生合作的门槛，但更集中于高精尖的生物科技力量，这包括了庞大的研发团队、成熟的产业链及不间断的临床运用。第二，提高了我国面对非传统安全问题的有效管控能力。当今世界，非传统安全愈益成为国家安全关注的重点。维护公共卫生安全也是维护传统安全的一项重要内容，中国应从此次抗击埃博拉行动中汲取经验，制定出一套符合本国国情的方针和政策，切实壮大自身力量，更好地应对非传统安全的挑战。同时，加强与其他国家、政府间国际组织、非政府组织的合作，取长补短，趋利避害，互相协作对维护国家利益，推动国际社会和谐发展起到关键作用。第三，通过务实的援助与合作增强我国“软实力”。长久以来，中国与非洲有着深厚的友谊与良好的合作关系，因此，此次对非洲埃博拉疫情的国际援助中，中国有义务做出贡献。在中非互信互助的机制下，中国可充分发挥自身在国家能力建设方面的经验与制度优势，有所作为。其卓越的工作和成效，获得了包括联合国、世卫组织、几内亚等受灾国在内的国际社会的高度赞赏，推动了中非合作的深入发展，提高了中国在非洲以及国际社会的影响力，更有力地驳斥了西方关于中国在非洲搞所谓“新殖民主义”的无端指责。

小　结

此次埃博拉疫情是近 40 年来规模最大、最为严重的疫情，不仅仅危及了西非国家的政府和民众，也对国际公共卫生安全造成了极大的挑战。面对公共卫生安全问题在当今社会的不断凸显，国际社会应紧密相连，国际组织充分发挥统筹协调的职能，世界各国共同合作，维护国际公共卫生安全。同时，应对挑战，中国应迎难而上，从本国国情出发，不断完善自身实力，积极参与国际合作，提高国际影响力，做一个负责任的大国。

马航失联与国际救援

张恒彬

马航失联客机事件，从失踪到马来西亚总理发表声明确认坠毁已过去了数月。搜救范围从泰国湾到南印度洋海域，嫌疑人从早前报道的两位持假护照的神秘乘客到马来西亚反对派的拥护者失联航班机长，马航事件的发展牵动着每个人的心。同时，马航事件也检验了中国在面对突发紧急事件时的应急能力。如今，搜寻行动还在南印度洋继续进行，找到 MH370 可能只是时间问题。

一、马航失联事件概述

2014 年 3 月 8 日凌晨，从马来西亚吉隆坡前往中国北京编号为 MH370 的客机与地面失去了联系，该机上一共有 227 名乘客和 12 名机组人员，其中 154 名中国人，外国人 73 名。至 2014 年 3 月 24 日 22 时，马来西亚总理在新闻发布会现场宣布飞机已经坠毁于南印度洋，机上人员无生还可能。

失联客机型号为波音 777-200ER（Extended Range），又名 777-200IGW（Increased Gross Weight），主要增加了油箱容量，最大起飞

重量也提升到58万—63.1万磅，航程增加至14260公里。[①] 这次失联事件中的客机于2002年5月14日首飞，同年5月31日交付给马来西亚航空，使用罗尔斯-罗伊斯瑞达892型引擎，其中有商务舱座位35个和247个经济舱座位。根据马来西亚航空公司的统计，该飞机的飞行时间总计20243个小时，已执行了3023次飞行任务。飞机失事当天该航班总计搭载239人，其中包括227名旅客和12名机组人员。根据马航所提供的乘客资料，失事班机上的乘客来自12个国家地区，乘客大多为中国内地公民（152人）与马来西亚公民（38人）。中国旅客中约1/3出生于20世纪80年代，65岁以上的约20位，年龄最大的已79岁高龄。[②] MH370的机长为扎哈里·艾哈迈德·沙阿（Zaharie Ahmad Shah），马来西亚籍，来自槟城，年龄53岁，于1981年加入马航，有18365小时的飞行经验；副驾驶员：法利·阿卜杜勒·哈米德（Fariq Ab. Hamid），马来西亚籍，27岁，2007年加入马航后共执行飞行任务2763个小时。在该航班的12名机组人员中，有5名是会华语的华裔。[③]

由于失联客机MH370在飞行的时候并未出现不适于飞机的气象情况，并且飞机是在进入平流层巡航高度时突然失踪，这就成了此次事件的疑点之一。其中重要的是波音777－200ER属于先进机种，如果该飞机出现了机械故障都会在第一时间通知机组，机组则会立即处理并在第一时间通知航站楼。失联客机MH370没有任何预兆就消失了，这说明要么是机组人员蓄意操作，要么就是遇到了“毁灭”性的打击，导致机组人员没有反应时间。针对种种疑点，各界进行了诸多猜测，汇总起来主要有以下三点：

1. 劫机猜测

MH370是从马来西亚吉隆坡飞向中国北京的，为何会在南印度洋

---

① http：//www.boeing.com/boeing/commercial/777family/background.page.

② “马航失事飞机约三分之一中国乘客为80后”，中国新闻网2014年3月8日电，http：//www.chinanews.com/gn/2014/03-08/5926939.shtml。

③ “马航失联客机部分机组人员照片曝光”，中国日报网2014年3月8日电，http：//world.chinadaily.com.cn/2014-03/08/content_17333149.htm。

坠毁？在飞机失踪当天，有雷达显示 MH370 曾刻意转向安达曼群岛，并且在这段时间客机的通讯装置处于关闭状态。专业人士称，这可能是由有专业驾驶经验的人所为。那么就有两种情况，一是飞机遭遇专业武装人员劫持，二是飞机被机组人员劫持。这里面同样疑团重重。

2. 电器起火猜测

加拿大一级飞行员兼仪器机师克里斯·古德费洛（Chris Goodfellow）根据飞机的飞行动作提出假设，他认为 MH370 失事的原因可能会是因为电器火灾。①

3. 机械故障论

有人认为飞机可能由于机械故障而失事，并提出以下两点理由：首先，失联客机 MH370 已经服役 11.8 年；其次，美国联邦航空管理局曾在 4 个月前指出波音 777 客机的机身个别位置容易出现锈蚀或者裂痕并可能会导致飞机解体，要求航空公司检查。

二、马航失联事件发生后的国际救援

马航客机失联后，多个国家先后参与到搜救行动，协助搜寻国由最初 14 个增至 26 个，其中包括中国、马来西亚、美国、越南、英国、澳大利亚、泰国、日本、韩国、法国、印度等，共计 26 个国家派出超过 30 架飞机以及 60 艘舰船参与到搜救行动当中。尽管参与搜救的队伍庞大，但是根据以往海上空难的搜救经验来看要想在茫茫的大海里寻找一架客机难度颇大。并且这次马航失联客机首先没发出求救信号难以确定准确的失踪地点，其次搜救范围错误耽误了搜救进程。大体来说，此次搜救行动可分为两个阶段：

第一阶段：自 3 月 8 日到 3 月 14 日。马来西亚政府表示客机在泰

① A Startlingly Simple Theory About the Missing Malaysia Airlines Jet , Chris Goodfellow, 18 March 2014, http://www.wired.com/2014/03/mh370-electrical-fire/.

国湾上空发出最后一次联络后失踪，马国政府划定在泰国湾及中国南海一带搜索。中国国家海洋局的海警船 3411 号在 3 月 10 日到达相关海域。2014 年 3 月 11 日傍晚，中国有 6 艘公务船到达疑似失事现场进行搜救，并且中国海军派遣了部分军舰协助搜救。在 3 月 12 日前中国搜救队伍在疑似失事海域划定长为 90 海里、宽为 25 海里、总计 2250 平方海里的区域进行搜索。参与救援的其他国家中，新加坡方面派遣了军方的一架 C－130 运输机在马来西亚和越南的重叠海域进行搜索，并称在距土珠岛约 100 公里处发现疑似飞机残骸的目标，但未获证实。马来西亚皇家空军出动 15 架飞机搜救。越南派出两架飞机和一艘船前往疑似失事海域协助搜救。菲律宾提供了 3 架空军飞机和 3 艘海军巡逻艇帮助搜救工作。文莱皇家海军分别派出 3 艘巡逻舰执行海上搜救任务。日本则由防卫省在 11 日派遣了自卫队运输机承担国际救援队的运输任务并同时派遣了自卫队到现场勘查。

第二阶段：2014 年 3 月 14 日以后。马来西亚政府公布新的线索表示 MH370 失联后仍在航行，并侦测到 MH370 往阿曼达群岛飞行，并表明两条可能航线分别是北端往哈萨克，南端往印度洋。当日，马来西亚派出两艘配备了超级“山猫”直升机的离岸巡逻船前往南部疑似海域进行搜救。美国派出 P－8 海上巡逻机和 P－3 海上巡逻机各一架次。此外还安排卫星及雷达加入搜索。澳大利亚出动空军三架 P－3 海上巡逻机与一架 C－130 运输机协助搜索，并且澳大利亚海事局也派遣船只于珀斯西北端海岸参与搜救工作。新西兰方面派遣了三架海上巡逻机参与搜救。日本自卫队派出两架海上巡逻机和两架运输机参与搜索，并且日本海上保安厅也派出固定翼机协助支援。韩国出动一架海上巡逻机和一架运输机参与到搜索行动中。阿联酋出动一架 C－17 运输机和一架 Dash 8。印度尼西亚空军分别派出 B－727 军用版的波音 C－22 和 CASA C－212 协助搜救。

随着搜索区域的调整，搜索难度也在增大。首先两条可能航线，北至中亚地区，南至澳大利亚以西的印度洋，需要搜寻的面积将近 770 万平方公里；其次，部分搜寻地区处于热带海区，这种区域风大浪多，在这种情况下，大多有价值的线索（如飞机残骸）可能会被海浪带到其他区域；最后，印度洋地区水深4000米到5000米，部分仪器无法正常使用。

面对如此大的搜救难度，各搜救国都将人道主义救援置于优先位置。但是各国在搜救中较缺乏信息共享，这影响到救援行动的效率；围绕搜救的国际合作机制建设也有待加强；同时，中国关于国际合作的法律体系有待完善，这样才能保证在未来面对可能会发生的重大突发情况时能有理有据且能行之有效。

三、从马航失联事件看马来西亚国内政治

MH370客机失联事件发生之后，马来西亚政府主导的搜救行动一开始因其组织不力、信息发布不透明、行动迟缓等原因引发了国际社会种种质疑，尤其令失联客机家属极度不满。在诸多可能的造成飞机失联乃至坠毁的事故原因设想中，一种嫌疑度颇高的事故缘由设想是，支持马来西亚政治反对派的失联航班机长因为对国内政治上的不满而策划实施了这次航班失联事件。鉴于马来西亚处理这次失联客机的行为表现与其国内政治息息相关，而且马来西亚国内政治斗争甚有可能成为引发这次事故的重大原因，因此有必要对马来西亚的政治结构予以解析。

1911年，马来半岛成为了英国的殖民地；在第二次世界大战期间，马来亚、沙捞越和沙巴遭受日本占领；二战结束后，英国便马上恢复了在马来半岛的殖民统治。1957年8月31日，马来亚联合邦脱离了英联邦的体系并独立。1963年9月16日，马来亚联合邦和新加坡、沙捞越、沙巴合并组成马来西亚（1965年8月9日新加坡宣布退出）。马来亚联邦1957年独立以后，巫统（全称巫人统一机构，或称马来民族统一机构）领导的“联盟”开始执政。1973年，巫统联合马来西亚华人公会（简称马华公会或马华）、泛马来西亚印度人国民大会（简称国大党）组成国民阵线政府执政。该国民阵线自1973年

开始一直执政至今。出于抑制马华势力的考虑，马来西亚总理由巫统的领导人担任。

在英国殖民统治期间，英国殖民者采取了分而治之的政策将马来西亚的族群分开管理，这一政策造成了马来西亚族群之间的分裂。在这一时期马来人和非马来人在政治、经济等领域几乎没有接触，各自独立发展因此相互之间并没有交流可言，也就为日后的族群矛盾埋下了隐患。第二次世界大战期间马来西亚被日本占领，日本人对非马来人采取残酷镇压政策，而对马来民族实行笼络利用政策，促使马来人和非马来人的矛盾日益凸显，对战后马来人和非马来人关系的发展产生了负面的影响。独立之前马来亚社会的种族关系在很大程度上影响了独立后马来亚种族关系的发展变化。开发商必须把新建好的房屋或商店的30%至50%留给土著人，其余的才能公开发售给非土著。马来西亚对非马来人的限制政策使其与马来西亚当地伊斯兰社会更加亲近，这样也就进一步确立了马来人在其国内的社会地位。在2013年马来西亚大选中，不少非马来人把选票投给反对派政党人民联盟，使得属于执政集团国民阵线的马华公会惨败，由此出现了以华人为主的反对派政党。反对党联盟人民联盟（简称民联，2008年组成，主要是人民公正党、民主行动党以及泛马伊斯兰党三个部分组成）在这次选举中第一次得到了全国半数支持，但是执政党国民阵线有选区划分的优势，保证了其多数席位，从而在选举中获得了胜利。反对党联盟中的民主行动党成为最大反对党。反对派联盟的首领是安瓦尔·易卜拉欣。而此次失联航班的机长扎哈里·艾哈迈德·沙阿则据称是安瓦尔的狂热支持者。由于航班失联事件发生之前，马来西亚上诉法院推翻一项关于安瓦尔的无罪判决，认定安瓦尔性侵罪名成立，并判处5年监禁。

马来西亚除了有严重的种族主义倾向之外，其“一党独大”的政治特色从马来西亚独立以来就阻碍着马国的政治民主。马来西亚的“一党独大”不同于独裁统治，它主要通过控制选票和打压对手从而达到自己长期执政的目的。

1957年《马来亚联合邦宪法》规定，马来亚联邦沿袭英国的政治传统——君主立宪制。1963 年马来西亚成立后，将 1957 年宪法改名为《马来西亚宪法》，这样便将马来西亚的政治基础以宪法的形式确立了下来。马来西亚全国由 13 个州组成，国家元首为该国最高领导人，国家元首由 9 个马来州属的马来统治者在其会议中选举推出，任期 5 年；其余的 4 个州由各自的州元首管辖，不参与国家元首的选举。最高元首拥有批准和解散国会、任命议员和总理等权力且是马来西亚武装力量名义上的最高指挥官，但立法权区分为联邦与各州立法机构。

国会作为马来西亚最高的立法机构主要是由上议院和下议院两个部分组成。上议院占有 70 个议席，在这 70 个议席中有 44 个是通过总理推荐由最高元首任命，其余的 26 位由各州立法议会推举，任期 3 年。下议院占有 222 个席位，议员在全国人民大会由人民票选，任期 5 年。根据马来西亚的宪法，马来西亚实行的是多党制的政党制度，议会则以简单多数制度进行选举，但是由于历史原因造成马来西亚政坛发展不平衡，导致马来西亚在实际执行时却是非典型多党制——种由几个政党联合组成的政党联盟的制度。早在 1955 年马来亚联邦独立前就已形成这种政党联盟形式，为了促成马来亚独立，当时的巫统、马印国大党和马华公会就组成联盟。在 1969 年的大选中联盟失利，出于现实利益的考虑联盟进行了一次大换血，重新组成一个新的政党也就是国民阵线。从成立至今，国民阵线中的政党数目虽有增减但是仍以巫统、马华公会等 9 个政党为主，目前有成员党 13 个。国民阵线从成立至今保持着最强大政党地位，原因是在每次竞选中各成员党通过统一的宣传方式和共同政治主张加强自身的团结扩大影响力。在 2013 年的选举，马来西亚政坛出现了罕见的波动，在这次竞选中，国民阵线罕见地丧失了大多数的议席并且失去了 5 个州政府的控制权，这也就预示着未来国民阵线在议席控制上将不再占有绝对的优势。由于国民阵线遭受到了巨大的打击，马来西亚政坛首次出现了执政党与反对党对峙的局面。自此以后，马来西亚的政坛便不再是以前国民阵线一党独大的情况而分为执政党国民阵线和反对党人民联盟两大阵营分庭抗衡的局面。

内阁是马来西亚最高的行政机构，由总理领导。总理通常由下议院多数党的领导人担任，由最高元首任命。现任总理为纳吉布·阿卜杜勒·拉扎克，2009 年 4 月 3 日接替阿卜杜拉·巴达维任总理。内阁中各个部门的部长都是从议会中的议员中推举而出并在最后直接由马来西亚最高元首任命。

纳吉布在就任马来西亚总理后努力改革，以推动马来西亚国内经济的发展，但是由于国民阵线领导下的政府贪腐、滥用权力等情况严重，引发了国内民众日益增长的不满。以安瓦尔为首的反对派便主张提倡自由化，建立独立的司法机构以及打击腐败，这赢得许多马来民众的认同。在外交上，马来西亚独立之后逐渐摆脱了英国的控制，加强了与美国的联系；但随着东盟一体化的加强和中国影响力的上升，马来西亚逐步将对外政策的注意力转移到东亚。冷战结束后，马来西亚对外政策在这个时期也是“全面开花”。从历史纵向对比来看，马来西亚独立至今其对外政策可以分为三个时期，每个时期都有不同的侧重点：1957—1970 年为第一阶段，这一时期马来西亚对外政策的特点是将英美为首的西方国家视为外交重点，与中国等社会主义国家对抗；1971—1981 年为第二阶段，这一时期，马来西亚对外政策的特点是逐渐放弃一边倒向西方的政策，加强与社会主义国家及第三世界国家的关系；1981 年至今为第三阶段，马来西亚在这一时期将对外政策的重心放在东亚地区，与世界各国建立友好关系的同时与英、美保持一定距离。

纵观马来西亚的外交历程，其对外政策可以分为三个层面：东盟、大国、发展中国家。首先，马来西亚自独立以后就一直在积极推动东盟地区一体化。一方面，东盟是否能顺利发展直接影响着马来西亚的安全以及稳定；另一方面，马来西亚一直都是东盟的倡导者，马国希望通过东盟扩大自身的影响力。其次，在大国关系上，马来西亚不仅与中国保持着亲密的外交关系，与美国、英国等西方国家亦保持着密切的经济往来，但美英在战略上于马来西亚的意义显得不如东盟以及中国。其三，在与其他国家关系方面，马来西亚作为一个伊斯兰国家，自建国以来始终致力于加强与伊斯兰世界的关系，充当美国与伊斯兰世界的桥梁，推动中东和平进程，但由于国力有限并未起到显著作用。

在此次的 MH370 事件中，中马之间的传统友好关系经受了一次考验。2014 年正值中马建交 40 周年，目前看，双方高层政治互信较深，民间交往基础较好，两国全面战略伙伴关系有巨大的发展空间。中马之间不可能因为此次事件而影响了未来两国关系的发展，双方都应该正确对待此次事件，并尽最大努力避免事件恶化影响两国感情。未来，中马两国应立足双边关系，着眼地区发展，将中马关系打造为新时期中国—东盟关系的战略支柱之一。

四、中国在搜救行动中的表现

在对 MH370 的搜救行动中，中国派出了史上最强的海上搜救力量，目前共派出 10 艘舰艇参与救援与搜救，在参与搜救的各国中规模最大，数量最多。这体现了随着近年来我国国力提升，我国对维护海洋权益的重视以及海上力量的发展壮大。但同时，我们也应该注意到在此次的救援行动中存在的问题。

中国参与此次 MH370 搜救的舰船有“井冈山号”与“昆仑山号”两栖船坞登陆舰、“海口号”导弹驱逐舰、海警 3411 船等。其中“井冈山号”、“昆仑山号”、“海口号”隶属南海舰队，“绵阳号”隶属北海舰队，海警 3411 船隶属中国海警局（国土资源部直属单位），南海救 115 船、南海救 101 船、海巡 31 船隶属中国海事局（交通运输部直属机构），“泰顺”海轮隶属交通运输部下的中远集团。应该指出，中国海警局是根据十八届二中全会会议精神重组的新机构，旗下整合了海监、边防海警、渔政、海上缉私等多支队伍，尽管队伍的完全整合还需要时间，但此次中国参与如此大规模的搜救行动，可说是对中国海上非战争行动力量的一次大规模实战检验。

在面对战争和突发紧急危机事件时的应急处理能力是衡量一个国

家实力的标准之一，中国政府在面对马航客机失联中所展现出的反应速度以及部署，无论是临时的应急领导小组的迅速成立，任务部署的迅即实施，完成任务的决心和意志等，都堪称范例。但是需要注意的是，多支国际救援队伍之间的相互协调是一个难题，不难设想在未来更加复杂的海上救援行动时，国际救援领导权的归属、多国救援队伍之间的角色分配、情报共享、通讯保密等问题将有更加苛刻的要求，需要国际社会共同应对，制订有效的国际救援行动规则。

未来这种大规模的非战争军事行动要求有更多的国际合作，也促进和要求更先进的技术突破。马航搜救行动实际上便是一场名副其实的“立体行动”，海面上的船只进行搜救的同时，太空中的卫星则在进行着测量、导航、搜索的任务。这次马航搜救行动实际上也是各国间军事能力、技术水平、行动能力的一次集体展示，亦是各国综合国力的一次比拼。中国不仅出动了各方舰艇参与搜救，并且调集了十颗不同功能的卫星帮助搜救人员进行辅助搜索。据美国《纽约时报》报道，美国五角大楼曾使用“国防支援卫星”的“全球范围内爆炸光亮搜索”系统，但是在其“数据”中并没有记录 MH370 疑似失事领域有爆炸迹象。[①] 相比之下近几年来，美国计划用“天基红外系统”逐步取代国防支援卫星，给美国提供更广泛、精确的监控以维护美国本土以及海外利益。如今中国在世界卫星大国中排第三，中国不仅卫星数量多并且建立了能覆盖全亚洲的北斗卫星系统，但是与美国相比，中国在卫星预警、监控等方面还有一定的差距。因此在未来的时间里中国想要在卫星领域取得更好的成果就需加大对卫星研发的力度并要向美国学习，推进卫星在监控、预警等领域的技术进步。

在可预见的未来，在全球化的影响下，中国在高速发展中海外利益将会不断扩展，出于自身利益的考虑，中国将不得不更加广泛地参与国际事务，中国亦会更加积极地参与类似此次的国际救援活动。基于此，首先，中国在未来应该进一步完善机制性的突发危机应急机

---

① 美国的国防支援计划诞生于冷战时期，此计划的卫星采用红外探测设施监控全球各地的导弹发射喷流，旨在为美国赢得应急时间。

制，以制度或法律的形式明确规定在各种突发危机下应采取的行动，做到真正的有法可依，使各个部门协同顺畅；其次，中国应继续深化改革，加快部门优化整合，聚合各部门力量，提高行政效能与维权能力；第三，政府应建立一个平常时期部门间的联络平台，加强各部门之间的联系，最大程度上做到信息与资源共享；第四，中国应该加强卫星预警能力以应对各种突发危机，做到在第一时间行动，尽可能地减少损失。

多边外交

奥巴马与哈格尔的亚洲之行

周思源

2014 年 4 月，美国国防部长哈格尔与美国总统奥巴马先后出访了亚洲。4 月 3 日，哈格尔从夏威夷搭专机开启其亚洲之行，分别到访了日本、中国和蒙古三个国家。2013 年 2 月查克·哈格尔开始任职美国国防部长。自哈格尔上任后已经多次到访亚洲国家。此次访问为奥巴马出访亚洲打下了前站。4 月 23 日美国总统奥巴马对亚洲四国进行国事访问，先后到访了日本、韩国、马来西亚和菲律宾。[①]

近年来，由于美国自身发展速度相对减缓，而新兴国家上升势头快速而猛烈，以中国为首，通过经济发展，和平崛起，对美国造成极大的压力。美国在全球范围内的领导力有所下降，使得其在亚太地区事务的参与中也遇到了一些困难。因此，2014 年美国高层连续出访亚洲，旨在加强亚太地区“再平衡战略”。一方面美国需要与中国保持接触，达成共识，从而维护地区稳定以及开展经济合作；另一方面美国需要维系加深与亚洲盟友的关系，既可以制约崛起中的中国，又可以加强美国在亚洲的存在。

---

① “2014 年 4 月国际形势大事述评”，http：//www. niubb. net/article/1701971-1/1/。

一、“亚太再平衡”战略面临的主要问题

随着中国和平崛起的脚步不断迈进，亚太地区对美国全球战略的重要性不断提高。为适应这一趋势，奥巴马实行“亚太再平衡”战略。其内涵包括两个维度：一是调整美国的全球战略，将战略重心由欧洲转向亚洲；二是调整亚洲地区力量配置，将战略重心从中东地区向东亚、东南亚地区转移，从而使力量部署可对这一地区施加更大的影响力。

美国目前实行的亚太再平衡战略遭遇的主要问题包括两个方面：一是战略本身面临着政治与经济的双重困境；二是由于经济下降而使得军费大幅度削减，使得美国维持“亚太再平衡”战略的行动力有所下降。

（一）“亚太再平衡”战略的困境

奥巴马政府实行“亚太再平衡”战略，主要基于政治与经济的双重支轴的支撑。

其中政治支轴包括两个重点：一是为应对中国实力的不断上升对亚太地区进而对全球政治格局所带来的重大影响。美国作为全球性大国，在努力寻求全球政治格局稳定对其有利的趋势中，受到了前所未有的激烈的挑战。尽管目前中美综合实力仍存在一定差距，但中国发展速度与发展趋势都给美国带来极大压力。以目前发展的模式来看，中国的发展潜力是不可估量的。作出这样判断的原因，主要是还考虑到中国式体制高效的统合能力，可以将最有利于生产与发展的政策顺利推行下去；中国社会普遍处于上升期；中国拥有强有力的人力基础，庞大的人口基数为其快速发展提供了重要条件；同时，中国通过总结近代以来所经受的波折，从中吸取了经验教训，从而在发展中拥

有强有力的纠错能力与适应能力。因此，中国还拥有巨大的发展潜力。中国实力的不断上升，加上美国经济的缓慢前行使得美国在国际国内受到了双重压力，因此美国更需要与中国加深接触与合作，采取双赢战略，发展中美关系，从而也使得美国在亚太地区可以更加灵活的参与地区事务。二是加强美国与其亚洲盟友的关系，以确保其安全承诺的真实性与有效性。亚太地区众多国家选择“搭车战略”，通过结盟获取安全保障，寻求美国的支持，从而融入世界体系。美国在亚洲地区的盟友以日本为首，都需要美国这一世界性强国的支持，从而在地区中的实力比拼中拥有更雄厚的底牌。日本作为区域内大国，目前面临着中国崛起的巨大压力，对美国的安全承诺以及其他方面的支持都有着极大的需求。面临这种需求，美国必须向盟友展示出为其提供安全承诺的能力与决心。但随着近年来国际形势的转变，美国相对实力的减弱使其在面对众多国际问题时控制力有所下降，从而使得美国的部分盟友对其产生信任危机。这还突出表现在部分盟友自主性的提升，自身利益与美国在政策上产生分歧。由于美国属于区外大国，如若想要维持其在亚太地区的影响力，就必须紧密维护住其在亚太地区的同盟体系。

另一个层次则是经济支轴对“亚太再平衡”战略的影响。2012年世界银行公布的数据，全球经济增长速度约为2.2%，其中亚太地区的经济增长速度约为7.5%。亚太地区对世界经济增长的贡献率高达40%。整个亚洲地区对世界经济增长的贡献率甚至超过了50%。可以说该地区的经济发展对全球经济起着至关重要的作用。同时，美国经济状况则处于缓慢回升阶段。2013年第三季度美国国内经济增长速度虽然高于预期值，但失业率居高不下。美国国内对奥巴马政府施加了很大压力，一定程度上影响到了美国海外战略的开展。据民意调查结果显示，奥巴马的支持率已经有跌破40%的趋势，为历史新低，其中期选举面临极大的困难。

亚洲也是美国最大的市场。美国出口的商品约四分之一销往亚洲。稳定的出口增长可以极大地缓解美国国内的就业压力，这也是美国政府当前面临的最大问题。在面临2014年中期选举即将到来的节点，更需要将国内经济问题妥善处理。因此奥巴马目前最急需的就是积极开发亚洲市场，稳固自身在亚太地区的经济利益，不仅是与美国盟友间的经济利益，更包括与经济飞速发展的中国深化经济合作。借此使得美国经济更快复苏，走出困境。

基于“亚太再平衡”战略在政治与经济上受到的冲击，美国必须优化其分配在亚太地区的资源，以最小代价换取最大利益。

（二）军费削减影响美国全球行动力

美国近年来逐步削减部分军费，使得其为避免力量分散，将战略的重点转移到亚太地区成为较为现实的选择。这一选择也主要基于以下四点原因。

一是考虑到美国国内的财政状况不容乐观。美国近年来经济状况使得政府在财政支出上持谨慎态度。奥巴马政府连年财政赤字居高不下使得大幅削减军费变成不得已却必然之手段。但美国是全球性大国，其全球性的战略需要足够的军事力量支撑，削减军费虽然暂时有助于缓解国内矛盾，但对美国长期维持稳定的、对美国有利的地区态势来说，有着不利影响。美国防长哈格尔指出，美国国防部未来十年削减军费支出约 1 万亿美元，这将造成大幅度降低美军作战能力、作战功能以及技术装备更新等诸多问题。因此美国在全球都呈现出战略收缩的趋势，但亚太地区依旧是重中之重。美国不可能因军费的削减而放松对亚太地区的关注。

二是基于对世界其他地区的安全状况的判断。“再平衡”战略的核心即是优化美国在全球范围内的力量部署，关键点即是该战略并非增加原有力量，而是将力量优先分配到战略意义更为重要的地区，因此才有战略重心东移一说。美国在经历了多年反恐战略后对中东地区的安全判断有着深入把握，同时亚太地区由于中国崛起等因素对美国的全球战略产生严峻挑战，因此，美国亚太战略符合其现实需求。

三是基于亚太地区国家的态度。美国实行“亚太再平衡”战略使得地区内国家大多选择一种“骑墙”战略。一方面，欢迎美国介入亚太地区事务，以区外大国与全球性霸主的能力制衡崛起中的中国，使得自身在地区内与中国的较量中拥有砝码与后盾；另一方面，亚洲国家需要搭中国快速发展的快车，从而积极保持与中国在经济贸易上的密切合作。因此，大多数区域内国家相对于在中国与美国之间“选边站队”更倾向于在观望中得到最大利益。美国所能提供的政治利益与中国所能提供的经济利益使得平衡外交或是最优选择。大多国家政治上倾向于美国，而经济上则倾向中国。因此，美国需要通过加深与区内国家的合作关系，更好地参与亚太地区事务。

四是基于中国崛起的客观现实。美国实行“亚太再平衡”战略很大程度是由于中国崛起带给美国的压力。在该战略中，如何处理好与中国的关系成为重中之重。一方面，从美国的全球战略来讲，美国需要制衡中国的发展，从而在与中国的竞争中拥有主动权，保持美国在全球范围内的绝对领导地位；另一方面，从美国利益需求考虑，与中国深化接触与合作可以取得巨大利益，解决美国发展中的诸多问题。因此美国需要在与中国保持战略防范与战略接触中间协调如何将利益最大化。这也是美国“亚太再平衡”战略所面临的难点。

正因为美国当前在实行“亚太再平衡”战略中陷入种种困境，因此美国希望通过高层间的互访，深化与亚洲国家关系，合作共赢。既要拉拢住亚洲的盟友，又要处理好与中国的关系。怎样平衡好其中利益，将是美国“再平衡”中永恒的难题。

二、哈格尔与奥巴马的亚洲之行概况

（一）哈格尔的亚洲之行

美国防长哈格尔于 2014 年 4 月 4 日开始其亚洲访问之行，至 4 月 10 日结束。哈格尔此次分别访问了日本、中国与蒙古。

1. 哈格尔的日本之行

哈格尔在4月3日结束东盟防长会议后，于4月4日抵达日本开始访问。哈格尔此次出访第一站设在日本表现了对日本这一盟友的充分重视。前一阶段安倍晋三参拜靖国神社引起了国际舆论的压力，美国迫于压力对日方行为有所不满，使得美日关系受到一定影响。此次的访问意在“安抚”盟友，因此哈格尔突出强调日美同盟的重要性以稳定美日关系。

4月5日下午，日本首相安倍晋三在首相官邸接见了哈格尔并与其进行会谈。双方会谈涉及以日美同盟为基础、加深安全领域全面合作的各项议题 。安倍在会谈中强调，日美强有力的同盟关系不会改变，日本当前面临的安全形势不容乐观。安倍就解禁集体自卫权进程表示，解禁集体自卫权有助于日本应付多样化的周边态势，有利于日美同盟的发展，进而有助于地区安全环境的提升。哈格尔对此积极回应，声称美日在该地区最大的共同利益即是维持该地区的安全与稳定。关于中国在钓鱼岛周边海域实行巡逻以及在东海上空设立防空识别区等问题，美日两国都表示希望东海维持现状，美日两国“不能容忍”在该海域一切武力行为。关于冲绳普天间机场搬迁事宜，经过日美多年协商，至今仍未解决。安倍此次积极推动此事，表示希望美军在5年内协助将普天间机场搬迁到名护市边野古沿岸。哈格尔则模糊表态，声称此事愿保持继续协商，持续推进。此外，哈格尔此行的另一目的是与安倍就奥巴马对日本进行国事访问的事宜进行商讨。

4月6日上午，日本防卫大臣小野寺五典会见了哈格尔，双方进行了长达一个半小时的会谈。双方会谈内容主要围绕三点。一是在半岛核问题上积极推动日美韩三国达成共识，积极合作，并共同促进六方会谈的重启；二是关于商讨修改《日美防卫合作指针》，计划将于2014年内完成修改，主要围绕美军与日本自卫队就职责分工中的细节进行修改；三是哈格尔表示美军将计划在2018年前向日本增派两艘配备新型“宙斯盾”系统的驱逐舰，以用于完善日本导弹防卫能力。届时，该海域将覆盖7艘“宙斯盾”驱逐舰。[①] 下午，哈格尔抵达驻日美军横田基地并发表讲话，强调此次访问的目的在于重申日美同盟关系的重要性，表示美国将遵照《日美安保条约》中的承诺，保障日本的安全。[②] 哈格尔在谈及克里米亚事件时，提到中国应发挥负责任大国的作用，进而宣扬了“中国威胁论”。

2. 哈格尔的中国之行

4月7日，哈格尔离开日本抵达了中国之行的第一站——青岛。哈格尔此次访问，旨在深化新型大国关系，就加强与中国各领域合作作出努力。应美国军方要求，此次中方特别安排哈格尔一行参观“辽宁号”航空母舰。自辽宁舰服役以来，哈格尔是登上该舰的首位外国军方领导人。在此次参观中，哈格尔一行参观了辽宁舰的诸多重要设施，主要包括飞行控制室、航海舰桥、飞行甲板以及阻拦索等设施，显示了中国极高的军事透明度。[③] 当天傍晚，哈格尔一行抵达北京。

4月8日，中国国务院国务委员兼国防部长常万全于原中央军委办公所在地八一大楼热情欢迎哈格尔来华访问。随后中美防长进行了会谈，并共同出席了记者发布会。会谈中，双方最终达成了“七点共识”。常万全指出应就以上七点共识达成更深一步的合作，进而共同维护亚太地区的安全与稳定。中央军委副主席范长龙还就台湾、南海、东海、朝鲜半岛等问题与哈格尔产生了激烈讨论，凸显出双方在地区事务中仍有诸多分歧。

同日，哈格尔前往国防大学为百余名解放军军官进行演讲并与其互动。在提问环节中，国防大学学员就台湾问题、南海问题等敏感话题向哈格尔发问。双方就如何使中美两国由战略互疑转为战略互信进行了深入讨论。另外，哈格尔还不失时机地就朝鲜问题向中国发难，希望中国能发挥负责任大国的作用。

---

① “哈格尔给日本吃定心丸：将增派“宙斯盾”舰”，《参考消息》，http://news.sohu.com/20140407/n397844600.shtml。

② 马平：“美防长承诺向日增派反导驱逐舰”，http://epaper.xiancn.com/xarb/html/2014-04/07/content_288723.htm。

③ 姚亿博：“哈格尔访华面面观”，http://news.ifeng.com/a/20140421/40004177_0.shtml。

4 月 9 日上午，哈格尔参观了北京昌平士官学校。下午，中国国家主席、中央军委主席习近平在人民大会堂接见了哈格尔一行并与其进行会谈。会谈中，习近平表示 2013 年中他曾与奥巴马总统先后在安纳伯格庄园、圣彼得堡以及海牙进行了会晤，双方就共同构建基于相互尊重、合作共赢的中美新型大国关系持积极支持态度，中美两国应深化各个领域的合作，尤其是军事上的合作。双方应该坚持不冲突、不对抗、相互尊重、合作共赢的原则，更加积极有力推动各领域务实合作，有效管控分歧和敏感问题，指导中美新型大国关系始终沿着正确的方向发展。哈格尔首先对习近平主席的接见表示感谢，并转达了奥巴马总统对习近平主席的问候。[①] 哈格尔作为美军代表，表达了美国乐于与中国开展新型军事关系，使两国军队在诸多领域更好的协调合作。美方与中方应不断推进军事上的交流与合作，共同维护地区的安全与稳定。

由于此次哈格尔亚洲之行的主要目的是强化美国盟友间的信任，因此期间的言论上必然会对中方有所刺激，而哈格尔在访华期间试图淡化这一矛盾，与中方进行了友好的交流。

3. 哈格尔的蒙古之行

4 月 10 日，哈格尔离开北京，抵达蒙古国首都乌兰巴托。哈格尔与蒙古防长达·巴特额尔德尼在蒙古国防部所在地举行会见并签署了一份联合声明。声明主要围绕加强蒙古与美国在防务安全上的合作。哈格尔在联合记者会上表示两国强化防务安全合作对于美国“亚太再平衡”战略有着积极意义。当被问及美国是否可能建立军事基地时，蒙古防长作出了否认。

哈格尔当天结束了对蒙古国的访问，自此结束了此次亚洲之行。

（二）奥巴马的亚洲四国行

哈格尔结束其对亚洲的出访当月，美国总统奥巴马再次出访亚

---

① 刘琼：“习近平会见美国国防部长哈格尔”，http：//news. xinhuanet. com/2014-04/09/c_ 1110171023. htm。

洲，旨在“稳住”其亚洲的盟友，平衡亚太地区的关系。

1. 奥巴马的日本之行

早在半个月前哈格尔访日期间，日美双方就奥巴马访日的相关事宜进行了深入商讨。4 月 23 日晚间，奥巴马抵达日本，并于 4 月 24 日正式开始其对亚洲四国的访问。4 月 24 日上午，日本首相安倍晋三会见了美国总统奥巴马，双方进行了约一个半小时的首脑会谈。会谈内容主要包括两个方面：一是两国积极推动日本关于加入“跨太平洋伙伴关系协议”（TPP）的谈判；二是再次强调日美同盟对发展两国关系的重要性。会谈后奥巴马在与安倍晋三共同接受记者提问时重申了钓鱼岛适用于《美日安保条约》。随后在记者问及若中国在钓鱼岛上采取强硬军事举措，美军是否会进行直接干涉时，奥巴马持模糊态度。他声称美军并非有必要参与所有武力冲突。奥巴马声称，美国尊重国际法的精神，因此在钓鱼岛的归属问题上，美国持中立立场。奥巴马强调了中美战略伙伴关系的重要性，认为中国在亚洲以及世界上都扮演着重要角色，美国希望中国可以同日本妥善和平解决关于钓鱼岛的争端，美国也将支持中国的和平崛起。[①] 随后，奥巴马针对 4 月 21 日接受日本媒体采访时提到的协防日本这一说法，声称美国并非具有干涉意图，而只是单纯需要履行美日安保条约中的承诺，在这一问题上，美国的立场不会改变。除去安全问题，另一项主要议题则是围绕“跨太平洋伙伴关系协议”展开。奥巴马与安倍晋三都表示，双方就 TPP 谈判问题已经达成更多共识，相信美日双方在经济与贸易上的合作将更为密切。

4 月 25 日，两国政府发表了共同声明，声明主要内容囊括了此次两国首脑会谈的成果。声明中主要涉及三大问题。一是针对中国东海防空识别区的设立，双方表态“此种行为将使地区安全陷入紧张状态，日美两国将对此持续关注。”二是关于日本政府意图突破和平宪法，解禁集体自卫权的相关问题，美国表示对此持支持态度。三是围

① 大公网：“记者问中国进攻钓岛怎么办 奥巴马苦笑”，http://news.takungpao.com/world/exclusive/2014-04/2440486.html。

绕日美签订 TPP 的谈判问题，双方在声明中达成共识，将进行新的尝试以促使协议达成。[①] 当天，奥巴马结束对日本的访问，前往下一站——韩国。

2. 奥巴马的韩国之行

4 月 25 日下午，奥巴马抵达韩国，韩国总统朴槿惠热情接见了奥巴马总统，双方进行了深入会谈。[②] 会谈结束后，双方共同出席了记者发布会。发布会主要围绕半岛核问题、TPP 谈判、韩美日三边关系等问题。半岛核问题中主要围绕重启六方会谈问题，半岛无核化需要各国共同努力。奥巴马和朴槿惠还表示希望中国在半岛无核化问题上能够积极承担起大国责任。关于 TPP 谈判进程韩美双方主要解决平衡 TPP 与韩美自贸协定（FTA）中的细节部分。双方将积极推进韩国加入 TPP 进程。关于加强美日韩三边合作问题，主要集中在安全领域，如针对军事情报共享方面签订协议以及建立地区导弹防御系统，使得三国导弹防御系统相互配合，形成地区性的导弹防御系统，从而提升安全保障。

3. 奥巴马的马来西亚之行

4 月 26 日，奥巴马开始进行对马来西亚的国事访问。27 日，奥巴马与马来西亚总理纳吉布进行会谈并共同接受记者采访。纳吉布声称，美国与马来西亚将把两国关系提升为全面合作伙伴关系，奥巴马则注重强调应加强两国安全防务之间的合作。奥巴马与纳吉布在问及有关南海问题的看法时，双方强调各国应尊重国际法公约的相关条款。双方还商讨了关于对马航失踪客机营救工作的合作问题。

奥巴马对两国关系的发展提出新的展望。他表示希望两国全面合作伙伴关系将延伸到安全防务领域，倡导马来西亚积极参与东盟事务，使得地区事务在东盟的领导下得以妥善处理，以和平方式解决争端，不诉诸武力或威吓，各国以遵守国际法公约为准则。

---

① 徐艺源：“安倍宣称日美共同声明对日本是‘划时代的’”，http：//gb. cri. cn/42071/2014/04/25/6991s4518293. htm。

② 李夏君：“韩美举行首脑会谈”，http：//www. chinanews. com/gj/2014/04-25/6104247. shtml。

4. 奥巴马的菲律宾之行

4 月 28 日，奥巴马抵达菲律宾进行访问。此次访问是自奥巴马入主白宫后首次对菲律宾进行访问。美菲两国政府于当天上午正式签署了《增强防务合作协议》。该协议的主要内容为增加美国在菲律宾的驻军，增强两国军事上的交流与合作。有分析称，这是美国扩大其在菲律宾军事存在的重要一步，大大提高了美军在该地区的实力与快速反应能力。该协议有效期为十年，到期后双方可根据需要续约。奥巴马对此次协议的签署表示，美国将积极加深与菲律宾军队的交流与合作，不仅可以帮助菲律宾提高防务能力，还将提升两国联合作战中的协调能力，有利于应付地区各类状况。菲律宾国防部同时提出，菲律宾宪法中明确规定禁止外军在菲设立军事基地，因此此次协议规定美军不能永久驻军或设立军事基地，而是在菲律宾轮换部署。

三、美高层亚洲之行的主要成果

2014 年 4 月美国国防部长与总统先后出访亚洲国家，其目的主要是维护美国全球战略中亚太地区的平衡，使得东亚、东南亚国际秩序仍处于美国领导下，同时维护美国在该地区经济、政治、安全和文化等诸多利益。其主要矛盾存在于两方面：与中国的关系和与其他盟友的关系。

美国一方面坚持在构建新型大国关系的框架下与中国保持接触与合作；另一方面，美国稳定了与亚太地区盟友间的关系，通过重返亚太展现美国对该地区的重视，巩固同盟体系，进而稳固美国在该地区的利益。

哈格尔亚洲之行可谓是给奥巴马打下前站。不仅如此，美国国务卿约翰·克里，前国务卿基辛格等政治人物也频繁出访亚洲。此次美国高层一系列出访亚洲可以说取得了一定成效，主要包括四个方面。

第一是完善了美国与盟友安全事务的合作。奥巴马访问日本期间，与安倍晋三发表联合声明，双方就美日安保同盟等一系列协定再次达成共识，并表明钓鱼岛适用于《美日安保条约》。访问韩国期间，美国积极推动美韩日三边合作，尤其是安全防务方面。

第二是解决TPP谈判中的诸多争论点。亚洲诸多国家在TPP谈判中与美国存在分歧，主要集中在农产品、汽车、服务等敏感领域的利益上。美国与韩国的主要分歧是已有的美韩双边自由贸易协定与TPP之间的交叉部分，妥善协商其中细节对于韩国接受TPP协议有极大推动作用。

第三是就军售计划与盟友开展合作。通过此次访问，美方与日方就加强武器装备研发合作达成共识。美日近期共同投入研发无人潜艇、濒海战斗舰以及“心神”式隐形战斗机等多个项目。

第四是针对朝鲜半岛核问题与盟友进行相关协调。由于美朝关系长期处于对立状态，朝鲜多次采取威慑性行动，并有进行新一轮核试验的计划。在此背景下，奥巴马通过访问日本与韩国协调彼此的对朝政策。

四、小结

自2012年，美国首次提出“亚太再平衡”战略后，美国战略重心确实向亚太地区偏转，通过平衡美国与中国、美国与盟友的关系，使得亚太地区态势基本稳定且符合美国主导的体系结构。但随着中国的和平崛起，同时由于美国国际上面临着中东问题、乌克兰乱局等诸多问题，还有诸多国内问题使其深陷泥潭，使得其关注点过多从而导致相对实力削弱，中国作为一个变量正在逐渐推动亚太秩序走向一个新的阶段。此次美国高层访亚，其实质是面临挑战的美国再次加强“再平衡”战略。美国借此访问之机，一方面与中国保持稳定接触；另一方面巩固与盟友关系，制衡中国。双管齐下意在维护美国在亚洲的主导地位。

澳大利亚 G20 峰会与中国国际影响力的提升

黄一琨

2014 年 11 月 15—16 日，在澳大利亚美丽的港口城市布里斯班举行了 G20 领导人峰会，中国国家主席习近平出席了峰会。此次峰会提出了三个主题，分别是：促进私营企业成长、增加全球经济抗冲击性和巩固全球体系。在会议期间，中国国家主席习近平就目前经济领域的重大问题发表讲话并明确地阐述了中方的主张，针对不同问题提出了一系列的倡议并积极推动合作。中国是二十国集团全面增长战略的最大贡献者之一，也是 2016 年二十国集团领导人峰会的主办国。在 G20 框架内，中国愿意为推动世界经济增长作出更大贡献、发挥更大作用，这充分展现了中国作为一个发展中的大国不断增强的国际影响力。

一、G20 概述

G20 又称为二十国集团，1999 年 9 月 25 日在美国华盛顿宣布成立，它是布雷顿森林体系中新的非正式的合作机制。它旨在增进发达国家与新兴国家之间的对话和合作，增强互信，共同探讨经济发展中的实质性问题，同时保护国际金融秩序的稳定并推动经济的持续增长。其成员包括：美国、日本、德国、法国、英国、意大利、加拿大、俄罗斯、中国、巴西、印度、南非、澳大利亚、阿根廷、墨西哥、韩国、印度尼西亚、沙特阿拉伯、土耳其以及作为一个整体的欧盟。这些国家的 GDP 总量约占世界的 90%，贸易总量约占世界的 80%，在国际货币基金组织和世界银行所占的股权份额约为 65%，人口则将近世界总人口的 2/3。①

G20 的运作主要以非正式的部长级会议进行，主席由各成员国轮流担任，不设立常设秘书处，每年举行一次财长和央行行长会议。每年年末举行部长级会议，该会议与七国集团财长会议衔接紧密。会议中涉及的秘书服务和保障任务由主席国及其他国际机构和专业人员提供，并且可以根据实际需要成立相应的工作小组，便于重大问题的讨论和审议。世界银行行长、国际货币基金组织总裁、国际货币金融委员会及发展委员会主席会作为特邀代表参与 G20 的活动，目的在于保证 G20 与布雷顿森林体系的紧密联系。中国是 G20 的创始成员国，2005 年已经成功地举办了第七届 G20 财长会议和央行行长会议。此次峰会结束后，中国宣布将举办 2016 年的 G20 领导人峰会。

（一）G20 快速发展的原因

从 2008 年 11 月的 G20 华盛顿会议开始，各国领导人纷纷开始亲自出席并参与会议，论坛升级为峰会。从 2008 到 2014 年的七年间就举行了九次峰会。总的来说，G20 已经逐步取代 G8 成为世界经济合作的重要机制。

G20 快速发展的原因可以概括为以下几点：

1. 国际金融危机的推动。在 2008 年发生的全球金融危机中，以往的全球性或区域性国际组织并未起到有效的管控作用，无论是西方

---

① http://zh.wikipedia.org/wiki/20%E5%9C%8B%E9%9B%86%E5%9C%98，维基百科。

发达国家还是新兴的发展中国家都开始逐渐意识到需要建立一种新的交流与合作机制来稳定当前的国际经济秩序，G20 便应运而生。然而，G20 最初设立的目的在于防范可能发生的全球性金融危机，并借此机会加强各国经济之间的联系，因此从 1999 年到 2007 年 G20 仅保持着一个松散的论坛形式，只是通过举行不定期的会议来进行政策磋商。谁也没有预料到 2008 年的金融危机波及全球，G8 以及联合国都束手无策，自然而然，各国将目光投向充满活力的 G20，期望能实现南北国家合作，共同应对危机，重振世界经济。

2. 世界各国经济实力对比的变化。在过去的二十年里，特别是近十年中，新兴市场经济国家逐步壮大，打破了原有的世界经济体系格局。这些国家牢牢抓住了发展自身的战略机遇期纷纷对外开放市场，经济实力有了较大的提升，在世界经济中的分量越来越重。各经济体的实力较以往发生了巨大的变化，这也意味着新兴市场经济国家在维持国际经济稳定和应对国际金融危机方面发挥着重要的作用。这些国家实力不断壮大，参与国际事务的愿望也逐渐增强，G20 正是在这种背景下应运而生。G20 为新兴市场经济国家参与国际事务提供了一个较为公平的机会，提升其发言权和影响力，这有利于均衡各方利益，促进决策的公平。

3. 美国的积极推动。作为冷战后唯一的超级大国，美国的态度十分重要，通常能影响一个国际机制的未来发展。“跨太平洋伙伴关系协议”（TPP）就是一个典型的例子，充分证明了美国态度的重要性。TPP 最初是由文莱、智利、新西兰和新加坡四个国家发起的，并不具有很大的影响力。但因美国战略重心东移和美国战略利益的需要，在美国的积极推动下迅速成为了亚太地区举足轻重的经济组织。不得不承认，G20 的迅速发展也离不开美国的支持。2008 年的经济危机给世界经济造成了前所未有的损害，难以掌控的危机给原有的国际经济体系带来了巨大的冲击，IMF 和世界银行等现有国际经济组织并没有有效地阻止危机由美国向欧洲甚至全世界蔓延。对于美国来说，通过国际合作来摆脱困境是十分必要的，在这种背景下，美国将希望寄托于更富有活力的 G20。

综上所述，各国经济实力的消长促使了G20的产生，而金融危机的爆发进一步推动了其快速发展，这直接导致了G20逐步取代G8成为国际经济合作的主要平台。

（二）G20机制的非正式性

1999年12月15日，在德国柏林召开的G20创始会议发表了第一份公报。公报中提到，G20是布雷顿森林体系框架内非正式对话的一种新机制，旨在推动国际金融体系改革，为有关实质性问题的讨论和协商奠定广泛基础，以寻求国际合作并促进世界经济的稳定和持续增长。这句话明确指出了G20的性质和目的。

正式和非正式的国际机制在当今国际体系中都十分普遍，而两者最本质的区别就是前者具有国际法上的约束力而后者没有。正式国际机制需要通过制定具有法律效力的协议或承诺来建立，具有系统的组织形式并由专门的国际机构来保障协议的实施，例如联合国、国际货币基金组织等。相比之下，非正式国际机构的建立要宽松得多，并不需要具有法律约束力的协议，只要成员国之间达成共识即可，对行为体更多地适用政治或道德的约束力而非国际法上的约束力，例如欧安会、二十国集团等。简单来说，如果成员国在机制内意图达成的是有法律约束力的国际协议和承诺，那么这样的机制就是正式国际机制；如果成员国没有意图在彼此之间建立起国际法意义上的权利义务关系，那么这样的机制就是非正式国际机制。①

根据以上分析来看，G20属于典型的非正式国际机制。G20机制内各成员国根据共同追求的目标而达成协议，该协议对各成员国不具有法律约束力，成员国之间可以通过相互监督来确保协议的有效落实。法律的约束是被动的，而各成员国追求共同利益的愿望是主动的，这就使得G20机制中所达成的共识即使不具有法律约束力，各成

① 朱杰进："非正式性与G20机制未来发展"，《现代国际关系》，2011年第2期，第41—46页。

员国也愿意积极落实，这也成为了推动 G20 不断发展前进的内在动力。

虽然这种非正式机制不具有法律约束力，但是实践中的有效性却是毋庸置疑的。早在 2008 年全球金融危机中，G20 机制的有效性就已经得到了普遍认可，发挥出了 G8 所不能比拟的巨大优势。

（三）G20 的制度优势

面对来势汹涌的金融危机，G20 不仅发挥了良好的作用而且还顺利地实现了制度升级，应对危机和治理成效都十分显著。G20 之所以能够快速发展并得到了国际社会的认可，与其特殊的制度优势有着密切的联系。

1. 适应了国际权力格局的新变化。在过去的几十年里，无论是 G7 还是 G8，传统西方发达国家在世界政治经济领域都占据着主导地位。政治上，联合国安理会的五个常任理事国中有四国属于八国集团；经济上，除了俄罗斯外的七国国内生产总值长期占世界生产总值的三分之二以上，贸易量则占全球贸易总额的一半以上。这样绝对性的优势导致了国际金融治理大多被八国集团所控制，其他国家的话语权少之又少。然而，经过了几十年的发展，七国集团的相对实力不断下降，而新兴国家如“金砖四国”在国际政治经济舞台上扮演着越来越重要的角色。要建立国际经济新秩序，就再也不能将这些国家拒之门外。如果离开这些新兴国家，国际社会几乎不可能采取有效的措施来应对金融危机。可以说，G20 之所以能快速发展并取得了一系列举世瞩目的成就，与其适应了国际经济格局的新变化有着密不可分的关系。

2. 体现了世界经济管理的均衡化趋势，给予发展中国家更多的话语权。在 G20 机制内，以金砖国家为代表的新兴市场经济国家和八国集团为首的传统经济强国不仅在参与数量上相差不多，而且在议题讨论中的发言权也相对平等，西方国家主导世界经济话语权的局面被打破。也许在政治方面还相差甚远，但至少在经济方面，国际权力结构正向着平等化和多元化的方向发展。G20 的不断发展，让越来越多的发展中国家有资格、有机会参与到国际经济决策和管理中，为新兴国家一直所追求的国际经济新秩序的建立奠定了基础。

（四）G20 的未来与挑战

G20 在全球瞩目下快速发展，日益成为国际经济金融合作的重要平台，国际社会普遍对其发展有着较高的期待。尽管 G20 发展时间不长，尚有许多不完善之处，但不可否认，现今 G20 发挥出巨大优势和潜力。在实施全球经济治理、确保全球经济均衡增长方面，与 G8 相比，G20 更有希望成为一个行之有效、富有活力的重要平台。在 G20 机制中，霸权国家主导的作用相对降低，多元力量影响力增强，这一成功的实践对以后的国际制度的完善具有重要的借鉴意义。因此，综合各个方面来看，G20 的建立和发展是实质性的进步，是世界经济体系完善过程中的重大突破。但我们依然需要客观地看待问题，无论是组织架构、成员包容性还是目标追求，G20 都不能算是一个成熟的国际机制，发展的空间还有很大，其发挥作用的持久性也有待观察，它是否能将现在取得的成绩继续保持下去还存在疑虑。

首先，美国仍然是当今世界唯一的超级大国，其影响力十分关键。这样的现状必然导致以美国为首的西方主导国际经济秩序，尽管其主导能力有所下降，但新兴国家仍然无法获得与传统西方经济大国平等的经济利益，只能说两者的差距在不断缩小。世界经济决策权能否顺利地完成过渡，将是 G20 未来发展所面临的重大考验。

其次，需要妥善处理 G20 与联合国的关系。就目前来看，G20 重点关注经济问题，而联合国则侧重于协调政治安全事务，这两个机制能够相互补充、共同发展。但如果 G20 进展顺利，就不可避免会在解决经济问题的基础上向其他议题延伸，如自由贸易秩序、全球气候、航道安全等。两个机构可能出现权力重叠，从而带来竞争的问题。

第三，G20 成员国需要采取适当的方式处理与非成员国的关系。在全球化程度日益加深的今天，全球有二百多个国家和经济实体参与到国际经济体系中。而 G20 的成员国只占到其中的十分之一左右，其代表的范围具有不可避免的局限性。这已经成为 G20 在发展过程中必须面临的一个挑战，如何处理好与这些国家之间的关系，尊重和采纳他们正当的政治主张和合法的利益诉求是十分必要的。

二、澳大利亚 G20 峰会的成果

经过两天紧张而热烈的讨论和磋商，G20 领导人第九次峰会在布里斯班落下帷幕。会议结束时发表了《联合公报》。此次峰会围绕着三个主题讨论并通过了《布里斯班行动计划》，提出了一千多项具体的措施，旨在促进全球经济增长、抵御风险和推动机构改革等。

此次峰会，G20 制定的目标是到 2018 年之前 G20 所有成员国的 GDP 额外增长 2% 以上。国际货币基金组织和经合组织研究表明，如果 G20 全部落实所承诺的措施，其 GDP 将额外增长 2.1% 。这意味着 G20 为世界经济贡献了 2 万多亿美元的财富，就业岗位也会随之增加。而且，G20 提出的关于投资、贸易、就业等方面的措施以及一系列宏观调控政策，这将有利于消除不平等和贫困。

G20 最重要的任务不仅仅是促进经济增长，而是通过经济的增长来提高人民的生活水平并且创造高质量的就业。全球经济还处于复苏阶段，发展速度慢并且不平衡，就业问题没有得到满意的解决。供给不足的问题依然制约着世界经济的发展。政治、经济、文化等领域中不确定的风险增加。因此，G20 一直本着平等友好的关系开展工作，以促进增长、提高经济抗风险能力、加强全球机构。

（一）携手行动，促进增长和就业

1. 解决全球投资和基础设施投资不足问题。“全球基础设施倡议”在会议中得到了普遍的赞同，该倡议是一个长期的工作计划，目的在于提高公共和私人部门基础设施投资。主要的投资倡议都包含在了 G20 的全面增长战略中，如鼓励公共投资、改善国内投融资环境等，这一系列的措施重点在于吸引私人部门投资。不仅如此，为了更好地促进高质量的投资，尤其是基础设施投资，G20 还采取了自愿和率先垂范的方法。G20 将解决数据缺失问题，并且进一步改善项目信息公开渠道，方便投资者选择合适的项目。并且 G20 还将致力于加强机构投资者长期投资，鼓励包括透明的证券化在内的市场融资，尤其是为中小企业服务；继续同多边开发银行合作，并鼓励各国开发银行通过优化资产负债表的方式提供额外贷款，并确保 G20 在基础设施领域的工作惠及低收入国家。

为支持落实上述倡议，与会成员国同意成立为期四年的全球基础设施中心。该中心将致力于为政府、私人部门、开发银行和其他国际组织提供分享知识的平台和网络，并将促进上述各方的合作，以改善基础设施市场的运行和融资。① 为提升发展中国家基础设施水平和吸引更多私营部门投资，世界银行发起成立全球基础设施基金。该基金将同 G20 的工作相互补充、彼此合作。

2. 促进国际贸易和市场竞争，旨在推动经济和就业增长。贸易不仅仅是交换最终的产品，还包括零件和服务的贸易。制定政策的时候需要站在全球的角度考虑，促进更多的发展中国家参与到全球贸易中。G20 的增长战略包含很多项改革措施，例如减少监管负担和降低交易成本等，旨在促进贸易的快捷便利。G20 始终反对贸易保护主义，但此次峰会并没有出台新的措施。

3. 解决失业问题、提高就业质量和劳动参与率。就业问题必须要考虑各国的实际国情，各成员同意在自身力所能及的基础上缩小男女就业参与率差距，目标是到 2025 年在当前基础上把该差额减少 25%，该目标如果能够实现，将可以促进超过一亿的女性参与就业，有利于推动经济增长，同时减少贫困、改善不平等现状。

---

① “G20 峰会公报发布（全文）”，中华网，2014 年 11 月 17 日，http：//news. china. com/internationalgd/10000166/20141117/18968931_ all. html。

在降低青年失业率方面，G20 作出了相应地承诺，确保青年人能够接受教育、参加培训以及得到雇佣。G20 公布了一个就业计划，其中包括加大对学徒制、教育和培训的投资，并出台一系列相应的措施来鼓励青年人创业并激励公司企业增加对青年人的招聘数量。非正式就业和结构性失业以及长期失业问题依然是 G20 关注的重点，一方面需要加强劳动力市场的发展，另一方面还需要建立适当的社会保障体系。随着劳动者素质的不断提高，人们开始逐渐重视劳动场所的安全和劳动者的健康问题，G20 也将改善这些问题作为优先事项。

4. 实施有利于发展中国家的举措，努力消除贫困，实现共同发展。为了降低全球侨汇平均成本，G20 将采取一系列强有力的措施来确保这一目标的实现，与此同时，优先提高金融的包容性。“G20 粮食安全和营养框架”不仅包括加大对粮食系统的投资，还涉及到提高生产力以扩大粮食供给，同时还可以增加人民的收入、提供高质量的就业以及促进经济增长。

（二）建设更强劲、更抗风险的全球经济

1. 全面落实已经商定的金融监管改革方案。就当前的全球经济状况来看，抗风险能力差并且金融体系不稳定，这对于全球经济的发展产生了严重的影响。G20 在应对金融危机时作出的承诺，目前已经兑现了关键的部分。为了进一步降低金融体系的风险，G20 将着力改善银行资本状况、增强流动性以及提高衍生品市场的安全性。影子银行监管框架已经具有实质性的进展，此次会议 G20 各成员国一致同意按照更新后的路线图开展工作，并争取改善银行和非银行之间的风险传递方式。金融体系的完善并不是一蹴而就的，依然有很大的提升空间，要做的事情还很多。最切实际的就是先完成好当前政策框架中的剩余部分，确实推进金融监管的改革方案，不能放松警惕，时刻提防新风险的产生。G20 还提出了一些呼吁和倡议，以督促相关机构改革的进程。

2. 建立公平的国际税收体系，确保各国的税基。G20 认为应当在

创造经济利润的发生地或者价值创造地进行经济利润课税。近些年，跨境逃税行为屡见不鲜，G20为防止该行为，在对等基础上核准了开展税收情报自动交换的全球统一报告标准。因各国立法进程不尽相同，G20采取了相对宽松的时间，同各成员国和其他国家进行税收情报自动交换的活动将于2017或2018年底进行。发展中国家的进一步参与是十分重要的，也是G20所希望的，尤其是税基侵蚀和利润转移项目方面。G20将同发展中国家一起，建设其税收征管能力，并落实税收情报自动交换全球标准。

3.《2015—2016年G20反腐败行动计划》核准并公布。反腐败不仅是每个国家自身的事情，也成为了国际合作的一项重要议题，G20的反腐败合作正在积极开展。建设反腐败合作网络，在司法互助、资产返还以及避罪港等方面进行协商。G20通过了《G20受益人所有权透明度高级别原则》，着力提高公私部门的所有权透明度。

（三）加强全球机构

1. 建设效率高、代表性广的全球经济机构，重点关注世界经济变化发展。新兴市场国家逐渐发展壮大，其在金融稳定理事会的代表性也应当得到相应地增加，并且理事会的行动效率也有较大的提升空间。国际货币基金组织有着不可替代的作用，应当切实维护其强健和资源的充足。G20一再声明圣彼得堡的承诺会继续落实，尤其是2010年的国际货币基金组织的改革方案，敦促美国批准上述改革方案。G20将根据落实的情况制定下一步政策措施。

2. 建立一个适应当前世界经济状况的贸易体制。经济的增长和就业的增加都离不开贸易的发展，为了使贸易协定更好地发挥作用，G20致力于确保各种贸易协定相互补充、公开透明，为建立一个强大的多边贸易体制作出自己的贡献。在落实巴厘一揽子协定的同时制定相应的工作计划推动多哈回合谈判继续进行。G20会继续向发展中国家提供帮助。这一系列的措施有利于增进各方对多边贸易体制的信心和希望。

3. 加强能源合作是工作重点。能源是经济发展的命脉，能源市场的发展和稳定至关重要，而当前国际能源市场正在转型中。此次峰会核准了《G20 能源合作原则》。能源部长将在 2015 年的会议中向 G20 报告该工作的进展情况。在能源市场中，天然气的比重越来越大，G20 正致力于完善天然气市场的运行，并给予更多的关切。

4. 提高能效，节约成本。能源有限而需求无限，提高效能就成为了一个低成本的解决途径，并且安全可靠。这不仅降低了企业的成本，还减少了家庭生活的支出。在能效合作方面，G20 各成员国达成了一致，针对汽车、网络设备行业的能效和排放方面采取一系列新的措施，并且在特定行业的能效融资领域采取一些相关举措。化石燃料补贴将逐步被取消，以促进能效的提高。

5. 积极应对气候变化。联合国气候变化框架公约及其商定成果都将成为 G20 的行动依据，在经济可持续增长的同时注重环境的治理和管控。在公约框架下，各成员国会共同努力形成一份具有法律效力的商定成果，以应对气候变化。G20 对有关缔约方准备在公约缔约方第 21 次会议之前（如准备好，可在 2015 年第一季度之前）通报国家自主决定的贡献表示鼓励，并重申支持为减缓和适应气候变化动员资金，例如绿色气候基金。

6. 密切关心埃博拉疫情。疫情的爆发牵动着世界的神经，不仅对公共安全产生了较大的影响，经济也会受到其影响。G20 本着人道主义的精神，积极支持国际社会的紧急措施，并会尽力管控危机。G20 的呼吁，让更多人关注了埃博拉疫情所带来的经济影响。

三、G20 峰会中的中国国际影响力

此次 G20 人们会深刻体会到，中国作为最大的发展中国家，正在不断引领全球经济的发展方向；中国负责任的大国形象深入人心，对世界的贡献越来越多，国际地位举足轻重。习近平总书记在峰会上发

表讲话时与以往不同，态度更坚决，信心更充足，这背后便是中国实力的稳步增长。可以这样认为，中国成功地“塑造”了这次 G20 峰会。“引领”、“信心”、“塑造”……这些词构成了外界对这次习近平出席 G20 峰会的评价。[①]

近些年，世界经济的发展不仅缺乏动力而且诸多不确定的因素导致其呈现出不可避免的敏感性和脆弱性。经济增长势头不强，长此以往，不确定的风险和日益增长的失业率将困扰全球经济。与此同时，各国给予厚望的 G20 正经历着重大的变革。在这样的国际大环境中，世界的目光聚焦中国，中国将怎样在 G20 中发挥更大的作用，怎样引领经济增长，增添动力。

首先，坚定不移地深化国内体制改革，确保中国自身经济的稳步增长，在发展自身的同时推动世界经济共同发展。2014 年，全球经济增长率约为 3.3%，比此前的预期要低很多。然而，中国经济增长了 7.4%，明显高于其他主要经济体的增长率，无疑成为全球经济增长的最大贡献者。从目前中国改革的力度和广度来看，通过改革所带动的经济增长将会继续增加，这有利于实现 G20 所提出的目标。如此看来，中国成为了全球经济增长最大的贡献者。只要中国持之以恒把自己发展好，走好自己的路，不断解放和发展生产力，最大限度地激发经济增长新动力，中国会为世界经济作出新的更大的贡献，中国也会成为 G20 改革和发展的重要推动力。

其次，着力解决基础设施投资融资难的问题。基础设施投资是一种生产型的投资，对国家的经济发展起到积极地促进作用，对内有利于扩大内需、增加就业和收入、促进生产力的发展，对外有利于吸引投资、促进劳务和商品的交换，因而对于刺激全球经济的增长具有重要作用。7 月 15 日，中国与其他金砖国家共同合作成立了金砖国家开发银行，其拥有 1000 亿美元的授权资本。该银行的建立旨在解决包括金砖国家在内的发展中国家所面临的基础设施建设“融资难”问

① “解读：G20 峰会成果凸显中国引领色彩”，新华网，2014 年 11 月 18 日，http://news.xinhuanet.com/world/2014-11/18/c_1113295663.htm。

题。10 月 24 日，在中国的推动下，中国、印度等 21 个首批意向亚洲国家在北京签署了筹备亚洲基础设施投资银行的备忘录，总部设在北京，在亚洲区域内亚投行成为了基础设施投资融资的一个新机制，有利于通过基础设施项目，推动亚太地区经济发展。11 月 8 日，中国政府对外宣布，中国将投资四百亿美元建立“丝路基金”，并表示欢迎投资者们的积极参与。11 月 12 日，中美两国元首会晤，双方在基础设施领域达成一致共识。中美双方均表示鼓励在基础设施领域的商业投资，使得世界银行的全球基础设施基金进一步发挥更大的作用。中国向来用行动说话，这一系列的措施无疑为 G20 峰会中的基础设施投资议程奠定了坚实的基础。

第三，致力于在 G20 机制中维护广大发展中国家的利益，在国际热点问题的解决中提升发言权。发展中国家普遍把发展当作其核心目标，为此中国一直以来倡导 G20 更加关注发展议题。2010 年 G20 首尔峰会上，中国推动达成了《首尔发展共识》和《发展议题跨年度行动计划》；在 2013 年 G20 圣彼得堡峰会上，中国大力支持《圣彼得堡展望》，并致力于建立 G20 发展议题问责框架。在目前世界经济不景气的情况下，许多发展中国家的经济增长遇到严重的困难，非洲国家又遭受埃博拉疫情的肆虐，中国不仅向这些疫情严重的国家提供大量的人力物力援助，而且还利用此次峰会的契机动员国际社会给予疫区人民更多的帮助。

第四，中国致力于并将继续推进 G20 机制的改革。G20 峰会机制建立七年来，在很多方面都发挥了重要的作用。G20 积极协调主要经济体的宏观调控政策，平稳应对席卷全球的金融危机，不断加强全球经济治理等。但我们还必须认识到，目前 G20 机制的发展依然面临着许多严峻的挑战。乌克兰危机爆发后，俄罗斯的 G8 成员资格还待定，作为东道主的澳大利亚甚至还曾表示要取消俄罗斯的 G20 成员资格。西方发达国家与新兴国家之间的矛盾很容易被激化，这并不利于之前所达成的“同舟共济、合作共赢”的战略互信，这一系列问题无疑都加剧了 G20 机制转型的难度。中国一直提倡各国应树立“利益责任命运”三位一体的共同体意识，充分认识到连带效应导致的一荣俱荣、一损俱损，保持竞争与合作并存，在合作中谋求共同发展，不断密切G20各成员国之间的关系。中国所提出的这些思想和理念会深刻地影响着G20机制建设的发展和未来。

结　语

在G20中，中国的引领作用越来越突出。作为新兴国家的代表，中国不仅是发展中国家重要的合作伙伴，而且也是发达国家希望对话的国家。2016年，中国将主办G20领导人峰会，作为“三驾马车”之一的中国发挥着举足轻重的作用。中国一直以来都积极参与和支持G20的运行和发展，已经与G20成员国建立起常态化的沟通机制，致力于推动其不断改革。与此同时，G20的发展也有利于中国的改革。在此次G20峰会上，习近平主席发表重要演讲，指出中国经济将继续保持强劲、可持续、平衡增长势头，作为2016年G20领导人峰会主办国，中国愿意为推动世界经济增长作出更大的贡献，在突破G20的局限方面发挥积极作用。

第十三届香格里拉对话及其对中国的启示

吕　超

一、香格里拉对话概述

（一）背景

冷战后，亚太地区经济迅速腾飞。2008 年全球金融危机后，亚太地区的经济地位更加凸显。该地区的地缘政治地位也随之日益重要。无论是区内国家还是区外大国，如美国、欧盟等都无法忽视亚太的经济和政治影响力。但经济发展并没有使亚太地区的安全局势得到改善，反而使地区安全充满了不确定，存在着爆发冲突的潜在风险。当前，亚太地区的传统安全与非传统安全问题相互交织。中日钓鱼岛争端、中国南海问题和气候变化等各种问题都对该地区的安全形势提出了严峻挑战。同时，亚太各国竞相加快军队建设的步伐，出现“逆裁军”现象。

长期以来，亚太安全机制的缺失造成亚太各国之间防务信息交流不畅，战略猜忌严重，引起了国际战略研究所（IISS）的关注。IISS 自 1958 年成立之初就致力研究国际安全和国际战略态势，积极向政治家、外交人员、军方人士、跨国公司等和机构提供高质量分析，加强与那些可能影响国际关系和国际安全领域公共政策的政界领导人、商界人士及战略分析家间的联系。在 IISS 的推动下，首次香格里拉对话于 2002 年召开。

香格里拉对话，又被称为亚洲安全峰会，由英国伦敦国际战略研究所（IISS）和新加坡国防部合办，每年 6 月初在新加坡香格里拉饭店举行，因此而得名。香格里拉对话首次出现于 2002 年，以满足当时亚太地区对交流论坛的需求。该对话旨在建立互信并促进各国安全合作，它为亚太地区各国防长提供了交流平台，逐步成为亚太地区安全机制中的重要组成部分。每年，各国防长们都要在此汇聚一堂，其中还包括不少民间和军队学者。通过迎合参会人员的特殊需求，并使他们之间的交流更加简易有效，香格里拉对话已经得到了亚太地区各国以及大国防卫政策制定者的关注，在亚太安全建设中扮演着日益重要的角色。[①] 现在，该峰会是亚太地区安全对话机制中规模最大、规格最高的多边会议之一。

（二）发展历程

首届亚洲安全峰会于 2002 年 5 月 31 日—6 月 2 日在新加坡的香格里拉饭店举行。首次对话共有 22 个国家的代表出席会议，其中澳大利亚、英国、印度等 11 个国家派出国防部长参会，中国派出解放军总参外事局局长参会，美国派出国防部副部长保罗·沃尔福威茨参会。2004 年，总部位于伦敦的国际战略研究所在新加坡设立亚洲办公室。在该办公室的极力推动下，香格里拉对话逐渐成为真正的亚洲安全协商机制。2006 年，17 个国家的国防部长参加对话。2008 年有 27 国国防部长参加会议。2009 年有 27 个国家派遣代表，总共 350 多人参加会议。2011 年的会议共有 1 位总统、2 位总理、1 位副总理，21 位防长或副防长出席。2012 年的香格里拉对话在 6 月 1—3 日举行，

---

① http：//www. iiss. org/en/events/shangri-s-la-s-dialogue/about-shangri-la.

共有来自27个国家的351人受邀出席，其规模、议题和层次都有新的变化。①

2014年5月30日，第十三届香格里拉对话期间，共有27个国家和地区的防务部门和军方领导人参与其中。对话的主要议题是区域传统和非传统安全。会议各方代表就主要议题展开讨论，并举行了多次双边和多边会晤。

中国人民解放军副总参谋长王冠中率团参与对话。他在会上积极阐释习近平主席在亚信峰会上倡导的亚洲安全观，介绍中国军队践行亚洲安全观、开展国际安全合作的举措，提出加强地区安全合作的倡议，此外，他还会见有关国家防务部门和军队领导人，就地区安全形势和两军关系交换意见。中国全国人大外事委员会主任委员傅莹也应邀出席会议。

第十三届香格里拉对话有五大主题：美国对亚太地区稳定的贡献（亚太再平衡已成事实）、发展军事交流与合作、管控战略危机、大国对亚太地区安全与和平的看法、推动亚太地区冲突管控机制的发展。对话除了围绕这五大主题展开，还就“对维护和管理公海的挑战”、“亚太新军事能力的影响”、“气候变化与亚太安全”、“东盟与浮现中的地区安全秩序”、“朝鲜的未来及对地区安全的影响”等议题进行了分组研讨。②

二、中国积极参与历届香格里拉对话

中方一直给予香格里拉对话高度关注，自2007年来，中方已连续五年派遣由解放军副总参谋长领衔的高级军事代表团与会。

2011年6月3日至5日，时任国务委员兼国防部长梁光烈率团赴新加坡参加2011年香格里拉会议。这是该会议机制成立十年来，中

---

① 周士新：“香格里拉对话的演进与前景”，《东南亚南亚研究》，2012年第3期。

② The 13th IISS ASIA SECURITY SUMMIT THE SHANGRI-LA DIALOGUE 2014 SPEAKER AGENDA.

方首次由国防部长率团与会。期间，梁光烈与美国、新加坡等多个国家防务部门领导人举行双边会谈。此外，他还就“中国的国际安全合作”这一议题作了专题发言。

2012年6月1日至3日，第11届香格里拉峰会在新加坡举行，会议讨论了亚太区域的安全议题。美国“重返亚洲”军事战略部署是此次会议的焦点，中美的互动也备受关注。网络及海上安全等领域的挑战，是本届峰会的另一个主要议题。任海泉作为中国代表团团长、军事科学院副院长出席了对话会。

2013年5月31日至6月2日，第12届香格里拉峰会在新加坡举行，本届会议的关注焦点是亚太区域安全合作。中国人民解放军副总参谋长戚建国在会上发表了题为《携手应对风险挑战　实现亚太共同发展》的主旨演讲，就中国走和平发展道路的一贯立场进行了进一步阐释。①

2014年5月30日至6月1日，中国人民解放军副总参谋长王冠中中将带团参与第13届香格里拉对话。另外，还有全国人大外事委员会主任委员傅莹与会，全部成员共有17人，规模仅次于东道主新加坡（19人）。会上美日的“发飙”，越菲的煽风点火，中国的据理力争使得中国再次成为会议焦点。在研究我国如何应对西方大国为中国摆设的这场“鸿门宴”前，首先要认清各方的发言。

三、第十三届香格里拉对话的各方言论

（一）安倍的主旨演讲：利用“国际法”作掩护走上扩军的危险道路

安倍在香格里拉峰会上做了一次有关亚洲和平与繁荣以及国际法

① http：//news. xinhuanet. com/ziliao/2011-06/02/c_ 121487856. htm，新华网新华资料：香格里拉对话。

的主旨演讲。在整篇演讲中，他反复提及国际法并提到当前亚太的紧张局势，暗批中国不尊重国际法，试图依靠暴力与胁迫改变亚太地区现状。

在安全方面，安倍重申美日同盟是维护亚太地区和平与安全的基石，提到了日本与澳大利亚、印度和东盟国家之间不断发展的安全合作，放大日本在此地区安全事务中所发挥的作用，塑造自己备受欢迎的形象。接着，安倍阐述了国际法的重要性并抬出国际海洋法的三原则，即各国应在国际法基础上明确诉求；不得以主张为由，诉诸武力或以武力相威胁；以及以和平方式寻求解决纠纷。① 影射中国近期在南海的一系列举动违反了国际法原则，极力渲染“中国威胁论”，同时力挺菲律宾和越南在南海问题上与中国敌对的做法。

安倍肯定了东盟机制在维护亚太和平中所发挥的积极作用，例如东盟外长会议，东盟防长扩大会议为各国交流提供了平台，有利于军事透明度的进一步提高。所以安倍决定“全力支援东盟各国”，并向菲律宾和印尼提供巡逻艇，未来也考虑向越南提供设备。安倍此举无疑意在将与中国存在南海主权争端的国家拉拢到日本周围，图谋破坏中国与东盟的良好合作关系，实现打压中国的目的。

此外，安倍在演讲中抛出“积极和平主义”。他首先提出在全球化背景下，一国的安全已不能由自己承担。所以，日本意在解禁集体自卫权，以适应当前的国际安全合作和联合国的维和行动。在日本修改了武器对外出口的相关法规后，修改集体自卫权又将是日本“鹰派”挣脱战后国际法限定的又一大举动。其目的乃是谋求利用美国“重返亚洲”的战略和目前中国东南沿海的紧张局势，在国内大搞扩军修宪，使日本在军事和外交上悄然崛起，实现向“正常大国”转型，重温往昔“大和民族”作为东亚龙头老大的旧梦。

除了安全方面的主要议题外，安倍还提及了“新日本”的概念，即以安倍经济学为基础，重新发动日本经济增长的发动机，从而带动

---

① Major Power Perspectives on Peace and Security in the Asia-Pacific: Anatoly Antonov, Deputy Minister of Defence, Russia.

整个亚太地区的经济发展。他还表示日本将大力培养各种高素质人才，重视对外青年文化交流。其目的显然是要与中国争夺在东亚的经济和文化“制高点”，抵消中国对东亚日益增长的经济和文化影响力。总之，无论在军事安全方面还是在经济文化上，日本已经将中国视为对手。

（二）俄罗斯声音：反对个别国家的霸权主义行为

俄罗斯副防长安东诺夫首先就乌克兰问题发表了看法，抨击“颜色革命”给乌克兰等前苏联地区国家带来了巨大灾难。“颜色革命”的爆发无疑受西方国家的鼓动，当前“颜色革命”有渗入亚太地区的趋势，威胁到该地区的稳定。俄副防长呼吁各国应通力合作将这种威胁拒之门外。

此外，俄罗斯反对某些国家借“再平衡”之名，在该地区建立一国为中心或为一国所服务的国际秩序，暗批美国在亚太地区推行霸权政策，奉行霸权主义。

为了维护亚太地区的和平与繁荣，俄副防长提出了几条建设性建议。首先，坚持每个国家都是平等的原则，尊重各个国家历史传统文化的差异，不以意识形态作为外交政策的基础。其次，尊重联合国和安理会，充分发挥东盟等多边组织作为安全问题处理与交流平台的作用，使它们做出的决策真正得到有效执行。最后，针对军事安全方面，俄副防长表示为防止在亚太地区爆发军事冲突，解决边界争端已迫在眉睫。近年来，俄罗斯与周边国家成功地解决了许多边界争端，非常值得当前亚太地区的边界纠纷当事国借鉴。同时，军事行动的透明化对维护地区安全也很重要，提前向邻国通知军事演习的具体情况可视为迈向军事透明化的第一步。[①]

---

① Major Power Perspectives on Peace and Security in the Asia-Pacific：Anatoly Antonov，Deputy Minister of Defence，Russia.

（三）新加坡的声音：东盟将继续发挥积极作用促进亚太的稳定与繁荣

新加坡防长在演讲中首先提到乌克兰危机使欧洲出现了些许不稳定因素，不久前中俄签署的能源大单被许多国家视为中俄对美国为首的西方联盟的挑战以及近期南海局势的升温。那么当前亚太地区的冲突风险在哪呢，这是一个值得思考的问题。

当前，亚洲诸国共有的特征就是十分珍视经过不懈斗争得到的主权，所以往往在涉及领土主权的问题上十分强硬。维护亚洲和平的两股力量分别是美国在冷战期间的联盟体系，为该地区的许多国家提供了安全保护伞；还有腾飞的中国经济在近二十年所提供的经济公共产品。

不得不说的是，亚洲经济在过去的十年中取得了举世瞩目的成就，中国和印度的经济总量翻倍增长，东盟各国也呈现稳步增长之势。但经济的迅猛增长为地区安全埋下了众多隐患，海上油气资源的争夺、经济增长乏力、中产阶级对现行政治制度的挑战，都可能成为亚洲动荡的导火索。

现在，中国在习近平主席的带领下正走向民族复兴，承诺中方将坚持走和平发展道路，中国将永远不称霸，永远不扩张。但是，中国将永远不会再像19世纪那样屈服于列强的侮辱，一个强大的中国不会放弃一寸领土。日本也将摆脱二战以来的束缚，寻求与自己经济地位相对应的正常国家地位，但日本将再也不愿意看到两颗原子弹所带来的巨大灾难。东盟国家也将致力于提高人民生活水平，珍视自己来之不易的独立地位。但是要想维持亚太的稳定与和平，光凭各个国家的独自努力是不够的。首先，在战略互信缺乏的时期，各国需要在普遍原则和共同价值观之下建立多边交流机制从而达到互信，比如东盟外长会议和东盟防长扩大会议。其次，建立互信的一个关键步骤是各国在人道主义救援和救灾方面上的互相支持与配合。①

---

① Ensuring Agile Conflict Management in the Asia-Pacific：Ng Eng Hen.

总之，新加坡防长的演讲还是相当客观的，他没有跟随美日批评中国，而是赞扬了中国对亚太经济腾飞所贡献的巨大力量。对南海紧张局势也是一笔带过，没有偏袒任何一方。但是他深刻指出了当前亚太地区面临的一些安全风险，并中肯地提出了一些建议，这些建议也是中国等大部分爱好和平的国家所倡导的。可见，东盟大部分国家一方面难以脱离美国的安全保护，另一方面又依赖中国经济增长所带来的“外溢效应”。所以，新加坡防长的态度中立，既不批评中国，又不得罪美日。当然，东盟成功利用这种“中间人”的身份，游走于对立的双方并从中搭桥，创建了不少交流平台，香格里拉对话本身就是东盟国家积极配合的产物，相关方积极参与到地区安全建设之中的行动是不可或缺的。

（四）哈格尔的声音：美国“亚太再平衡”战略的再强调

美国防长哈格尔在这届香格里拉对话中老调重弹，再次宣扬美国的“亚太再平衡”战略，配合不久前美国总统奥巴马在西点军校毕业典礼上所作的“美国将继续担任世界领导者”演讲，哈格尔的演讲不失为是美国将如何在亚太地区发挥领导作用的指导手册。他提出了美国在亚太地区的四项重任：第一，鼓励和平解决争端；支持航行自由等原则；强烈反对胁迫、威胁恐吓和侵略。第二，在国际法律和规则的基础上建立地区合作机制。第三，增强美国盟友和伙伴的能力以让他们可以保护自己并承担维护亚太地区和平的部分责任。第四，增强美国自己在亚太地区的军事力量。

哈格尔认为亚太地区的安全风险主要表现在以下的几个方面：南海和东海的领海争端、朝鲜核问题及其挑衅姿态、气候变化和自然灾害的长期挑战和影响稳定的破坏性网络攻击。谈及中国，哈格尔直接点名批评中国：“在最近的几个月中，中国在南海采取了破坏局势稳定的单边行动。中国限制了‘斯卡布罗岛礁’（黄岩岛，作者注）区域的航行自由，向菲律宾长期驻扎的‘第二托马斯礁’（仁爱礁，作者注）施加压力，在多处岛礁填海造陆并在‘帕拉塞尔群岛’（西沙群岛，作者注）附近的争议水域进行石油钻井活动。”① 此外，哈格尔再次强调美国不承认中国划设的东海防空识别区，钓鱼岛正处于日本的行政实际管辖范围内，所以该岛适用于《美日安保条约》。虽然美国官方坚持声称在主权领土争端上不选边站，但是哈格尔种种言行很明显是在贬低抨击中国，处处充满挑衅语气，透露着霸权主义色彩。当然中美之间有许多共同利益，哈格尔并没有忽视这些。

在又一次阐述了美国在亚太地区军力调整的计划后，他也肯定了中美之间的交流与合作。当前，正值中美新型大国关系建设期间，两国的军事交流是重中之重。首先，中美都面临着管控朝鲜核危机的严峻挑战，哈格尔认为朝鲜的一系列挑衅行动已经威胁到地区稳定，损害中美两国的利益。中国作为朝鲜的邻国应该能在日后的朝核问题上扮演更加积极主动富有建设性的角色。其次，哈格尔高度评价了自己前不久的中国之行，他表示中美军事交流还有很长的路要走，但双方取得的成绩值得鼓励。双方的对话已经越来越直接有效，越来越务实。最后，针对近期中国暂停了中美两国的一个网络工作小组，哈格尔宣称美国将继续与中国探讨网络问题，因为网络安全问题已成为两国为了减少误判所不可避免的问题。

在美军财政预算吃紧的前提下，哈格尔再次高度展示了美军重返亚太的雄心壮志，并极力渲染美国所面临的地区挑战。所以中国应正视美军的再部署，在外交上反击美方霸权言论，军事上在不引起美日的强烈反弹的情况下适当调整。

（五）中国军方代表王冠中副总长的发言：中国将继续走和平发展之路

中国坚持和平发展。中国永远不争霸、不称霸，永远不搞扩张。中国坚持和平发展，是中国对亚洲安全的最大贡献。中国和平发展的巨大成果，是促进亚洲安全的极其重要的积极因素。

---

① The United States' Contribution to Regional Stability：Chuck Hagel.

中国高举公平正义旗帜。中国主张，国家不论大小、贫富、强弱，一律平等，都有自主选择社会制度和发展道路的权利。每个国家都有平等参与国际事务的权利。反对强化针对第三方的军事同盟、反对动辄使用武力或以武力相威胁、反对牺牲别国安全谋求自身的绝对安全，这点与俄罗斯副防长的讲话相互呼应，都是对当前美日加强军事同盟，在亚太地区实行霸权主义政策的强力回应。

中国推动安全与发展协调并进。在中国看来，发展是安全的基础，安全是发展的条件，二者缺一不可。据统计，2013 年中国对世界经济增长的贡献率接近 30%，对亚洲经济增长的贡献率同年度已超过 50%。中国将以可持续发展促进可持续安全，与各国共同创造地区持久繁荣和安宁的局面。

中国军队奉行防御性国防政策。当前，中国军队积极发展与亚太国家的军事交流，广泛参与到多边防务交流合作平台之中，塑造良好的沟通环境以促进防务动态透明化，从而妥善处理领土主权和海上权益争端。最后，王副总长做出了下列倡议：第一，深化对话交流，增强战略互信。第二，加强安全合作，助力共同发展。第三，拓展救灾合作，携手应对挑战。第四，突出海上合作，维护海上安全。第五，建立安全机制，有效管控分歧。① 这些倡议与新加坡防长的建议可谓是不谋而合，表明中国的倡议符合大部分东盟国家的利益。

值得一提的是，王副总长在演讲中针对美日两国代表的发言作了回应。他批评安倍的演讲明里暗里影射中国，违背了香格里拉对话的宗旨，旨在挑起纷争和事端。美国防长哈格尔的演讲则相对坦率，但充满霸权主义味道，充满威胁恐吓语言，是一篇充满鼓动、怂恿亚太不安全因素起来挑事、闹事言辞的演讲，完全不符合大会的建设性气氛。这说明中国已经敢于在多边国际平台上与西方强国直接交锋，证明中国有实力去应对西方大国的压力，也不惧怕与美日争吵。

总之，面对美日等国的恶意言语挑衅，中国代表团并没有退缩。

---

① “王冠中在香格里拉对话会上的演讲”，新华网，http：//news. xinhuanet. com/mil/2014-06/01/c_ 1110952373. htm.

他们义正言辞地阐明了自身立场，并巧妙地反问道：究竟是谁在主动挑事、闹事？是谁在主动挑起争端和争论？傅莹主任委员也在分组研讨中指出，近年发生的海上问题都是一些国家挑衅引发的。中国不会放弃长期坚持的和平解决争议的立场，但面临挑衅，也必须做出强有力的回应。这不仅是为了维护自身的主权权益，也是为了维护整个地区和平稳定的秩序。但是我们应该看到，虽然中国代表团在对话会上就防务、外交以及学术三个层面上赢得了大部分国家的喝彩，可这场言论上的小胜并不能从根本改变中国在亚太面临的日益严峻的安全局势。面对现实安全威胁，中国还应采取一些外交措施来化解危机。

四、中国在外交上的应对策略

（一）建立互信，主动发声

建立互信可以有效地减少不确定性并避免误算，同时可以培养国家间交流和合作的习惯。在当今亚太地区军备竞赛趋势愈加明显的情况下，军事互信尤为重要，所以军事外交建立互信的措施可包括架设热线、联合演习或训练以及军事对话。中美军方曾在1997年签订了海上磋商协议，建立防卫磋商对话和其他交流平台，为中美军方高层交换意见创立了良好的基础。此外，由于亚太各国有着许多共同利益关注，特别是在搜索与救援以及人道主义救援和救灾方面，所以各国正在寻求更多的机会来演习。尽管这些低水平的演习并不能使潜在对手建立真正的互信，但这至少可以让各国的指挥官适应与其他国家的海军协作。2014年中美军方高层交流也日趋深入，美国防长哈格尔在访华期间登上了中国的第一艘航母，中国也第一次受邀参与“环太平洋”军演。

互信措施还应聚焦于共享经济发展利益而不是让军事紧张和战略矛盾主导双边关系。钓鱼岛争端和随之而来的之对峙，使人们逐渐淡忘了世界第二大经济体和第三大经济体之间辉煌的经济合作历史。资源共享协定、油气和海床矿产开发管控可以让竞争放缓从而突出双赢。中国和越南近期就成立了一个联合工作组来共同探索北部湾的资源。这种实际的经济合作并不是万能药，但其作用仍不可小观。其中一个问题就是在不涉及主权问题的情况下，能否设计出一个双赢的方案。

在2014年的香格里拉对话中，中国发出了自己的声音。尽管前几届香格里拉对话成为西方主导的攻击中国的言论平台，中国长期以来也兴趣缺乏。但是古人云：理不辨则不明，话不说则不清。如果任凭西方国家对中国抹黑，鼓动周边国家走上敌对中国的道路，日后不但中国的周边环境将不断恶化，而且在发生争端时也是百口莫辩。

不久前，在亚信峰会上，习主席系统阐述了中国的新亚洲安全观，提出了“亚洲的事情要由亚洲人民解决”，在国际上引发了广泛反响。此次中国派出庞大代表团参加香格里拉对话亦是借助该平台，一方面与美日越菲等进行唇枪舌战，反击无端指责，另一方面积极向世界说明自己的外交立场和安全观念。近年来，中国十分注重在多边国际舞台上，主动阐述自己的外交理念，争取外交主动权，扩大外交活动空间。

（二）推动多边机制和双边协议的建立

一旦海上发生事件，畅通的交流渠道可以抑制或防止事件在短期内升级，同时机制论坛要在事件过后起到让当事国发泄怒气的作用。冷战期间，美苏双方建立的海上事故协议机制就很好地防止双方的海军发生直接的武装冲突，尽管双方对峙激烈而且政治环境中充满了紧张和猜疑。美苏的这个协议为各个阶层的官员提供了实时的交流渠道和程序，并建立了事后信息交流机制和一年一度的磋商论坛以便双方讨论事件并发泄怨言。

当前，在每年一度的中美战略与经济对话的战略框架下，中美还举行了战略安全对话。该对话成为双方公开阐明各自观点，发现分歧并尝试减少矛盾的平台。虽然双方的战略分歧依然严重，但双方开诚布公的态度使双方可以清楚了解到对方的战略意图和红线，从而减少误判，维护亚太地区的和平与发展。

南海区域的地区性多边组织，特别是东盟，可以帮助各国界定合适的海上行为并制定一些规则。中国积极参与到东盟组织的各项交流平台中，与东盟各国交换意见，合理处理分歧。

除了参与到法规制定的磋商之外，中国还应当劝阻东盟就南海问题与区外大国会谈，比如欧盟、澳大利亚、日本、美国等，他们虽然不与南海接壤，但打着关注航行自由、确保自由贸易的旗号干涉中国在南海的行动。所以中国对东盟各国要分而治之，多拉朋友、少树敌人。最近与中国在南海争夺最激烈的非越南和菲律宾莫属，但是中国对菲越两国应当区别对待。菲律宾依赖美菲特殊关系。4 月 28 日，菲美签署为期十年的《强化防务合作协议》，允许美军在指定区域新建军事设施或升级现有的基础设施。菲律宾防务官员直言不讳地说，新的军事协议以及美国海空军在菲的加强存在将遏制中国的"膨胀"。此外，菲律宾还抓扣中国渔船，把中菲南海争端问题上诉至国际法庭，菲律宾政府的这一系列举动已经证明了其决心不惜一切代价与中国硬碰到底，中国也唯有奉陪到底。但越南不同，它在历史上曾与中国是兄弟国家，现在又同是社会主义国家。与菲律宾不同，越南与美国不存在特殊关系，邀请美军进驻越南是绝对不会得到越南人民许可的。越南与中国经济联系密切，2013 年 7 月，越南工贸部亚太司副司长陶玉章在越南首都河内接受媒体采访时表示，从 2004 年至 2013 年，中国已经连续 9 年成为越南最大的贸易伙伴，2004 年双方贸易额为 71 亿美元，到 2012 年达到 410 亿美元，增长了 5 倍。[①] 此外，越南的支柱产业石油业多采自南海，其中有很大一部分采自南海争端海域。所以，中国实际上握有

① "中国连续九年成为越南最大贸易伙伴"，中国新闻网，http：//www. chinanews. com/gn/2013/07-27/5092292. shtml。

越南的经济命脉，一旦中国对越强硬，越南经济将遭受灭顶之灾，这也是越南在南海行径有所节制的原因之一。中国也应意识到这点，综合利用经济和外交手段，说服越南政府回归正常，避免中越直接对抗。

（三）适当用好国际规范

当今，中美两国都是1972的国际海上避碰规则的签字国。这些规则适用于大多数国家并对军事和民用船只同等适用。这为南海和东海海上事故规避规则的制定提供了基础。中国对这些规则的完全同意使它们在该地区的地位更加突出。

亚洲国家曾在该地区探寻类似的规避方法。例如，中日两国曾签订一项协议，包括军事热线和海上对话。但随着2012年钓鱼岛危机的爆发，这项协议也就名存实亡了。

所以，这种毫无强制性的协议存在明显且致命的缺陷，尤其是当政治争端爆发时，协议的实行和有效性会成为政治争端的牺牲品。比如，军方海上磋商机制大多数内容是高级别官员的交流对话，缺乏有效强制性的危机管控机制让其无比脆弱。让更实用的内容加入到交流协议之中并增加舰对舰的接触可以更好地完善机制。

总之，这些措施的实行需要亚太地区国家的广泛认同，尤其是大国。只有这样才能有效地推行法律规范并建立机制来防止和管控危机。尽管最近几年，双边协议和东盟框架内的多边机制已经取得了不小的进步，但要想真正地通过政治和外交努力来稳定该地区还需要看大国之间的合作。

小　结

总体上看，第13届香格里拉对话是美日主导的反华阵营对中国摆下的一场“鸿门宴”，但东盟大多数国家并没有盲目跟随美日。中国在本届香格里拉对话据理力争，发出了自己的声音，赢得了国际社会的认同，为自己争取了更多的外交活动空间。中国应坚持走和平发展之路，维护世界和平与稳定。

亚洲相互协作与信任措施会议

戴品品

作为世界上人口最多、民族组成最复杂、文化种类最多的大洲——亚洲，由于其特殊的历史缘故，亚洲成为近代以来矛盾冲突最多的区域之一。为了避免频繁上演的各类冲突和冲突所产生的破坏，亚洲各国一直希望有一个可以通过对话、沟通、协商来解决此区域存在的矛盾的平台。其中，在经历了20多年的发展后，亚信会议逐渐显露出它的锋芒。

一、亚信会议的发起

（一）构想的提出

亚信会议的召开是在哈萨克斯坦总统纳扎尔巴耶夫的不懈努力下得以顺利进行的。1992年他于联合国大会上第一次提出了亚洲各国一起召开亚信会议的建议。当时，世界形势正在经历巨大的变化——苏联解体、东欧剧变以及冷战结束。在此背景下，世界各国正在讨论新的国际秩序的可能性。作为一个新独立国家的领导人，纳扎尔巴耶夫的主张提升了哈萨克斯坦的国际地位，同时该提议也与世界和平与发展的主题相契合。

大西洋合作委员会于1993年2月召开，在此次会议上纳扎尔巴耶夫总统又一次提出了召开亚信会议的设想，并进一步细化了他的构想，将亚信会议的进程划分为了4个阶段：

1. 专家磋商阶段（1992—1995年），召集各类专家、学者、外交官进行研究与讨论，就亚洲当前所面临的安全问题进行分级，并在讨论的基础上进行亚信会议的筹备与建立工作；

2. 建立论坛阶段（1995—1998年），在亚洲区域建立领先水平的多边安全会议，并研究在建的欧洲安全机制；

3. 推动机制阶段（1998—2000年），完善亚信会议的机制，推动亚信会议在亚洲的发展并力图使其在亚洲安全对话中占有一席之地；

4. 欧亚互动阶段（2000—2005年），亚信会议机制完善并与欧洲进行合作建立起横跨欧亚的安全对话体系，并向非洲、美洲扩展，最终形成全球性质的安全对话平台。

在以后的纳扎尔巴耶夫总统的发言和文章中，他多次阐述了亚信会议的建立对亚洲有重要的意义，其中对各国的发展、稳定和和平有着尤其重大的意义。在他看来，亚洲千年的历史和广袤的面积为亚洲常年的动乱埋下不安的因素，并深刻影响着周边区域的和平与安定。二战后，作为两次世界大战策源地的欧洲为了防止出现新的对抗，促进政治与经济合作实现一体化，成立了欧洲安全与合作会议（又称赫尔辛基会议），从而对欧洲的安全与发展起到了重大的推动作用。因此，亚洲各国应该吸取欧洲的经验教训，通过各国间的努力与协调，推动亚洲的安全合作体系早日建成。

（二）亚信简介

从1992年提出倡议建立亚信会议至今，亚信会议的正式成员国已发展为今天的26个：中国、阿富汗、阿塞拜疆、埃及、印度、伊朗、以色列、哈萨克斯坦、吉尔吉斯斯坦、蒙古、巴基斯坦、巴勒斯坦、俄罗斯、塔吉克斯坦、土耳其、乌兹别克斯坦、泰国、韩国、约旦、阿联酋、越南、伊拉克、巴林、柬埔寨、孟加拉国和卡塔尔；7

个观察员国：印度尼西亚、马来西亚、美国、乌克兰、日本、菲律宾、斯里兰卡；4 个国际组织观察员：联合国、欧洲安全与合作组织、阿拉伯国家联盟和突厥语国家议会大会。[①]

经过多次的讨论与协商，亚信会议正式确定由国家元首和（或）政府首脑会议（峰会）、外长会议、高管委员会会议和特别工作组会议组成。国家元首和外长会为每四年举行一次，其中国家元首会议和外长会议间隔两年交替举行。主席国由举办国家元首和外长会议的国家担任。亚信会议轮值主席国在 2010 年 6 月之前一直由哈萨克斯坦担任。土耳其自第三次峰会起开始担任为期两年的轮值主席国并于 2012—2014 年连任。中国将于 2014 年开始取代土耳其成为新一任的亚信会议轮值主席国。

2006 年 6 月设立于哈萨克斯坦商业文化中心阿拉木图的亚信会议常设执行机构——秘书处正式启动，并由土耳其大使阿尔德米尔担任执行主任一职。部分国家，如印度、伊朗、哈萨克斯坦、俄罗斯和土耳其等国都向秘书处派驻了专职工作人员。秘书处的一切费用均由哈萨克斯坦政府的拨款和亚信会议各成员国的自觉捐献所构成。

二、历次会议

（一）第一次亚信峰会

2002 年 6 月 4 日，第一次成员国国家元首会议在哈萨克斯坦商业文化中心阿拉木图举行。中国、俄罗斯、印度、巴基斯坦和其他 16 个国家的领导人和代表出席了会议并发表讲话。

在此次会议上，时任中国国家主席江泽民进行了以“加强信任与协作，促进和谐与稳固”为中心的发言。会议上，江泽民首先对首届

---

① http：//www. cica-china. org/chn.

亚信峰会的顺利召开表示了由衷的祝贺。其次，他再次申明作为亚洲这个大家庭的一份子，中国始终高度关注着亚信会议的进程，并尝试积极地参加亚信会议所组织的各类活动。并且在以后的日子里我们也自始至终地遵循亚信会议的主张和准则——加强信任与协作、增进亚洲各国家间安全、与各成员国展开有建设性的友好合作。江泽民同时还指出，虽然亚洲在新世纪之初已经在总体上将稳定很好地保持住了，并且显示出了亚洲潜在的巨大发展潜力和优势，但在亚洲的不少地区至今还存在着不容我们忽视的潜在威胁，尤其是当前亚洲仍旧在反恐问题和局部区域的矛盾冲突上面临极大的挑战。江泽民在最后重申，在对外政策上我国始终奉行的是独立自主的外交政策并且从不曾改变，中国自始至终的追求都是使亚洲区域的和谐与稳固得到有力保障。

巴勒斯坦和以色列的冲突、印度和巴基斯坦的冲突和阿富汗反恐战争在第一次举行的亚信会议政府首脑会议上就被提上了议程讨论。这些问题都是在亚洲产生的，其中印度和巴基斯坦的冲突尤其严重，关系紧张到面临战争的边缘。虽然会议并没有在缓解印巴冲突上取得实质上的进展，但会议间接缓解了南亚的紧张局势。参与了会议的各国领导人或代表就各国在印巴局势中所站定的立场发表了声明——“办好亚洲的事情，要靠亚洲人自己，靠亚洲各国人民的团结与合作”①。

在此次峰会上，与会国领导人投票通过了确定亚信会议未来发展方向和根本目标的《阿拉木图文件》和《关于消除恐怖主义和促进文明对话的宣言》。自此以后，亚信会议以多元化的方式加强亚洲各国的合作，确保亚洲的和平、稳定与安宁。会议呼吁所有目前仍陷于冲突的亚洲国家在遵守联合国宪章的规则基础上，用和平方式解决争端。

---

① 江泽民“亚洲相互协作与信任措施会议”领导人会议上的讲话。

（二）第二次亚信峰会

第二次亚信会议国家元首会议于2006年6月17日在哈萨克斯坦商业文化中心阿拉木图举行。来自18个国家和地区组织的领导人参加了此次会议。

为表示对亚信会议的支持，时任中国国家主席胡锦涛同志特意出席了此次会议，并在会议上发表了重要讲话，他的讲话以“携手建设持久和平、共同繁荣的和谐亚洲”为中心，阐释了保持亚洲和平与繁荣对构建和平亚洲的重要性。同时，胡锦涛也给予亚信会议以正面积极的评价，尤其是在关于区域安全与合作、增进亚洲区域各不相同文化间的对话、增进亚信会议各成员国之间相互了解和信赖等问题的讨论方面。在会议中胡锦涛指出，中国与亚洲的发展是相得益彰的。最后他再次重申，中国将坚定不移地走和平发展道路，同亚洲各国一道，致力于开创亚洲更加美好的未来。①

此次峰会对关于增强合作和展开对话、应对挑战和新威胁、防患冲突、和平有效解决各国间争端和制定互信措施等相关问题做出激烈讨论。同时会议通过了亚信会议第二次政府首脑峰会会议宣言。此宣言强调亚洲各国都应坚定不移的遵守联合国宪章的宗旨和原则，同时呼吁各国加强相互之间的合作与互信，共同应对非传统威胁和挑战，并在反恐、防扩散、打击跨国犯罪、禁毒、经贸、能源及交通、通信等基础设施领域加强合作，促进不同文明对话，防止地区冲突。②

在这次会议中，各成员国一致批准通过韩国申请成为亚信会议正式成员国的请求。至此，亚信会议正式成员国由2002年的16个增至18个。

---

① 胡锦涛“亚洲相互协作与信任措施会议”领导人会议上的讲话。

② 第二次亚洲相互协作与信任措施会议领导人会议宣言。

（三）第三次亚信峰会

由于土耳其接替哈萨克斯坦成为亚信会议新一任轮值主席国。近40位国家元首和政府首脑或特别代表与将近20个国际组织领导人出席在土耳其伊斯坦布尔举行的第三次亚信会议政府首脑峰会。

此次会议的主题是“亚洲相互协作与合作安全”。在此次会议上经过各国的协商和讨论通过了《亚信论坛秘书处及其工作人员、成员代表特权与豁免公约》。

在此次会议上，戴秉国代表胡锦涛主席进行发言并再次重申中国自始至终奉行独立自主与和平合作的外交政策，并表示中国将一如既往地支持亚信会议的发展，也将不断强化与亚信会议各成员国之间的深厚的友谊。中国珍惜和平，寻求稳定，力求合作，渴望发展，将继续坚定的增强和稳固同亚洲各国的友好关系，扩展和加深对相互之间有利的合作，向有需求的国家提供我国力所能及的帮助，积极参与和鼓励区域、次区域安全合作机制的发展，为创造一个更加繁荣、稳定、和谐、安全的亚洲做出奉献。

此次峰会围绕亚洲国家面临的问题以及中东、伊拉克和阿富汗等地区问题进行了探讨。会议指出，亚洲各国不应直接或间接地使用或威胁使用武力对国家领土完整和国家独立自主及其地区和国际安全进行威胁，并再次重申亚信会议一直并在将来也将恪守联合国宪章的准则，尊重国际法的基本法则，同时呼吁亚洲各国共同努力维护我们共同家园的繁荣与和平。在会议结束时发表的宣言强调，恐怖主义同任何宗教、文明、民族和种族无关，反恐应避免双重标准。通过在会议上的激烈讨论，与会各成员国在此次会议上一致做出承诺：共同打击危害亚洲安全的国际恐怖组织、极端组织和分裂组织。该宣言还强调了成员国在能源安全、促进区域连通性、配合有关信息和通信技术的共同愿望。

在这次会议上，亚信会议很好地完成了主席国的轮换工作。自此次会议以后，哈萨克斯坦将正式卸任主席国一职改由土耳其担任。同时，在会议上与会各国领导人通过决议接受越南和伊拉克的请求，吸收其为亚信会议新成员国，并将孟加拉国列为新观察员国。自此，亚信会议成员国的数量从上次会议的18个增加为20个，同时也标志着亚洲各国对亚信会议的认同进一步扩大，并且更加积极地参与到其中。

三、亚信上海峰会及其亮点

2014年5月21日，亚信会议第四次首脑峰会因中国担任轮值主席国而在上海正式召开。包括亚信会议成员国、观察员、会议客人在内的46个国家和国际组织领导人、负责人或代表参加了这次会议，其中包括11位国家元首，1位政府首脑和联合国秘书长潘基文等10位国际组织负责人。在峰会上，各成员国领导人一致通过并发表了《上海宣言》，宣言的中心主题为促进亚洲的和平、稳定与安全。

此次会议由中国国家主席习近平主持，同时他围绕“积极树立亚洲安全观共创安全合作新局面”进行了核心讲话。习近平在讲话中强调，中国的目标道路和大家是一样的，我们将继续倡议和支持共同、综合、合作、可持续发展的亚洲安全观。亚洲发展的和平稳定与否，与人类的命运前途密不可分。世界和平之福有赖于亚洲的和平稳定，世界发展之幸有赖于亚洲的繁荣与振兴。习近平指出，当前亚洲和平稳定的局面来之不易，使得我们必须更加珍惜。

与会各方对当前安全局势的问题，尤其是在该地区的反恐战争、粮食安全、能源安全、网络安全、核裁军和核不扩散等议题广泛交换意见，并一同认定，现在亚洲的发展是我们共同的任务，并且安全稳定的环境也是我们共同的需求。亚洲各国需发扬我们团结友爱的精神，互相扶持共同帮助，推进亚信会议的发展，加强各领域间的对话，增进各国间的信任。与会各方对中国为亚信会议做出的贡献给予了高度的评价，并对中国一直以来所坚持的和平发展路线给予了极大的赞赏。与会各国一致表示将支持中方所提出的倡议——新亚洲安全观，并愿意与中方一同努力，共同推进“一带一路”的发展，加强亚洲各国间联系与信任，共同应对各种不法势力所带来的威胁与挑战，以期让全亚洲实现安全、发展和繁荣。最后，与会各国一致表示并且相信在中国担任亚信会议轮值主席国的这一时期内中国一定能更有力地推动亚信会议朝更好的方向发展。

（一）特殊的举办地点

虽然经过20多年的发展，亚信会议吸引了许多国家和国际组织，但要说真正获得国际社会的广泛关注，能够在亚洲区域充分行使话语权的话，应该说中国接任轮值主席国并由上海承办此次会议有着直接且重大的意义。作为亚洲最大的国家，中国在领土上几乎连接了亚洲的各个地区，是和平外交的倡导者和实践者。经济的快速发展也使中国在全球安全事务中的地位稳步上升，对维护亚洲安全起到举足轻重的作用。现今的上海不仅是中国更是全亚洲越发重要的区域经济与贸易中心，上海作为这次会议的举办地更意味着中国希望通过举办此类大型活动使我国更好地向亚洲展示我国愈发开放且自信的形象。

（二）特殊的主题

亚信会议上海峰会以更富时代和地区特性的“加强区域间的对话、信任与合作，共同建立一个和平、稳定与合作的新亚洲”为主题，通过会议文件对亚信会议所倡导的宗旨与原则作出进一步解释。会议倡导者本希望可以通过亚信的理念给亚洲带来一种崭新的安全框架以缓解冷战遗留下来的矛盾冲突。但事实是，本该退出历史舞台的冷战思维仍然留存至今。“亚太再平衡战略”、在全球部分国家推动的“颜色革命”便是美国冷战思维的直接表现。本次峰会倡导共同、综合合作、可持续的亚洲安全观，搭建地区安全和合作新框架，努力走出一条共建、共享、共赢的亚洲安全之路。

（三）特殊的合作方式

亚信会议是亚洲区域一个全新的安全合作平台。各成员国之间因各种差异导致其间的安全战略、安全利益也有着很大的差别甚至大相径庭，此中个别国家间存在的历史恩怨是很难解决的问题，甚至有的国家间至今还处于对抗状态。为了在20多个发展水平各不相同的成员国之间找到一种共同认同的合作方式，就必须找到一种各国普遍认可的原则作为对话的基础。亚信会议的宗旨是通过和平谈判的方式解决各国间存在的争议与冲突，尊重各国间利益的差别，强调区域内各国出现的问题应该先由自己解决，反对任何国家直接或间接地威胁使用武力，希望各国可以摒弃传统的安全观，提倡新的亚洲安全观，为处理复杂的国际安全问题提供一种合理的选择。

（四）特殊的历史贡献

在此次上海峰会上，与会各国就亚信会议的后续发展进一步提出了建议，在不断的讨论中对合作的内容进行了进一步的充实。是以，此次会议将成为亚信会议历史上一个具有重要意义的里程碑，它不仅意味着亚信会议已经成为一个全新的多边的洲际性质的会议，也标志着亚信会议从此进入了一个新的阶段，它的影响力也会在今后得到全面的提升。峰会通过的《上海宣言》及习主席的讲话，清晰地传达了亚洲新兴国家对地区安全的见解，表明了增强平等协作的决心与信念，为共同营造一个良好的国际环境，采取有效措施来抵制安全威胁，促进亚洲的稳定与发展作出非凡奉献。

四、中国担任主席国的重大意义

现今，亚信会议已经经历了 22 年的发展，作为本次会议的组织者，中国终于迎来了扩大自己的外交舞台的时机。同时，担任主席国对中国来说也具有重要的意义。

首先，中国担任亚信会议轮值主席国将促使中国在其中发挥更大更有力的作用以期有效地促进会议的进一步发展。中国是世界人口最多、历史最悠久的国家之一，是亚洲唯一一个联合国安理会常任理事国，并且超越日本成为世界第二大经济体，领土与东北亚、东南亚、南亚、中亚接壤，又通过丝绸之路与西亚相连。因此，中国对于亚信会议的发展将起到强劲的推动作用。在经济发展方面，中国尽力帮助亚洲各国一同应对共同的挑战。在此其间，为使亚洲各国商品更容易进入中国市场，中国通过了单方面减免关税、消除非关税壁垒等政策，成为亚洲最大的进口市场。同时，中国在亚洲各国和区域累计投资超过 2000 亿美元的非金融类资金，投资金额占中国对外投资比例的 70%。2008 年全世界大范围爆发经济危机，亚洲也不能幸免，在此期间中国不仅努力克服自身因经济危机带来的困难，同时也向周边国家伸出了援助之手，在东盟与中日韩合作的框架下已建立规模为 1200 亿美元的区域外汇储备库，设立 100 亿美元的中国—东盟投资合作资金，向上海合作组织成员国提供了约 200 亿美元的资金支持。这一系列措施在促进亚洲经济发展的同时，也加深了亚洲各国间的经贸合作，进而把亚信会议的进程提高到更加深入和务实的新水平。

其次，有利于中国为自身创造更加良好的周边环境和区域环境。作为陆海兼备的大国，中国与一些周边邻国在领土和海洋权益问题上存在矛盾。因此，中国一贯主张通过平等协商谈判解决。中国不会以大压小，但也绝不接受以小取闹。中国的立场将坚定不移地遵循以前的传统，尤其是在事关领土完整和主权独立的问题上。然而，此次的亚信会议无疑是一个良好的契机，使中国得以借助这个“主场外交”的优势，主动设置话题，将中国坚持走和平发展道路这一理念向世界进行传达，也期望中国的声音可以传到世界舞台上。

最后，有利于中国建设性接入国际事务，在国际发挥更大的影响力。当前，亚洲地区安全形势复杂，存在不少不稳定的因素。如何应对传统和非传统安全领域带来的挑战和威胁，成为亚洲各国都面临的一个重要问题。接任亚信会议主席国将是中国的一个新契机，同时中国也将把新的活力注入亚信机制，以推动消除亚洲积压已久的争端。此次会议使亚洲各区域的安全水平得以升高，尤其是在增进阿富汗的稳定、促使伊朗核问题和巴以问题得到缓解上产生了积极的影响。亚信机制为各国提供了一个多边交流的平台，使各国在会议中可以开诚布公地讨论自己的利益诉求，为各国之间增进互信、加强合作提供了地利人和的平台，同时也为中国创造了在国际舞台上发声的机会，为中国提供了一个更广阔的舞台使其可以更多地对热点问题提出更多的有建设性的提议。

五、亚信会议特点及发展前景

（一）成员国、观察员覆盖范围广

亚信会议是一个面向全亚洲开放的有关安全对话的平台，它包含了全亚洲的大部分国家。从纳扎尔巴耶夫总统提议建立亚信会议至今，加入亚信会议的成员国由最初的 16 个上升至今天的 26 个，并且还拥有 11 个观察员国和国际组织。

（二）机制建设日趋完善

从 1999 年第一次召开亚信会议外长会议到现在，亚信会议已经总共召开了 3 次政府首脑会议和 4 次外长会议，在会议的召开过程中会议的机制在不断完善，并且已经建立起国家元首和政府首脑会议（峰会）、外长会议、高官委员会会议三级会议机制，还建立了秘书处和主席国工作组等常设机构和机制，建立起国家间多层次的官方的对话平台。

（三）法律基础更加完备

在第一次亚信会议外长会议上各国代表一致通过并签订了《亚信成员国相互关系指导原则宣言》，在此宣言重申了各成员国应严格遵守《联合国宪章》、互相尊重他国主权、承诺彼此间不使用或不间接使用武力威胁他国安全等国际法基本准则。在 2002 年第一次政府首脑会议上与会国各国代表一致认同并通过了《阿拉木图文件》，此文件确定了亚信会议今后的目标和宗旨。就目前形势来看，亚信会议所倡导的概念与当前亚洲的安全诉求以及各国在会议上所讨论的内容相符。

（四）确立了主要合作方向

亚信是一个强调亚洲西部安全局势的机制，中国和俄罗斯为该组织的两个核心。中国西部的安全在部分程度上依赖于亚洲西部和中部地区的安全形势。同样，俄罗斯境内高加索地区的安全取决于亚洲中西部国家的共同努力。在中国和亚洲一些国家的眼中，亚洲地区的安全在很大程度上依赖于外部力量。近几年来，各成员国不仅在安全方面进行大量合作，还加强了各成员国之间经济贸易的互相往来与合作，并在如企业发展、人员交往、鼓励旅游等方面进行交流沟通。反映出现今的亚信会议不仅关心政治与安全等方面的问题，并且同时日趋注重亚洲的发展和民生问题，这一关注点与亚信会议一直所倡导的以合作谋安全、以发展促安全的宗旨高度相符。

至今，亚信会议已拥有了 26 个正式成员国，并且还有 7 个国家加入成为观察员国和4个国际组织加入了亚信会议。这表明，亚信会议所主张的原则在不同程度上代表了绝大多数亚洲国家对谋求区域和平稳固的意愿。

但值得一提的是，亚信会议至今只是一个类似于上海合作组织前身“上海五国机制”的机制。至今为止亚信会议还没有成为一个团体或组织，因而其决议和政策在更大程度上只具有象征性意义。未来的亚信会议能否成为一个有凝聚力的组织还是一个未知数。毕竟，它的某些重要功能与别的组织相重合并且尚不具备与之抗争的核心能力。首先，亚洲与欧洲在历史现状上有着极大差别。与欧洲诸国相比，亚洲各国社会经济、文化及政治制度的发展差异更大，各国在利益上也不尽一致，因而较难出现全亚洲共同的安全与发展需求。所以，照搬欧洲的成功模式并不能适应亚洲地区现有的发展情况。其次，组织形式的单一仍难以适应多重矛盾和分歧并存的亚洲。亚信会议面向全亚洲开放并不带任何特殊条件，在这其中包含了亚洲绝大部分国家，在这些国家中还包含了诸多因民族文化、宗教传统差异而导致的矛盾和对立。如巴以、印巴等冲突多发地区，多年积累下的矛盾使这些国家难以做到和平共处，就别提携手合作了。另外，虽中国已接手亚信会议主席国，但前两任主席国哈萨克斯坦和土耳其的经济实力和政治影响力，在推动和组织亚信会议机制的建立与发展上也显得较为力不从心。最后，各参与国分别有着自己的利益需求，尤其是地区大国在一些主要问题上更是分歧很大，使主席国想要按照预想的方向推动会议进程难上加难。

从另一方面看，虽然亚信会议仍存在一些不足之处，然而一些条件的慢慢成熟也让亚信会议可以逐渐发挥更大的作用。一方面，随着中国、俄罗斯等在国际舞台具有话语权的国家的深度参与，亚信会议将告别以往“小马拉大车”的阶段，逐渐成为亚洲乃至世界上更具有号召力的安全与互信的对话平台；另一方面，亚信会议更加“实心化”的路径也正趋清晰。在各国无法在安全利益的框架下达成完全一致的情况下，亚信会议另辟蹊径在其他方面使各国达成一定的共识。一是加强各国间反恐协同。各国对于反恐的标准不同，使国家间的安全互信水平受到了损害，各国间赋予反恐一个统一的标准有助于提升各国间的安全互信。二是加强危机管控措施。三是强化国际搜救合作。今年发生的马航 MH370 事件已经显示出这一问题的紧迫性。四是加强核不扩散协同。

从这些年来亚信会议发展所经历的进程可以告诉我们西方的会议组织模式并不适合我们。现在世界舞台上存在的一些由西方大国所主导的多边机制，不能把它们完全看作是为亚洲发声的舞台，而亚信会议对亚洲来说无疑是一个面向亚洲自己开放的平等自由的交流沟通的舞台。亚信会议不仅同时做到了面对亚洲各国不同的民族价值观和多种文明的一视同仁，还为各成员国之间的利益和各国国情做出了充分的考虑和准备。这就使亚洲各国能够相对更为积极地为区域间的共同繁荣作出一份贡献。

中国参加环太平洋军事演习与中美军事关系

许一乔

环太平洋军事演习（Rim of the Pacific Exercise，简称 RIMPAC），是美国倡议的国际上规模最大的多国海上军演，每两年进行一次。2014 年 6 月 26 日至 8 月 1 日，“环太平洋－2014”多国联合军演于夏威夷海域举行，共有 23 个国家、2.5 万军人、47 艘舰船和 6 艘潜艇参与。中国作为首次参演国，将与美国、日本、菲律宾、澳大利亚等 22 个国家“同台竞技”。作为首次被邀参加环太军演的中方来说，这既是一次国家军事力量的展现，又是一场多国海上力量的博弈。军演中，由美国主导下的多国军事演习将在国际联合、力量展现、形象塑造等多个方面展开合作与对抗。中美两国的军事关系也将伴随此次军演越来越表现出在透明中参与对抗、在对抗中渐向透明的趋势。

一、环太军演与中国首次参演概况

（一）环太平洋军事演习

环太平洋军事演习①是目前世界上最大规模的海上军事演习，苏联解体前每年举行一次，苏联解体后每两年（逢双数年份）的6—7月在美国夏威夷举行一次，由美军太平洋司令部指挥。“环太”演习设计于冷战时代，最初主要针对苏联的太平洋舰队。苏联解体后，“环太”演习逐步由针对性演习转变为一种加强地区海上力量合作的新形式，演习科目也从传统的联盟间协同作战逐步扩大到应对非传统安全的课题，包括人道主义救援减灾、医疗救灾以及反海盗等，官方宣称该演习目的在于保障太平洋沿岸国家海上通道的安全以及联合打击恐怖主义。

首届环太平洋演习于1971年举行，参演部队主要来自美国、加拿大、澳大利亚、新西兰及英国等国。近十年来环太平洋军事演习情况如下：

1. “环太平洋-2004”。“环太平洋-2004”年度海军联合军演由美海军主持，包括日本海上自卫队在内的6国参与，旨在提高美海军与盟国海军部队协同作战能力，军演从6月29日在夏威夷周边海域开始，一直持续至7月25日，参演国家包括澳大利亚、加拿大、智利、日本、秘鲁、韩国、英国和美国。派遣观察团观摩演习的国家包括厄瓜多尔、马来西亚、墨西哥、菲律宾、俄罗斯、新加坡和泰国。武器装备包括35艘舰艇，其中包括美海军1艘航母和7艘潜艇、90架作战飞机。超过1.1万名海军、空军、陆战队和海岸警卫队人员

① http：//zh. wikipedia. org/wiki/%E7%8E%AF%E5%A4%AA%E5%B9%B3%E6%B4%8B%E6%BC%94%E4%B9%A0，维基百科。

参加演习。演习的训练科目包括：战术训练、非战斗人员撤运、反潜作战、两栖攻击和人道主义援助等。

2. “环太平洋－2006”。“环太平洋－2006”大规模联合海军演习于2006年6月26日在夏威夷群岛地区拉开了序幕。参加演习的共有40多艘军舰、6艘潜艇、160架飞机和约1.9万名军人，分别来自美国、日本、英国、澳大利亚、加拿大、韩国、秘鲁和智利8个国家，演习总指挥为美国海军第3舰队司令巴里·科斯杰罗海军中将。整个演习持续到7月28日结束。3支美军航母战斗群在参加完关岛海域的“英勇盾牌－2006”大演习后，也派部分舰只参加了“环太平洋－2006”演习，并演练发现敌方潜艇、对海空目标进行射击等课目。

3. “环太平洋－2008”。2008年环太平洋演习时间长达五周（6月29日至7月31日），演习动用了35艘舰只、6艘潜水艇、150多架飞机，兵力约2万人，演练项目包括海上拦截、防空、反舰、反潜、侦察、扫雷和两栖作战等。参演国由美国、日本、英国、澳大利亚、加拿大、智利、荷兰、秘鲁、韩国和新加坡10国组成。美国希望通过该项演习，以测试其保护海上交通线安全之能力，提升联合作战能力。

4. “环太平洋－2010”。2010年多国环太平洋演习在夏威夷展开，从6月23日一直持续到8月1日，有来自共14个国家的34艘战舰、5艘潜艇、上百架军机和2万多人参加。演习的科目包括反潜战、水雷战以及登陆演习。这次演习不仅规模较以往更为庞大，作为主导方的美军，更是派出海陆空各种精锐装备。参加演习的美军舰艇包括“里根”号核动力航母、“好人理查德”号两栖攻击舰、“自由”号濒海战斗舰、3艘核潜艇以及其他8艘军舰。

5. “环太平洋－2012”。演习时间从2012年6月29日至8月3日，地点仍在夏威夷海域进行。共有22个国家、2.5万名军人参与其中。此次演习最吸引媒体关注的，在于俄罗斯首次派兵参加。

6. “环太平洋－2014”。此次“环太平洋－2014”演习从2014年6月26日开始，直到7月30日结束，整个过程分航渡、港岸训练、海上实施、总结撤收4个阶段。6月26日到7月8日，各参演国进行港岸训练；当地时间7月5日大部分参演舰艇参与举办舰艇开放日；7月9日至7月30日为海上实施阶段。此次环太军演分别在美国夏威夷和西海岸两个区域展开。军演的参与国家共有23个，分别是美国、中国、日本、英国、澳大利亚、新西兰、加拿大、韩国、法国、印度、印度尼西亚、哥伦比亚、马来西亚、文莱、墨西哥、荷兰、挪威、秘鲁、新加坡、泰国、菲律宾、智利和汤加。其中，中国和文莱都是首次参加该演习。

（二）中国首次参演情况概述

2012年9月18日，美国国防部长莱昂·帕内塔在对华访问期间的联合记者会上，公开邀请中方参加2014年的“环太平洋演习”。2013年3月22日，五角大楼官方宣称中国已接受美方邀请。2013年6月上旬，习近平主席与巴拉克·奥巴马总统在美国安纳伯格庄园举行会晤时再次对外确认了这一信息。随后经中央军委批准，海军也确认将派舰艇参加“环太平洋－2014”演习，这是中国海军首次参加由美国组织的多边海上联合演习。此次演习，中国派出了052C型驱逐舰1艘（171“海口”号）、054A型护卫舰1艘（575“岳阳”号）、综合补给舰1艘（“千岛湖”号）、医院船1艘（“和平方舟”号），是参演兵力规模仅次于东道主美国的国家。中方此次共参加了火炮射击、综合演习、海上安全行动、水面舰艇演练、军事医学交流、人道主义救援减灾和潜水7个科目的演习。

中国参与“环太平洋”军演，其政治意义远大于军事意义，这不仅是中国军方对于建设“平等互利、合作共赢”之中美新型军事关系的执行，也是对双方构建“平等互信、包容互鉴、合作共赢”之新型大国关系的响应。中美两国在这些非传统安全领域展开交流合作，将有利于增进双方互信，也有助于建设“健康、可靠、稳定和持续的两军关系”。

二、“环太平洋－2014”多国联合军演的特点

（一）参演国家多，兵力规模大

冷战期间，为增强对苏联海上力量的威慑力度，“环太”军演一直保持着较大的规模，在1984—1990年的高峰期，参演兵力一度达到5万余人。苏联解体后，演习规模迅速下降到万人级别。就参与的国家而言，1971年的首次“环太”演习只有美、英、加、澳、新西兰5个国家参加。1980年代初期，日本、韩国、智利相继加入军演，新西兰则在这一时期退出了军演。在2008年之前，参演国家基本都稳定在7个左右。2008年，参加“环太”军演的国家一次性增加到10个，2010年增至14个，2012年达到22个，2014年则又增加至23个。近年来，随着参演国家的增多，演习规模亦逐年扩大。“环太平洋－2014”军事演习是环太平洋地区所进行的最大规模海上军事演习，共有23个国家、2.5万军人、47艘舰船和6艘潜艇参与此次演习。

（二）科目多样化，技术含量高

“环太”演习设置的课目既涵盖传统领域的军种间（海、空、陆战队）协同作战，也有非传统领域的海上搜救、人道主义援助、灾害救援、反海盗等。其中海上科目有对水面目标射击、水下反潜作战、反潜演习、防空导弹射击等；空中科目有空中火力支援、对舰轰炸、空中加油、联合反潜搜索等；陆战科目有两栖登陆、空地特遣联队攻击等。众所周知，“环太”演习一直是美军展示新型武器装备、验证新型作战理论的试验场。2010年刚刚下水服役的“里根”号航母和新型濒海战斗舰LCS1“自由”号首次登场，美空军少见地派出F－

22A“猛禽”战斗机前来助阵。2012 年美军最先进的 P－8A“海神”反潜巡逻机担当重任，海军还试射“弹簧小折刀”潜射一次性小型电动无人机。2014 年“环太”从演习想定到科目设置，基本是一次对“空海一体战”作战构想的验证，模拟演练了针对“反介入”的联合突破防空体系、航母编队攻防、远程打击纵深目标等作战样式。

（三）续传统项目演习，重非传统科目合作

此次“环太”军演仍延续传统科目的演习内容，包括两栖作战、炮击训练、导弹发射、反潜和防空演习以及反海盗、反水雷、爆炸物处理、潜水和打捞作业等实弹训练课程。此外，参与的国家和部队在大量领域进行非传统科目的演习，以此展示海上力量的灵活性。2000 年，根据 1999 年科索沃战争经验，“环太”演习第一次将“人道主义救援”作为海上演习课目。为此还在夏威夷岛构建了一个难民营，进行了为期一周、代号为“强壮天使”的模拟救援行动和难民管理演练。2002 年，针对“9·11”事件后的形势变化，“海上联合反恐”首次成为演习课目。2010 年，鉴于近年来索马里及马六甲地区频繁出现的海盗威胁，“联合反海盗”科目也被主办方纳入演习。

（四）预设目标较明确，核心科目重实战

由于“环太”军演设计于冷战时期，因此这一军演最初的目标十分明确，即苏联在太平洋地区的海上力量，更具体而言就是苏联的太平洋舰队。冷战后，对手的突然倒下一度使“环太”军演迷失了方向，但美国很快又确立了新的目标，常被表述为“东亚某国”。2010 年，“环太”演习方案的设计主管卡尔·贝克尔就曾表示，演习旨在“防备亚太地区崛起的新兴军事力量，其中包括中国”①。近几次“环

① 环太军演针对“东亚某国”日欲借船出海，http：//news. xinhuanet. com/mil/2014-06/26/c_ 126672765_ 2. htm，新华网。

太”演习想定基本设置为“蓝橙对抗”，其中橙色一方为“实施独裁统治的东亚某国”，蓝方为美领导的“多国联合特遣部队”。演习过程贯穿了从海上展开军事威慑、夺取制空—制海权、发起海上攻击和封锁作战、协调防御、兼顾地面和海上维稳，以及最后的兵力撤收，全程基本是一次中等规模的“空海介入作战行动”演练。其中反潜作战是“环太”演习的重中之重，也是该演习的一大传统，这是因为其早期的目标就指向以水下力量见长的前苏联海军，以及今天所谓“拥有先进常规潜艇的东亚某国”。进入21世纪以来，每次“环太”演习都由日、韩、澳派出先进潜艇扮演假想敌，与美国率领的庞大舰队进行对抗。而“环太军演－2014”邀请中国参加，正是对这一指向最有力的回应。

三、关于中方参与环太平洋军演的基本情况

中国海军参与“环太”军演的兵力包括了4艘水面舰艇、2架直升机、1个潜水分队、1个特战分队、1个医疗分队，共计1100余名官兵参演。

（一）主要武器装备特点[①]

1.“千岛湖”号补给舰。中国海军第一艘具有现代化构造的综合补给舰，具备夜间航行补给能力。其满载排水量达2.3万吨，有两个液态物资补给站和一个固态物资补给站，同时还具备纵向油水补给能力，可同时为两艘以上的舰船进行补给。“千岛湖”号能进行横向补给、舰尾纵向补给、舰载机垂直补给，远洋综合补给能力强，也是目前中国海军吨位最大的军舰。

① http://zh.wikipedia.org/wiki/Rim of the Pacific Exercise，维基百科。

2. “海口”号导弹驱逐舰。中国目前最为先进的防空导弹驱逐舰，属于052C型兰州级（北约代号：旅洋II级，英文：Luyang II）。该舰装备了4个阵面相控阵雷达和“海红旗－9”舰对空垂直发射系统，因其主要作战方式均对照了美国海军“阿里·伯克”级驱逐舰上装载的“宙斯盾”导弹防御系统，它也因此被称为“中华神盾”。“海口”号的主要战术任务是作战编队的防空、反潜作战以及配合其它舰艇进行反舰攻击，特点是对空探测雷达预警距离远，既可专职于防空作战，亦可担任指挥舰任务。

3. “岳阳”号护卫舰。该舰是我国自行研制设计生产的054A型多用途导弹护卫舰，舰身采用了北约现代化的破浪式结构，具备一定的隐身性能，长130米、宽16米，最大排水量4000余吨，可单独或协同其他海上兵力执行水面攻击和反潜攻击任务，“岳阳”舰具有较强的远程警戒和防空作战能力，配备1座PJ26型单管76MM隐身舰炮、2座730型7管30MM近程防御系统、2座四联装“鹰击－83”（YJ－83）反舰导弹系统、4座8联装垂直发射“红旗－16”防空导弹系统、1架“直－9C”反潜舰载直升机、1部MGK－335型声纳、2座三联装“鱼－7”型鱼雷发射管、2座3200型（86式）6联装反潜火箭发射器。可以看出，054A型舰以反潜作战见长，但也同时兼顾反舰和防空性能，该舰于2013年5月3日正式入列。

4. “和平方舟”号医院船。该型舰是中国海军中专职海上医疗救护的特种军舰，舰上医疗设施比较齐全，装备了300多张病床，另有217种、2400多套的仪器，可同时进行40台手术，船上搭载的某些医疗设施已达到三甲医院的水平。与美国医疗船多为油轮改装不同，“和平方舟”号医院船为专门建造的医疗船。

（二）我方参演进程与意义

是国际间协作与联同。随着海上安全形势的日益复杂化，海上非传统安全问题越来越成为亚太各国面临的共同威胁。此次“环太”军演参演国家兵力多、协调难度大、持续时间长、科目内容复杂、编队兵种多、指挥协同要求高。中国此次受邀参加环太平洋联合军演，与包括美军在内的多国海军进行了全方位的互动，主要是希望通过军演的形式加深了解来增进互信，并藉此提高共同应对威胁的水平与积极协作的能力。在“环太”军演中，中国海军和美国、法国、墨西哥、文莱海军组成一个特混舰队，进行人道主义救援、海上安全行动（反海盗、打击武器非法运输）、水下搜救等涉及非传统安全等7个科目的演练。同时，中国的“和平方舟”号与美国的“仁慈”号首次进行了医院船之间的交流活动。这都为中国增强与各国军事交流、解决未来海上问题积累了经验。

二是军队间合作与互通。此次中国虽只参与非传统科目的演习项目，但可以看出，“中国参与”对于促进中美两国交流与合作、维护地区和平与稳定起到积极作用，同时，中国军队在演习中参与多国协同操作，丰富了其与外军的合作经验，也让中国军方对它国先进海上力量有了更深的了解。在6月中旬的一次演练中，中国、新加坡、文莱三国参演兵力在关岛附近海域与美海军“乔辛”号巡洋舰组成联合编队，四国海军在航渡期间进行编队队形变换、通信操演、吊放小艇、占领阵位、海上补给、应急情况处置、轻武器及主炮对海射击等科目的训练。

三是面对面接触与侦测。此次环太军演对于中国海军来说，是能够走出第二岛链、走向远洋与美国等多国海军进行面对面接触的大练兵，这确实是一个提高海军实战能力的大好机会。中国此次并无参加核心科目的演习项目，由此美方对于中方参演的程度控制可见一斑，但仍可通过细节局部来评估美军海军官兵的个人素质和整体作战能力，例如，通过舰艇队形变化、通讯联络、指挥系统、武器装备情况、保障水平、战术使用等来评估美军。这种判读可以成为中国军方学习各国先进之处的重要途径和查找相对差距的突破口，更好更快了解对方的实力和水平。

四是零距离学习与交流。首先，尽管由于传统的安全竞争关系，中方仍无法参加“环太”军演中最核心的科目，但通过海上综合演习、舰艇演练、队形变换、通讯沟通、指控协调等内容，中国海军仍能学到一些大规模海军联演的基本规则、常识、演习准备。其次，很多科目中国从未在如此大规模的演练中实践过，此次演习显然是一次重要的机会。美军在一些训练理念上更为接近实战，因此训练科目的难度更大。中国海军通过参加这种大规模的演习演练，可学习掌握并借鉴西方式的训练模式和作战理念。整体而言，今后中国要以组织多国演习作为海上合作的平台，以开放自信的姿态推动与各国海军关系务实发展；要以组织多国演习作为学习借鉴的平台，以开拓创新的理念深化与各国海军的专业交流与合作，以积极求实的心态全面提升与他国海军联合行动的能力，最终形成“学先进、找差距、求发展”的良性循环。

五是大舞台展示与威慑。无疑，环太军演主要是为了表现一种美国主导的姿态。此次美国邀请中国军舰参加军演，就是向其他国家特别是亚太盟国彰显其增强的主导能力。中国首次参加“环太平洋—2014”演习，外交和政治的意义要远大于军事意义。首先，首次受邀中国就决定派4艘主力舰船参加，尤其是派出我国海军新一代主力作战舰艇岳阳舰，表明我国愿意参与交流、增进双方或多方合作的态度，展示了一个环太平洋大国的气度。其次，首次参加表明我国参与此种规模军演经验不多，所以观察学习的机会多，直接参与军演“进修”是获得合作经验、增强实战能力的最佳途径。再次，中国舰艇编队首次在当今最大规模的海上军演“大舞台”上展现实力，这无疑最容易吸引国际社会注意，吸引世界的目光，更易展示中国大国良好形象。

四、环太平洋军演透视中美军事关系

长时间以来，中美双方都存有对世界和平稳定的共同期待，中美之间的军事合作关系经历了跌宕起伏的曲折过程。如今，在和平与发展的时代主题下，在竞争与合作并存的世界体系中，随着中国综合国力、军力的不断增强，中美军事合作与博弈愈发突出，但总的来看，中美军事关系如同中美两国关系不断推进一样，透明、竞争、合作等关键字越来越成为一条清晰的战略主线与战略选择。

（一）中美军事关系沿革

自新中国成立起至20世纪70年代末，热战与冷战是中美两国军事关系的主轴，交流与合作无从谈起。但是，双方从总体战略考虑，在军事问题上都有所克制。如美最高决策层几度搁置对华使用核武器的计划；在金门炮战期间严格规定为蒋军护航的尺度；在越南战争期间始终不敢派陆军跨过17度线等。在对抗苏联威胁的大背景下，1972年中美关系开始走向正常化。军事对峙有所缓和，出现了一些零星的军事对话和交流。

两国1979年正式建交，在苏联入侵阿富汗后开始探讨并实施实质性的军事合作。应当指出，美对华技术和武器销售在80年代一直是两国军事关系中最实质性的战略合作。自1981年起美国几度放宽对华军售尺度。尤其是八十年代后期，是美中军事关系发展最快、成效最多、气氛最好的黄金时期。其原因归功于两国关系的正常化以及反对苏联霸权主义的共同战略利益，也得益于中国领导人邓小平的高瞻远瞩和美国当时执政者及军事领导人的明智决断。但是由于中美两国的合作蜜月期是建立在共同应对苏联威胁的基础上，并且其间美国对华军事合作政策一直采取高度实用主义和对华戒备的策略，忽略了与中国官兵培养合作意识，也缺少共同军事学说、准则和价值观念，因而军事合作根基浅薄。

20世纪90年代以来，一系列事态影响着中美两军关系，尽管两国仍不失交流意愿。现如今，在中美两国关系积极发展的背景下，两军关系总体上是向前发展的，但仍存在美售台武器、美军舰机对华抵近侦察、涉华歧视性法律①等障碍。

---

① 如2000财年的《国防授权法》和《迪莱修正案》等。这两个法案是十几年前制定的，在12个领域限制了美方和中国军队的正常交往，有悖于“尊重、互信、对等、互惠”的原则及和平、发展、合作的时代潮流。

总的来说，中美建交35年来，两军军事关系的发展受台湾问题、霸权主义及突发事件等影响，始终滞后于两国关系发展。中美军事关系依然处于不稳定的态势，没有跳出“恢复、发展、停滞、再恢复”的怪圈与循环。当前，为顺应中美两国关系的新发展，两国都在为建立平等互利、合作共赢的新型军事关系而努力，这也是我国军事力量增强后美国不得不作出的姿态与选择。

（二）中方在中美军事关系中的作用与局限

一是因综合能力存在不同程度差距而难免被动。环太平洋军事演习自1971年始，从开始时与同盟国进行联合演习应对苏联威胁到如今非同盟国的加入，从传统演习科目到非传统演习科目的加入，都体现出环太军演包容性的提升、参与性的拓展、综合性的增强。与此同时，美国也在不断彰显其亚太主导者的地区身份，而随着中国国际地位的日益提升，亚太地区军事存在不断加强，中美两方将自然而然陷入竞争甚至对峙局面，美方邀请中国参加环太平洋军事演习无疑将有助于美中两国海军之间建立军事政治互信。但与此同时，作为亚太地区的大国强国，中国此次受邀参加环太军演不仅在参演科目的选择上受限，参演的程度也较低。2012年美国邀请俄罗斯和印度参与环太军演，对中国的参演邀请紧随其后。此次中国应邀参加2014年环太军演，可以看出，尽管中国与美国亚太主要盟友日本的领土争端持续发酵，但中国仍被邀请，这表明现在亚太地区的游戏规则正不断进行调整，表现出一边吵架一边合作的特点。同时，由于在军事关键领域我国仍然与世界先进水平存在较大差距，在战略投送、精确打击、信息互通、深海远航等方面一直难以赶超美国，使得我国在世界性军事合作或活动中始终“捉襟见肘”，难以以更加有效、更加自信、更加主动的姿态加入，更难以真正主导此类军事行动，所以在可预见的将来，中方仍然将以合作者，甚至学习者的身份进入其中，被动成分一时难以消除。

二是通过展现现有先进军事实力努力增强军事自信。通过派遣现役中最为先进的4艘军舰参演，中方参演各舰在战术、射击、拦截、搜救、医学交流等演习项目上和美、法、文莱、墨西哥等国海军进行了广泛而深入的专业交流，取得了积极有效的成果，同时也展示了中国海军良好的装备水平和专业素质。中国海军通过开展形式多样的双边和多边交流活动，增进了相互间的了解，加深了彼此间的互信，既真诚地向国际社会介绍了中国海军发展的新成就，也展现了中国军人开放自信的新形象，可谓既完成了彰显“军事透明度”的传统外交，也实践了友好互助的公共外交。同时，借助此类世界军事合作，展现我国军事发展成果，本身也是一种最直接、最便捷、最有效的宣传与威慑，有助于增强我国军事自信。

三是在不断探索未知中不断提升国际合作能力。作为已经有43年环太军演主办方历史的美国海军拥有丰富的经验和组织筹划能力，持有一整套成熟严谨的规范做法。在演习中美军以相当的自信熟练协调各参演国舰艇关系，注重舰长指挥能力训练，依托舰长独立指挥能力。加之美军丰富的实战经验和先进的治军管理理念，这些都无疑给“初出茅庐”的中国海军增添了融入难度。环太平洋军演地点设置在美国夏威夷和西海岸附近，对于中国海军来说相对陌生，不仅如此，对于西方的海上军事作战样式，中国海军的了解也相对匮乏。正因如此，参演成为了检验中国军舰性能和官兵训练水平的绝佳机会。中国首次参加环太军演就派出现役主力战舰052C驱逐舰和054A护卫舰，显示军方希望通过演练，学习美国等国家海军的先进训练方法，提高中国海军的训练水平。通过军演，能够使以俄式装备为主导的我军，不断增进对美式装备体系国家军队的了解，能够在信息链互通、实战化合作、数质量侦测等关键领域迈出探索实践的坚实脚步，为今后无论是合作还是对抗，甚至是交战均作出重要准备。

（三）美方在中美军事关系中的地位与前景

一是始终以大国姿态主持主导。自冷战以来，美国作为主导国已参与主持24届环太军演，在美国“亚太再平衡”战略遭遇经贸、外交难题的情况下，调整军事战略部署、加强与亚太盟国的联演成为美国推进“再平衡”的重要抓手。其次，“环太”军演提升了美军和盟军的联合作战能力。再次，“环太”演习成为各参演国谋求自身利益的重要平台。事实上，每一个“环太”演习的参与者都有着各不相同的利益诉求。美国摆出一副“亚太盟主”的架势，意在巩固传统联盟的基础上打造亚太版“北约”，最终达到主导亚太安全事务的目的。通过聚集多个泛太平洋国家，根据美国自身需求来安排各国演练科目，从某种程度上说，这样的军演其象征意义已然超越了演练本身，更是美国大国姿态的体现。同时笔者认为，在今后的中美军事关系中，美方仍将一如既往地谋求主导进程、主持规则，掌握主动权。即便我方试图突破，但其仍将凭借先进的军事科技、完善的兵力部署、庞大的战争机器百般阻挠，并将联合地区亲美力量，共同完成战略合围圈的构建与巩固。

二是始终借助军事活动加强侦测。“环太”军演伊始，美军目标明确，直指苏联太平洋舰队，争夺太平洋制海权。冷战后对手的消失一度使“环太”军演迷失了方向，但美国很快确立新的目标，常被表述为“东亚某国”。俄罗斯、中国、朝鲜恐怕都在“某国”之列。2010 年，“环太”演习方案的设计主管卡尔·贝克尔就曾在夏威夷表示，演习目的是“防备亚太地区崛起的新兴军事力量，其中包括中国”[①]。面对指向性如此明确的现状，此次中国受邀参演，美军的意图十分明确。中国海军近年来的发展十分迅速，已经成为亚太地区一支无法忽视的力量，而军事合作或演训已成为美国侦测我国军事实力最好的方式与机会。中国不断增强的军事实力，也迫使美国必须保持和增强与我方的接触，始终不忘自身“主导者”身份，在合作侦测中展现其自信形象，同时顺理成章地完成其了解我军现状的长期持续战略构想。

三是始终凭借合作沟通增强舆论说服力。在中美两个世界大国竞争博弈的时代，在中美军事合作的背后，始终暗藏着诸如“中国威胁

① http://news.xinhuanet.com/mil/2014-06/26/c_126672765.htm，新华网。

论”、“中国责任论”、“军事扩张论”等一大批混淆着全世界视听的美国话语。中国在军事合作中展现出的能力与进步，必然会成为美国进一步增强上述言论，可靠性的重要“证据”，美必将为其展开新一轮抨击，甚至是找寻新的更具迷惑性的反华言论，搜集这方面的“第一手资料”，为其不断增强军力、增加年度军费、插手地区事务提供理由与机会，在“不断合作”中实现“不断歪曲”，在“赞叹进步”中不断“担忧未知”，进而达到“明中合作、暗中对抗”的险恶目的。

小　结

综上所述，中国首次受邀参加“环太”演习，标志着中美安全互信关系的新突破，此举再次显示中美两国对于扩大交流与合作、维护地区和平与稳定的共同意愿，中国也借此机会表现出加强同周边国家合作、愿为亚太地区安全承担更多责任的姿态。勿庸置疑，中美是目前国际上最具影响力的大国，维系一个健康而稳定的中美关系，其重要性不言而喻。当前，中美两军关系正进入一个新的发展时期，双方在“环太平洋－2014”中的携手合作，显然已为构建中美新型大国关系之下的新型军事关系迈出了实质性的第一步。

国内政治生态

日本2014年众议院选举后的对华政策

黄超然

日本于2014年12月14日的深夜发布了众议院选举结果，安倍晋三为首的自民党获得占据全票半数以上的票数，在总共475席中获得了291席。作为合作伙伴的公明党，也赢得了35个席位。由于两党联合政权赢得326个议席，总数超过2/3，得以保持“绝对稳定多数”执政地位。此次日本众议院选举有何特点，安倍政府内政外交走向如何，尤其是对华政策有何变化，都值得我们密切关注。

一、2014年日本众议院选举及其对国内政治影响

（一）第47届日本众议院选举简介

12月14日深夜，日本发布了第47届众议院选举的结果，安倍晋三率领的自民党取得了总共475席中的291席，获得了半数以上的支持。公明党也赢得了35个席位。由于两党联合政权赢得326个议席，总数超过2/3，得以保持“绝对稳定多数”执政地位。其他各党席位分布情况为：民主党73席、维新党41席、日本共产党21席、次世代的党2个、生活党2个、社民党2个、无所属8席。

与之前一次选举相比较，此次选举的结果有一定的特点：联合政权大胜，维新党没有太大变化，民主党略有上升，共产党席位显著增多，次世代的党不幸败北。代表民主党的海江田万里被意外击败，民主党将不得不重新选择领导人。石原慎太郎、田母神俊雄和其他右翼人士选举失败。

总之，安倍晋三还是成功地保持住了位置。同时民主党领导的反对党派再次失去了调整日本政治现状、改变自民党如今“一家独大”局面的机会。

但是即便如此，舆论中也有部分人表示即使安倍获得了胜利，也不能说明其获得了日本民众的真正支持。选民投票给自民党，一个原因是因为对手太弱无法予以信任，另一方面是仍然期待着安倍在促进日本经济复苏的政策举措。但这次选举投票率仅为52%，创战后投票率新低，这也给安倍帮了大忙。未来，在国内问题堆积如山的情况下，安培首先要采取切实有效的措施，尽快刺激日本经济复苏，其次还不得不在推动重启核电、集体自卫权关联立法等不受欢迎的政策方面作出决断。

（二）本次选举反映的问题

这次选举中反映出的部分问题引人注目。投票率依然处在不断下滑的状态中，甚至降到了二战以后历史新低的水平。日本总务省表示日本目前有权投票的人约1.04亿，其中5474.3097万人参加众议院大选投票，投票率为52%，同时也是刷新2012年众议院总选举的最低纪录。各州投票显示，投票率最低的青森县只有46.83%。

表面上，日本人民，尤其是年轻人不是非常关心政治，最终形成了低投票率的情况。实际上反映了社会的不满情绪，需要引起反思，因为不满的积累可能是日益增长的民族主义情绪作祟，使得国家“右转”。当然，也可能促使日本政府在进行改革前，朝着正确的方向不断进步。

从另一个角度看，选举表现出日本左翼和右翼势力的变化。从投票结果能够看到，左翼政党社民党获得众议院的 2 个席位，，共产党的席位份额翻了一番，从选举前的 8 个席位提高 21 个，成为增幅最大的党。虽然日本共产党的席位份额依然不多，但在国会 20 多个席位还是可以起到一定的作用，与其他反对党组合能够一定程度上形成对执政党的约束。再看看右翼政党的情况，次世代党的惨败，其席位由 19 个锐减到 2 个，其组成人员中就有大量右翼人士，右翼代表石原慎太郎也由于此次落败退出政治界。这表明极右主义在日本没有市场。

此外，自民党在冲绳的所有小选举区全军覆没，是这次选举值得注意的地方。这次选举中，自民党在日本各地均表现不错，但在冲绳不慎败北，共产党、社会民主党和其他反对党在选举中赢得 4 席。冲绳人民对于日本当局美军基地搬迁的问题存在一定看法，冲绳和本土之间不断深化的矛盾，对于日美关系也产生了一定程度上的影响。

（三）选举后日本国内的政策变化

众议院选举结束后，在日本举行的第一百八十八届国会中，安倍晋三当选首相。新闻发布会上，安倍再次提到宪法的修正案问题，说是自民党成立以来所追求的目标。为了完成这个目标，他将致力于加深对日本国民体制的重要性的认识。在外交事务中，日本将推出“俯瞰地球的外交”：日韩之间展开会谈；和中国的多方面深入交流，和中国拓展多层次的对话；继续和俄罗斯举行对话，以期在乌克兰问题上发挥作用。

安倍在继续出任首相后，立即组建新内阁。除了防卫省长官，所有重要内阁继续连任。根据当地媒体的报道可以得知，安倍本人的意思是想全部保留所有内阁成员的，但是江渡聪德由于政治丑闻的原因不想继续出任防卫大臣所以才更换人选，所以安倍定使用原防卫厅长官中谷元作为防卫大臣并且兼职安保法律担当相。中谷元今年五十七岁，曾就职于小泉纯一郎时期的防卫厅，同时是史上首位出自自卫队的防卫厅官员。安倍第一次担任首相以后，日本防卫厅 2007 年正式升级为防卫省。据报道，和安倍意见相同，中谷元在自民党的国防和安全问题上熟练老成，之前在安全问题上的协调，在联合执政的对话上颇有建树，具有一定影响力。

可以看到，安倍内阁成员没有大幅调整，保留原有的团队，也意味着下一年安倍的国内和外交政策上并不打算产生太大的变动。除了防卫大臣，同样发生变化的还有众议院议长。前内阁官房长官町村信孝出任该职，原先的伊吹文明据报道似乎是得罪了安倍。伊吹文明于今年 1 月发表演说时曾提醒安倍要牢记历史。众议院的议长由议员选举产生，这个职务并无实权。

新政府的主要目标仍然是解决经济问题，这是安倍展开国家管理的基础和核心。短期内，安倍依然注重实施安倍经济学，以致力于带动日本经济的发展来走出困境。此外，还将继续修改宪法，不过短期内并不会实现宪法修正案。安倍需要做的是长期计划，因此不可能一直恶化与邻国的关系，但他的这种政策倾向值得邻国警惕。

二、选后安倍新政府对华政策分析

选举结束以后，日本首相官邸的一名高官公开称，基本上安倍政府的对华政策不会改变，日方重视对华关系，希望两国在“四项共识”基础上，重归战略互惠关系的原点。

（一）日本对于中国崛起的态度

步入 21 世纪后，日本的政治和社会右倾倾向愈发明显，这是日本在国家历史观和国际结构认知等许多因素影响下的结果。本世纪初期，对比中日两国的 GDP 的话，还可以很明显看到日本占据着有利的地位，不过随着时间发展，日本对于中国经济越来越依赖，亚太地区日本曾经占据的经济主导地位也不复存在。反观中国在改革开放的推动下，经济发展的势头强劲，贸易额不断突破取得新高，中日间的贸易地位发生了逆转。但是日本的心态并没有随着经济形势的变化而调整过来，始终还保持着原有的优越感。在右翼思维的影响下也给中日间带来了不安定的因素。在日本，将中国作为对手和敌人的思想占据一定地位，所以两国在政治上也有一定矛盾。

一直以来，日本对中国政策存在一系列分化遏制和不友好的因素。日本保守势力不断支持邀请达赖喇嘛和热比娅等分离主义者，他们到达日本领土开展各种分裂活动。在东海油气田和钓鱼岛问题上，日本保守政治势力不遗余力地抓住机会，表现出所谓对华强硬和坚定维护日本利益的态度。

中日之间的关系紧张，就日本而言，其中一个原因就是日本地域狭小的自卑感而产生的恐惧情绪以及对于中国崛起的疑忌，由此引发了一系列政治上对华挑衅的政策。

（二）安倍政府对华政策逻辑

1. 对外宣称日美同盟的坚定性，以此作为对华强硬的根本保障

一直以来，日本推行跟着大国走以获取利益的战略，现如今，日本政府仍然强调《日美安保条约》是其一个重要的保护伞，2013年安倍刚上台就宣称访问美国，也是借美国的力量给中国造成一定的压力，显示着日美同盟的牢固。当然美国也不断在钓鱼岛等多个问题上对日本给予支持。再次当选首相之后，安倍政府仍将推进日美同盟关系，以展现其国际动员能力。

2. 拉拢与中国有矛盾的周边国家

因为领土争端，海洋权益和外交政策等原因，菲律宾，越南，印度和其他国家已成为日本积极推进关系的对象，希望借这些中国的周边国家进行所谓的“价值观外交”，在安全、经济、军事各个方面提升双边关系，以对抗中国。

安倍政府还表示，保护受中国欺负的弱小国家，日本要首先成为亚洲领先的国家，为地区提供安全保障。还声称，日本的活动并不局

限于日本本土，只要和日本利益相关的行动都会有所参与。可以看到日本和菲律宾、越南、印度、缅甸展开的一系列活动，其针对中国的意图十分明显。

3. 虚构与俄罗斯联合遏华

俄罗斯是中国一个重要的战略协作伙伴，是中国国际战略大局中不可缺少的一个部分。因此和俄罗斯的交往也成为了安倍政府十分重视的一个砝码。2013 年年初安倍晋三访俄时，向俄罗斯总统普京提出了日俄双方进行“2 + 2”（外长 + 防长）会谈。日俄双方出于各自的目的同意举行这样的会议。会议结束后，日本媒体称，日本成功地在中俄之间打进了一个楔子。

4. 政经分离，去中国化

早期，中日也会发生政治纷争，但并没有对于经济往来产生巨大的影响。但日本野田政府实施“钓鱼岛国有化”以来，中国国内民间的抵制行为使得日本对华贸易连续下滑，日本成为和中国贸易交往中额度下降唯一的例外。所以日本提出去中国化，尽量撤离中国市场转而进入东南亚，妥善利用好美国提出的 TPP 计划，加入以排华为目的的贸易集团，来尽量脱离如今日本经济贸易高度依赖中国的局面。

（三）日本对华政策的前景分析

安倍在选举中取得了成功，其策略还是有效的，从某种程度上说，其领导下的政权也可能长期维持。当然安倍也面临着一些挑战，必须要在地方统一选举、自民党选举和参议院选举中继续保持优势。就目前的形势来看，其所领导的自民党实力还是有着极大的优势的，安倍本人在自民党中的地位也可以说不可撼动。对宪法修改的问题，在自民党和公明党拥有超过 2/3 份额的众议院席位，但新公明党与自民党在该问题上立场不一致。修改宪法需要半数选票，所以安倍晋三还在任期内不能修改和平宪法，但进一步修改相关法律规定，还是可以创造条件。

安倍政权若能长久存在，中日关系的发展状况一定会成为被重点关注的问题。日本经济发展的瓶颈问题及中国经济的良好势头，使得日本对于中国的态度上有一定的心态失衡。由于这个大的前提，安倍晋三倡导“重振日本”，对于历史上对中国的侵略采取企图淡化的态度，增强日本国民对自身的文化认同感，积极赢得选票。

安倍在其第三次执政后，中日关系也就是三条路可走，改善、恶化抑或维持现状。虽然双方可能有不同的解释，但中日关系还是会改善，比如双方表示将遵守新达成的“四点共识”，日本民众也希望改善中日关系。推进中日关系也有两个方面的相对较为积极的因素：一是中日高层在国际会议等场合开展交流会话；二是两国经济依存度的加深。可以说，中日关系还有许多需要克服的困难，局势的发展还有待进一步观察。

印度大选及其内外政策走向

李洪才

2014年4月7日至5月12日，印度举行新一轮大选。印度国会人民院（下议院）共有543个席位，各党派及其联盟在本次选举中角逐这543个席位。印度选举号称是“世界上最大规模的选举”，此次大选注册登记选民的数量就达到了8.14亿，比2009年大选多出了近1亿，66.4%的投票率更是创下了印度历年大选投票率之最。大选开支方面，据官方数据显示，印度政府为此次选举投入了342.6亿卢比（约合5.8亿美元），因通货膨胀等因素，比2009年大选开支增加了131%。[①] 此次大选时间跨度长达一个多月，总共进行了9轮投票。

印度选举规模如此之大，世界上可以与之相媲美的只有欧洲议会选举。如此大规模的选举，选情复杂是必然的。据悉，大约500多个政党参加了今年的大选。500多个政党中，最有希望赢得此次大选的是三个——印度国民大会党（简称“国大党”）、“印度人民党”（Bharatiya Janata Party），以及比较年轻的“平民党”（Aam Aadmi Party，简称AAP）。

按照相关法律，印度各党派在大选中若获得过半数（272个）以上席位，即可获得组阁的权力。过去15年的历次选举中，国大党和印度人民党的得票率都远远低于50%。所以长期以来，即使是印度国

---

① 资料来源：人民网，http://world.people.com.cn/n/2014/0516/c1002-25028908.html，访问日期：5月20日。

内最大的两大政党，也要去拉拢中小政党才能增加在选举中的胜算。

在历经一个月的漫长投票程序后，第十六届印度全国下议院选举终于有了结果。在543个席位中，印度人民党赢得了282个席位，其领导的印度人民党联盟获得了330个席位，取得了压倒性优势，赢得组阁大权。1977年以来，印度还没有一个政党在大选中赢得超过半数的席位。与印度人民党的大获全胜相比，国大党虽然执政了10年，但在此次大选中只获得了44个席位，几乎可以说是惨败。

本次大选，国大党联盟惨败，印度人民党联盟在选举中大获全胜，将组建新一任内阁。其党魁、古吉拉特邦首席部长纳伦德拉·莫迪（Narendra Modi）也将出任新一任总理。那么，以遥遥领先的票数胜选的印度人民党开始执政，是否预示着印度将迎来一个新的时代呢?

一、关于印度选举制度

（一）选民资格

对于选民资格，印度宪法规定：凡年满18周岁以上的印度公民，不论其宗教信仰、种族、种姓、性别和出生地，都有选举权。

对于竞选国会议员的资格，印度宪法规定：1. 候选人必须是印度公民；2. 竞选联邦院议员必须年满30周岁，竞选人民院议员必须年满25周岁；3. 必须符合印度相关法律规定的其他相关条件。印度宪法还规定了不能参加竞选的情形：1. 在政府机构中任职，有固定收入者不能竞选国会议员（法律规定允许者除外，在政府部门担任部长职务者不在此列）；2. 精神不健康者不能竞选国会议员；3. 未解除债务的破产者不能竞选国会议员；4. 被中止印度国籍者不能竞选国会议员；5. 被议会制定的法律排除在外者不能竞选国会议员；6. 叛国者不能竞选国会议员。

（二）联邦院选举

联邦院议员选举采用间接选举的方式进行，通过单记移让式比例投票法选举，以保证力量较弱的党派和少数群体都有代表参选。一般在部分议员任期届满时，总统会在选举前三个月内根据选举委员会的提议发布通告，确定选举日期。在经选举委员会批准后，选举监察官将确定各邦选举地点。在实际选举中，各邦的联邦院议员候选人是根据各党派在该邦的实力来确定，按实力来分配席位，分配好席位后各政党推举自己的候选人，各政党候选人一般由该党领导层推举。一般候选人当选概率都比较高。联邦院议员任期为6年，每两年改选三分之一的议员，任职时间上没有限制，可进行连选。

（三）人民院选举

人民院选举的时间由独立的印度选举委员会向总统提出，由总统最终宣布具体时间。选举时间宣布后，选举委员会确定各选区提交、审查、退回候选人名单的时间和选举时间。候选人必须口头或书面保证诚实并忠于宪法，无犯罪记录，同时要向选举委员会报告受教育、财产及负债等情况。选举监察官对候选人审查后，公布合格候选人名单。每位候选人都需要交纳一笔担保金才能参选，如果候选人在选举中所得票数没有超过规定的票数，这笔资金将不再返还该候选人。

人民院选举为直接选举，各选区的人口大致相同。全国现划分为543个选区，每个选区选出一名议员。一个候选人最多可以在两个选区参与竞选。选举结束后，选举监察官确定计票的具体时间，并向选举委员会和人民院秘书长汇报结果。如果选举委员会对某位候选人的资格有争议，总统将在听取选举委员会的意见后作出裁定。

人民院选举中，每个选区赢得相对多数票者就算获得胜选，这给小党通过选举进入议会创造了客观条件。因此在人民院选举时，小党会把力量集中在某个选区力争获胜，以期能够进入议会，这同时也造成了印议会内党派众多的现象，许多政党在议会内只占几个席位，甚至有的政党只占 1 个席位。2004 年第 14 届人民院选举时，平均每个选区大约有 10 名候选人，争夺最激烈的选区有 35 名候选人。

参与人民院席位角逐的候选人，可分为政党候选人和独立候选人。政党候选人通常由该党领导层推举，每个选区推荐一名。独立候选人多是当地的名流或在本选区有影响力，在竞争党内本选区候选人提名失利后退党独立参选。

（四）人民院选举过程

人民院选举由独立的印度选举委员会负责实施。该委员会由总统任命的一名主任和两名委员组成。为保证他们能够在选举中更好地履行职责组织选举，委员会主任一旦被任命，需要通过一定程序才能被解职。委员只有在主任的建议下才能被解职。在每个邦，各有一名由选举委员会任命的选举事务主任，负责监督本邦选区选民登记的准备、审查和修改等工作。邦以下的各区都有一名区选举事务官员，在邦选举事务主任指导下，协调和监督本区的选举事务。区选举事务官员任命本区投票站的主任和工作人员。投票站主任在选举时负责投票站秩序和监督投票是否公正。选举委员会在与邦政府协商后，在各选区指定一名选举监察官，保证选举按选举法进行。

在选举中如果有不当行为，候选人或选民可以向高等法院提出申诉，并可向最高法院上诉。

印度人民院大选流程如下：

1. 常设选举机构

独立选举委员会由四级选举机关组成，统一领导选举活动。在选举期间，委员会临时调用大量工作人员参加选举工作。

2. 选区划分

543 个选区中，每个选区选出 1 名代表议员。为确保各选区的选民人数大致相同，印度必须每十年核准一次各选区人口数量。

3. 候选人产生

只要超过25周岁的印度公民注册成为选民都具有资格参加竞选，所以成为候选人非常容易。本次大选，共有4000多名候选人。

4. 登记选民

年满18周岁的公民只要进行选举登记即可成为选民。2014年印度543个选区中，522个选区采用了带有照片的选民册，以防止代人投票或买卖选票。

5. 投票

2014年的大选在全国设置了828800个投票站供选民投票。选民进入投票站后，会被逐一核对身份，以防选举作弊。

6. 总理诞生

选举中获得人民院过半数席位的政党即有权组阁，并成为执政党，该党领袖出任政府总理。若所有政党所获席位都没有过半，就只能联合其他党派和独立人士建立联合政府，或者在其他党派支持下组阁。

二、关于印度主要政党及其联盟

（一）印度人民党及其领导下的全国民主联盟

1. 全国民主联盟及其主要成员

全国民主联盟的成员主要有：印度人民党、泰卢固之乡党、湿婆神军党、达罗毗荼邦民族进步党、室罗摩尼阿卡利党、复兴达罗毗荼进步联盟、芒果党、人民力量党、人民军队党、全国人民平等党、全国人民党、印度共和党等。其中印度人民党是全国民主联盟的领导者。

2. 印度人民党

1951年，印度人民同盟成立。1980年4月，印度人民党从印度人民同盟分立出来成为新的组织。如今，印度人民党已经成为印度的两大主要政党之一，另一个大党是印度国大党。

印度人民党的政治主张是促进少数派和落后阶层的利益，实行民族主义、民主、非教派主义。对外关系方面实行“真正的不结盟”政策，反对偏向大国集团，以经营周边关系为主，主张与邻国建立良好的外交关系。

支持印度人民党的多是印度教教徒以及城镇中产阶级。印度人民党党员人数如今大约为350万，从1996至2004年一直是印度议会第一大党；印度人民党第一次执政为1996年，但执政时间还不到一个月就被联合阵线及国大党联盟取代；印度人民党直到1998年才算正式掌权。在1998年大选中，印度人民党带领全国民主联盟取得胜利，但由于在国会未获得过半席位，只能组建少数政府。1999年大选，印度人民党带领全国民主联盟一举拿下了人民院545个席位中的356席，顺利组建首个非国大党的多数党政府。

2004年印度大选，以印度人民党为首的全国民主联盟败于国大党联盟，其党魁瓦杰帕伊5月22日正式离任总理一职，印度人民党也再一次沦为在野党。2009年大选中，印度人民党领导的全国民主联盟再次败于国大党联盟，位居第二位。

2014年印度大选，印度人民党古吉拉特邦首席部长纳伦德拉·莫迪在果阿举行的党的秘密会议之后被选为委员会主席，领导印度人民党竞选。4月7日投票的第一大，印度人民党发表竞选纲领，推出了经济改革、文化保护、降低贫富差距等一系列施政理念。这一竞选纲领加上莫迪在古吉拉特邦取得的骄人政绩，为本次莫迪赢得选举奠定了坚实基础。对外政策方面，印度人民党称将竭尽所能使印度在国际事务中发挥更大作用，“建设一个强大、自立和自信的印度”。

4月16日，印度选举委员会公布了人民院选举的初步计票结果，显示印度人民党仅仅凭自己就能至少获得人民院543个议席中的272个。如果加上印度人民党领导的全国民主联盟内的其他党派获得的议席，总共可以拿下330多个议席。这样的话，印度人民党将可以单独组建政府，而不需要与其他党派联手组建联合政府。

（二）印度国大党及其领导下的团结进步联盟

1. 团结进步联盟及其主要成员

团结进步联盟的主要成员有：印度国大党、民族主义大会党、全国人民党、恰尔肯德解放阵线等。其中印度国大党是团结进步联盟的领导者。

2. 印度国大党

印度国大党（以下称国大党），即印度国民大会党，是印度历史上成立时间最早的政党，也是印度两大主要政党之一（另一个是印度人民党）。

国大党于 1885 年 12 月成立，该党最初的政治目标是让受过良好教育的印度人争取到政府任职并掌握一定的政府权力，这一主张没有遭到当局的反对。但随后该党奉行的激进主张遭到英国殖民当局的反对和压制，国大党开始由为受过良好教育的人争取权力转向反对英国殖民统治、争取印度独立。

英国殖民统治时期的国大党，政治上主张“民族主义、世俗主义、民主主义、社会主义”四项原则，强调国内各个派别之间的团结、统一、和睦。经济上主张在坚持“计划经济”的前提下，不断改革和发展，向“混合经济”转型；外交上坚持互不干涉、和平共处和不结盟。

1947 年印度独立，在此之后国大党长期执政。1969 年该党内部开始闹分裂，1977 年在大选中惨败下台，1978 年英迪拉·甘地改组该党，1980 年重新上台，1989 年下台。1991 年拉吉夫·甘地遇刺身亡后，或许是由于得到人民的同情，该党赢得选举再次上台。1996 年大选，国大党大败，成为第三大党，后转而支持由多个党派组成的联合阵线组建联合政府。1998 年大选和 1999 年大选，国大党都再次惨败，成为在野党。

2004 年 5 月，印度第 14 届议会选举，国大党出人意料地获得胜利并重新取得执政地位；大选获胜后国大党全国委员会指定时任国大党主席索尼亚·甘地接任印度总理。

2004 年 5 月 18 日索尼亚·甘地放弃新总理一职，国大党元老、前财政部长曼莫汉·辛格于 5 月 22 日担任新总理。

国大党领导的团结进步联盟在 2009 年大选中再次获得胜利并蝉联执政。

在 2014 年人民院大选中，拉胡尔·甘地被任命为一个六人委员会的首脑，以制定和实施联盟选举策略，但最终国大党领导的团结进步联盟败于印度人民党领导的全国民主联盟。本次大选国大党败选的一个关键原因，便是国大党执政期间，印度经济长年不见起色而且还有减缓的趋势，另外不注重民生造成社会贫富差距拉大，党内腐败丛生，使得国大党失去了社会支持。

（三）印度平民党（Aam Aadmi party）

印度平民党成立于 2012 年，相对而言比较年轻。其政治主张是提倡反腐败与改善民生，并把“反腐”矛头直指印度政坛重量级人物，包括甘地家族成员也在其中。该党凭借反腐、发展经济等竞选理念及口号，赢得众多市民尤其是底层民众的支持。在反腐口号下，贫民和城市居民阶层的普通民众越来越认可印度平民党。2013 年 12 月，在新德里地方议会选举中印度平民党成为议会第二大党，并在与国大党联合后，印度平民党领导人科基瓦尔出任新德里地区首席部长。

（四）第三阵线

第三阵线成立于 1989 年，是一个左翼性质的联盟，其主要成员包括 14 个政党：印度共产党（马克思主义）、印度共产党、革命社会党、全印度前进集团等全国性左翼政党和 AIADMK、人民党（联合派）、全印安纳德拉维达进步联盟、阿萨姆人民联盟、世俗人民党（Biju Janata Dal）等地方性政党，该联盟的领导者是印度共产党（马克思主义）。该联盟时刻处于变动之中，成员也不固定，联盟名称现在已经更改为联合全国进步联盟。

三、本次印度大选的热门人物

（一）拉胡尔：显赫家族第四代

拉胡尔2014年44岁，是印度前总理拉吉夫·甘地与现任国大党主席索尼娅·甘地之子。他出生于政治世家，成长过程中经历过许多政治变迁与家门不幸，14岁时，祖母英迪拉·甘地遇刺身亡，21岁时，父亲拉吉夫·甘地步祖母后尘也不幸遇刺身亡。虽然他经历如此波折传奇，但仍缺乏政治魅力。

几年以来，印度经济不断滑坡，物价却不断上升，社会问题恶化，民生问题突出，再加上接二连三的腐败丑闻，使印度国大党遭遇了严重的执政危机。选民对国大党联盟政府越来越不信任。2013年开始，拉胡尔逐渐从母亲手中接过甘地家族的权杖。许多民主意识浓厚的印度中产阶级和年轻人认为这是典型的“世袭”，对此颇为反感，而拉胡尔·甘地本人也没有多少政绩来体现他的执政能力，加重了人们对国大党的失望情绪。2013年12月，北方四邦举行地方选举，国大党惨败，甚至丢失了长达15年之久的首都新德里议会控制权。

2014年1月，印度国大党宣称，对于即将到来的全国大选，国大党将由该党副主席拉胡尔·甘地领导该党参加此次大选。与此同时，印度总理辛格以及外交部长胡尔希德等国大党元老也纷纷表示支持提名拉胡尔为该党总理候选人。然而，经济发展乏力，加上国大党本身的腐败，在印度民间，拉胡尔的支持率并不高。

（二）莫迪：政绩骄人的实干家

2013年12月，在多个地区（包括印度首都新德里）的地方议会选举中，印度人民党取得了骄人的战绩。作为印度人民党领袖的纳伦德拉·莫迪，这样的战绩也进一步巩固了其地位和声望，为其在本次全国大选中积累了不少的人气。

莫迪今年64岁，连续3届担任古吉拉特邦首席部长，因为其执政有方，讲求实干，政绩突出，人气也相应很高，可以称作是印度国内的“政治明星”。古吉拉特邦位于印度西部，面积较大，是印度第七大邦，同时工业化水平相对较高，是印度工业化发展最快的邦之一。从2002年4月至2012年3月，古吉拉特邦平均每年的GDP增长率为10.27%，这远远高于印度平均7.9%的GDP增长率。2010年至今的五年时间里，该邦农村贫困率从39.1%降到26.7%，最大城市艾哈迈达巴德，在2010年被《福布斯》杂志评为世界第三大发展最快的城市。[①] 经济显著发展的同时，古吉拉特邦治安状况良好，犯罪率低，很少有腐败丑闻，这使得该邦成为印度国内最有吸引力的邦之一。如此骄人的政绩使莫迪当之无愧地成为印度人民党的领袖，并于2013年9月被印度人民党议会委员会提名为该党2014年大选总理候选人。

印度人民党在1999年大选获胜后组阁执政，直至2004年。该党在大选中的主要支持者为印度教教徒和城市中产阶级，因此印度人民党被视为印度精英阶层的代表。执政期间，该党大力推行自由化改革，使经济更多地由“计划”转向“市场”，减少行政干预，这些改革为印度经济的腾飞奠定了基础。如今，印度经济持续低迷，发展缓慢，因此提名莫迪为总理候选人自然更容易获得选民的支持。

但是，莫迪的印度教民族主义倾向较重，2002年古吉拉特邦发生暴乱时莫迪就没有妥善处理好各方的矛盾，致使2000多人死于该事件，但莫迪本人却坚称自己没有做错，拒不道歉。2005年美国认为莫迪此举侵犯了人权，以此为由拒绝给其发放签证。

---

① 经济网—中国经济周刊，2014年5月5日，http://www.ceweekly.cn/2014/0505/82663.shtml，访问日期：2014年6月9日。

（三）科基瓦尔：平民反腐斗士

阿尔文德·科基瓦尔本是印度的一名税务官员，2011 年，他成为印度反腐运动代表人物安纳·哈扎雷的高级幕僚，之后知名度开始逐渐上升。后来，科基瓦尔与哈扎雷分道扬镳开始自立门户。2012 年 10 月，他成立印度平民党。印度平民党高举反腐败的大旗，赢得了很多底层民众的支持，可以说该党是近年印度反腐运动催生出的一个政党。

以反腐作为其政治主张，印度平民党迅速获得来自底层民众如印度贫民以及城市居民的支持。2013 年年底的地方议会选举中，平民党崭露头角。在首都新德里议会选举中，印度平民党获得 28 个议会席位（总共 70 个席位），打倒了执政该地区的国大党，而印度人民党虽然夺下 32 个席位，却无法笑到最后。由于没有取得议会中的绝对多数席位，印度人民党不能任命新德里首席部长，在与执政的国大党达成协议后，平民党主席科基瓦尔出任了这一职务。

在新德里首席部长任上，科基瓦尔保持着清明廉洁的作风，一扫官场旧派习气。例如，他不习惯每周在政府大楼里听取民意汇报，坚持到群众中听取施政意见。他拒绝给他安排的豪华官邸，只选择一处普通政府住房。出行不讲排场，降低安保力量，这些都给政府部长们作出了榜样。此外，科基瓦尔兑现竞选承诺，使新德里的电费、水费价格减少一半，惠及广大普通市民。坚决打击各类犯罪行为，使新德里的治安状况上了一个新台阶。

由于得到了年轻人和中下阶层的广泛支持，平民党成为印度政坛的一匹黑马，参与到与国大党和印度人民党的大选角逐中。

四、莫迪当选及其内外政策走向

（一）强硬又灵活的莫迪

莫迪的性格具有典型的两面性，强硬而又灵活，张弛有度。有媒体形容，莫迪与中国做生意时体现出很强的柔性，但在中印领土争端问题上莫迪又为典型的民族主义者，在领土问题上立场强硬，对外政策偏鹰派。

仅2013年，莫迪就曾多次指责印度政府在对华政策上软弱，向中国寻求妥协并割让土地。2014年年初，莫迪在所谓“阿鲁纳恰尔邦”（即我国藏南地区）造势时宣称，任何超级大国都别想将这一地区从印度手里夺去。虽然在领土主权上如此强硬，但在经济发展上莫迪又很认同中国的经济建设成就，曾率团到中国考察。因此，莫迪就任印度政府总理执掌政权后很可能一方面争取搭上中国经济的发展快车，努力寻求经济上同中国的合作，同时会暂时冷却领土争端问题，虽然在外交上仍然会对华继续采取强硬言辞。

（二）选举中预示的外交政策微调

从这场大选活动中，也可以窥视各个政党所遵循的对外政策原则。各党的执政理念在选举过程中得到了清晰展示。其中印度主要政党在对外政策方面的表态，预示着印度的对外政策或将微调，以增强该国在国际社会中的地位和影响力。

印度人民党在其竞选纲领中提出了9条外交原则，原则清晰展示了印度人民党务实、积极、主动而独立的外交思维，其中称“我们将凭自己的实力积极主动地参与周边外交及其它事务，而不是被别的大国势力所领导。”这表明印度在接下来莫迪当政的日子里将会积极参与地区和国际事务，大力扩大印度在地区事务中的作用及影响力，外交政策也会随之更趋积极主动。

（三）中印关系的未来走向

本次大选中，正因为莫迪带领的印度人民党主打经济牌，加上其本人之前施政过程中的积极经济政策产生的经济成果，才使印度人民党获得大选的胜利。虽然莫迪在领土问题上立场强硬，但其就任后，应该会表现他灵活的一面，以发展经济为首要，而不是纠缠于领土纠纷。可以预期他仍会一如既往，以务实的精神把古吉拉特邦的发展经验带到全国，在全国范围内推广古吉拉特邦的发展经验。而且，大选中印度选民对莫迪的期望首先是其发展经济的能力，而非强硬的民族主义作风。如果在其任上印度经济仍然不见起色甚至下滑，那么莫迪将很快就被选民抛弃。另外，莫迪本人非常注重实际，在他担任古吉拉特邦首席部长时就表达了对中国的态度，认为中国发展经济的经验是可以借鉴的，甚至亲自带队到中国来考察。中国多年来一直是印度的第二大贸易伙伴，与中国之间的矛盾冲突如果不能得到有效管控，必将严重影响印度的经济发展。

《印度时报》评论说，近年来中印政治关系一直因为长期的边界争端而紧张，双边关系时好时坏。不过，以商业和经济发展为首要任务的莫迪政府，可以使双边关系具有新的动力，走上新的台阶。莫迪担任古吉拉特邦首席部长时曾经大量吸引了来自中国的投资，若如今能在全国范围内这样做，必将为两国的双边关系注入新的血液。

阿富汗大选与阿富汗政治重建进程

孙煌见

2014 年 9 月 21 日，阿富汗独立选举委员会公布了总统选举结果，前财政部部长阿什拉夫·加尼当选为阿富汗新一任总统。现年 65 岁的加尼是学者出身的政治家，在美国哥伦比亚大学获得博士学位，当过高校教师和大学校长，并曾在联合国和世界银行任过职。2001 年阿富汗重建工作启动后，先后担任卡尔扎伊政府的首席经济顾问和财政部长，2009 年参加总统大选，得票率仅 10% 左右，而后致力于阿富汗重建工作。由于这次选举将实现阿富汗重建后首次政府权力交接，以及阿富汗特殊的政治形势，因此备受瞩目。第一轮投票自 2014 年 4 月 5 日开始，由于种种原因选举形成僵持局面，在经历数轮的“谈判—破裂—调停—和解”后，历时五个多月才公布选举结果。其中，重要的原因是当前阿富汗国内的政治形势多变，地区安全环境复杂，以及阿富汗政治重建进程举步维艰。

一、阿富汗概况

阿富汗是 ·个位于亚洲中南部的内陆国家，面积约 65 万平方公里。它坐落在亚洲的心脏地带，因连接着中亚、西亚、南亚，被称为亚洲的“十字路口”，地理位置非常重要。自古以来，阿富汗一直是大国展开地缘战略博弈的舞台，彼得大帝曾说过“谁征服了阿富汗，谁就征服了世界”。在历史上，阿富汗曾是许多帝国扩张的要地，但强悍的阿富汗人民总是给予扩张者沉重的灾难，被称为“帝国的坟墓”，到了近代，入侵者们也未能从这里全身而退。大英帝国和苏联都曾入侵阿富汗，但终因阿富汗人民不屈不挠的抵抗而狼狈撤离。时至今日，当今世界的超级大国美国也未能真正征服这个国家而深陷战争泥潭，只能一再推迟从阿富汗的撤军计划。①

英国殖民者从 19 世纪 30 年代开始入侵阿富汗。从 1839 年至 1919 年，为反抗英国的殖民统治，阿富汗人民历经三次抗击英帝国主义的战争，终于在 1919 年迫使英国退出，取得完全独立的地位。阿富汗反抗英国入侵的胜利极大鼓舞了亚洲广大被殖民民族的反抗热情，从此大英帝国在亚洲的殖民地位更加岌岌可危。“帝国史上最大的灾难之一”，现代战争史学家伯特力·布罗根在评价英国在阿富汗的失败时这样说道。1979 年，苏联悍然武装入侵阿富汗，强大的苏军本想速战速决，但阿富汗人民将入侵者拖入战争泥潭长达 10 年之久。在这一场侵略与反侵略的战争中，阿富汗圣战者以英勇顽强和不屈不挠的民族战斗精神，沉重打击了入侵者，也赢得了国际社会的广泛支持。面对国际和国内的严峻形势，苏联被迫于 1989 年 2 月撤走了全部侵阿苏军。有评论指出，苏军入侵阿富汗是苏联对外政策的重大失败，从此苏联日渐走向衰亡。

震惊世界的“9·11”恐怖袭击发生后，以美国为首的联军打着“反恐”的旗号，于 2001 年 10 月起对阿富汗“基地”组织和塔利班发动了战争。在美国的军事打击下，塔利班政权迅速垮台，本·拉登也于 2011 年 5 月被美军击毙。在美国的操纵下，2001 年 12 月，阿富汗成立临时政府，2002 年 6 月成立过渡政府，政府领导人均为卡尔扎伊。在推进阿富汗民主进程中，2004 年 1 月，阿富汗颁布新宪法，定国名为“阿富汗伊斯兰共和国”，规定阿富汗实行总统共和制。2004

① 外交部，http：//www.fmprc.gov.cn/mfa_chn/gjhdq_603914/yz_603918/1206_603920/，访问日期：2014 年 12 月 24 日。

年10月，阿富汗举行战后首次大选，过渡政府总统卡尔扎伊击败众多对手，成功当选阿富汗首任民选总统。2009年8月阿富汗举行第二届总统选举，首轮选举中，加尼得票率仅10%左右，退出选举，在第二轮选举中，卡尔扎伊击败对手阿卜杜拉，艰难取胜，获得连任。然而，卡尔扎伊自上台以来的治国表现不尽如人意，而美国也并未完全实现预定目标。至2014年，美国的阿富汗战争已历经13年之久，美国军事行动从未停止，全部撤军日期一再推迟，被称为美国历史上“最长的战争”。2014年9月23日，阿富汗前总统卡尔扎伊发表告别演说时抨击美国的阿富汗政策，他指责美国是让阿富汗长期战乱的根本原因，并表示：“美国人不想要和平，阻碍阿富汗各方民族和解，因为他们有自己的议程和目的。”2015年3月24日，美国总统奥巴马宣布，由于阿富汗当前安全形势不容乐观，美国将冻结年内阿富汗撤军计划。这一决定标志着原本就不顺利的美国阿富汗撤军计划再生变故，美军在阿富汗的军事行动将会被拖的更久。

2014年春，阿富汗迎来了塔利班倒台后的第三次总统选举。时任总统卡尔扎伊已连续执政两任，不得再次参选。正是在这一背景下，包括加尼在内的众多阿富汗政坛头面人物纷纷角逐总统宝座。

二、阿富汗大选进程一波三折

2014年开年不久，阿富汗总统选举便正式拉开了帷幕。在经历数年的阿富汗重建进程后，国内势力有了新的整合，本届总统选举同2009年阿富汗大选时有40多位候选人代表各方势力参选的情形相比，只有8位候选人参加第一轮投票，而这些人所代表的势力集团也有重合。选前民调显示，候选人中只有三人的呼声较高，他们分别是前外交部长和反对党领袖阿卜杜拉·阿卜杜拉、前财政部部长阿什拉夫·加尼·艾哈迈德扎伊和前外交部部长扎尔迈·拉苏尔。

阿卜杜拉·阿卜杜拉，1960年出生于阿富汗北部潘杰希尔山谷，毕业于喀布尔大学医学院眼科专业，毕业后他加入反苏、反塔利班都很坚决的北方联盟，曾任北方联盟政权的外交部部长，期间曾数次来华访问，对华态度友好。2001 年塔利班政权被推翻后，担任过阿富汗政府的外交部部长。在出任外长期间，与卡尔扎伊政治分歧较大，公开指责卡尔扎伊政府安排己方势力，纵容贪腐，维持治安不力，打压排挤其他势力，2006 年被解职。在 2009 年 8 月举行的第二届总统选举中，阿卜杜拉与卡尔扎伊打败加尼在内的其他 6 位对手，但由于得票率均未超过 50%，两人进入第二轮投票。在选举的最后时刻，阿卜杜拉指责卡尔扎伊选举舞弊，并以此为由退出选举，由此卡尔扎伊在美国的支持下获得连任。媒体评论称，阿卜杜拉长期联系阿富汗基层民众，熟知基层民众的诉求和社会改革重点，并在竞选中承诺改革政府职能、严惩政府腐败和办事效率低下等现状，积极扩大就业和改善民生，力主在北约撤军后增强国内独立安保以加强国内安全状况，创造安全稳定的社会环境，吸引和保障国外投资。这些竞选承诺对阿富汗当前存在的社会弊病具有很强的针对性，特别是针对阿富汗群众对现政府施政和社会现状的不满，迎合阿富汗民众对新政府的期望，因此在广大群众中具有很大的市场。作为最大反对党"民族阵线"推选的候选人，与美国、西方及周边各国都保持较好关系，是总统职位最热门的竞争者之一。①

阿什拉夫·加尼，1949 年出生于阿富汗卢格尔省的一个普什图家庭。加尼曾出任过卡尔扎伊过渡政府的财政部长，在世界银行的任职经历使其能更好地把握阿富汗经济改革内容，也被誉为亚洲较有影响力的财政部长。丰富的国外任职履历使其在候选人当中显得非常突出，学者的形象和经济领域长期工作的丰富经验也有助于其更能从全球视野看待阿富汗发展前景。2009 年参加大选失败后，他积极投身阿富汗重建工作，深入基层民众，了解民众疾苦，以实干和亲和的形象示人，在阿富汗民众中有着较好的口碑。作为国际知名度最高的阿富

---

① 央视网，http：//m. news. cntv. . cn/2014/04/02/ARTI1396402126393427. shtml，访问日期：2014 年 12 月 20 日。

汗政治家之一，他长期在世界银行和联合国工作的经历使其在与美国及国际社会打交道时更能游刃有余，注重美国在阿富汗的利益，寻求美国的支持，获得美国的好感，许多西方媒体认为这一点对加尼的成功至关重要。但长期在国外任职使得其国内政治根基薄弱，缺少阿富汗内部派系支持。为此，加尼在此次大选中注重强调自己的阿富汗身份，他将普什图部落名“艾哈迈德扎伊”加于自己的名字中，强化自己作为阿富汗人的特征，增进民众对其身份的情感认同，以赢得人口众多的阿富汗普什图族选民的选票。在强化本土居民形象的同时，加尼还尽力把自己的劣势转变为优势，努力撇开其长期在美国生活所带来的“西方代理人”的形象。对于有对手批评其长期在美国工作，与西方国家亲近，加尼反驳说，学好英语是为了更好的与国际社会交流，在世界银行和联合国的工作有利于帮助阿富汗融入世界，提升阿富汗的国际形象，使阿富汗更容易获得国际社会的支持。此外，加尼为得到阿富汗第四大族群乌孜别克族人的支持，大胆邀请乌孜别克族将军阿卜杜勒·拉希德·斯塔姆助战大选，后者因涉嫌屠杀塔利班战俘而备受争议。加尼强调，一旦获选，他将把执政重点放在反对官员贪污腐败，维护社会公平秩序和加强公共设施建设。

扎尔迈·拉苏尔，保守派人士，出生于阿富汗首都喀布尔一个声望高的普什图族。由于出身政治名门，为官清正廉洁，多年的从政经验使他在阿富汗社会积累了丰厚的政治资本，是阿富汗家喻户晓的政治人物。他在20世纪90年代的阿富汗内战中被誉为“战争之王”，与塔利班组织有紧密联系，主张通过政治和解解决内战问题，也因此，塔利班组织一直表示愿与拉苏尔进行国内民族和解谈判。其国内政策受多数保守派宗教人士支持，且受到阿富汗前总统卡尔扎伊势力的公开支持。参选中打出的“温和、平等、建设”施政口号，在阿当前社会矛盾突出、安保秩序混乱、民族和解进程停滞的情况下，有着相当数量的支持者。①

① 资料来源：央视网，http：//m.news.cntv..cn/2014/04/02/ARTI1396402126393427.shtml，访问日期：2014年12月20日。

阿富汗国内舆论普遍认为，阿卜杜拉拥有有着广泛的民众基础，加尼正派形象深入民心，拉苏尔则有前总统卡尔扎伊的支持，因此大选结果难以预料。本次总统选举将完成阿富汗历史上第一次和平民主的政权交接。为确保投票安全、顺利地进行，阿富汗政府在安保、选票运输和宣传等方面都有巨大投入。尽管塔利班像往常一样指责“选举是外国势力操作的阴谋”，并威胁暴力袭击投票者，但阿富汗人仍以超乎寻常的无畏和热情参与选举。全国1200万注册选民中超过700万选民参与投票，近40万军警和安保人员在全国6200多个投票点维持治安，3000头毛驴将选举物资运送到全国各地，保证了大选的顺利进行。

大选第一轮投票于2014年4月5日开始，选举结果在十天后公布。从独立选举委员会公布的结果来看，8位候选人均未得票超过半数，得票率排名前三位的分别是阿卜杜拉、加尼和拉苏尔。拉苏尔得票率仅为11.5%，已显露落后迹象。之所以如此，原因在于卡尔扎伊自2001年执政以来，阿富汗社会安全形势不见好转、政府腐败严重、各方和解遥遥无期，阿富汗选民对漫长而混乱的社会早已心生厌倦，民众对卡尔扎伊的势力缺乏兴趣，美国也对卡尔扎伊的“指定接班人”态度比较冷淡。卡尔扎伊集团对拉苏尔的支持也并不坚定，原因是卡尔扎伊集团内部对推选选举人分歧较大，一方面在很大程度上分散了选票，另一方面也使选民失去了耐心，对卡尔扎伊内部斗争的事实更加反感。而拉苏尔本人出身上层社会，其出身影响了与基层民众的融合，报名参选又实在太晚，宣传力度不够，都是拉苏尔的缺点。相比之下，阿卜杜拉和加尼都是反对卡尔扎伊政策的领袖，显得更加锐意改革，针对当前社会弊端都提出了更具针对性的参选口号，符合阿富汗人要求改变现状的心态。①

阿富汗现行宪法规定，在大选中如果没有一方得票率超过50%，将由得票最多的前两名候选人进行下一轮投票。根据第一轮选举结

① 资料来源：人民网，http：//world. people. com. cn/n/2014/0515/c1002-25022885. html，访问日期：2014年12月21日。

果，阿卜杜拉与加尼得票率最高，两人在6月14日进行第二轮角逐。

从8位候选人中脱颖而出的阿卜杜拉和加尼皆属当今阿富汗政坛的领军人物，实力相当。因为阿卜杜拉从政前曾是眼科医生，而加尼是海归博士，均是技术型官员，所以人们又把他们二人的竞争称为“医生”与“学者”的对决。分析人士指出，单以两人国内实力相比，阿卜杜拉占明显优势，坚定支持他的势力有第二大民族塔吉克族，拉苏尔退出后，号召支持者支持阿卜杜拉，使得东部和东北部的票仓因此更加巩固，加之他本人长期活跃在阿富汗政治社会中，有较强的政治派系的支持。但他的劣势也同样突出，包括派系色彩比较浓厚、与卡尔扎伊势力集团的严重对立、强烈的民族身份观念（本人被定义为塔吉克人，但其父母分别为普什图人和塔吉克人）。加尼长期在美国生活工作，在阿富汗重建开始后才参加国内政治，身上没有明显的派系标签，对于厌恶当前派系激烈斗争的阿富汗民众，加尼似乎更加容易获得民众的好感。在民族认同上，加尼刻意将自己划分为普什图人，这无疑是一个正确的选择，原因是长期以“阿富汗主人”自居的普什图人各派系在大选中结成临时同盟，决定在大选中统一支持加尼，从而使加尼成为一匹选举黑马。此外，2009年竞选以较少的得票率失利后，加尼对自身存在的弱点有着清楚的认识，他认为自己在阿富汗工作经历短而简单，在基层民众中缺乏影响力，因此，在继续与美国等西方国家保持密切合作的同时，更加注重务实的工作态度，在参与美军撤离阿富汗后的安全移交工作中，深入到基层了解情况，他对阿富汗的国情认识更加深刻，也渐渐地被广大群众所接受。选情果然被分析人士言中。

2014年6月14日举行第二轮投票，7月7日公布的初选结果显示：加尼以百分之五十六点四的得票率领先，阿卜杜拉得票率为百分之四十三点六。按照原定计划，在第二轮投票结束后，阿富汗独立选举委员会应在7月底公布第二轮投票结果，新总统就职典礼已经被安排在8月2日举行。然而，事情突变，阿卜杜拉拒绝承认这一结果。事实上在第二轮投票后不久，阿卜杜拉就对第二轮选举的公正性提出质疑，他指责独立选举委员会并不“独立”，而是与加尼阵营存在勾结，并公开一段录音，证明选举委员会有高层成员与加尼选举阵营勾结，录音似乎显示独立选举委员会在选票统计中存在舞弊行为。随后，阿卜杜拉中断了与选举机构的合作，由于阿卜杜拉的质疑和反对，最终结果难以顺利公布，僵持的局面持续多日，致使选举进程随之陷入停滞。[①] 7月12日，美国国务卿约翰·克里到访阿富汗展开斡旋，两位候选人最终达成一致，同意对全部票箱有效性进行核查。选票核查工作并不顺利，主要原因是加尼和阿卜杜拉两人对选票有效性的标准存在差异，由于双方争执不下，选票核查工作又陷入停滞状态。为打破选举僵局，使大选顺利进行，克里于8月9日再度突访阿富汗进行斡旋，提议两位候选人组建“团结政府”，加尼担任总统，并新设立政府长官一职，由阿卜杜拉出任，以此作为权力补偿。“团结政府”对权力分享做出如下安排，政府长官相当于政府总理，作为政府部长间会议主席，由总统领导内阁的形式不变，以这种权力“均分”、相互制衡的模式缓和矛盾。对此，加尼表示可以接受，并表示对与阿卜杜拉的谈判持开放态度，希望通过对话解决问题；前总统卡尔扎伊也呼吁两人尽快就组建“团结政府”达成协议，以推动选举进程。在各方督促下，阿卜杜拉终于与加尼握手言和，并开始就“团结政府”细节进行谈判。9月4日，阿富汗选举机构宣布选票核查工作结束，但并未当即宣布核查结果。正当社会各界乐观估计新总统马上就要产生时，阿卜杜拉却于当月8日提出拒绝接受“舞弊产生的选举结果”，与加尼的谈判又陷入僵局。“谈判—破裂—调停—和解”的过程数度重复之后，阿卜杜拉和加尼终于在9月21日上午签署了书面协议，不过协议内容未公开。选举机构只是在当天下午宣布“加尼获胜，担任总统，选举进程到此结束”。更让人匪夷所思的是，独立选举委员会并没有公布核查结果和两位候选人最终的有效得票数据。[②]

毋庸置疑的事实是，加尼如愿当选阿富汗下届总统，其强劲对手

---

① 资料来源：人民网，http://world.people.com.cn/n/2014/0628/c1002-25212139.html，访问日期：2014年12月22日。

② 资料来源：央视网，http://m.news.cntv..cn/2014/04/02/ARTI1396402126393427.shtml，访问日期：2014年12月20日。

阿卜杜拉也获得了在新政府中安排要职的机会，并未空手而归。阿富汗大选自4月5日第一轮投票开始，历时近半年，在各方的反复争吵和和解中，总算尘埃落定了。无论选举过程有怎样的瑕疵，阿富汗总统选举的“顺利”完成依然在第一时间获得了国际社会的认可。联合国、驻阿富汗国际安全援助部队、欧盟等组织在总统产生当天便发表声明祝贺大选完成、加尼当选；中国、英国、美国、印度等国家随后也纷纷发来贺电。对于阿富汗周边国家及其他与之联系紧密的国家来说，经历如此周折后，新总统能够和平产生、候选人皆大欢喜，无疑是一件值得庆幸的事。

三、阿富汗政治重建困难重重

2014年9月29日，当选总统加尼在首都喀布尔的总统府宣誓就任阿富汗总统，阿卜杜拉同日宣誓就任政府长官一职。新总统的确定，让阿富汗实现了政权的平稳交接，为各项工作的展开奠定了基础。但冗长的选举过程和严峻的国内外形势给这位阿富汗新总统带来的是多重压力和挑战。[①]

首先是如何说服塔利班坐下来谈判。目前，塔利班活动依旧猖獗。在阿富汗大选前后，各方势力聚焦总统宝座，积极筹备选举，将主要精力放在了大选，对于阿富汗塔利班来说，这是趁机扩大自身势力的良好时机，塔利班很好地利用了这个时机，选举期间迅速在阿南部赫尔曼德省、坎大哈省等地区扩张自己的势力范围，加大与政府的对抗活动。对于此次大选，塔利班一直采取抵制态度，认为大选不过是美国人自导自演的闹剧，将已经内定的代理人合法化的骗局，在大选前呼吁民众不要投票；投票期间采取各种破坏活动，阻碍投票安全

① 资料来源：人民网，http：//world. people. com. cn/n/2014/0929 * /c1002-25761488. html，访问日期：2014年12月22日。

顺利进行；在大选结果公布后，塔利班立即发表声明不承认大选结果，塔利班将继续坚持武装斗争，争取阿富汗真正的独立。对于是否争取阿塔利班实行民族和解，加尼和阿卜杜拉的认识是有很大分歧的。加尼在多个场合中呼吁塔利班等武装组织放弃斗争，尽快通过谈判加入到和平进程中，对塔利班态度较为温和；阿卜杜拉在处理塔利班问题上相对强硬。两人的分歧很大程度上决定着未来能否争取塔利班走向民族和解之路，但就目前的形势来看两人还未在这个问题上达成一致。事实上，除了塔利班等极端主义势力对阿富汗国家安全产生影响外，那些反塔利班武装组织对阿局势可能造成的负面作用也不可忽略。在阿富汗西部和北部塔利班势力相对较弱的地区，许多武装组织首领（其中许多由美国在背后扶植）也对其治下的区域采取恐怖统治。他们不仅残害当地百姓，更会逼迫年轻人追随他们去跟塔利班作战、抢地盘等，让这个饱受创伤的国家陷入新的动荡。推进阿富汗国内和平进程需做好两个层面的工作，第一层面是属于各集团高层的权力分享。各方势力的斗争无非是为了获得权力，各方争执不下、互不妥协的根本在于权力分配没有很好调节。权力分享的目的就是为了通过组建联合政府等方式，吸纳包括塔利班在内的各方高层领导人进入政府，满足各方权利需求，这是促使各方放弃武装斗争，参加阿富汗重建政治进程的根本方法。第二层面则是解散塔利班作战力量。和解计划必须包含塔利班武装人员的后续问题，主要是针对塔利班普通战士，一方面希望通过提供经济支持、进行职业培训重返社会，进行正常的工作生活，另一方面通过改编使部分武装人员进入阿富汗安全部队，避免年轻人迫于生计而对社会产生不安全的因素。目前，第二层面的计划已经取得一定成效，数千名塔利班武装分子放下武器，接受政府安排。第一层面的计划则进展缓慢，奥马尔等塔利班领导人在和谈问题上没有明确一致的表态。2013 年 6 月，为推脱斗争的责任，塔利班也曾积极响应阿政府提出的民族和解，并在卡塔尔首都多哈开设和谈办公室，但双方都希望在未来的联合政府组成形式和人员安排方面占据主导地位，争取获得更大的权力，防止在未来被边缘化。和谈办公室在争吵中很快因分歧较大而关闭，各方寄予厚望的“多哈和平进程”陷入停滞。①

其次是以怎样的形式与美国签署《双边安全协议》。奥巴马为履行当初竞选承诺和缓解国内要求从阿富汗撤军的民众情绪，美国曾宣布将于2014年底撤出在阿富汗的美军作战部队主力，让阿富汗的国民军担负起阿境内的安保任务。但是，鉴于阿方当前完全尚不具有独立担负安保任务的能力，美军将继续保留部分兵力，为阿方提供训练指导、情报支援和后勤保障等方面的支持。长期以来，由于美军在阿富汗行动不受阿方管控，甚至不给阿方通报，阿方多次指责美军擅自行动，危害无辜群众，造成恶劣影响。为此，美国一直要求与阿富汗政府签署相关协议，一方面为美军留守在阿富汗给国际社会合理的解释，另一方面为美军的自由行动提供法律保障。2013年以来，卡尔扎伊对待《双边安全协议》的签署一直采取较为谨慎的态度，因为《双边安全协议》首先涉及阿方是否给予或者以何种条件给予美军司法豁免权，这将决定阿方对美在阿军事行动是否具有约束力和对驻阿美军是否具有司法管理的权利，众所周知，美军在阿富汗的行动不顾阿方感受，经常伤及无辜群众，饱受诟病；其次影响阿富汗独立主权国家的形象，与卡尔扎伊政府一直追求从美国手中全面接管阿富汗事务、获得完全独立主权的努力相违背。因此，卡尔扎伊表示对于阿富汗当前最重要的是推进国内和平进程，签署《双边安全协议》应该在和平进程之后，提出美军首先要保证在军事行动中避免破坏和搜查阿平民家庭、确保大选公平和透明、推动和平进程取得实质性进展等前提条件。美国国家安全顾问赖斯警告卡尔扎伊，美军是保证阿国内安全的根本保障，如果不及时签约，美国没有理由继续在阿国内驻军，届时可能致使美军全部撤出阿富汗，没有美军的协助，阿方或无力独自支撑国内安全，以此“倒逼”阿政府早日签署《双边安全协议》。②

---

① 资料来源：人民网，http：//world. people. com. cn/n/2014/0930/c1002-25763476. html，访问日期：2014年12月18日。

② 资料来源：新华网，http：//news. xunhuanet. com/worid/2013-11/22/c_ 118247529. html，访问日期：2014年12月24日。

第三是如何恢复阿富汗的经济活力。阿富汗经济尚未实现“自给自足”，世界银行估计，阿富汗政府支出的60%以上源于国际援助，政府连财政都严重依赖国际援助和外来投资。2001年以来，阿富汗经济实现较快增长，尤其是服务业发展迅速，这主要得益于国际巨额援助的刺激和驻阿部队的消费，使得阿富汗经济具有明显的“战时经济”的特征，经济发展高度依赖外国援助、投资和消费。随着国际社会援助资金不断缩水，国际安全援助部队加速撤出阿富汗，北约和欧盟出兵国在阿兵力锐减，以及美国和北约撤出后部分军事基地的停用，与驻军相关的民事援助也将大幅度缩水，会造成不少阿富汗人的失业，引发外界对阿富汗未来经济前途的严重担忧，对未来阿富汗经济发展形成了严峻挑战。自2014年4月举行大选以来，阿富汗各派势力都想趁机扩大自己的影响，没有人关心国家建设，只关心在分化组合中能够在未来的权力重新分配中获得更多利益，致使国内政治危机更加严重。政治危机必然导致经济危机，由于未来阿富汗政治走势不确定，国际投资者对阿国内的经济发展前景信心存虑，在此情况下，国际资本大多不敢进入，实际投资几乎完全停止；为了安全起见，现有外国企业也较少甚至停止在阿富汗的商业活动，使阿富汗的经济发展和失业问题更加严重。据阿富汗商会调查显示，2014年上半年阿富汗商业贸易和中小企业投资大幅下滑27%，其中商业贸易和服务业较2013年同期均下降21%。商业活动和投资的减少导致阿富汗政府财政收入锐减，政府资金运行也出现很大问题。考虑到阿富汗60%以上人口系年龄在25岁以下的青年，如果不能及时解决年轻人的就业问题，社会闲散人员增多，必将成为社会的不安定因素，甚至有可能被塔利班等反叛组织招募利用。新政府必须考虑如何重建国际社会对阿富汗经济发展的信心，争取稳定持久的国际资金援助，避免政权架构因为财政危机陷入动荡。外界评论认为，阿经济疲软的主要原因是安全缺失、基础设施落后、财政资源匮乏、市场机制落后等，如何摆脱严重的对外依赖，依托矿产、农业和优越地理位置实现内生式发展，是未来阿政府解决经济问题的关键。①

第四个挑战是安全问题。美国一直表示将尽快结束在阿富汗的军事行动，让阿国内安全部队独自承担起维护安全的任务。尽管有观察人士乐观认为，阿富汗安全部队目前的表现要好过预期，并指出在阿当局大部分实际控制区内暴力事件都有下降趋势，但阿军的实际战力仍十分有限。阿富汗安全力量分为国民军、国家警察和地方警察三个层次，由于缺乏专业人员，装备设施落后，其情报搜集、后勤补给和空中支援的能力都比较脆弱，不能在全国层面协同作战。据美媒报道，在美国国会 2014 年 2 月份的一次听证会上，五角大楼高级官员坦言，虽然阿富汗国民军在战场上取得了一些战术上的胜利，他们仍须下大力气去保住这些被夺回来的地区，阿军在部队投送能力和情报搜集方面依然十分薄弱，强烈依赖外部援助。阿富汗国民军在战备方面更是漏洞百出。据西方媒体称，在 2012 年时，估计约有半数阿军士兵沉溺于吸食毒品；2013 年，有 65 名阿国家情报机关工作人员因吸毒上瘾被开除。此外，更令人吃惊的是，约有 95% 的阿安全部队士兵和警察处于半文盲状态。有分析称，尽管有高达 2 亿美元的资金将被用于阿军士兵和警察的扫盲工作，但 10 年内仍会有半数人员难以实现读写。最令人不安的是，阿国民军每年都要遭受约 33% 的战斗性或非战斗性减员。数据显示，阿军仅在 2013 年就损失了大约 3 万名士兵，而阿军总规模约为 18.5 万。这样一来，想要让如此虚弱的阿富汗武装力量来剿灭已与强大美军和北约部队交锋达 13 年之久的阿富汗塔利班等极端武装，绝非易事。据英国媒体报道，极端组织已开始在阿富汗发展成员，正在阿富汗南部招募人手、新建据点，并且已有部分塔利班表示拥护“伊斯兰国”在阿富汗的行动。2015 年 3 月 25 日，加尼在美国国会发表演讲时表示，“伊斯兰国”已经开始向阿富汗西部和南部派遣武装分子，构成“严重且现实的威胁”。由此一来，阿政府不仅要面临本土反政府武装威胁，还要承担外部极端势力

① 资料来源：外交部，http：//af. mofcom. gov. cn/arlicle/afdt/201501/20150100870562. shtml，访问日期：2015 年 1 月 19 日。

入侵的挑战，致使阿富汗未来将面临更加严峻的安全局势。

此外，加尼还面临“双首长式”组织架构，总统的行政权力被削弱，行政长官将在很大程度上与总统“分庭抗礼”，新政府如何正常运作成为难题。“新的民族团结政府是一个空泛的概念，缺乏凝聚力和向心力，是它先天性的孱弱，决定执行力和贯彻力不强，这样的一个政府注定无法长期维持下去”，喀布尔大学的政治分析专家瓦迪尔·萨菲的观点代表一部分人士对新政府的认识。新总统在宣誓就职后，却迟迟未能组阁，由此可见一斑。“双首长式”组织架构，是一个新的概念，虽然加尼和阿卜杜拉曾在卡尔扎伊政府时期在不同岗位上工作，但两人分属不同的民族，在政治、经济、军事、外交政策的理念上存在相当大的分歧，双方关系长期处于“紧张”状态。观察家们认为，由于在选举中两方势力基本势均力敌，联合团结政府是在外部的压力下产生的，如果两方在决策上产生分歧，权力的制衡将使结果很难形成，这样一来就必然导致新政府的施政效率与能力大打折扣。因此，如何就长期联合执政达成默契，确保新政府施政的效率和能力，将考验着加尼和阿卜杜拉的政治智慧和政治道德。

四、国际社会对大选结果的反应

新总统就职给阿富汗扩大国际合作带来了新的重大机遇，国际社会纷纷表示赞许。美国总统奥巴马发表书面声明称，新总统的产生是阿富汗民主进程的重大胜利，这对于确保阿富汗迈向民主和继续获得国际社会支持至关重要，期待与新政府在相互尊重、相互平等的基础上继续发展两国关系。欧盟外长凯瑟琳·阿什顿形容这是历史性的时刻，此次选举将有利于阿富汗民主过渡进程。中国国家主席特使向加尼转达习近平主席的祝贺，中方欢迎阿富汗组建民族团结政府，并将继续为阿和平重建提供力所能及的帮助。但是，新总统的确定并不代表阿富汗政权实现了平稳过渡，团结政府的产生并不是加尼与阿卜杜拉和解的结果，而是在外界的压力和斡旋下形成的权力分享，特别是美国的干预是促使新总统尽快产生的重要原因。新政府必须谨慎处理与美国的关系，同时如何发展与其他国家，特别是与周边国家的关系，摆脱美国的影响，考验着新政府的外交智慧。

对阿富汗来说，当前对美关系就是生存与安全问题。在经济方面，美国一直是阿富汗重建援助最多的国家，并一直全面参与阿经济重建；安全方面，美国在阿驻有1万多的美国士兵，是打击塔利班、维护阿社会安全的至关重要的力量。美国政府已决定2014年底前从阿富汗撤军，但由于美国在阿富汗具有诸多巨大的经济和战略利益，全部撤军必然削弱美国对阿富汗的控制力，无法有效保障在阿富汗的利益，也必然降低对阿富汗周边地区的威慑，从美国政府一再推迟从阿富汗撤军时间表可见一斑。因此，美国将在阿富汗保留驻军是必然的选择，美国希望新政府能尽快签署《双边安全协议》，为驻守的美军在阿行动提供法律保障。

在与邻国关系方面，为制衡美国等西方国家在阿富汗的影响力，寻求临近地区国家支持将成为加尼制定外交政策的重点。加尼在就职演说中谈到继续加强与中国、印度等周边国家的友好合作关系对阿富汗重建进程至关重要，强调周边国家需要安全稳定的阿富汗，阿富汗也需要周边国家的支持。然而加尼和阿卜杜拉在优先发展与邻国关系的选择方面存在一些分歧，例如在发展对印度和巴基斯坦的关系的选择上，加尼认为印度的地区影响力更大一些，阿卜杜拉则从意识形态方面选择巴基斯坦。在未来，两人能否统一分歧对地区安全局势具有很大影响。有分析称，俄罗斯目前正在通过一系列开发项目扩展其在阿富汗的存在，这更加激起了中亚武装分子发起行动的冲动，因为他们大部分人既不喜欢喀布尔政权又讨厌俄罗斯。

中国与阿富汗作为邻国，保持和发展两国的友好关系十分重要。历史上，两国人民的友好往来可以追溯到公元前。就阿富汗重建进程来看，中国作为世界第二大经济体扮演了关键性的角色。中国有能力也愿意发挥关键角色，实际上自阿富汗重建以来，中国政府就与卡尔扎伊政府保持良好的关系，包括在国际政治中给予支持、提供无偿经济援助、帮助开发石油和矿产等资源。加尼就任总统后，面临美国撤军的“后北约时代”，更希望得到中国全面的支持。加尼的副发言人表示“加尼总统高度重视加强对华关系，期望继续加强与中国在安全、经济和贸易等所有领域的合作，中国的帮助对阿富汗重建进程非常重要”。同时，中国在推行“丝绸之路经济带”和“中巴经济走廊”、防范“东伊运”和“疆独”等恐怖势力活动、拓展资源开发等方面的需求，需要阿富汗政府的支持，也希望阿富汗国内保持安全稳定的环境。2014 年 10 月 28 日至 31 日，加尼总统对中国进行了国事访问，中国也成为加尼就任总统后的首个出访国，访问期间加尼出席在北京举行的“阿富汗问题伊斯坦布尔议程”第四次外长会议的开幕式。中国外交部发言人华春莹在外交部例行记者会上表示，“中国政府继续坚定奉行中阿友好政策，支持阿富汗和平重建”。加尼访问期间，中国国家主席习近平与其举行了会谈，会谈前，习近平主席还为加尼举行了隆重的欢迎仪式。习近平主席与加尼总统就未来两国关系的发展进行了全面而友好的交流。习近平主席表示，中方一贯支持阿方独立、主权、领土完整，欣赏阿方重建过程中所做的努力，愿与加尼总统一起共同规划新时期中阿关系的发展，加强两国各领域的合作，继续深化两国战略合作伙伴关系的内涵。会谈结束后，两国元首共同见证了两国政府经济技术合作协议等文件的签署，并发表了关于深化两国战略合作伙伴关系的联合声明。加尼此次访问取得巨大成果，中国承诺将在未来 4 年向阿方提供 20 亿元用于国内重建，首批 5 亿元人民币的援助将在 2014 年内拨付；在提供技术支持方面，中方将承担 3000 名各领域的专业人才的培训；中阿两国在矿业、油田等经济领域和打击三股势力、有组织犯罪等安全领域的合作都达成了重要共识。许多媒体认为，随着北约在阿富汗影响力的下降，阿方将更多希望寄予中国。由于中阿之间在阿富汗的安全、稳定与发展方面具有共同利益，随着两国相互合作的加深，中国将在阿重建过程中继续发挥重大影响。①

① 资料来源：中新网，http：//www. chinaews. com/tp/hd2011/2014/10-28/427742. shtml，访问日期：2014 年 12 月 27 日。

结　语

虽然阿富汗大选已有了结果，但各派之间的矛盾并未完全解决。尤其是加尼和阿卜杜拉之间的权力分配体系还没有最终确定和形成，为今后阿富汗政府内部以及中央和地方上的矛盾留下了隐患。多国部队撤出后，阿富汗的邻国在对战略空间的争夺中会继续在阿富汗寻求各种势力的支持，这无疑会继续分化阿富汗的国内势力，不利于阿富汗安全局势的稳定。在多国部队从阿富汗撤出后，阿富汗的安全形势将面临多方面的严峻挑战，最严峻的挑战是军阀战争的重启，而塔利班在多大程度上能够再次集结大规模武装发起攻势乃至重掌阿富汗政权，是多方关注的焦点。尽管阿富汗自身安全力量的建设在加强，但多国部队已经确定其主体部队将撤出阿富汗，继续在阿富汗驻留的兵力不会展开战争行动。在这种情形下，阿富汗军阀之间、军阀与塔利班之间乃至反政府武装和政府军之间的局部冲突将可能加剧。总之，未来阿富汗的局势依然充满了不确定性。

政治恶斗下的泰国政局分析

王　程

自2006年他信政府被军事政变推翻，泰国就开始了无休止的政治乱局：政府频繁更迭，街头政治不断，党派斗争升级。此次政治动荡开始于2013年10月，导火线是执政党为泰党提出的一项针对包括前总理他信在内的因参与政治集会而获罪者的特赦法案。反对派据此发动集会，迫使下议院否决该提案，总理英拉解散国会提前大选。反对派进一步提出要求英拉下台、组成人民议会、消除前总理他信在国内的政治影响力。2014年5月7日，泰国宪法法院解除英拉看守政府总理职务。5月22日，泰国陆军司令巴育宣布发动政变。

为何泰国政治乱局不断，始终难以实现政治和解？针对这一问题，本文将对泰国政治博弈中的几个要素进行简要分析。

一、利益分配引发对立

“从结构层面来说，政治冲突是不同社会集团之间就达成新的权势平衡而进行的斗争。”① 从他信上台执政至今，泰国国内进入了新一

① Marc Saxer, “In the Vertigo of Change. How to Resolve the Political Crisis?”, Thailand Analysis, Friedrich Ebert Stiftung, June 2011, p. 4.

轮的利益洗牌，各方政治势力在此过程中均各有损益，既得利益集团必然与新兴势力发生尖锐矛盾，他信集团政府自然而然地成为众矢之的。

首先，泰国王室尤其是泰王至高无上的权威受到了他信集团的挑战。

“国王是国家元首、武装部队总司令和宗教的最高护卫者。国王享有不可冒犯的地位，任何人都不能控告和指责国王。”[①] 在施行君主立宪制的泰国，国王在国家政治领域的影响力巨大，在各个社会阶层都有着巨大威信，得到了社会各界的普遍尊重。然而他信上台之后凭借施行对中下层民众的利好政策。赢得了占全国人口大多数的中下层人民支持，此后沙马、颂猜、英拉等三位他信集团总理也基本延续了他信执政时的政策，这就使得中下层民众的支持延及西那瓦家族以及整个他信政治集团。然而“尽管他信执掌政权，但政府与王室之间的关系逐渐恶化，原因主要在于王室把对自己的权势过于狂妄自大的政府首脑视为巨大威胁”[②]。他信集团执政期间一家独大，其政治势力主导国家政局，不利于国王分散各派政治势力从中制衡，有人甚至据此怀疑他信企图改变君主立宪政体自任为国家总统。而这无疑挑战了功绩卓著却又垂垂老矣的国王的权威。泰国国王在当前最大的利益莫过于在已经施行君主立宪制的国家努力维持甚至提高其业已衰落的政治实力，在法律上确保宪法规定的种种特权的有效性，在政治上控制住忠于王室的军队。然而以他信为首的新资本集团兴起，其推行的政策与改革措施都在一定程度上威胁到了国王的地位和利益，这就决定了国王在此后的政治斗争当中不太可能支持他信集团。近些年来，普密蓬国王年事已高，身体状况不容乐观，而王室的“影响力根源于普密蓬国王的人格魅力，具有很强的个人属性，难以通过王位继承的方式

① 田禾、周方冶：《列国志·泰国》，社会科学文献出版社，2005 年版，第 126 页。

② Lars Peter Schmidt, “Hintergründe und Folgen des Militärputsches in Thailand”, KAS-Auslandsinformationen, 2007 (2), p. 66.

加以延续”[①]，未来王室在泰国政治结构中的影响力可能走向衰落。而他信与哇集拉隆功王储交往过密，恐怕已经牵涉到王室内部权力斗争甚至王位继承斗争，这必然引起包括国王在内的整个王室的不满，因而要对新资本集团的政治影响力进行限制。

其次，泰国军方既得利益受损。

自 1932 年泰国通过军事政变将君主专制政体转变为君主立宪政体至今，泰国军方已经发动了 20 余次政变，并且在大部分时间实际掌握了政府权力，在泰国“始终扮演着重要的干预变量角色”[②]，泰国近代以来的政治发展史在很大程度上是由军方推动的。在泰国，军队不是效忠于政府，而是听命于国王。尽管从 1932 年政变开始泰国军人集团始终是国内政治中举足轻重的独立力量，甚至在一定时期完全左右了国家政治走向，但是自 20 世纪 90 年代以来，其政治影响力已是今不如昔，尤其是 1992 年“五月事件”血腥镇压游行示威民众，导致军方政治地盘的彻底消失，从此难以通过公开干政影响国内政局。

然而泰国军方仍作为独立的政治力量不受政府节制，其人员安排、物资调配、资金收支等方面都由军方自行决定。为进一步削弱军方在政坛的影响力，他信自 2001 年上台后对军队进行了大刀阔斧的“军队国家化”改革，意在消除军方独立性，将之政治边缘化进而纳入政府管理之下。一方面，他信干预军方人事，在军队内安插自己的势力，包括晋升其时任地方军区普通少将的堂兄为陆军中将并担任陆军司令，提拔其在泰国军官预备学校的百余名同学在军方各部门高层任职。另一方面，他信加强军队职业化，试图利用自己在泰国警界的巨大影响力以警察取代军方的安全职能。此外他还通过削减军费、限制军队财源等方式排挤军方既得利益集团，引起军方的巨大不满，最终被军方以政变形式推翻。

---

① 周方治：“泰国政治持续动荡的结构性原因与发展前景”，《亚非纵横》，2014 年第 1 期，第 60 页。

② 喻常森：“转型时期泰国政治力量的结构分析”，《东南亚研究》，2007 年第 5 期，第 18 页。

而且泰国军方宣称效忠于国王，这是军方维持其政治影响力合法性的首要前提。他信政府的政策对国王产生不利影响，军方不作出适当回应必然是对自身政治合法性的自我否定。“尽管泰国军方发动的1991年政变显然是出于一己私利，但是2006年则是将他信政府做法视为对以国王为中心的政治模式产生巨大威胁，因而发动政变加以干涉。”[①] 国王始终是君主立宪的整个政治权力的中心，泰国军方“绝不会容忍任何竞争性的权力中心出现”。[②]

基于以上利益考虑，泰国军方必然要推翻他信集团的政权。尽管此后的三位他信集团总理并没有与军方发生直接利益冲突，但他们萧规曹随的政治决策并不能让军方满意。

第三，中产和精英阶层利益受损。

尽管泰国整体经济发展水平较高，但长期以来政府施行“重城市、轻农村”的发展政策，农村地区发展远远落后于城市地区，导致国内贫富差距悬殊，城市中产阶级占据大量财富，而农村地区底层民众则挣扎在贫困线上，虽然强烈不满却在政治上无能为力。他信及其后任为了获得底层民众支持，奉行的都是向底层民众倾斜的“草根政策”，极大地改善了底层民众的生活状况。而城市地区福利、补贴的改善放缓甚至在某种程度上存在下降。与此同时，中产阶层还需要缴纳更多的税款以维持政府这种“扶贫”政策。这种“转移成本”式的政策引起了中产阶层的强烈反感，成为反他信集团的主要力量。

他信集团在获得草根阶层支持之后，又通过合并政党、整合政治资源成为泰国政坛上最大的政治势力，瓦解传统官僚集团政治影响力，增强政府行政管控能力，牢牢把持了选民、国会、政府，这就使得以民主党为代表的传统精英阶层难以再通过以往行之有效的选举方式改变国内政治结构，更遑论击败他信集团重新执政。不甘丧失传统势力的精英阶层走向联合，通过种种手段与他信集团进行抗衡，成为反他信集团的领导力量。

---

① Michael H. Nelson, “Militärputsch in Thailand und nun? Eine Einschätzung zum Putsch vom 19. September 2006 “, in：Südostasien, 2006 (4), p. 50.

② Ibid.

通过以上分析不难看出，他信集团执政期间触动了传统利益集团的既得利益，导致反对声浪不断，几乎整个泰国社会都卷入到混乱的国家政治当中。

与此同时，泰国国内的利益调和机制失效，造成各方利益始终难以找到合适的平衡点，矛盾各方几乎没有妥协的可能，造成局势日趋恶化。

政治身份固化降低了妥协的可能。他信集团作为新兴势力，利用在经济领域的优势地位进军政坛，并且取得了极大的政治成功，对泰国皇室、军人集团、官僚集团构成的传统政治势力发起挑战。长期以来传统政治势力把持国家政治生活，新兴势力很难获得生存空间，极个别新兴势力也使同传统势力合流之后才得以发挥有限作用。而他信集团攻势猛烈，大有彻底颠覆政坛现状，重塑国家政治格局的趋势，传统势力因此进行反扑。新兴势力和传统势力的政治身份严格区分，双方的较量可以说到了“你死我活”的程度，在这种情况下双方已经难以妥协。

追求最大利益造成了对抗的困境。泰国国内的这几大政治力量在博弈的过程中，只知道考虑怎样谋取自己的最大利益，对其他政治力量的利益诉求漠不关心。各方力量之间只知道斗争，不知道沟通和妥协。在 2014 年 3 月份的红衫军示威中，红衫军领导人和阿披实政府仅有的一次面对面和谈的机会，由于双方态度强硬，互不让步，最后也不欢而散。由此可以看出，各方力量之间并没有形成一个对话和沟通的机制，导致各方力量之间对彼此都缺乏了解，信息上的不透明，使得博弈的参与者都去努力追求自己期望的最大化的利益，最终会出现“个体理性导致集体非理性”的困境局面。

民主选举瘫痪导致了恶斗的升级。民主选举本来可以成为实现政权和平更迭的有效手段，但是泰国整个民主制度已经遭到严重破坏，选举成为各个政治势力争相操纵的工具，一旦无法操控选举就选择通过街头政治的方式达成自己的政治目的。泰国政治也因此进入恶性循环：选举——不承认选举结果——街头政治大规模抗议——民选政府倒台——重新选举——不承认选举结果。如此循环往复数次，泰国政治已经陷入恶斗不休的泥潭：他信集团上台，传统精英阶层反对，黄衫军上街游行；传统精英阶层上台，他信集团反对，红衫军上街游行。双方的街头政治斗争不断升级，在短时间内实现政治和解恐怕困难重重。

二、政治制度运行失效

泰国自1932年开始施行近现代的民主政治制度，但始终是徒具其表的不彻底的民主政治制度，国王、军队权势过大，民主选举沦为工具，法治程度较为低下，现行政治制度已然失效，在实际运行当中难以发挥彼此制约、相互平衡的作用。

第一，君主立宪畸形。尽管早在1932年泰国就建立了君主立宪制，理论上泰王受到宪法的约束，仅作为象征国家和民族的国家元首，不再直接参与政治事务。然而与典型的西方君主立宪制国家君主相比，由于泰王长期以来亲民爱民的良好形象以及泰国“国家、国土、佛教”合而为一的传统观念，泰国国王早已超越了虚位元首的角色而居于国家政治的核心地位，“给整个泰国打上了强大到超乎寻常而且影响深入到整个社会的君主制度的烙印”①。“君主制度在过去的几十年间也确实发挥了确保国家稳定的作用”②，尤为突出的是在重大危机时国王往往力挽狂澜，甚至在某种程度而言凌驾于宪法之上。正因为国王在整个国家政治格局中的作用过于重要，就在根本上动摇了国家君主立宪制的合理性和有效性。

第二，军队独立参政。一般而言，军队作为国家暴力机关，服从于政府和国会的节制与调遣，是国家机器的重要组成部分。然而泰国因为历史原因，军队直接效忠于泰王，维持着相对封闭而独立的组织

---

① Thomas Hirschfeld, “Unsichere Zukunft für Thailands Demokratie”, Konrad Adenauer Stiftung, 08. August 2007.

② Ibid.

结构，能够自主调配人员与财物，始终未能形成文人治军的合理结构。亨廷顿曾指出，“一种政治制度受军人干涉的程度同其政党的力量成反比。政党力量的下降，领导层的瓦解，组织结构的衰落，个人权威的上升，这些都预示着军官们占据议会的时刻即将到来。”① 而泰国长期以来恰恰是这样一种政党软弱、政府无力的政治局面，军队独立参与政治的可能性始终存在。同时，军队为避免政府对其进行职业化改革，经常以“维护王权”、“保护国家利益”为名直接干涉国家政治，从而维护其自身利益。泰国军队作为一支政治力量独立于民主体制之外，并自认为肩负拯救国家、平衡政治的责任，因而扮演着一边参与国家政治，一边干预国家政治的双重角色。尽管现行体制已经对军方的政治影响力进行了极大限制，使军人集团在形式上退出了政治舞台，但仍未能对军队的权力和利益进行合理的安排，强军队、弱政府的状态依旧没有得到根本上的改变，文人政府依然不能对其进行有效节制。

第三，选举制度失灵。完善的选举制度对于以和平方式实现政权变更具有积极意义，“可以为广大民众参与到决定国家政治走向与解决当前政治问题当中创造机会”②。然而泰国的选举制度自实行现代政治体制以来始终难以充分发挥其作用，“两种思路和理念之间进行民主意义上竞争的选举大战到目前为止还没有出现”③，甚至出现选举制度屡次被政治既得利益集团根据自身需要进行修改的情况。1997 年宪法对选举制度进行了调整，例如规定政党在全国选区“得票总数不足 5% 不得参与议席分配”，目的就在于改变小党林立的政治格局，促进大型政党的发展。他信领导的泰爱泰党借此一跃成为泰国第一大党，并形成了一党执政的格局。“对于推动制宪的各派政治力量而言，混乱无序的政治格局固然需要改变，但强势政府的出现也不符合各方利

① ［美］萨缪尔·P. 亨廷顿：《变化社会中的政治秩序》，上海世纪出版集团，2008 年版，第 162 页。

② Konrad Adenauer Stiftung，‘Stabile Regierung in Thailand schwer vorstellbar’，http：//www. kas. de/wf/de/33. 36687/，27. Jan. 2014.

③ Ibid. .

益，最有利的局面是‘乱而有序’的弱势政府，从而为各方维护既得利益提供有利条件。”① 所以 2006 年军事政变后，新宪法针对泰爱泰党修改了有关选举的条文，对有利于发展大型政党的规定进行弱化甚至取消，从而有效地限制了他信集团的实力。然而这种针对性极强的量体裁衣式选举制度无疑有损其权威性，难以得到广大群众的认可，泰国国内也屡次发生抵制大选或者拒不承认选举结果的闹剧。“抵制大选使议会难以平等地代表广大公民，也使民主制度下的国家机关或政治程序更难就重要议题达成社会共识。因此决定性的政治议题仍将继续在议会外解决，比如上街游行示威。”② 选举制度的失灵导致政治制度运行陷入难解的死循环当中。

第四，法治程度低下。法治是人类政治文明的重要成果，而泰国自 1932 年建立君主立宪制以来所标榜的“法治”状况始终徒具其表。宪法是国家的根本大法，现代国家普遍视其为国之根本，绝不会轻易修改。而泰国自实施宪政以来的 82 年间已经先后颁布了 18 部宪法，每部宪法的平均寿命仅 4 年多，缺乏稳定性的宪法毫无权威可言，更不用说普通法在泰国国家政治生活中的地位。修宪既没有严格遵循修改宪法的法律程序，也没有从国家大局出发确定修改内容，更多的是服从于当权者的需要和利益，宪法毫无尊严，法治又从何谈起？民主需要建立在法治之上，法治程度低下绝不会出现成熟的民主。缺乏法治观念的民众在政治生活中很难以遵守民主政治规则的方式表达自身利益诉求。即使是主要由城市中产阶级组成的人民民主联盟也不愿依照法律开展活动，而是力图通过街头政治实现本集团目的。作为一个有着较高素质的国民阶层也是如此缺乏法治意识，更遑论人数更为众多的中下层民众的法治意识程度了。这也就不难理解为何黄衫军、红衫军热衷于街头政治，不断地冲击政府机关，不断地流血冲突，不断地试图推翻一个民选合法政府。这也就不难理解为何泰国刑事法庭在

---

① 周方冶：“政治转型中的制度因素：泰国选举制度改革研究”，《南洋问题研究》，2011 年第 3 期，第 6 页。

② Konrad Adenauer Stiftung, “Stabile Regierung in Thailand schwer vorstellbar”, http://www.kas.de/wf/de/33.36687/, 27. Jan. 2014.

发出数个逮捕令之后，“案犯”民主党议员、反政府抗议群体领导人素贴既不用亡命天涯，也不需投案自首，仍能大张旗鼓地组织活动。

通过以上分析不难看出，王室和军队权力过大，选举制度难以发挥效力。宪法和法律难以发挥制约和平衡政治势力的作用。就是这样的制度缺陷造成王室专权、军队干政、政客弄权、民众乱政，各方面政治力量无法相互制衡，民主运行彻底失效。

三、政治生态极端恶化

作为施行现代民主政治的君主立宪制国家，本应将宪法这一国家根本大法置于至高无上的地位，然而泰国宪法却屡次被修改，修改宪法甚至重新颁布宪法成为政治集团牟取利益的重要手段。

进入21世纪以来的短短十几年时间里发生了数次政变和政局动荡，涉嫌违宪的政客并未受到严厉惩罚。领导黄衫军和红衫军的政治人物也没有因为扰乱国内秩序、损害国家形象而受到法律制裁，即使被逮捕或自首也会通过缴纳保释金很快出狱，并不影响他们继续进行政治活动。

随着经济水平的发展，“民众们作为政治参与者的自我意识逐步增强，因而要求在审议与决策中有更大的参与度。随着自信心的不断提升，民众们要求自己的观点、利益以及价值观得到尊重。”① 但在实际政治生活当中，普通民众的政治参与要求长期受到压制，正常的政治诉求得不到尊重，这又导致了民众的政治参与方式走向了另一个极端。普通民众在行使政治权利时也超出了法律的限制，从自己利益诉求出发肆意放大民主权利，通过各种方式表达政治观点，甚至危及到了他人合法权益和整个社会的安全稳定。黄衫军最先开始街头政治，

① Marc Saxer, “How can Thailand overcome its transformation crisis? A Strategy for Democratic Change”, Thailand Analysis, Friedrich Ebert Stiftung, November 2012, p. 7.

2008年在曼谷举行大规模游行示威，期间占领总理府长达3个多月，甚至封锁了国际机场，造成曼谷国际机场彻底瘫痪；红衫军也针锋相对地开展抗议活动，最为严重的政治事件发生在2009年4月10日和11日，反独联示威者在帕塔亚多次突破泰国警方在东盟系列峰会会场外设立的警戒线，并与警方发生冲突，严重干扰了东盟系列峰会的正常进行，泰国政府被迫宣布东盟系列峰会取消[①]，严重损害了泰国的国际形象。如此肆无忌惮地扰乱政治局势，表现出双方参与政治活动的暴力性与无序性，未来“红衫军和黄衫军有可能占有极为重要的地位，压制所有要求民主变革的要求”[②]，如果不能组织强力有效的民主政权，可能会出现暴力倾向极强的暴民政治局面。

宪法法院主要的职责是“对部分议员或总理质疑违宪的但已经通过国会审议的法案以及政客涉嫌隐瞒资产案等进行终审裁定”[③]。它是维护公平正义、宪法尊严，制衡内阁力量的重要机关，然而2007年开始宪法法院却成了反他信势力打击他信集团的有力工具，数次做出不利于他信集团的判决，在更多的时候表现出打压他信的倾向性，在关键时刻不止一次通过“司法政变”让亲他信内阁下台。

政党是现代民主政治的核心要素之一，具有特定的政治目标和意识形态，在利益表达与整合、保持体系稳定、保证政治运行顺利等方面具有积极意义。然而泰国政党长期畸形发展，沦为政治势力的工具。“由于频繁的军事政变和长期的军人独裁统治，泰国的政党发展受到很大的限制，并没有形成维持稳定政治所需的足够力量。”[④] 泰国政党大多缺乏明确而统一的政治纲领，组织结构简单而松散。许多政客甚至军方人员纷纷加入或退出政党以谋求自身利益，为了眼前利益随时修改纲领，在政党之间“跳槽”甚至解散政党。更为重要的是，

---

① 陈建荣：“2009年泰国政治，经济和外交形势”，《东南亚研究》，2010年第2期，第44页。

② Marc Saxer, “How can Thailand overcome its transformation crisis? A Strategy for Democratic Change”, Thailand Analysis, Friedrich Ebert Stiftung, November 2012, p. 2.

③ 田禾，周方冶：《列国志·泰国》，社会科学文献出版社，2005年版，第149页。

④ ［泰］乍·潘储派：《泰国政治与统治：从素可泰王朝到他信时期》，曼谷：迈德出版社，2008年版，第465页。

政党素质极为低下，“组阁前，政党所有行为都是围绕选举，组阁时，中心问题是争取入阁，组阁后，面对随时可能发生变化的政治局面，中心则是保住职位。”① 这种仅以争夺政治权力为最终目标的自私的指导性思想，也就决定了政党在处理国家大政方针上仍会以自身利益为重。泰国政党普遍沦为特定的社会阶层或利益集团的代言人，在政治乱斗中扮演着不光彩的角色，政党政治也难以发挥在现代民主政治中应有的积极作用。

当前的泰国政坛，宪法和法律的权威已经被数次军事政变和街头政治彻底摧毁，政党政治先天不足，后天畸形。政治力量肆无忌惮、为所欲为，违背民主原则不断搅局，街头政治、军事政变、司法政变层出不穷，国内政治生态已经极度恶化。

四、国内社会严重撕裂

2012 年，泰国国内生产总值为 122214 亿泰铢，人均生产总值为 172491.3 泰铢。② 泰国早在 1996 年人均 GDP 达 3035 美元，被列为中等收入国家。③ 尽管泰国经济总体形势较好，但是各地区、各阶层之间存在较大的差距，导致国内社会严重撕裂。

泰国地区间发展极不平衡。20 世纪 50 年代，政府开始大力发展工业，力图以工业化为中心带动整个经济的发展，并取得成效。20 世纪 80 年代起，积极调整工业结构，引进技术密集型和附加值高的中

① 任一雄：“政党的素质与民主政治的发展——从泰国政党的历史与现状看其民主政治的前景”，《东南亚研究》，2001 年第 5 期，第 18 页。

② “泰国银行公布的宏观经济（2009—2014）”，中华人民共和国驻泰王国大使馆经济商务参赞处，2014 年 7 月 10 日，http：//th. mofcom. gov. cn/article/d/201407/20140700658538. shtml。

③ “泰国经济简况（21012 年版）”中华人民共和国驻泰王国大使馆经济商务参赞处，2013 年 2 月 20 日，http：//th. mofcom. gov. cn/article/ddgk/zwjingji/201302/20130200032106. shtml。

轻型工业，寻求适合泰国的工业发展模式，取得良好效果。[①] 然而以工业化带动的经济高速发展主要集中在曼谷及附近的5个府，与之毗邻的10个府经济发展程度次之，而分布在东北部、北部地区的广大农村地区未能从国家经济快速发展中获益，经济发展水平极为落后。

泰国阶层间差距极为巨大。当前泰国约有人口6500余万，其中近三分之二是以农民和城市草根阶层为主的中下层民众，其余三分之一是精英阶层和中产阶级构成的上层民众。尽管上层民众人数较少，但却绝对控制着国家财富。数据显示，20%的最富人口占有的财富从1979年的49.26%上升到1990年的55%，同期最贫困的20%的人口的财富从6.05%下降到4.5%。[②] 而联合国开发计划署（UNDP）的一项调查更是指出仅占总人口20%的泰国富裕阶层，手里握有全国56%的财富；60%的民众生活在社会底层，他们的收入只有全国GDP的25%。[③] 数据显示，广大中下层民众长期以来难以提高生活水平，与上层民众的差距日益加大。

泰国长期存在的城乡对立、贫富分化也导致了国家公民的政治分化。一方面，城市中产阶级公民意识较强，有着较高的政治参与度，能够利用各种手段表达其政治诉求；而农村中下层公民则远离政治中心，文化水平较低，缺乏组织性，公民意识十分淡漠，难以有效参与国家政治生活。另一方面，因为教育资源稀少，占国家人口大多数的中下层民众文化程度普遍较低，因而对于现代公民权利义务、民主政治思想缺乏理解和认识，也就难以理解作为公民正确参与到国家政治进程中的重要性。尤其是当下信息技术高度发展，中产阶级比中下层民众有更多机会利用互联网、即时通讯、大众传媒等高效、便捷的手段进行政治动员，产生更大的政治影响力，这就导致阶层间政治分化更为明显。因而大部分泰国公民政治参与度较低，贿选、舞弊层出不穷，将“民主”极端扭曲为“民粹”导致政治对抗。

---

① “泰国经济简况（21012年版）”中华人民共和国驻泰王国大使馆经济商务参赞处，2013年2月20日，http://th.mofcom.gov.cn/article/ddgk/zwjingji/201302/20130200032106.shtml。

② 田禾、周方冶：《列国志·泰国》，社会科学文献出版社，2005年版，第33页。

③ “分裂的泰国”，《东方早报》，2010年5月20日。

泰国当前乱局的根源并不在于哪一个政治集团上台执政，而在于国内长期以来严重的社会分裂。这种难以弥合的分裂在经济高速发展的新兴第三世界国家普遍存在，在泰国也不能例外，而且更为明显和尖锐。他信政府不过是使早已存在的社会分裂彻底暴露出来，成为引爆国内乱局的最后推手。“在前总理他信拥有一千四百万名成员的泰国最大政党‘泰爱泰党’被解散之后，民众之间的鸿沟变得更为巨大。”①

“资本主义的发展使社会流动性逐渐松动，实质上使民众成为主宰自己命运的主人。这些新的社会参与者被动员起来争取分享社会利益。在农村地区，中产阶级的影响力已经开始出现下降的趋势。泰国国内的政治预期已经发生改变：民众要求政府能更为积极地回应他们的利益诉求，并消除有碍于他们发挥自己全部潜能的现实障碍。公用产品的提供逐渐被理解为一项社会权利而非慷慨施舍。”② 他信执政期间推行的政策普遍惠及长期被边缘化的中下层民众，使这些占国内人口大多数的底层民众得到了前所未有的重视，进一步促使他们争取合理经济和政治权益的意识日渐强烈。他们要求共享社会发展成果就必然触动中产阶层、精英阶层的既得利益，因而既得利益集团会以各种方式进行反扑。他信政府打破了国内已经固化的贫富阶层各安现状的平衡状态，导致整个社会结构发生根本性变化。

同时，“他信被指控在执政期间大规模营私舞弊、贿选、严重侵犯人权”③，以强硬姿态回应社会批评，更加激化了他与精英阶层、中产阶层的矛盾。自 2006 年至今的政治乱局当中，反对他信成为既得利益方抗拒中下层民众要求共享社会发展成果的合理诉求的借口和标靶，“人民民主联盟”和“黄衫军”始终反对他信集团，并且与力挺

① Thomas Hirschfeld, “Unsichere Zukunft für Thailands Demokratie”, Konrad Adenauer Stiftung, 08. August 2007.

② Marc Saxer, “How can Thailand overcome its transformation crisis? A Strategy for Democratic Change”, Thailand Analysis, Friedrich Ebert Stiftung, November 2012, p. 4.

③ Heinrich Böll Stiftung, “Im Namen des Volkes? Was hinter den Protesten in Thailand steckt ”, 29. Jan. 2014, https://www.boell.de/de/2014/01/29/im-namen-des-volkes-politischer-protest-thailand-und-der-eigentliche-konflikt

他信的“反独裁民主联盟”及“红衫军”冲突不断，随之而来的就是以混乱为代价的社会彻底撕裂。

五、小结

如前所述，他信问题是泰国此次政治动荡的直接原因，矛盾根源就在于泰国社会严重撕裂、新旧势力利益重新分配中的矛盾与冲突。不论是英拉为泰党推动的修宪议程、政治和解法案、特赦法案，还是反政府示威领导人素贴提出的“人民议会”主张，都涉及泰国的政治体制与国家发展道路的选择，涉及政治主导权力的争夺。[①] 国家经济快速发展下造成的国内社会严重撕裂依然没有合适的解决办法，新旧政治集团利用这一点不断争夺政治势力和现实利益，各方利益难以调和，不断恶化国内政治生态环境，造成自 2006 年以来泰国政局不断动荡，整个国家政治制度运行失效。泰国政治始终难以跳出民主—危机—集权—再民主—再危机—再集权的怪圈。[②] 如果前文所述的原因难以得到妥善解决，泰国政治乱局恐怕难以在短期内实现根本性好转。

① 瞿健文：“‘泰式民主’再遇街头政治考验”，《世界知识》，2013 年第 24 期，第 31 页。

② 张锡镇：“泰国民主政治的怪圈”，《东南亚研究》，2009 年第 3 期，第 9 页。

苏格兰公投与英国国家统一问题

张东顺

2014 年 9 月 18 日这天对于英国人（特别是苏格兰人）来说是一个重要的日子。因为苏格兰将会在这一天举行全民公投，来决定苏格兰是否应该成为一个独立国家。根据苏格兰当地政府和英国政府之前的协议，苏格兰独立公投法案于 2013 年 3 月 21 日推出，这也意味着这次公投的筹备活动自此拉开帷幕。该法案于 2013 年 11 月 14 日被苏格兰议会通过，并于 2013 年 12 月 17 日得到英国王室同意。在公投中被问及的问题是“苏格兰应该成为一个独立国家吗?”。这个问题是由苏格兰选举委员会建议提出的。在这次公投中，人们所关注的主要问题是苏格兰的经济实力问题、国防规划问题、与没有苏格兰的英国间的关系问题，以及作为国际组织成员，特别是欧盟和北约成员的问题等。

一、苏格兰公投事件回顾

1979 年，一份主张苏格兰权力下放的提案拉开了公投的序幕，尽管有一定数量的投票支持这种改变，但是根据条款规定，必须有超过 40% 选民票数的支持才可以获得通过，因此最终这份提案没有变成现实。在之后 1979—1997 年保守党撒切尔夫人和梅杰首相领导的政府期间，都没有再次出现过这种类似的要求结构改革的提案。然而，在1997年工党重新掌权之后，再一次举行了关于苏格兰权力下放的公投。投票结果以压倒性优势通过了支持组建一个权力下放的苏格兰议会以及该议会拥有对苏格兰公民收入进行分等级税收的权力。根据1998年的苏格兰法案，组建了新的苏格兰议会，该议会在1999年6月进行了首次选举。[①]

2007年，苏格兰民族党在该年的议会选举声明中提到，如果胜选的话，将会组建一个委员会筹划在2010年举行公投（苏格兰议会也就是1999年组建的立法机构，成立后便一直在处理苏格兰地区的事务）。而当年的选举结果是，苏格兰民族党成为了苏格兰议会第一大党，根据这一选举结果苏格兰地区形成了由首席大臣亚历山大·萨尔蒙德领导的少数派政府。苏格兰民族党政府紧接着在2007年8月发起了“民族对话”活动，以此作为一种诉诸舆论的初步实践方式。这其中便包括公投法案草案的部分内容。

在“民族对话”活动结束之后，苏格兰民族党于2009年11月30日发布了之前提议的苏格兰公投法案白皮书。通过法案文本以及之后所透露的信息可以看出，白皮书详细描述了四种可能的结果。它们是：不同意改变；卡尔曼（Calman）式的权力下放[②]；持续下放权力；完全独立。苏格兰政府在2010年2月25日发布了一份公投法案的草案以征询民众意见。这份84页文件的标题是《苏格兰的未来：（苏格兰）公投法案征询文件草案》，它还包含一份咨询文件和一份公投法案草案。征询文件着手准备公投的选票问题、公投具体细节问题，以及怎样有效地管理运行这次公投。2月25日到4月30日，针对这份法案，苏格兰政府征求了公众意见。

法案列出了三种提议：第一种提议是完全的权力下放或者权力下

---

① “Scottish independence referendum”, Wikipedia, http://en.wikipedia.org/wiki/Scottish_independence_referendum, _2014.

② 肯尼斯·卡尔曼（Kenneth Calman），苏格兰自治联合主义委员会主席（简称卡尔曼委员会）。卡尔曼委员会从一开始就将苏格兰独立及独立带来的影响排除在考虑范围之外，认为联邦应该在保持其完整性的基础上去解决这个宪政问题，其方法就是怎么使权力下放的工作变得更完善。

放最大化，即建议除国防和外交事务、金融监管、货币政策和汇率这些仍由英国政府保留以外，苏格兰议会应该拥有苏格兰地区所有法律、税收以及关税的权力；第二种提议是卡尔曼（Calman）式的财政改革，即额外获得自主决定苏格兰地区所得税税率的权利；第三种提议是获得完全的独立，也就是说苏格兰议会拥有把苏格兰变成一个独立国家的权力，这也意味着苏格兰将与其他国家一样拥有一个正常的主权国家的权利和义务。

然而，在第三轮苏格兰议会召开时，苏格兰议会里129位成员中只有50位支持公投，其中民族党成员47人、绿党成员2人，以及马戈·麦克唐纳（Margo McDonald）。苏格兰政府最终在无法获得反对派支持的情况下选择撤回法案。

在准备2011年苏格兰议会选举前，当苏格兰民族党公布其竞选宣言的时候，他们再次重申了欲举行独立公投的政治纲领。在选举之前，首席大臣萨尔蒙德表示将在“议会的后半场”提议为公投立法，因为他想首先通过苏格兰法案来为苏格兰议会获得更多的权力。苏格兰民族党在选举中获得了绝对的优势，赢得了129个席位中的69个，基于此结果，苏格兰民族党获得了举行独立公投的授权。

2012年1月，英国政府立法为苏格兰议会提供举行公投的特殊权力，称这是公平、合法并且具有决定意义的。这就意味着将要设定一些公投的参考依据，比如公投所要提出的问题、参加选举者的资格以及由谁来负责组织这次选举。在英国政府制定法律细节甚至包括投票日期的时候，萨尔蒙德宣布打算在2014年秋进行公投。苏格兰和英国政府之间的谈判一直持续到2012年10月才达成协议。

苏格兰独立公投法案在2013年11月14日被苏格兰议会通过，并且在2013年12月17日得到英国王室的同意。

2013年11月15日，苏格兰政府发布了《苏格兰的未来》这份白皮书，这份670页的白皮书勾勒出苏格兰可能独立的状况以及一些具体的方法，通过这些方法苏格兰将可能成为一个独立的国家。萨尔蒙德称它为历史上相比于任何国家都更为完整和全面的蓝图，并称这份蓝图也显示出他的政府并不是以获得独立为终点，而是以获得独立作为使苏格兰变得更好的方式或手段。相反，“最好在一起”（Better Together）运动的领导人阿里斯戴尔·达令（Alistair Darling）则指责其为“充满了虚假许诺以及毫无意义的断言。相比于可靠并且估算成本的计划，我们所看到的只是一份充满政治许诺的愿望清单，这份清单也没有为萨尔蒙德将如何支付实现这些诺言的款项作出回答。”

在了解了苏格兰公投事件的大致信息之后，下面是涉及到苏格兰公投的一些具体问题：

1. 为何会发生苏格兰公投事件？

以获得独立为中心目标的苏格兰民族党以绝对的优势赢得了2011年苏格兰议会选举，之后便获得了举行公投的授权。

2. 在2014年9月18日将要进行公投，在公投的那一天，投票者将赶到投票站回答一个答案只有“是”或“否”的问题，即“苏格兰是否应该成为一个独立国家”？针对这个问题，支持和反对的理由分别是什么？

由首席大臣亚历山大·萨尔蒙德领导的苏格兰政府表示，三百年的联合已经不再适合当前苏格兰的发展了，一个独立并且拥石油财富的苏格兰将会成为世界上最富有的国家之一。萨尔蒙德表示，苏格兰是时候摆脱以伦敦为基础的英国议会的“桎梏”，来掌握自己的命运了。而反对的一方，以大卫·卡梅伦首相领导的英国政府表示，英国是世界上最为成功的社会和政治的联合体之一。

3. 该事件的核心问题是什么？

最近几个月，两个主要的焦点已经浮出水面——石油和货币。

首先，就石油来说，北海的油气储备对于苏格兰政府争取独立来说是至关重要的。萨尔蒙德表示，将用税收的十分之一（大约每年十亿英镑）作为专项资金来组建一个类似于挪威国内那样的石油基金，这样的话就可以在一代人的时间里创造300亿英镑的主权财富基金。而卡梅伦则表示，北海已经成为英国的一段成功佳话——在当今油气资源越来越难以再生的情况下，站在整个英国“宽大的肩膀”上来支持其工业发展比以往任何时候都显得更加重要。苏格兰民族党的反对派也声称民族党只是把苏格兰的未来绑架在一些最终将会用尽的东西上面。

根据BBC官网的数据资料，截止到2014年2月24日，北海石油已经被开采了400亿桶，目前大概仍保留有240亿桶。按照当前的开采速度，预计还可以再生产30到40年。苏格兰政府预测，在2018年之前大约还可以收取570亿英镑的税收。而根据来自预算办公室的数据，石油税收收入在2017到2018年将会下降38%。[①]

另一个就是货币，货币目前仍是苏格兰政府和英国政府讨论的热点。苏格兰政府表示，哪怕是独立以后，苏格兰政府仍然想保持英镑作为一种正常货币的地位，与苏格兰独立后的英国保持货币联盟。然而，英国的三大主要党派（保守党、工党和自由民主党）则表示反对，并表示在下次英国政府选举后无论谁当权都不会赞同这个举动。

4. 人们是否想要独立？

目前仍然很难确定苏格兰人民是否愿意独立。民意调查显示大多数苏格兰人还是不想独立，但是支持独立一方的活动组织者说目前仍有很多民众没有表示意愿，而支持独立的民调数据也在上升。民意调查专家、格拉斯哥的斯特拉思克莱德大学政治学教授约翰·柯蒂斯（John Curtice）表示，长期以来支持独立的数据几乎都是在四分之一和三分之一之间摇摆，而当前支持独立的平均数据在向40%接近，同时他也表示仍有很大的不确定性。下面的民意调查数据，有助于更直观地观察苏格兰公投的民意动向。

5. 谁有资格进行投票？

法案规定，任何一个年满16周岁并居住在苏格兰的公民都可以对苏格兰的未来投出直接的一票。这就意味着居住在英国其他地区的80万苏格兰人没有投票权，同时，居住在苏格兰的40万来自英国其他地区的公民拥有投票权。此外，那些在苏格兰登记过参与投票的目前驻扎在国外的海陆空三军成员也有参与投票的资格。

6. 在9月18日将会发生什么？

公投结束的那一天，如果投票结果是“赞同”，那么苏格兰政府

---

① “North Sea oil：Facts and figures”，BBC NEWS，http：//www. bbc. com/news/uk-scotland-scotland-politics-26326117.

将可能举办一个盛大的派对来庆祝。之后，苏格兰政府将着手准备与英国政府的谈判进程。萨尔蒙德想要在2016年3月确定“苏格兰独立日”，并且将在其后的5月进行苏格兰独立后首次议会的选举。但是，前提是苏格兰政府与英国政府必须就一些诸如苏格兰在国家债务方面所占的份额之类的问题达成一致。

然而，如果投票结果是“不赞同”，那么英国政府将可能举行一次盛大派对来庆祝。然后英国政府将着手考虑有关对苏格兰议会下放更多权利的商讨。自由民主党已经考虑这个问题很长时间了，由该党前领导人梅兹·坎贝尔（Menzies Campbell）领导的一个委员会表示，目前越来越多的支持英联邦的党派都认同爱丁堡议会（即苏格兰议会）应该拥有更为重要的财政权，比如在税收方面拥有更多权利。①

各调查机构在2012年之后对苏格兰独立倾向的民意调查

时间	调查机构	支持独立（%）	反对独立（%）	未决定（%）
2012年1月	Ipsos MORI	39	50	11
2012年2月	YouGov	30	54	-
2012年6月	Ipsos MORI	35	55	10
2012年8月	YouGov	27	60	13
2012年10月8日	TNS BMRB	28	53	19
2012年10月15日	Ipsos MORI	28	52	19
2012年10月21日	Panelbase	37	45	18
2012年10月26日	YouGov	29	55	14
2013年1月	Angus Reid	32	50	16
2013年1月14日	TNS BMRB	28	48	24
2013年1月27日	Panelbase	34	47	19
2013年2月1日	Angus Reid	32	47	20

① “Scottish independence: What’s going on in Scotland?”, BBC News, http://www.bbc.com/news/uk-scotland-scotland-politics-26550736#story_ continues_ 11#story_ continues_ 11.

续表

时间	调查机构	支持独立（%）	反对独立（%）	未决定（%）
2013 年 2 月 13 日	Ipsos MORI	34	55	11
2013 年 3 月 13 日	TNS BMRB	33	52	15
2013 年 3 月 24 日	Panelbase	36	46	18
2013 年 4 月 8 日	TNS BMRB	30	51	19
2013 年 5 月 9 日	Ipsos MORI	31	59	10

二、苏格兰与英格兰合并历史概述

苏格兰政府 2013 年底公布了《苏格兰独立规划》白皮书，文件中说到 2014 年 9 月份将进行公投。倘若公投结果赞成苏格兰独立，这就意味着苏格兰将与英格兰和威尔士协商结束长达 300 年之久的联盟。对于大多数人来说，英国是一个完整国家，而苏格兰被认为只是其中的一个地区。其实，苏格兰也有一段跟英格兰兵戎相见的历史。

不列颠岛上最早生活的居民是凯尔特人，他们至少已经在英国生活了 2000 年之久。而苏格兰人恰恰就是凯尔特人的后裔，他们与爱尔兰人以及威尔士人拥有同一个祖先。相反的是，英格兰人的出现要晚很多。公元 5 世纪左右，英格兰人的祖先——盎格鲁－萨克逊人从英吉利海峡的对岸（欧洲大陆）来到不列颠岛，他们依靠武力把凯尔特人从平原地带赶到了不列颠岛的西南和西北的山区地带，西南即为威尔士地区，西北则为苏格兰地区。因此，英格兰人与苏格兰人并不是同一个民族，苏格兰人是真正的原住民，而英格兰人可以说是外来户。就这样，英格兰和苏格兰都组建了自己的王国，双方关系或和或战。真正促使苏格兰和英格兰关系紧密起来的，是外敌的入侵，即来自诺曼底的征服。

公元 1066 年，居于诺曼底的威廉公爵依靠自身微弱的血缘关系想继承英格兰王位被拒，于是就率军进攻英格兰。当英格兰国王被对方打败，便携家人逃亡苏格兰。为得到苏格兰庇护，英格兰国王将其妹嫁给了苏格兰国王，之后苏格兰王室和英格兰王室便有了血缘联系，也把欧洲贵族文化传统带入了苏格兰。

在13世纪时，当时渴望统一大不列颠群岛的英格兰王国已经凭武力征服了威尔士和爱尔兰，而剩下的只有苏格兰在与之对峙。英格兰国王爱德华一世于1296年趁苏格兰内乱率军攻入苏格兰，并进行了大肆掳掠。苏格兰人民不堪屈辱而奋起抵抗，抗争持续了很多年，其中出现了威廉·华莱士与罗伯特·布鲁斯两位著名的民族英雄。著名电影《勇敢的心》就是以威廉·华莱士为原型进行拍摄的。苏格兰的地位在1320年获得罗马教皇的认可。而英格兰国王爱德华一世的孙子爱德华三世则于1328年签订协议，承认苏格兰为独立的国家。

13世纪末到14世纪初，英格兰一直企图通过武力来统治苏格兰，但都没有成功。而在此期间，苏格兰一直都在与欧陆强国法国一起对抗英格兰。英格兰为避免腹背受敌，想方设法拆散苏格兰和法国的联盟关系，这成为英格兰统治者的当务之急。

17世纪时，有着几百年恩怨史的苏格兰和英格兰却阴差阳错地拥有了一个共同的国王。一生未婚的英格兰女王伊丽莎白一世在1603年去世，王位传给苏格兰国王詹姆斯六世（即英格兰国王詹姆斯一世）。由此开始，两国拥有了同一个君主，但是两国仍然有着各自的议会和枢密院，在政治、宗教、法律以及经济等领域都仍保持着独立。双方仍互相提防、貌合神离。后来英格兰发生了资产阶级革命，但两国间还一直保持着和平，它们之间的竞争则主要体现在经济和文化等领域。

1688年，英格兰发生光荣革命，从荷兰迎来信奉新教的威廉三世，而信奉天主教的苏格兰与信奉新教的英格兰在王位继承问题上也出现了再次分化的可能。苏格兰议会拒绝承认信奉新教的汉诺威王朝继承人。此时，英格兰方面希望能够彻底解决问题，随之提出了合并的要求。在1702年，双方议会进行了关于合并的谈判，然而以失败告终。为了尽快解决问题，英格兰推出了《外国人法案》，法案规定：如果苏格兰不与英格兰合并，或者拒绝承认汉诺威王朝继承权，则所有居住在英格兰的苏格兰人将被视为外国人，他们的财产也将被充公。法案还规定禁止苏格兰牲畜、亚麻以及煤炭进口，禁止向苏格兰出口羊毛以及军事装备，与此同时，英格兰护卫舰将会阻止苏格兰与法国进行的贸易。这份法案与其说是法案，倒更像是一份最后通牒。

由于国家经济状况极其疲软，苏格兰议会在权衡利弊之后不得不选择接受英格兰的合并条件。苏格兰议会于1707年1月16日通过了《合并条约》，该条约取消了苏格兰人的各种贸易、航海以及关税的限制，还规定将由英格兰拨出一定数量的资金作为苏格兰分担英格兰国库债务的补偿。1707年5月1日，《英格兰及苏格兰王国合并条约》正式生效，苏格兰国家从此成为历史。而在此之前，苏格兰王国已经是一个拥有800年历史的独立国家。

三、从条约到公投：苏格兰政治发展历程

苏格兰人民将于2014年9月18日再一次投票以决定苏格兰地区的未来。实际上，决定苏格兰地位的历程充满了动荡与混乱。

1707年5月1日，苏格兰与英格兰签署联邦条约合并。这一条约使得英格兰王国（包括威尔士），以及苏格兰王国联合形成了大不列颠联合王国。由此开始了三百多年的联合王国历史。1885年8月17日，苏格兰事务办公室成为英国政府一个部门。西萨克森保守党人里士满公爵成为苏格兰总督。

从20世纪开始，受世界民族主义思潮影响，苏格兰民族党走上争取独立的舞台。1934年4月20日，苏格兰民族党的第一次会议于爱丁堡的托尔克罗斯（Tollcross）市政大厅举行。1942年，苏格兰民族党领袖道格拉斯·杨（Douglas Young）被囚禁在位于爱丁堡的索顿监狱内。杨认为苏格兰军队不应在大不列颠群岛外为英军而战。1945年4月12日，罗伯特·麦克英泰尔（Robert McIntyre）赢得苏格兰民族党初期选举的多数席位，但是在随后的大选中落败。虽然胜利短

暂，但是这为苏格兰民族党的独立运动赢得了支持和关注。

二战之后，苏格兰争取民族独立的步伐加快。1949 年 10 月，苏格兰协定（要求英国政府允许苏格兰地区自治的文件）于第三次苏格兰国民议会中制定。1950 年支持该协定的请愿书赢得了 200 万苏格兰民众签名。更为激进的是，1950 年 12 月 25 号，一伙苏格兰学生将威斯敏斯特大教堂的“命运之石”① 搬出，并将之运到英国北部地区。1967 年 11 月 6 日，苏格兰民族党候选人维尼·艾文（Winnie Ewing）赢得汉密尔顿（Hamilton）的初选，并发出了胜利的呼唤，“即使是世界停止运转，也抵挡不住苏格兰人前进的步伐。”作为当时选举的掮客，她成为了苏格兰独立运动的重要人物。1976 年 11 月，詹姆士·卡拉汉（James Callaghan）的工党政府制定合并苏格兰及威尔士的法案，这一法案包括特许苏格兰及威尔士两地的全民公投。1979 年 3 月 1 日，在全民公投中对选民提出的问题是“您是否支持将 1978 年苏格兰法案中的条款付诸实施?”尽管该计划赢得了两党支持，但该法案要求有 40% 的选民支持该计划，而实际情况并没有达到要求。

苏格兰民族党领导人几经更替，苏格兰也不断地向独立迈进。1987 年 6 月 11 日，来自林利斯戈（Linlithgow）的 33 岁的经济学家亚历山大·萨尔蒙德成为斑芙（Banff）和巴肯（Buchan）的议员。1997 年 9 月 11 日，随着布莱尔领导的工党上台，英国政府履行其之前的承诺，着手准备进行是否创立一个权力下放的苏格兰议会以及该议会是否拥有逐级征税权的公投。投票结果显示，两个问题都以绝对优势受到支持。1999 年 5 月 7 日，唐纳德·杜瓦（Donald Dewar）当选为苏格兰首席大臣，这正是苏格兰议会大选后的第一天。选举采用混合代表比例制，这使得任何党派都不能赢得多数席位。1999 年 5 月 12 日，新议会举行了第一次会议，这具有非同寻常的意义。2000 年 10 月 11 日，唐纳德·杜瓦于 67 岁去世，10 月 27 日亨利·麦克利什（Henry McLeish）成为首席大臣。2001 年 11 月 22 日，杰克·麦康纳

---

① 该物为苏格兰王加冕时使用，后因英王爱德华一世于 1296 年运到英格兰，亦为英王加冕使用。该文物已经成为苏格兰独立斗争的标志，并且成为 2008 年一部电影的主题。1951 年 4 月 11 日，该石几经损坏及修复之后，被发现于阿布罗斯修道院的圣坛之上。

尔（Jack McConnell）继亨利·麦克利什辞职之后成为首席大臣。随后，英国政府为苏格兰兴建新的议会大厦。2004 年 10 月，英国女王于爱丁堡的荷里路德宫宣告新的苏格兰议会大厦正式启用。

苏格兰独立道路从 2007 年开始逐步进入高潮。主张独立的苏格兰民族党在 2007 年苏格兰选举中获得苏格兰议会较多席位，以一席之差战胜执政的工党，并组成少数派政府。苏格兰政府在 2009 年 11 月 30 日发布了一份白皮书，提出不完全独立的四个选项。2010 年 2 月 25 日发布了征求意见稿，提出公投并设置关于是否更多权力下放和是否完全独立的两个是非选择题。但由于民族党没有得到其他党派支持，只能放弃此项提议。2011 年 5 月，苏格兰民族党以 69 个席位数成为苏格兰议会最大党。在此之前，萨尔蒙德所领导的苏格兰民族党的中心目标就是苏格兰的独立，并为苏格兰赢得公投而不断努力。2012 年 5 月，支持苏格兰独立的团体“独立苏格兰”（Yes Scotland）发起了名人参与活动。这一活动将苏格兰民族党、绿党、社会党及其他团体带入同一阵营之中。6 月，由前大臣阿里斯戴尔·达令领导的支持联合的组织“最好在一起”成立。该活动将工党、保守党以及自由民主党统一起来。2012 年 10 月，苏格兰首席大臣萨尔蒙德和英国首相卡梅伦签署爱丁堡协议，授予苏格兰议会举行公投的权力。公投的关键问题包括：经济政策、国防协定、未来与英国关系以及在多国组织（尤其是欧盟）中的位置问题。

四、苏格兰独立：世界对公投的关注

长期以来，苏格兰一直被忽视并只是以偏居欧洲一隅的地区形象为世人所知。而如今她却突然成为全球媒体报道的热点问题。不管 2014 年 9 月 18 日的投票结果如何，苏格兰都会向世界发出有力的信息。事实上，有关独立的争论在苏格兰境内还在持续，但是国际上对这次公投的关注也随着公投日期的接近而越来越多。

美国当然不愿意看到自己的亲密盟友国家出现分裂。作为英国长期可靠的安全伙伴，美国政治领导人对公投的第一反应就是不太愿意看到英国分裂这种结果。从美国的一些媒体中就可以看到这种态度。一些美国新闻报纸的社论长时间以来一直在猛烈地抨击亚历山大·萨尔蒙德及其领导的苏格兰民族党。《基督教科学箴言报》警告苏格兰走向独立的努力释放出一种危险的“面临孤立”的信号。《华盛顿邮报》文章表示，“一个独立的苏格兰将会严重地削弱美国最重要的军事和外交盟友，同时欧洲出现的一个新的小国对于全球安全也不能做出有意义的贡献。”美国前国务卿马德琳·奥尔布赖特（Madeleine Albright）日前警告，要尽量避免这种“分裂”的出现。她之前曾在格拉斯哥表示：“在当今这个时代，我们必须要知道怎样团结在一起，而不是独自奋斗。”美国智库布鲁金斯学会的美欧事务中心主任菲奥娜·希尔（Fiona Hill）多年来一直在关注苏格兰民族党，她表示：“当我第一次在华盛顿提出苏格兰独立的提议时，大家都大笑了出来。我觉得苏格兰那些争取独立的人都被威廉姆·华莱士那句大吼的‘自由’所附体，每一次我提出苏格兰会选择公投的前景，都会听到有人在笑。”①

俄罗斯总统普京在一次访谈的节目中表达了一些有关苏格兰公投的看法，它的语言比较模糊，没有确切地表达出是支持还是反对，但仍值得玩味。之前很多人在安德鲁·马尔（Andrew Marr）的节目里看到俄罗斯总统普京就苏格兰独立问题发表的一些言论。当时普京说道，“这根本就不是俄罗斯的事务，这是英国的内部事务。任何民族都有民族自决的权利，而如今这也发生在了欧洲。在一个联合的欧洲框架内，剥夺一个民族的主权的过程显得更容易被接受。”但是紧接着他补充说道：“我相信任何一个人都不会否定成为一个单一强国的一部分有很多的好处，没有人会忽视这个。然而，每一个民族也都有根据他们自身具体状况来做出选择的权利。”在访谈的过程中，马尔

① “As Others See Us: the view from the United States”, heraldscotland, http://www.heraldscotland.com/politics/viewpoint/as-others-see-us-the-view-from-the-united-states.2012112643.

还半开玩笑地问普京，有没有准备好欢迎一个独立的苏格兰加入到俄罗斯主导的关税联盟。而俄罗斯总统回答道：“我不排除这种可能。”普京的话里表达了对于民族公决的赞同，同时也认为一个强大国家的重要性，实际上普京的态度还是模糊不清的。

加拿大媒体对苏格兰公投给予了很大的关注，因为他们在苏格兰身上可以看到魁北克问题的影子。加拿大的媒体通常都倾向于偏袒苏格兰，此时苏格兰已经成了加拿大魁北克问题的“代理形象”。蒙特利尔公报的库珀（Celine Cooper）总结道：“有些加拿大人曾经历过由于无休止且一直难以解决的制度争论而导致的社会和经济灾难，从他们的角度来看，到目前为止，整个苏格兰独立事件看起来都进行的十分有序。”文章还提到“萨尔蒙德被很多支持联合的人士指责煽动苏格兰民族主义情绪，这在我看来，苏格兰民族党的方式并没有太多的身份认同上的过多渲染，更多的是让苏格兰人相信在他们可以自己掌握税收、社会福利以及经济之类的事务之后，他们可以过上更好的生活。”①

乌克兰对于苏格兰公投的态度表达的很明显，从其媒体处可以看出对苏格兰公投的否定态度。乌克兰最具影响力的新闻杂志乌克兰周报《镜报》（Dzerkalo Tyzhnia）对苏格兰公投事件有着明确的裁定。它表示，苏格兰领导人并没有意识到公投的重要性，他们不明白这个国家独立公投的结果将会对整个世界造成很大的影响。首先，这将会激发英国其他地区的分离主义倾向。此外，它还会刺激到加拿大、比利时、法国以及西班牙国内分离分子的神经。最后，它也会对那些未被承认的“国家”（包括“后苏联”周边地区）产生重大影响，它们会在争取独立的道路上充分利用苏格兰案例，以最终得到官方对它们独立的确认。② 从这些话语中，可以看出乌克兰对那些打算独立的“国家”持消极态度，尽管乌克兰本身当年也是从苏联独立出来的。

---

① “As Others See Us：The View from Canada”，heraldscotland，http：//www. heraldscotland. com/comment/bloggers/as-others-see-us-the-view-from-canada-3-. 1389028427.

② “As Others See Us：The View from Ukraine”，heraldscotland，http：//www. heraldscotland. com/politics/viewpoint/as-others-see-us-the-view-from-ukraine. 2012084939.

小　结

尽管苏格兰争取脱离英国的努力已有相当长的历史，但是今年即将进行的公投显得格外耀眼，苏格兰民族党在议会里的绝对优势，暗示着此次公投对英国政府有着不同于以往的挑战。英国政府和苏格兰政府都在积极进行舆论宣传，努力为己方争取更有利的投票数。如果苏格兰公投通过，英国政府将会做出怎样的决策；如果没有通过，苏格兰民族党之后是否还会继续争取下一次公投，而英国政府又会做出怎样的对策以进一步解决这个问题。所以，无论是对于英国政府，还是苏格兰民族党，这次公投的结果都将具有重大意义。同时，近年来国际形势风云变幻，加上当前信息传媒的迅速发展，苏格兰公投也吸引着世界上很多同样有国内分裂问题国家的关注，苏格兰公投结果因此也将在不同程度上影响到这些国家的政策和地区局势。

种族冲突与南苏丹内战阴云

蔡 焱 徐 莹

2013年12月15日，南苏丹总统卫队中来自丁卡族和努维尔族的士兵在首都朱巴发生枪战。12月16日，南苏丹总统府发表声明称，15日晚和16日在朱巴发生的武装冲突是一起“政变阴谋”，其幕后策划者是2013年7月被解职的前副总统里克·马沙尔。[①] 枪战后，马沙尔立即逃往北方琼莱州的家乡。2013年12月21日，掌控北部团结州的政府军将领詹姆斯·科昂宣布脱离中央政府，投靠马沙尔。作为一个独立还不到三年的年轻国家，南苏丹在建国时各方的一片祝福声中很快又陷入内战的阴云之中。

一、关于南苏丹共和国

南苏丹共和国（Republic of South Sudan），位于非洲东部的内陆地区，东面与埃塞俄比亚相邻，南面为刚果民主共和国、肯尼亚和乌干达，西面是中非共和国，北面是苏丹。首都朱巴，也是南苏丹最大的城市。

---

① “南苏丹治国之乱（危机观察）”，载《国际金融报》（2013年12月23日第04版），人民网，http：//paper. people. com. cn/gjjrb/html/2013-12/23/content_ 1365718. htm。

南苏丹于2011年7月苏丹共和国独立而来，领土包括了后者原有的南部十州。苏丹之所以以南北划分，是基于其在政治、民族、宗教、文化上存在的巨大差异。苏丹古称努比亚，于公元前2000年就建立了国家政权，后来一度遭到埃及人的入侵；公元前8世纪，苏丹人击败埃及人，建立了库斯王国；651年，信奉伊斯兰教的阿拉伯人占领了埃及，并随后侵入努比亚，之后，阿拉伯穆斯林开始从埃及和阿拉伯半岛等地大规模移民至苏丹，并不断向土著黑人施压。依靠阿拉伯人的武力，伊斯兰教逐渐在苏丹大部分地区取得了优势。此后，苏丹政权一度衰微，到了1821年，埃及人使用欧洲先进的火器再次占领努比亚，于1876年邀请英国人戈登①任苏丹总督；1881年，苏丹宗教领袖穆罕默德·艾哈迈德宣布自己是马赫迪（救世主），号召人民进行“圣战”，组建反抗军驱逐外国侵略者。1885年1月26日，反抗军攻陷首都喀土穆，杀死指挥官戈登。1898年，英国重新占领苏丹，并于1899年1月与埃及签约共管苏丹，事实上控制了苏丹。二战后，苏丹爆发了民族独立运动，要求苏丹独立和英国撤军；1955年，就在苏丹独立前夕，苏丹南、北部爆发冲突，第一次苏丹内战爆发，苏丹共和国于1956年1月1日在战火中宣布独立。当时，苏丹北部主要是信奉伊斯兰教的阿拉伯部落，而南部有200多个部落，不少是天主教、基督教徒，还有一些部落是信奉万物有灵和多种神灵的。在摆脱英国殖民统治后，这两个地区合并为一个国家。当时，苏丹民主政府同意该国南部实施地方自治，这项政策曾经一度使苏丹国内的冲突明显减少。但在1983年，受伊朗伊斯兰革命的影响，苏丹尼迈里政府下令取消南方自治区的自治地位，提出在南方地区实行伊斯兰教法。自此，苏丹国内的和平局势被打破，南方的游击队和政府军之间的战争之幕从此被拉开。

2011年1月9日，在国际社会的协调下，苏丹南部如期举行公投，最终南苏丹有98.83%的投票者选择了独立，这一诉求得到了联

---

① 查尔斯·G. 戈登（1833—1885），前英国军官，曾因在中国的太平天国运动中指挥“常胜军”作战出色而受到清帝封赏。

合国、非盟和五个常任理事国的支持，苏丹巴希尔总统表示承认和接受这一结果。[①] 6月29日，北南双方就在边界沿线设立缓冲区达成原则协议；7月9日，南苏丹共和国正式成立，全球有30个多个国家的领导人出席了该国的开国仪式，南苏丹正式成为非洲的第54个国家；2011年7月14日，第65届联合国大会以鼓掌方式一致通过决议，正式接纳南苏丹共和国为联合国第193个会员国。[②]

然而独立后的南苏丹内部仍然存在着诸多问题。经济上，南苏丹是世界上最贫穷落后的地区之一。经历数十年内战，南部地区破坏严重，基础设施缺失，生活水平低下，卫生环境恶劣。整个南苏丹柏油路面不到50公里，各大城镇之间没有像样的公路；近千万人口中文盲率高达85%；首府朱巴，很难见到高层建筑，居民大多居住在当地传统的茅草房内。[③] 作为南苏丹的最大城市，朱巴市内没有市政供水管网，居民用水只能依靠供水车，或者自己到白尼罗河取水。可以说，在发展和民生问题上，南方人民对新国家有着很高的期待，这对于新生国家的领导人试图在全国范围内建立起普遍的政治信誉及权力威望，无疑是一个巨大的考验。

政治上，南苏丹内部也存在着很多矛盾。南苏丹部族众多，部族间相互仇恨，斗争时有发生。作为南苏丹力量支柱的丁卡族人和努维尔族人之间也存在着或多或少的矛盾，而首都的原住民巴里族人更是将大批前来首都任职的丁卡族人和努维尔族人视为对自己原有领地的占领。此外，南苏丹还存在着反政府武装，南方十个行政州中有五、六个州存在着反政府活动。

就南苏丹内部的权力分配而言，首先，苏丹人民解放运动虽然是南苏丹政权的领导者，但并非唯一合法的政党性组织。在人民解放运动之外，南苏丹还有20多个党派组织，每个派别都有各自的部族力

---

① “巴希尔认可苏丹南部公投结果”，新华社，2011年2月9日，http://news.xinhuanet.com/world/2011-02/09/c_121055835.html。

② “联合国通过决议 接纳南苏丹共和国成第193个成员国”，中国广播网，2011年7月15日，http://china.cnr.cn/yaowen/201107/t20110715_508235107.shtml。

③ “南苏丹共和国概况”，人民网，http://world.people.com.cn/GB/8212/72474/72476/15145723.html。

量支持，有些派别甚至公开反对苏丹人民解放运动；其次，苏丹人民解放运动内部也存在着矛盾，特别是部分部族成员对丁卡族人在执政党和南苏丹政府中的绝对主导权存在非议。显然，南苏丹自身隐患重重，国家还面临许多棘手的现实问题。因此独立时间还不到三年，国内便又再次爆发冲突，使得南苏丹重陷内战阴云之中。

二、南苏丹的种族冲突问题

作为一个多部族的国家，南苏丹主要包括尼罗特人、尼罗哈姆人、班图人和努巴人等四大族群，主要部族有丁卡族、努维尔族、希鲁克族、巴里族等。[①] 没有任何一个种族或是族群在人口上占据绝对优势，就是人口最多的丁卡族也只占人口总数的十五分之一。在这个相当于法国面积的领土上，只有2%的南苏丹人有小学文化程度，文盲率高达85%。[②] “在南苏丹，地区认同和部落认同比任何国家认同都要强”，主要由联合国前工作人员组成的非政府组织“国际危机小组”（International Crisis Group）在报告中如此写道。南苏丹人往往首先忠于自己的部族，其次才是国家。而对于部族在国家中应扮演什么角色，南苏丹人却没有形成共识。南苏丹在2011年1月就是否独立的问题举行公投时，很多选民不是出于对独立国家的向往，而是因为听从了部族首领的召唤而投票赞成独立的。所以，建国后，大多数南苏丹人首先想到的是独立会在经济和政治上给自己的部族带来什么好处。受这种心理驱使，部族间的争权夺利不可避免。少数失势的部落为此走上了武装反叛的道路。

早在南苏丹独立之前，各部族间就有冲突爆发。据法新社2009

① “南苏丹国家概况（最近更新时间：2013年11月）”，中华人民共和国外交部，http：//www.fmprc.gov.cn/mfa_chn/gjhdq_603914/gj_603916/fz_605026/nsd_606018/。

② “分裂的苏丹能够走向和平（自由谈第366期，2011年2月13日）”，凤凰网，http：//news.ifeng.com/opinion/special/sudanheping/。

年 11 月 18 日报道，南苏丹人民解放军的发言人廓尔（Kuol Deim Kuol）少将表示，蒙达里（Mundari）部落的枪手于 2009 年 11 月 16 日突袭了两个丁卡（Dinka）部落的村庄。他说："10 名丁卡人被打死，16 人受伤。""在蒙达里人方面，有 37 人丧生，其他人被赶走。"廓尔说："这两个部落是近邻，他们时常发生争夺牲畜的武力冲突。""我们认为，这次冲突的目的还是为争夺牲畜，但与以往不同的是，他们这次在屠杀中使用了现代化的自动武器。"另据联合国的统计，在苏丹南部，仅 2009 年一年，就有 2000 多名苏丹人死于部族间爆发的武力冲突，25 万人流离失所。①

南苏丹独立后，过去因为对北方作战的安全威胁消失了，部族之间原有的潜藏矛盾开始上升为主要矛盾，在这个新国家本应加大基础建设的时期，却因部族间的长期恩怨再度爆发大规模种族冲突。据法新社 2011 年 2 月 11 日报道说，叛乱分子与南苏丹军队于 2 月 9 日晚至 10 日早晨在琼莱州凡加克镇爆发战斗，死亡人数从先前的 16 人猛增到近 140 人，"军队方面，包括苏丹人民解放军、警察和监狱部门在内，有 20 个人在凡加克镇被杀，阿瑟手下有 30 个人死亡。另有数十名平民被杀害，其中包括妇女和儿童。"

南苏丹琼莱省的两大部落努挨尔族和穆尔勒族之间，长期以来因为牧草、水源和牲畜等资源归属问题而矛盾不断。2011 年 12 月，穆尔勒部落武装人员袭击了努埃尔部落，造成 2000 人死亡，12 万人流离失所。据法新社 2013 年 1 月 6 日电，当地官员于当天宣布，在一周前南苏丹爆发的种族暴力事件中，超过 3000 人遭到屠杀，数万人背井离乡。琼莱州皮博尔县专员乔舒亚·科尼说："发生了大规模杀戮，是一场大屠杀……我们一直在清点尸体，到目前为止，据我们统计，有 2182 名妇女儿童和 959 名男子丧生。"

---

① "苏丹南方部落为争夺牲畜爆发冲突 造成 47 人丧生"，中国新闻网，2009 年 12 月 19 日，http：//www. chinanews. com/gj/gj-zd/news/2009/11-19/1973142. shtml。

三、种族冲突下的内战阴云

南苏丹是世界上最年轻的主权国家，距2011年7月9日建国至今不到三年时间，诞生之初不仅得到世界各主要国家及国际组织的承认，更因在建国仪式上邀来了苏丹喀土穆政权总统奥马尔·巴希尔而被认为"受到普遍祝福"。人们原本以为，这个一贫如洗却拥有丰富石油矿藏的国家，可以靠着丰富的矿藏从此摆脱战祸，走向自由、民主、独立和富强，但从独立至今，不仅南北苏丹之间的龃龉困扰未曾平息，南苏丹的内部矛盾却又再度激化。

2013年7月，南苏丹总统萨尔瓦·基尔·马亚尔迪特（Salva Kiir Mayardit）以"挑拨制造地区和部族矛盾冲突"为由，免去了南苏丹政坛二号人物、副总统里克·马沙尔（Riek Machar）的副总统职务，并派遣政府军第四师驻扎进副总统马沙尔的势力区本提乌市郊。2013年12月15日，基尔又先发制人，以"马沙尔阴谋发动政变"为由发起军事进攻，立即下令驻扎在本提乌的第四师就近取得当地的控制权。交战之初，马沙尔后发制人，指挥其麾下的武装部队突袭政府军成功，并经过一周的战斗，将第四师赶出本提乌市区，同时在南线发动反击。12月16日，基尔在出席一个新闻发布会时指责马沙尔试图发起政变，进一步加剧了双边的紧张态势；与之针锋相对的马沙尔也不甘示弱，在12月18日发表演讲，否认了基尔的指责，并声称基尔已不再是"合法的总统"。结果是，总统基尔指责马沙尔阴谋发动政变，马沙尔却指责基尔"独裁"，双方为此僵持不下。12月22日，马沙尔军占领首都朱巴以北200公里重镇、琼莱州首府博尔，并一度喊出"成立过渡政府"的政治口号。但在稳住阵脚后，基尔当局迅速调整部署，于12月22日发动反攻。12月24日，军方发言人菲利普·阿盖尔宣布政府军已经夺回博尔；12月25日，阿盖尔对媒体宣布，政府"正向本提乌攻击前进"。面对政府军的攻势，马沙尔采取了

“扩大战火”的应对方式，一方面正面抗击，一方面向其它战略要地发动牵制性进攻，于 2013 年 12 月 24 日偷袭了上尼罗州首府马拉卡勒。

从交战第二周伊始，基尔陆续将更多正规军派往北方前线，而马沙尔则开始在支持自己的部落中进行总动员。2013 年 12 月 31 日，马沙尔武装宣布重夺博尔，政府军对此表示否认，但博尔市长马亚科·尼亚尔和联合国驻南苏丹代表团发言人约瑟夫·孔特雷拉斯均表示，博尔市内和机场已爆发激战。期间，马沙尔曾提出以政府军释放某些在押人员为条件进行政治谈判，基尔也呼应愿意举行没有任何前提的对话协商，并称虽然无法同意马沙尔提出的释放名单，但将释放部分在押人员表示诚意。但由于最终仅释放一人，谈判陷入僵局。

南苏丹的内战危险引起了国际社会的普遍担忧。在地区及国际社会的舆论压力之下，基尔原则上同意 12 月底达成暂时性的停火协议，展开和平对话，但与此同时，政府军还是持续对叛军占领地区发起攻击。马沙尔则对政府方面的诚意表示质疑，并建议成立一个监督机制监视双方停火事宜，首先展开和平协商。①

纵观爆发至今的南苏丹内战，究其原因，主要有以下几个方面：

第一，部族矛盾严重。南苏丹的主要居民是信奉基督教或原始宗教的各黑人部落，其中最大的部落，是早在古埃及时期就活跃于青白尼罗河流域的丁卡族，其次则是努维尔族。这两个部族间的恩怨、摩擦乃至战争，最早可以追溯到公元前，而最近的一次则正是现在的“基尔—马沙尔内战”——基尔属于丁卡族，马沙尔则属于努维尔族。历史上两族间的争斗，起因无非是争夺畜产、财物、人口、水源领地，而此次内战所争夺的焦点，则是政治地位和经济主导权。

第二，政治分歧难解。基尔和马沙尔两人在苏丹内战期间，都是南苏丹独立运动主导组织——苏丹人民解放军（SPLA）的著名领袖，隶属于“南苏丹国父”约翰·加朗（John Garang）麾下。但两人之

① “South Sudan Reble Leader Riek Machar Wary of Truce Offer”, BBC News, December 27, 2013.

间素有积怨，基尔领导的派系以“嫡系”自居，并掌控着国际援助的大头，瞧不起“来路不纯正”的马沙尔部；而马沙尔部“白军”（其部下为防蚊涂抹白色粉末）系部族自卫武装演变而成，其与喀土穆当局斗争的历史，可追溯到苏丹人民解放军成立之前，自然也不会轻易向基尔的派系示弱。当时苏丹人民解放军的最高领导人加朗威信较高，在各派间处事较为公平，加之需要共同面对苏丹政府的打压，两人并没有条件处理两个派系间的矛盾。2005 年 7 月 30 日，也就是在南北苏丹签署“亚的斯亚贝巴协议”前夕，加朗因直升机失事意外去世，基尔继任苏丹人民解放军和其政党——苏丹人民解放运动（SPLM）——的最高领导人。与提出“新苏丹论”的加朗不同，基尔上台后一心加强自己的权威和地位，但由于缺少加朗的威望，加之无法安抚马沙尔派系，双方的矛盾最终以武力形式爆发。

第三，经济利益争夺激烈。马沙尔势力虽稍逊，却控制着以本提乌市为大本营的大块领地，本提乌在首都以北 1000 公里，基尔当局难以对其实施全面控制，该地区还处于南苏丹最重要的产油带上。尽管南苏丹的整体经济基础薄弱，但石油资源丰富，其日产原油达到 24.5 万桶，石油收入占南苏丹经济比重高达 95%。显然，身为新总统、又急欲揽权的基尔势必觊觎这片可成为国家经济命脉的石油产区；而始终将基尔视作政治对手的马沙尔，自然也不甘心轻易将本部族控制的资源让渡到基尔控制的中央政府手中。

第四，军事上派系林立。“苏丹人民解放军”是苏丹内战期间由反喀土穆游击队发展而来的南苏丹武装，虽然在独立后成为了南苏丹的“正规军”，但与真正的国家军队相比，其职业化程度、组织化水平等都存在着很大的缺陷，军队内部山头林立，基尔就是最大的山头，又占据了“中央政府”的近水楼台，实力自然要强得多。不仅如此，由于独立后南苏丹接连与苏丹发生了两次大规模的边境摩擦，部分基尔武装以“中央驻军”名义驻扎北方，和马沙尔控制的武装部队犬牙交错，其中第四帅的驻地就紧靠马沙尔大本营——本提乌市。基尔的目的非常清晰，通过多路用兵，配合第四师直接威胁马沙尔部，最终拿下当地石油产区的控制权，即使无法彻底消灭对手，也要让对方边缘化。然而马沙尔也早有防备，交战最初的一周，他的“白军”不仅把第四师赶出本提乌市区，还在南线发起反击。2013 年 12 月 22 日，“白军”占领首都朱巴以北 200 公里重镇、琼莱州首府博尔，并一度喊出“成立过渡政府”的政治口号。

四、国际社会反应

自战争爆发以来，南苏丹紧张的政治态势和严重的人权危机，引发了国际社会的广泛关注。为了结束战争并保护当地人民的安全，国际社会在外交谈判、人道主义援助以及维和方面进行了多种努力。各国领导人均强调，南苏丹内战是一个政治问题，理应寻求政治途径解决。

2013 年 12 月 24 日，联合国安理会决定，将目前在南苏丹的维和部队和国际维和警察分别从目前的 7000 和 900 人，增加至 12500 和 1323 人。[①] 联合国南苏丹特派团负责人希尔德·约翰逊警告，南苏丹正面临“人类史上最大人道主义危机之一”、“部族清洗危险迫在眉睫”、“可能发生类似波黑和卢旺达的惨剧”。联合国高级人权专员皮莱宣布，在南苏丹境内发现“日益严重的侵犯人权和种族清洗行为”。“种族清洗”的证据系，由政府方面指控，在反对派大本营本提乌市，据称发现 34 具尸体，死亡总人数可能多达 75 人；而在政府军大本营、首都朱巴，同样有人指控政府方面任意逮捕、迫害反对派部族。据联合国统计，截止 2014 年 1 月底，逃入联合国难民营的难民已有 6.74 万人，超过 50 万人被迫逃离家园，分散在南苏丹及邻国境内。[②] 联合国还发出警告称，“这个世界正关注着南苏丹各派的一举一动”，

---

① “安理会决定向南苏丹增派近 6000 名维和人员”，新华网，2013 年 12 月 25 日，http：//news. xinhuanet. com/world/2013-12/25/c_ 118693834. htm。

② South Sudan Crisis, Situation report as of 19 January 2014, Report Number 12, OCHA, www. unocha. org/south-sudan/.

南苏丹的领导人们应当让世界及南苏丹人民看到他们维护南苏丹和平统一的决心。[①] 为此，联合国下属组织[②]已经展开了对南苏丹的人道主义援助，并起草了对南苏丹问题的解决方案和后续援助计划。

2014 年 1 月 9 日，美国负责非洲事务的助理国务卿琳达 · 托马斯—格林菲尔德警告说，南苏丹武装冲突一日不停止，其演变为全面内战的危险性将不断增大。托马斯—格林菲尔德当天在参议院就南苏丹问题举行的听证会上表示，南苏丹爆发武装冲突以来，已有明确证据表明出现了定点清除的行为，冲突双方均犯下种族罪行，若冲突继续，全面内战的危险将与日俱增。托马斯—格林菲尔德还表示，持续数周的武装冲突主要由南苏丹总统基尔和前副总统马沙尔之间“巨大的政治裂痕”引起，并没有证据显示冲突爆发时马沙尔的派别有政变的企图。2014 年 1 月 20 日，美国总统国家安全顾问苏珊 · 赖斯在谈及南苏丹局势说：“如果任何个人或团体寻求以武力、大规模暴力或恐吓夺权或掌权，美国将别无选择，只有收回我们（对南苏丹）的传统、强有力的支持。”

自南苏丹危机爆发以来，美国一边敦促寻求以对话、和平方式解决争端，一边加紧撤侨。美联社报道，美国驻南苏丹大使馆 2014 年 1 月 20 日安排第 5 批人员撤离。同时，奥巴马政府也在南苏丹问题上发挥了一定的积极的作用，即美国向南苏丹提供了双边外交帮助，并对当地的维和活动提供了资金援助。[③] 当然，美国政府在寻求南苏丹敌对双方达成一致的问题上也遇到了很多复杂的因素，如何成功处理同两个苏丹及南苏丹内部各方的关系，成为了当前美国方面棘手的难题。

2014 年 1 月 6 日，中国外交部长王毅抵达埃塞俄比亚首都亚的斯

---

① United Nations, Secretary-General's Press Conferenc at U. N. Headquarters, New York, December 23, 2013.

② 即 UN Office for the Coordination of Humanitarian Affairs（UNOCHA）联合国人道事务协调厅已经出台了对南苏丹援助计划，并定期更新对南苏丹现状的分析报告，更新迅速，足见重视程度。

③ Lauren Ploch Blanchard, The Crisis in South Sudan, CRS Report R43344, January 9, 2014, p. 1.

亚贝巴，开始访问非洲四国。王毅部长当天分别与南苏丹政府和反政府势力代表举行了会谈，为停战开展了调停工作，在非洲凸显了中国的影响力。据中国外交部的消息称，王毅部长在与双方代表会谈时强调，“南苏丹是新生国家，当务之急是维护社会稳定、振兴发展经济”，要求对立双方立即停火。他说：“中国是联合国安理会常任理事国，因此我们密切关注南苏丹的情势发展。我们一直努力居间调停。”中国是南苏丹油田开发的最重要投资国，其投资项目却因此次部族之间的冲突而陷入停产。中国已向南苏丹派遣了约350人的联合国维和部队。[①] 2014年1月2日，南苏丹外长本杰明紧急约见中国驻南苏丹马强大使，通报并介绍南苏丹当前局势。本杰明外长受基尔总统委托，对中国派特使赴南劝和促谈、全力支持伊加特组织斡旋努力并率先提供人道主义紧急援助表示高度赞赏，并表示希望中方增加提供人道主义物资援助。马强大使也重申中方立场，希望有关各方立即停火和谈，尽早恢复南苏丹国内和平稳定。中方将一如既往地向南苏丹人民提供力所能及的帮助。2月6日，中国驻南苏丹大使马强代表中国政府向南苏丹政府移交了9个集装箱的人道主义援助物资。[②]

五、南苏丹局势的发展走向

2014年1月，南苏丹各党派在埃塞俄比亚首都亚的斯亚贝巴展开会谈，但双方所持意见迥异，各方利益要求差距过大，最终没能达成一致。尽管收益甚微，但包括中国、美国、苏丹在内的各国，对南苏丹仍进行着外交斡旋，希望能够尽可能的敦促谈判双方达成一致，稳定当下的政治态势，阻止更多的难民出现。但就目前形势看来，南苏

① “中国力促南苏丹冲突方停火 凸显中国对非影响力”，新华国际，2014年1月9日，http：//news. xinhuanet. com/world/2014-01/09/c_ 125977294. htm。

② “中国向南苏丹移交首批人道主义援助物资”，中国驻南苏丹大使馆，http：//ss. chineseembassy. org/chn/sbwl/t1126102. htm。

丹的未来还是国际社会的一个棘手问题。

南苏丹部落积怨、经济纷争是此次内战的重要成因。而且，非洲无数的前车之鉴已经证明了，部族规则的盛行，民主、法制乃至国家形态的不完备，令“一人一票”的“魔力”大打折扣。这些“民主的天敌”，在地球上最年轻、最贫困的国家南苏丹身上几乎样样俱全，似乎让战争结束的可能性变得越来越渺茫。然而，南苏丹内战的牵制力并不完全在国内，还在于国际上的巨大关注，这些关注直接来自于各国在南苏丹的巨大利益。外界原本预期南苏丹2014年的石油收益高达15亿美元，而愈加激烈的内战已导致投资南苏丹的外国石油公司纷纷停产、疏散，长此以往，不仅国际社会无法坐视，南苏丹自身也必须考虑到经济全面崩溃的可能。客观估计，由在南苏丹投资的大国集团构成的国际干预力量，和南苏丹国内因生存压力、利益攸关而产生的内部社会压力，是足以阻遏内战继续的两个有利要素。

南苏丹的石油产业，直接继承自南北分治前的苏丹共和国。2011年的南北分治，让原本“一盘棋”的前苏丹石油产业被割裂成两半。分治后，苏丹石油日产量降至10万—11万桶，仅有南苏丹的2/5，且一半产自南北苏丹交界处、局势不稳定的哈季利季地区。但南北分治前，中国、马来西亚等国投资兴建的炼油设施大半位于南苏丹境内，且分治后南苏丹并没有得到海岸线，石油出口唯一的出海口苏丹港仍在苏丹控制之下，而产油区与苏丹港之间长达750公里的输油管，同样掌握在苏丹手中。

在南苏丹看来，南北苏丹石油产量大半来自本国，但北方的喀土穆却可分得石油收入的大头（2009年苏丹石油收益25亿美元，北方分得14亿，南方11亿，此后历年比例大体相当），完全不公平。且南北苏丹几十年的武装较量，更让南苏丹人不愿让喀土穆政权如此获益。正因为此，自2009年以来，南苏丹一直试图推动本土炼油能力的建设，并筹划建设自首都朱巴通往肯尼亚拉穆的输油管，以减少在运输上对北方的依赖，但由于南北苏丹间冲突连绵，上述项目历经多年依然进展不佳。2012年，南、北苏丹在阿卜耶伊、哈季利季等地发生激烈冲突，一度导致双方石油生产、出口陷入停顿。2013年5月，南北方又在边境地区几度交火，导致南苏丹主要石油产区局势动荡，石油生产、出口几度被叫停。

南苏丹的这场内斗始于2013年7月，恰是南北苏丹冲突激化后仅两个月的时候。基尔派与马沙尔派之间的政治恩怨，又恰好与对苏丹的石油纠纷纠缠在一起，让一切变得更加棘手。

南苏丹经济基础薄弱，唯一经济支柱是石油产业，因此基尔也好，马沙尔也罢，都对因南北苏丹对立而越分越薄的“石油大饼”难以割舍，而这块越分越薄的“大饼”，又越来越难以养活明争暗斗的两路人马。

从双方的实力对比来看，基尔要占优势，但马沙尔的地盘却恰好位于南苏丹石油产区，其大本营——联合州首府、距首都朱巴1000公里的本提乌市，同时又是石油生产中心之一。基尔率先发难后，首先将目标指向了本提乌，而马沙尔的反击措施，则是在击退第四师、保住本提乌后，将战火烧至琼莱州、上尼罗河州等基尔控制下的石油产区，以逼迫基尔当局让步。

石油利益是基尔与马沙尔之间最终动武的重要动因，但全面内战的爆发却很可能令双方两败俱伤。自2009年自治、尤其2011年独立后，南苏丹当局一直致力于吸引国际资本投资本国石油产业，尤其是投资规模大、周期长的炼油产业和新输油管项目，这对于南苏丹摆脱对苏丹的交通依赖至关重要。但效率低下的政府治理，恶劣的南北苏丹关系，已令外国资本望而生畏。如果南苏丹内战全面爆发，那将不仅造成数以万计民众流离失所，也将直接威胁外国公司资产、设备和工作人员的安全。

如果目前的局势延续，即便照最乐观预期，南苏丹石油产业也将陷入暂时的瘫痪状况，并令该国本已因南北苏丹冲突而导致的经济危机加剧，这对于南苏丹这个全世界最贫困的国家之一而言，可谓雪上加霜。内战所带来的不稳定局势，将令本就对南苏丹投资经营环境提心吊胆的各国资本望而生畏，非但炼油设施建设和朱巴—拉穆输油管之类令基尔和马沙尔期待的“大手笔”将成镜花水月，就连恢复战前产能、回到靠石油勉强糊口的日子，恐怕都难以实现。

对任何国家而言，军事行动对于资金的直接需求非常巨大，无论是基尔还是马沙尔，其军费只可能来源于石油经济。如果因为战乱而使石油贸易完全中断，不仅大规模的战斗无法进行下去，就连南苏丹政府的运营都可能成为问题。正因如此，基尔和马沙尔才不约而同表示“愿意和谈”，但同样因为巨大的利益，双方才在正式开始和谈前摆出“灭此朝食”的大打姿态，目的显然是想在停火前尽可能多地抢占石油产区，为战后还将延续的权力斗争争取力量基础。

南苏丹敌对双方选择以战争方式解决问题已经让世界震惊，这场冲突已经产生了严重的后果——石油停产、大量的难民流离失所、大量平民伤亡等等。美国有线新闻网甚至认为南苏丹很有可能成为“下一个卢旺达”。2014 年 1 月 23 日晚，南苏丹冲突双方谈判代表在埃塞俄比亚首都亚的斯亚贝巴签署停火协议，以及有关“政治犯”的民族和解协议。这是自 2013 年 12 月南苏丹大规模武装冲突以来，双方达成的首个停火协议，让人们看到了南苏丹停火止暴、走向和平的曙光。[1] 但是可以预见的是，冲突的解决绝非一日之功能达成，还需要国际社会、南苏丹人民以及南苏丹各派领导人的努力和决心。

---

① “南苏丹冲突方签停战协议 冲突已致数千人死亡”，环球网，2014 年 1 月 24 日，http：//world. huanqiu. com/exclusive/2014-01/4788479. html。